THE INDUSTRIAL AND COMMERCIAL REVOLUTIONS IN GREAT BRITAIN DURING THE NINETEENTH CENTURY

英国工业革命

经济的质变、世界工厂的建成与海洋霸主地位的确立

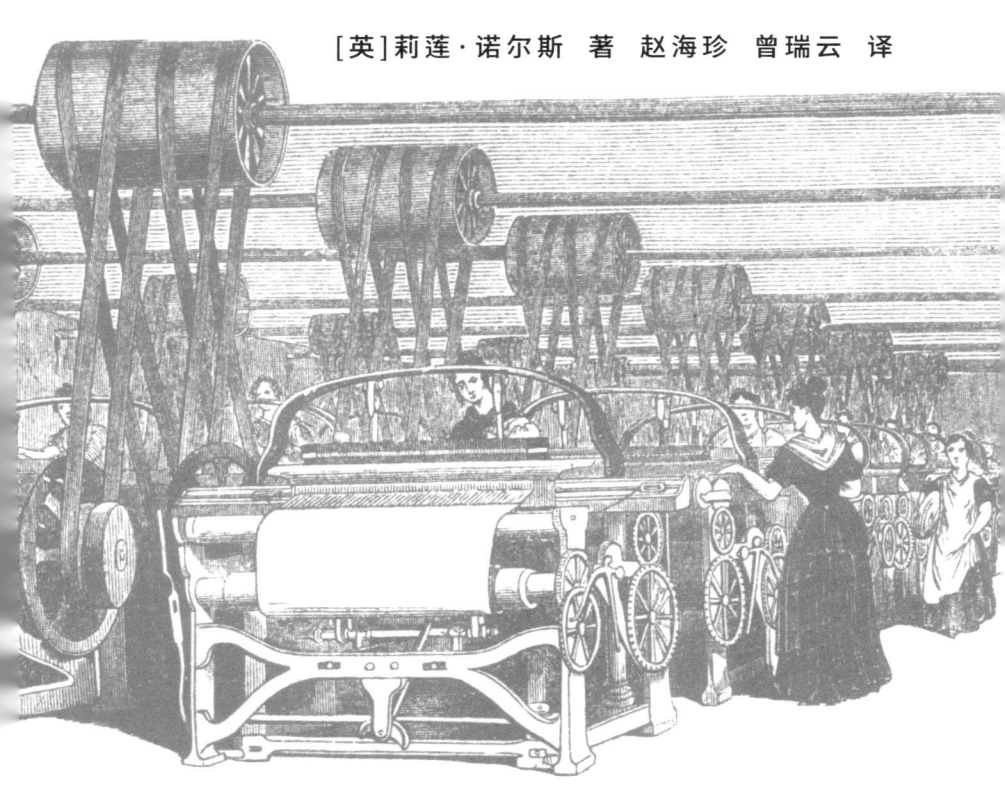

[英]莉莲·诺尔斯 著　赵海珍　曾瑞云 译

重庆出版社

图书在版编目（CIP）数据

英国工业革命：经济的质变、世界工厂的建成与海洋霸主地位的确立 /（英）莉莲·诺尔斯著；赵海珍，曾瑞云译. -- 重庆：重庆出版社, 2025.8. -- ISBN 978-7-229-19432-1

Ⅰ. F456.19

中国国家版本馆CIP数据核字第20251RA064号

英国工业革命：经济的质变、世界工厂的建成与海洋霸主地位的确立
YINGGUO GONGYE GEMING：JINGJI DE ZHIBIAN、SHIJIE GONGCHANG DE JIANCHENG YU HAIYANG BAZHU DIWEI DE QUELI

[英] 莉莲·诺尔斯 著　　赵海珍 曾瑞云 译

出　　品：	华章同人
出版监制：	徐宪江　连　果
责任编辑：	陈　丽
责任校对：	刘　刚
营销编辑：	刘晓艳　冯思佳
责任印制：	梁善池
封面设计：	@框圈方圆

▲ 重庆出版社 出版

（重庆市南岸区南滨路162号1幢）

天津淘质印艺科技发展有限公司　印刷

重 庆 出 版 社 有 限 责 任 公 司　发行

邮购电话：010-85869375

全国新华书店经销

开本：889mm×1194mm　1/32　印张：15.5　插图：0.5　字数：318千
2025年8月第1版　2025年8月第1次印刷
定价：85.00元

如有印装质量问题，请致电023-61520678

版权所有，侵权必究

序　言

在本书中，我试图探寻机器出现的原因及英国在19世纪的大部分时间里都保持世界工厂地位的原因。

我要特别强调英国在19世纪的世界地位，这种地位源于大规模机器生产必然带来的机械运输的发展。英国通过立法规范劳动条件的尝试，以及沿着工会主义和合作主义路线发展工人运动的做法，在国内外引起了广泛关注，但铁路和蒸汽船的出现给世界贸易和各国之间的经济关系带来的革命性变化，到目前为止仍没有得到应有的关注。在本书中，我将着重关注这一变化，并说明在19世纪最后二十五年里，运输业的发展如何缔造了全新的大英帝国、全新的建设性帝国主义和全新的英国农业。我还试图说明控制新兴运输方式的必要性，试图阐明因铁路对大陆的渗透和距离的缩短而产生的新的国家竞争，是导致国家控制不断加强的重要因素，这也是19世纪末和20世纪初的显著特征。

此外，我认为人们很容易夸大这场被称为"工业革命"的工业变革的社会弊端。这些弊端是可以被消除的，而且1830年以前的工业变革是渐进的，人们有很多时间来调整。新兴的棉纺织业和煤炭业吸引了人们的目光，并使长期存在的工业弊病暴露出来。1830年以后，随着制造机器的机床的引入，工厂生产体系的发展更快了，《实物工资法案》（Truck Acts）、《工厂法案》（Factory Acts）等社会保障措施陆续出台，工会组织开始成型，为工人提供越来越多的保障。

我还进一步阐释了1870年后公众舆论的巨大变化，这种变化导致了国家控制的加强。国家控制的加强不仅体现在工业上，还体现在商业、农业、交通和帝国关系上。

我认为，19世纪的发展是法国个人自由思想和英国技术相结合的产物。本书尝试描述新技术在英国的发展以及对英国的影响。我即将出版的另一本书将描述在自由、平等、博爱思想和机器、铁路、电报、蒸汽船的影响下，法国、德国、俄国和美国的发展历程。

伦敦政治经济学院的老师向来有不遗余力帮助同事的传统，这对我帮助很大。我要特别感谢W. T. 斯蒂芬森（W. T. Stephenson）先生，他通读了本书第四部分和第五部分关于机械运输的全部内容，让我避免了许多错误，不过他对我的书中的任何观点都不负有责任。鲍利（Bowley）教授渊博的知识让我受益匪浅，他慷慨地允许我使用其著作中第168页和第217页的表格。我在阐述关税和英国皇家殖民地的优惠政策时，幸得T. 格雷戈里博士（Dr T. Gregory）慷慨允许我使用其《关税：方法研究》（Tariffs: A Study in Method）一书中的内容。乔治夫人（Mrs. George）和

序 言

布尔小姐（Miss Buer）阅读了手稿的第二部分和第三部分，并提出了宝贵的建议。海德卡尔（Headicar）先生对我撰写本书帮助最大。最后，看过我笔迹的人会明白我对打字员布莱克本小姐（Miss Blackburn）的感激。

莉莲·诺尔斯

于特鲁罗市（Truro）的基拉戈登（Killagorden）

第三版序言

自本书写成以来,我一直致力于将第六部分扩展为两卷本的《海外帝国的经济发展》(*The Economic Development of the Overseas Empire*)。不过,我已尽力更新本书这部分的内容。我还增加了一份关于英国最新的铁路发展的附录,并对文本做了一些其他修改。

莉莲·诺尔斯

第四版序言

在托马斯·索斯克利夫·阿什顿（Thomas Southcliffe Ashton）的《工业革命中的钢铁》（*Iron and Steel in the Industrial Revolution*）一书出版后，我觉得有必要重写本书中与钢铁主题相关的内容。为使第四版与时俱进，我还对其他几处进行了修改。

莉莲·诺尔斯

目 录

第1部分 19世纪经济发展的主要特点   001

第2部分 机器引发的工业革命   017
    一、工业革命的特点   018
    二、为什么工业革命首先发生在英国   027
    三、纺织业的发明   055
    四、工厂制的缓慢发展与机械工程和煤炭开采的发展   073
    五、工业变革对经济和社会的影响   095

第3部分 19世纪英国的工商业政策   133
    一、自由放任主义及反自由放任主义   134
    二、英国在19世纪称霸的原因   196
    三、工人阶级福利的增长   202
    四、英国的个人主义与法国和德国家长式作风的对比   205
    五、1815年和1914年英国的经济地位   213

第4部分 机械运输引发的工业革命   217
    一、内陆地区商业重要性的变化   221
    二、主要商品和商业组织的变革   237

  三、新金融时代的开启   255
  四、商业革命的社会影响   259

第5部分 英国机械运输的发展和国家对运输的控制   281

  一、公路   282
  二、运河   287
  三、铁路   303
  四、蒸汽船和运输问题   350

第6部分 工商业革命和新的建设性帝国主义   379

  一、殖民地历史的各个阶段   380
  二、联盟帝国   399
  三、托管帝国   413

第7部分 机械运输的发展对英国和爱尔兰农业的影响   435

  一、机械运输的发展对英国农业的影响   436
  二、机械运输对爱尔兰农业和大不列颠与爱尔兰关系的影响   462

结　论   477

附　录　1921年的《铁路法案》   481

第1部分

19世纪经济发展的主要特点

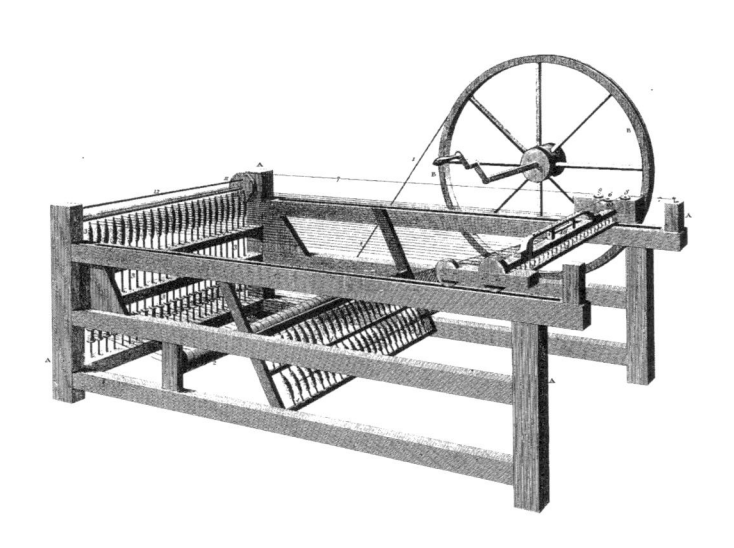

英国工业革命

从1789年法国大革命到1914年欧洲战争爆发之间的这段时期可以被称为19世纪。19世纪见证了机械动力在制造业、运输业和采矿业的广泛应用,所以是一个重要的经济变革时期。新的发明不仅改变了旧有的一切生产和分配方法,还改变了生产和分配中人的作用。机器极大地影响了人类,提高了人的能力,激发了人的潜能,铁路和蒸汽船则提高了人的流动性。物质世界的深刻变化不可避免地带来了思想上的革命。

一种新的个人自由的观念出现了,在19世纪,欧洲的广大民众获得了前所未有的自由。各国政府不得不面对新的阶级和新的问题,新的国家政策也应运而生。新的制造和运输方法对原材料和食品提出了新的要求,开辟了新的地区,创造了新的需求,开拓了新的市场。因此,19世纪结束时,整个世界都被织进一张经济网中,各国经济相互依存、相互交换、相互竞争。

就变化的速度和本质而言,只有16世纪能与19世纪相提并论。在16世纪,人类发现了通往印度和美洲新大陆的海上航线,其重大意义显而易见。海上航线带来了新的贸易路线、新的商业和殖民竞争、新的国家竞争、新的经济阶层,以及资本的加速增长,这一切都意味着工业和农业生活的重组。随着欧洲与西印度群岛和新大陆的连接,欧洲的经济思想发生了革命性变化,这个变化是由宗教改革及王室和世俗政府取代教会作为经济生活的主导力量带来的。

在19世纪,可称为"大国"的五个国家分别是英国、法

第1部分
19世纪经济发展的主要特点

国、德国、俄国和美国,[①]而在16世纪,只有英格兰王国和法兰西王国是重要的经济实体。

16世纪的两个"大国"是发现通往印度和美洲新大陆的海上航线的葡萄牙和西班牙。葡萄牙拥有东方帝国[②]和利润丰厚的香料贸易,西班牙拥有新大陆及其银矿。1580年,西班牙吞并葡萄牙并控制了黄金和香料,那时它像是"横跨狭窄世界的巨人"[③]。西班牙是天主教国家,它在经济上的主导地位受到信仰新教的荷兰和英格兰的挑战。在荷兰和英格兰的夹击下,西班牙的海上力量被摧毁,英格兰在北美洲的扩张不再有任何障碍。因此,美国的基础是由英格兰商人联合起来成立的特许公司奠定的。英格兰向北美洲扩张,部分原因是为了削弱西班牙的力量,部分原因是为了在烟草和糖的基础上建立一个自给自足的帝国,因为当时英格兰一直依赖"陌生人的

---

① 哈布斯堡王朝的领地,1867年后被称为奥匈帝国,不能被视为19世纪经济意义上的"大国"。19世纪末的奥匈帝国有十一个主要民族、十种主要语言和二十三个立法机构〔见威廉·塞顿·沃森(William Seton Watson):《德意志人、斯拉夫人和马扎尔人:关于大战起源的研究》(German, Slav and Magyar: A Study in the Origins of the Great War),1879年,第10页〕。奥地利和匈牙利两国政府几乎都在竭尽全力地让其主体民族服从统治,没有实施自由宪法,让自由宪法成为一纸空文。在这两个饱受政治纷争折磨的国家,经济发展只起了很小的作用。奥地利和匈牙利都没有像上述五个大国那样成为世界农业、工业或商业的主导力量之一。——原注
② 指葡萄牙在亚洲特别是印度的殖民地。——译者注
③ 这句话指的是古代世界七大奇迹之一的罗得岛巨像。公元前282年,希腊罗得岛的港口入口处竖立着一个巨大的阿波罗雕像,巨像的两只脚分别跨在入口处两侧,船从巨像的两腿之间进出港口。在莎士比亚的戏剧《裘力斯·恺撒》中,凯歇斯用这句话讽刺恺撒,意为恺撒像神一样把自己凌驾于他人之上,使每个人都成为其欲望的奴隶。这是一个贬损性的评论。——译者注

慈悲心怀"获得烟草和糖。如果说16世纪属于西班牙和葡萄牙，17世纪则属于荷兰。17世纪，荷兰成为海上强国，贸易遍布全球，阿姆斯特丹是整个欧洲的交易中心。17世纪荷兰的海上优势和16世纪西班牙压倒性的经济资源一样，激起了英格兰的嫉妒。其结果是英荷战争的爆发和《航海法案》(Navigation Acts) 的出台，英格兰有意模仿荷兰，最终迎立一个荷兰人做国王，即威廉三世 (William III)。①

在17世纪和18世纪，法国是一个强大的工业国家。1700年，法国的人口约为2,000万，巴黎的人口约为60万至72万，巴黎是欧洲人口最多的城市。②当时除伦敦的人口有60万外，其他欧洲城市的人口都不超过20万。③当时，荷兰的人口约为300万，英格兰的人口约为550万，西班牙的人口约为700万。17世纪末，法国在世界上最富有的两个地区，即印度和西印度群岛迅速扩张领土。法国还在北美大陆建立了定居点，从加拿大一直延伸到路易斯安那，将英国人的定居点包围起来。事实上，法国如果获得了西班牙的王位(17世纪末似乎已经获得了)，就将继承西班牙在中美洲和南美洲的统治地位。届时，法国会像早期的西班牙一样，对世

---

① 1688年，英格兰爆发光荣革命，结束了斯图亚特王朝的统治。英格兰迎立詹姆斯二世的长女玛丽及其丈夫——奥兰治的威廉三世——共同成为英格兰的君主。——译者注
② 莱瓦瑟 (E. Levasseur)：《法国人口》(La Population Française)，第1卷，第204页到第206页。——原注
③ 需要注意的是，所有的人口数量估计都非常不准确，并且差别很大。1801年之前，英国和法国都没有进行过任何人口普查；1810年之前，普鲁士也没有进行过人口普查。英国的第一次人口普查是在1821年。然而，以上数字让我们对这些国家相应的人力资源有了一些了解。——原注

第1部分
19世纪经济发展的主要特点

界构成巨大的经济威胁。

17世纪,英格兰在经济方面仅次于法国和荷兰。1700年,英格兰是一个繁荣的农业岛国,拥有相当规模的毛纺织业,但没有其他重要的制造业。英格兰在北美大西洋沿岸有一些定居点,在西印度群岛拥有一些岛屿,在印度和非洲有一些贸易站,但被荷兰赶出了香料群岛[①]。英格兰在航运和财富方面不如荷兰,正如它在工业方面不如法国。

在17世纪和18世纪的殖民地和贸易争夺中,德意志插不上手。航海大发现使大西洋成为商业大通道,大西洋沿岸的国家变得重要起来。波罗的海和地中海等内海不再是贸易大动脉,沿岸的重要商业城镇也随之衰落。汉萨同盟作为德意志北部的城镇大联盟,因商业航线改道而损失惨重。那些以前繁荣的德意志南部城镇曾是波罗的海和地中海之间的交通枢纽,威尼斯和热那亚地位的下降也影响了这些城镇的作用。葡萄牙人在印度站稳脚跟后,过去从奥格斯堡(Augsburg)分销的香料改为从里斯本和安特卫普(Antwerp)分销。

毁灭性的三十年战争(1618—1648)彻底破坏了德意志的经济生活,使其经济发展陷入瘫痪。在接下来的两个半世纪里,德意志在政治上和经济上都保持着中世纪的状态。19世纪初,德意志是一个由三百多个邦国组成的集合体,彼此之间被通行费

[①] 香料群岛,即摩鹿加群岛。它在15世纪前后被称为香料群岛,是因为这个群岛上生长着大量的胡椒、丁香、豆蔻等香料。香料群岛是高利润香料贸易的重要战略基地。——译者注

和关税阻隔，货币、度量衡和法律也不统一，各邦国之间的道路几乎无法通行，妨碍了邦国之间的交流。1800年，德意志仍是一个农奴制和中世纪行会盛行的地区。

俄罗斯曾被鞑靼人入侵长达两百年之久，到15世纪末才摆脱外来统治。16世纪，俄罗斯与西欧的联系只能通过莫斯科公司的英格兰商人建立起来。这些勇敢的英格兰商人通过阿尔汉格尔（Archangel）探索俄罗斯，将野蛮的俄罗斯与西方文明联系起来。因此，那时的俄罗斯没有能力争夺印度群岛或新大陆。直到彼得大帝（Peter the Great, 1682—1725）统治时期，俄国才真正成为欧洲的一部分。19世纪初，俄国甚至比德意志还要落后和原始。

到了18世纪，荷兰开始衰落，而西班牙和葡萄牙也不再是强国。法国成为18世纪最重要的经济大国，英格兰位居第二。法国在经济上日渐增长的主导地位给英格兰造成了威胁，而此时苏格兰又构成了新的威胁。英格兰参加了西班牙王位继承战争，以防止在印度、西印度群岛和北美洲拥有大片领地的法国又增加中美洲和南美洲的殖民地。18世纪的两个大国就这样对抗起来，陆地强国法国凭借其人口优势与海上强国英格兰对抗，英格兰在人口数量上远不及法国，但在财政组织上更好，结果是英格兰打败了法国，从法国手中夺得了殖民地和附属领地。从法国和英格兰的对抗中，产生了彻底改变物质条件的新发明和彻底改变人类地位的新思想。

18世纪，英格兰成功发展了蒸汽动力，而法国则传播了

第1部分
19世纪经济发展的主要特点

个人自由的思想，这些思想与蒸汽机和机器结合在一起，在不同国家的不同运用改变了欧洲，并通过欧洲改变了世界其他地区的经济。19世纪是法国思想和英国技术相结合的产物。

蒸汽机产生了革命性的影响，其原因在于蒸汽机提供了一种不受气候或地理条件影响的动力，这种动力可以无限应用。蒸汽机可以用于排出矿井积水，驱动工厂的机器，让面粉厂运转起来，开凿隧道，建造房屋，修建水坝，清空船上的货物，或者跨越海洋、沙漠和山脉，将大量货物从一个地方运到另一个地方。蒸汽机可以应用于任何国家，只需人们为其提供必要的燃料。只要给蒸汽机提供煤和水，它就能节省劳动力，在寒冷或炎热的环境中日夜工作。1710年，为了从煤矿中抽出积水，纽科门[①]发明了蒸汽机。1776年，由于瓦特[②]实现了燃料上的节能，蒸汽机可以在远离矿坑的地方工作，并从1782年起逐渐在英格兰投入使用，当时蒸汽机被用于驱动机器，为新的铁炉鼓风。1815年后，蒸汽机逐渐从英格兰推广到欧洲大陆，推广速度在各国各不相同。蒸汽机是19世纪快速运输的最有效动力，并迅速在其他领域得到应用。在使用蒸汽动力之前，人类在洪水、暴风雨和干旱等自然力量面前几乎束手无策。人类被高山和沙漠围困，受气候条件和距离所限。蒸汽机让人类得以克服自然困难，成为人类控制大自然的重要工具。

---

① 即托马斯·纽科门（Thomas Newcomen, 1664—1729），英格兰发明家。——译者注
② 即詹姆斯·瓦特（James Watt, 1736—1819），苏格兰发明家、机械工程师和化学家。——译者注

英国工业革命

　　法国大革命之所以影响深远,是因为它突然给法国带来了某种程度的个人自由,而除英格兰外,欧洲从未体验过这种自由。法国大革命的思想可以概括为"自由、平等、博爱"。这意味着在经济领域取消一个人对另一个人的特权,实现平等征税;意味着人们可以在各地自由流动,人员和货物流动的内部障碍得以消除;意味着人们可以自由选择职业以及法律面前人人平等。1789年后,每一个法国人在法律上都享有改变其居住地或生活方式的自由;可以选择自己的职业,不受封建领主或行会的影响和阻碍;可以选择最适合的方式耕种自己的土地;可以像其他人一样买卖土地,而只需缴纳应缴的税。对大多数法国人来说,所有这些都是新生事物。此前,只有少数特权阶层才享有这些权利。法国人变得独立自主并拥有平等的公民权利。1789年8月4日晚,法国人以其特有的革命而非渐进式改革的方式,扫除了许多封建桎梏,[①] 而同样的限制在其他国家经历了几个世纪才缓慢解体。法国通过一个重大事件宣扬了个人自由,这种自由在当时的英国已经存在,但由于这种自由实现的过程太缓慢,几乎没有得到其他国家的重视。

　　其他国家的许多人认为农奴制和奴隶制是不合理的制度,但获得自由必然要解决的巨大难题让他们望而却步。法国大革命实现了他们向往的自由,让他们看到了希望。法国军队所

[①] 1789年8月4日,包括诸多贵族议员在内的法国议会投票,废除旧制度时期大部分封建权益和等级特权,这被认为是欧洲实行千年的中世纪制度走向崩溃的标志性事件。——译者注

第1部分
19世纪经济发展的主要特点

到之处,都在传播废除限制与特权、追求个人经济自由的新福音。这种传播带来的结果是,19世纪,中欧和东欧国家解放了本国的农奴,重建了其农耕方法、法律制度和行政管理。

尽管革命极端化带来了不良反应,但蒸汽机和行动自由的结合带来的结果意义重大。实现了经济自由后,大部分欧洲人在法律上获得了行动自由,可以自由迁徙,自由致富,自由挨饿。随后,铁路和蒸汽船的出现使人们实现了前所未有的流动性。法律和人身的限制几乎同时被消除。在人们发现自己可以自由选择生活方式时,新的机器生产工具出现了,新的职业遍地开花。其结果是出现了新的民族、新的阶级、新的政策、新的问题和新的帝国。

19世纪的另外三个"大国"——德国、俄国和美国——是新发明和新思想相结合的产物。蒸汽机在陆路运输中的应用产生了铁路。此前,陆路运输的困难阻碍了这三个大陆国家的发展,铁路则打通了它们的内部空间;铁路促进了其农产品的出口,使它们的铁和煤汇集在一起,并使它们的产品能够以低廉的价格在大片土地上销售。这三个国家遂发展为一流的经济强国。而此前,便利的分销一直由大西洋沿岸的海上强国垄断。

虽然这三个国家从英国那里获得了新技术,但其关于人类关系的灵感则源于法国。俄国和德国解放了数百万被限制自由的农民,美国解放了国内的奴隶,这都体现了法国革命思想的影响。

19世纪初,只有英国和法国可以算作经济强国。到19世纪末，德国和俄国等中世纪国家已经成为现代国家，用自由劳动力来开发资源。英国的十三个"叛乱"殖民地挺过了持续四年的内战，并向西扩张，也加入了列强的行列。

由此不难看出为什么说19世纪始于1789年。1789年是欧洲大陆个人自由新思想的起点。也正是在1789年至1799年的十年里，蒸汽机这一革新人类能力和提高流动性的新动力开始用于除矿井抽水之外的其他用途。1782年，瓦特发明了能做旋转运动的蒸汽机，使利用蒸汽驱动机器成为可能。1776年之前的"火力蒸汽机"耗煤量惊人。1776年，瓦特改造了"火力蒸汽机"，使蒸汽成为一种廉价的动力，让蒸汽得以广泛使用。

就这样，新机器和新自由在1782年至1789年相继到来。同一时期，即1783年，美国获得独立，开始了脱离英国的国家生涯。1789年后的十年间，法国的经济崩溃造就了拿破仑一世（Napoleon I），他不仅在国内按照现代思想改造经济生活，还开创了现代德国。

同样显而易见的是，1914年标志着19世纪的终结，德意志帝国和俄罗斯帝国在经济上遭受了暂时或永久的衰退，而它们曾是19世纪的两个经济强国。任何一场大战都会使一个国家的经济状况受到影响。未来的历史学家将会做出判断，1914年是否开启了欧洲经济联盟的新时代，是否产生了新的经济大国。他们还将判断1914年是否开创了航空运输的新纪元——最大限度地降低了海岸通道的重要性，并进一步促进内陆的开放——以及1914年是不是劳工问题新时代的开端。

第1部分
19世纪经济发展的主要特点

虽然在经济发展中,没有什么是绝对全新的,但因为发展的速度如此之快,整个生活条件往往会发生根本性的变化。这就是19世纪与18世纪截然不同的原因。1789年之前,经济变化是隐蔽的,但1789年之后这种变化变得十分明显,使19世纪成为机器和人口流动的时代。

新机器和个人自由的新思想,带来了欧洲大国和美国的经济发展,这种发展呈现出五个突出的特点。

第一个经济特点是经济发展扫除了农奴制和所有中世纪及封建时代对行动自由的限制,从而废除了对人身自由的限制。中欧和东欧各大农业区的整个经济建立在将劳动力供应固定在某个地点的基础上,所以必须加以调整。必须开创一种新的农业模式,使用自由劳动力,个体劳作取代集体劳作,集约耕作取代粗放耕作。对欧洲来说,个人自由意味着一场农业革命,正如个人自由在美国意味着南部各州解放奴隶。

第二个经济特点与蒸汽驱动机器的物理效应有关。18世纪的英格兰和法国已经是工业化程度相当高的国家,在18世纪末都使用了机器,并在19世纪上半叶成为两个主要的工业强国。19世纪下半叶,德国、俄国和美国也发生了类似的工业变革。然而,如果没有废除农奴制所带来的行动自由,这些国家不可能发展成为工业化国家。被束缚在土地上的人不可能为工厂、矿山、铁路、工程和高炉提供劳动力。如果没有铁路和蒸汽船,大量的原材料、煤炭和制成品也无法被运输出去。

19世纪的另一个显著特点是,机械运输和机器使人们集中在煤炭产区和钢铁产区，并创造了新的城镇和新的工业阶层。19世纪的劳工问题与前几个世纪截然不同。雇主和国家提供给工人的待遇、对工匠需求市场的满足、对工人组织权力的限制，以及劳资合作仍然是迫切需要解决的问题。

  19世纪的第三个经济特点是蒸汽动力被运用于海陆运输，出现了铁路和蒸汽船。新的运输工具能够迅速将人和货物运到遥远的地方，以低廉的价格运载重物，并且不受炎热或寒冷、霜冻或下雪、夏季或冬季的影响。其结果是，此前因距离遥远或气候条件而受到影响的国家突然拥有了巨大的经济潜力。1880年后，俄国和美国的粮食产量首次可以大量出口，两国成为能搅动世界经济局势的大国。

  此前，由于将大量矿物长途运往煤田所需的费用太高，有些地方根本不可能有制铁工业，但现在铁和煤可以被运到这些地方。美国、德国和俄国成为钢铁生产大国，从而迈入工业革命的第一阶段。有了快速运输，新的物品可用于交换，工业革命后出现了商业革命。食品特别是谷物，以前所未有的方式流通。肉类和水果等以前从未跨区域流通的易腐货物、机械等体积较大的货物，以及各种各样的原材料成为主要的贸易物品。有些贸易物品是以前所没有的。在有些情况下，商品的流通规模是前所未有的。因此，商业方式发生了革命性变化。随着通信变得越来越快捷，业务遍及全球的巨型商业公司开始出现，同样规模的工会或工会联合体也成为可能。所有国家都被织入更紧密的经济关系网中，随之而来的是一场社会革命。人

第1部分
19世纪经济发展的主要特点

们越来越多地聚集在城镇,数百万人移居到新大陆,开拓新兴国家作为市场和原材料的来源地。整个世界前所未有地紧密联系在一起。

19世纪的第四个经济特点是出现了新的国家经济政策。19世纪,人们一直在努力建立新的政治单位,这些政治单位应该代表他们在种族、历史或宗教方面的共同的密切关系。统一的德意志、意大利、比利时、希腊、罗马尼亚、匈牙利、挪威、保加利亚和塞尔维亚都见证了民族愿望的力量,创造了新的政府形式——国家。这些新兴国家必然会采用新的方法来处理经济问题,而传统国家也会因此受到影响。当铁路和蒸汽船等新工具为国家向新地区扩张提供便利时,这些新兴国家也试图扩大自己的领土范围。

19世纪的国家不得不面对工业、商业、运输、农业和殖民等方面出现的新情况。面对这些新情况,国家应持何种态度?国家应自己经营工业,还是让个人经营?如果是让个人经营,国家应规范和指导这些个人,还是让他们完全自由地订立合同和协议?在商业方面,国家应采取自由进口政策,还是通过关税保护本国工业?在农业方面,国家应进行干预以拯救农民,还是让大农场自由发展不受限制?在运输方面,铁路应归国有或由国家补贴,还是交给私营公司修建和运营?在殖民化过程中,国家应在多大程度上资助或促进新地区的发展,或在多大程度上让个人和特许公司自由发展?这些问题必须由刚获得选举权的民众而不是旧的统治贵族解决。

英国工业革命

　　工业革命和商业革命创造了新的社会阶级，如新的贸易阶级、新的工业阶级和新的金融势力，而旧的土地阶级的重要性则相应地下降了。这些新阶级构成了19世纪的新民主阶级，而新政策只能由新民主阶级来实施。新民主阶级的政治目标是扩大选举权，制定自由宪法。新民主阶级认为，政府不能有效履行任何经济职能，并坚持认为无论在哪个领域，政府的干预越少越好。因此，新民主阶级主张把一切权力留给个人，个人应尽可能不受政府监管的束缚。在工业上，新民主阶级信奉自由放任政策，在商业上主张自由贸易。其结果是，新民主阶级抨击并扫除了专制国王旧有的保护主义和发展政策，这些政策主张管制，被称为重商主义。1848年后，自由主义和世界主义的时代到来。这个时代的目标是取消商业限制，赋予个人主动性，赋予企业自由。这反映在这一时期以低关税为基础的商业条约中，也体现在这一时期颁布的一些法律中。随后出现了政策反弹，1870年后的国家政策发生了第三次明显的变化，各国都恢复了保护主义政策，国家对各方面的管制也有所加强，在商业、工业、运输和农业方面放弃了自由放任政策。强烈的民族感情让各国摒弃了过去二十年的世界主义，并努力使国家这一新的政治单位在关税壁垒内开发自己的资源，从而更加自给自足。工人阶级运动也稳步发展，工人获得了更大的政治权利。随着工业革命的不断扩展和随之而来的工作条件的变化，每个大国的工人都要求制定并获得了越来越完善的劳动法规来保护他们。铁路公司开始合并，形成巨大的

第1部分
19世纪经济发展的主要特点

运输垄断公司。在英国和美国,国家有必要对铁路公司进行控制;在德国和俄国,大多数铁路都从私有转为国有。托拉斯公司和联合公司的数量增加了,而随着国家活动的相应增加,国家对托拉斯公司和联合公司的控制变得紧迫起来。在农业方面,从北美和澳大拉西亚[①]进口的小麦和肉类在欧洲引发了严重的危机,促使国家进一步干预。政府的权力在各个方面都得到了扩展,甚至在19世纪所有大国中个人主义最盛行的美国也是如此。然而,尽管国家在19世纪最后二十五年中行使的职能与19世纪五六十年代自由主义时代行使的职能有本质的不同,但与16世纪到19世纪初盛行的旧的重商主义和家长制也有根本差异。

19世纪的第五个经济特点,是新兴国家急于在海外扩大势力和影响力,新的国家活动在殖民领域愈发活跃。原材料和市场的问题成为工业大国面临的重要问题,铁路使各大洲得以联通,轮船将各地产品运到欧洲,而国家扩张和殖民活动使整个世界都受到新欧洲的经济影响。新的运输方式大大消除了距离障碍,越来越多的资本投到未开发的土地上,一个新的殖民时代开始了,整个世界在经济上联系在一起,尽管1870年后各国为追求自给自足出现了新的保护主义风潮。

然而,民族主义仍然存在,各国希望将自己的母国和殖民

[①] 澳大拉西亚(Australasia)是法国学者查尔斯·德·布罗塞(Charles de Brosses)提出的,取自拉丁文,意思是"亚洲南部",一般指澳大利亚、新西兰和临近的太平洋岛屿。——译者注

地纳入一个相互支持的更大的政治单位中,这种政治单位通过某种歧视性关税或航运制裁其他国家。民族主义的理想是尽可能建立自给自足的经济帝国,但运输业的发展不断抵消自给自足的趋势,促成世界经济的形成,即生产和分配不受国界限制。

19世纪见证了许多大国的崛起,新的大英帝国,在亚洲扩张的新俄国,拥有非洲殖民地的新法国,由欧洲本土、非洲和波利尼西亚殖民地组成的新德国。特别是美国,它已经从大西洋沿岸的十三个人口稀少的州变成一个从大西洋延伸到太平洋的大联邦。

如果没有人口的大量增加和流动来填充新的国家,这些大帝国就不可能出现。新获得的迁徙自由并不仅限于向同一国家的城镇和工厂移民。随着阻碍人口流动的法律的废除,加上铁路和蒸汽船提供的便利,每年都会有大量的欧洲人涌入大洋彼岸的新大陆,仅1913年就有近两百万人[①]。俄国没有海运障碍,便利的铁路运输让俄罗斯人得以向东扩张。在北美洲和南美洲,铁路使欧洲加速了对这两个大陆的殖民,并促使欧洲深入非洲内陆。欧洲在海外进行了前所未有的扩张,欧洲历史也因此成为世界历史,正如欧洲贸易本质上变成世界贸易一样。

综上所述,19世纪突出的经济特点是个人自由和随之而来的农业方法及土地使用权的革命、蒸汽动力带来的工业和商业革命、劳工运动、新的国家政策及新的殖民和移民。

---

① 准确的数字是1,964,000人,其中1,198,000人去了美国。Cd. 9092,1918年。——原注

第2部分

机器引发的工业革命

一、工业革命的特点

大国先后进行工业化是19世纪的一个显著特征。在工业化的进程中，英国的影响一直是非常重要的。英国的发明帮助农业国转变为工业国，并在将整个世界纳入共同经济体的进程中起了关键作用。

工业革命和商业革命都依赖于煤炭和铁以及运输它们的动力。18世纪时，英国尝试将水作为动力。19世纪时，英国开始以蒸汽为动力组织工业生产。蒸汽带来了新的可能性。作为一种动力，蒸汽不像水那样会枯竭、泛滥或结冰。只需少量的煤和水，蒸汽就可以成为一种不停运转的动力，可以节约劳动力，是人类和被其驯服的动物微弱的牵引和托举能力的强大补充。蒸汽动力也比水力更便于转移。

将20世纪铁路货运列车的运输吨位与18世纪驮畜列队的区区几百千克运输量相比，就不难看出蒸汽动力在货物运输方面所带来的巨大进步。由于煤矿会渗水，人们无法深入开采，所以17世纪的采矿业只能开采煤层表面，而现代的蒸汽抽运方法可以从很深的地方开采出大量的煤和矿石。将现代高炉的产量与木炭炉的产量相比，或将动力织机的产量与手工织机的产量相比，现代大规模生产和现代驱动力（到目前为止主要

第2部分
机器引发的工业革命

_{是蒸汽动力})的重要性就显而易见了。[①]

然而,蒸汽机需要煤,因此,每个国家都出现了对煤炭的巨大需求。19世纪,对蒸汽动力和家用燃料来说,煤都是不可或缺的,那些没有煤炭的国家不得不依赖进口。18世纪,煤炭在英国的使用范围有限,1750年有450万吨至500万吨煤被开采出来。在英国以外的地方,人们几乎不使用煤,普通的家用燃料是干草、木材或泥炭。在获得替代燃料之前,庄园种植产生的大量废弃物无法被分解。各地的公地和私人种植园也必须保留,以获取木材、干草或泥炭。一旦有了可供燃烧的煤炭,大片土地就可以被开垦出来。因此,农业革命和煤炭开发息息相关。煤炭也和工业革命紧密相连,因为驱动力需要煤炭,炼铁需要煤炭,煤炭也是化学工业的基础。19世纪,煤炭成为铁路和蒸汽船运输不可或缺的资源。

由于煤炭至关重要,人口大量集中在煤田或其附近地区。一部分人从事煤矿开采工作,一部分人将煤矿用于炼铁、工程建设或作为机械运转的动力。

蒸汽动力反过来创造了对铁的新需求。木材不足以承受新动力的压力,机器必须由铁制成,因此,对铁的需求增加

[①] 法国、意大利、挪威、瑞典和瑞士等国近年来一直在用水来发电,电力的使用将大大改变它们的工业地位。在英国、德国和美国,电力作为一种能源正被越来越多地使用。见霍巴特(Hobart)题为《詹姆斯·福雷斯特》的演讲("James Forrest" Lecture),《土木工程师学会会议记录》(*Minutes of Proceedings Institute of Civil Engineers*),第132页。挪威甚至通过电缆向丹麦输出电流(约翰·阿斯皮纳尔爵士在土木工程师学会上的演讲,1918年11月)。在英格兰北部,人们用电来冶炼铁。——原注

了。为了制造这些机器，需要新的工具，如蒸汽锤和车床，于是全新的工业分支即制造机器的工程车间发展起来。然而，如果没有新的运输方式，就没有足够的铁矿石被运到开采煤矿的地方，而新的运输方式——铁路和蒸汽船——又反过来对铁和煤炭产量提出新的需求。机车、铁轨、客车和货车零件需要铁，船的发动机和船本身需要铁。机车和发动机需要煤。除此以外，机械、铁路机车和船舶的更新也需要大量的铁。

因此，随着铁路改变生铁和煤炭的分布格局，人口继续向煤炭产区和铁矿产区聚集。

除了蒸汽动力、炼铁、制造机器，化学工厂也需要煤。部分煤可作为化工产品的原料，部分煤用于提供动力。其结果是采矿业获得了惊人的发展，生产（进口）煤和铁的数量成为检验一个国家发展的标准。因此，19世纪，走在前列的是那些拥有并使用煤炭和铁资源的国家：英国、德国和美国。法国的煤和铁矿产量相对较低，因此，法国相对落后。不过，由于法国的艺术品位不俗，这是一笔巨大的财富，所以法国得以生产价格较高的艺术产品，从而获取巨额利润。这些"巴黎产品"的销售依赖各自的特色，所以并不适合"大工业"的规模化生产。因此，尽管法国实现了工业化，但在1914年之前，法国工业化的程度远不如其他三个大国。俄国几乎还未开始开发其矿产资源，在俄国的欧洲领土上，86.8%的人口仍然生活在城镇

第2部分
机器引发的工业革命

以外,[①]但即便如此,俄国的纺织业和钢铁业在1890年至1914年也得到了迅速发展。

除了特殊情况,欧洲和美国的工业往往沿着通往大型煤矿区的便捷铁路发展,大型煤矿区的人口都集中在城镇。

在欧洲,有一条与煤田和铁矿分布重合的广阔人口带。这条人口带从苏格兰开始,一直延伸到欧洲大陆的中心,然后分叉,一条向北延伸,另一条向南延伸。这条人口带从北方的格拉斯哥(Glasgow)开始,经过英格兰,延伸到比利时和法国北部,然后进入莱茵河(Rhine)地区和萨尔河(Saar)河谷,穿过威斯特伐利亚(Westphalia)、萨克森(Saxony)和西里西亚(Silesia),一直抵达俄国的顿涅茨(Donetz)盆地,大部分制造业区都在这条人口带上。

所谓"工业革命",包括六个显著的变化或发展,它们都是相互依存的。首先是机器制造业的发展。工程师需要制造和维修蒸汽机,制造纺织机器,制造将煤从矿坑中吊出来的机器,制造机床和机车。在18世纪中叶之前,唯一的工程师是修理面粉厂机器的人,即造水车工匠,唯一的锻铁工人是铁匠。熟练的工程师必须从一开始就在实践过程中通过不断地学习来提升自己。然而,工程技术依赖于炼铁工业。除非铁的产量足够大,质量足够好,否则工程师就无法获得工作所需的材料。因此,炼铁革命必然先于机器革命,是"工业革命"的第

[①] 《俄国年鉴(1916)》(*Russian Year Book, 1916*),第59页。市区通常被认为是包含2,000人及以上的区域。——原注

二个发展。1750年以前，英格兰和法兰西的炼铁作坊分散在全国各地，靠近树林以获得冶炼用的木炭，靠近水源以获取动力及运输铁制品等笨重物品，因为当时的土路无法运输这些物品。如果没有战争对钢铁的大量需求，没有蒸汽机使工厂摆脱水力的限制，炼铁工人就不可能大规模聚集并从事炼铁工作。

第三个变化是水力或蒸汽动力驱动的机器在纺织业的应用。机器的应用首先从简单的纺纱开始。机器纺纱产生了过剩的纱线，于是，织布机逐渐被用来处理过剩的纱线。这些发明从棉纺开始，后来逐渐用于羊毛、亚麻和丝绸的纺织。

于是，第四项发展成为必要。漂白、染色、精加工或印花的过程都必须加快或加以改造，以跟上布匹的产量，这意味着大型化学工业的建立。大型化学工业反过来又需要工程设备，从而对冶金工业产生影响。由于纺织业采用了铁制机器，冶金工业面临新的需求。事实上，纺织业在钢铁厂附近发展的趋势非常明显，因为这样机器可以得到维修。

机器制造、炼铁和化工的发展最终都依赖于煤炭。煤炭开采的巨大发展是"工业革命"的第五项变化。高炉冶炼铁矿石需要由煤制成的焦炭，这样炼出来的铁才具有生铁的韧性。煤被用来精炼生铁或将铁铸造成工程师要求的形状。煤也是蒸汽这种新动力所必需的原料。

不过，如果没有工程师设计并制造出能将水从矿井中抽出的蒸汽机，就不可能从矿井中开采出足够数量的煤炭。

这一系列发明中的每一项都依赖于其他发明，这些发明能

第2部分
机器引发的工业革命

在19世纪得到传播是因为它们在18世纪就已经达到了可以同时使用的程度，从而能相互作用、相互促进。然而，1694年英格兰银行成立后不久，这些发明就开始在英国得到应用。这种现象并非偶然。资金必须积累到足够数量，机器与工艺才能进行昂贵的前期试验和大规模的推广应用。

最后，如果没有运输工具的相应发展，工厂的机器大规模生产就不可能实现；用高炉进行铁的规模化生产，大型工程和化工厂的发展，以及煤炭开采的发展也不可能变得像现在这样极为重要。因为运输工具促进了粮食的运输，以养活聚集在煤炭和钢铁地区的人口，转运了大量的矿石、燃料和原材料、棉花、羊毛、石油、纤维、木材和化学品到加工厂，并运输了大量的制成品以方便分销。

事实上，根据不同的交通工具，工业革命可分为两个阶段。第一阶段对应公路和内陆水路的改善，主要涉及煤矿和铁矿的早期开发、机械工程和纺织业的早期发展。这一阶段仅出现在19世纪上半叶的英格兰和法兰西，并且受到铁路货运车厢和小型驳船运输量的限制。第一阶段由只掌握少量资本的个人推动，雇主往往来自基层，这个阶段的典型生产方式是个人作业或家庭作业。英格兰在1825年之前禁止成立工会，法兰西在1884年之前、德意志在1892年之前也是如此。由于通信困难，工会只能在当地开展活动。

随着铁路和蒸汽船的出现，工业变革的步伐大大加快，工业革命的第二阶段开始了。工业发明传播到其他国家，特别是德国、美国、俄国、奥地利、瑞士、意大利、日本和印度。

工业变革首先出现在除棉花和羊毛这两种纺织品之外的其他行业。鞋靴业、货物装卸、木工、建筑、家具、成衣、袜业、蕾丝、丝绸、亚麻、面粉加工、食品保存、印刷、渔业和洗衣业等行业都发生了根本性的变化。此外，与贝塞麦钢[①]、电力和电器、黄麻、橡胶、石油、电镀和油毡等有关的新行业也迅速发展。由于机械运输对机车、铁路、蒸汽船和船用发动机的需求，采矿和工程活动也得到广泛扩展。仅就铁路而言，对铁的需求持续走高。铁不仅用于铁路的修建和扩建，还用于其更新和维修。[②]运输设施开辟了新的地区，开发了更大的市场，需要更大批量的生产，因此，企业规模扩大了，整体产量增加了——这种刺激对世界上每一个原材料和食品生产国都产生了影响。

在铁路时代，商业的巨大规模需要更多资金，银行业和被称为股份有限公司的商业组织迅速发展，使人们能够更迅速、更成功地调动资本，以迄今无法想象的规模开展业务。很少有个人能够承担起投资规模如此之大的"大工业"。其结果是过去的私人雇主或合伙人团体现在基本上变成了一个非个人

[①] 贝塞麦钢，即使用贝塞麦转炉炼钢法炼出来的钢铁。该炼钢法是亨利·贝塞麦（Henry Bessemer）于1855年发明的一种通过熔融生铁来大规模生产钢的工业方法，其主要原理是将空气吹入铁水，通过氧化去除铁中的杂质。氧化还会提高铁块的温度并使铁块保持熔融状态。——译者注

[②] 英国铁路公司每年购买的各种材料和物资约为2,600万英镑。见《贸易委员会铁路会议的报告》（Report of the Board of Trade Railway Conference），Cd. 4677，1908年，第22页。整个铁路设施大约每25年更新一次。——原注

第2部分
机器引发的工业革命

的公司。19世纪末,典型的雇主是股东,他们认购资本,任命经理,希望获得高额红利,但不亲自对企业负责。新的雇主——股份有限公司——支付股东股息,而不是作为管理者领取工资。随着公司的成立,竞争变得更加激烈,[1]因为有股东的支持,公司可以认缴股份或发行新股,比典型的个人公司或家族企业更具竞争力。但在经历了一段时间的激烈竞争后,19世纪90年代,股份有限公司达成了限制相互竞争的协议,进行合并。托拉斯、联营、卡特尔、辛迪加、银行合并、航运集团和铁路联营都是这一合并阶段的产物,[2]以避免竞争。合并趋势在每个工业国家都显而易见,表明各个国家都在迅速推动更大的生产单位的形成。1914年以前,在自由贸易的英国或保护主义的美国,在工业化的德国或农业国俄国,在奥匈帝国和法国,合并趋势同样很明显。这些合并并不仅仅局限于一个国家,在某些情况下已经扩展到全球。如棉花、烟草和钢轨,各国通过条约将世界分割开来,并在条约中约定不向他国销售这些货物。这种大规模、有组织的垄断生产趋势反过来又极大地刺激了劳工组织的形成。工会和社会主义运动日益壮大,并有逐渐国际化的迹象。

直到通信发展起来,工会才形成一个全国性的行业团体,而不是地方性团体,从而使行动更加有效。直到欧洲大陆

---

[1] 见皇家贸易萧条委员会,《最后的报告》(*Final Report*),1886年,第18页。——原注
[2] 托拉斯、卡特尔、辛迪加均为垄断性组织。——译者注

建成铁路后，工会才有可能举行国际会议或进行国际交流，以回应马克思[①]的呼吁——"全世界无产者联合起来！"铁路和蒸汽船促进了从世界各地进口商品，一个国家的工人通过辛勤劳动制造出来的商品可能在另一个国家以低廉的价格出售，这损害了那些享有高工资或高休闲水平的人的利益。因此，劳工领袖们希望尽力改善所有工业国家的劳动条件，这促使劳工方面的国际行动得以开展。

在第二个阶段，即铁路时期，工厂主和工人的联合成为可能，这在以前是不可能的。这种联合对双方都有利。双方都希望限制竞争，工厂主希望限制与对手企业的竞争，工人希望限制与低工资工人的竞争。工人也希望工厂主能够更有效地满足他们的要求，以对抗日益增长的垄断组织和托拉斯的势力。因此，有组织的资本越来越多地与有组织的劳工对抗，双方都有世界性的组织。

就英国的经济发展而言，工业革命两个阶段的特征可以总结如下：

[①] 即卡尔·马克思（Karl Marx，1818—1883）。——译者注

第2部分
机器引发的工业革命

工业革命两个阶段的特征

时期	受影响的行业	资本组织	劳工组织或关系
碎石路和运河时期 （1770—1840）	纺织、棉花、羊毛、机械工程和冶金	个人企业或家族企业； 合伙人	地方性工会、 友好协会、 革命性冲突
铁路时期 （1840—1914）	机器在其他行业的广泛应用。 新兴行业如轮船、铁路、酸性钢和碱性钢、电器的兴起	股份制公司和股份制银行合并和联合： a. 全国范围的合并 b. 国际范围的合并 * 横向合并，即对相同类型的所有业务进行合并。 * 垂直合并，包括对从原材料到制成品的全部业务或大部分业务进行合并。 c. 银行合并	一个行业的全国性工会 全国各行各业的联合会、国际行动

二、为什么工业革命首先发生在英国

乍一看，工业革命是于1780年至1790年在一个仅有约900万人口的国家开始的。而法国在1789年有2,600万人口，[①]理应为大规模生产的制成品提供更好的市场。法国人也拥有资本，法国的进出口总额比英国的多。[②]他们也有大量的殖民地贸易，并且是殖民地货物在欧洲的重要转口国。他们还有大

---

① 莱瓦瑟：《法国人口》，第1卷，第288页。1760年的英格兰人口为6,736,000人，1770年为7,428,000人，1780年为7,953,000人；苏格兰人口约为100万。见威廉·坎宁安（William Cunningham）：《英国工业与商业的发展》（*The Growth of English Industry and Commerce*），1896年，第2卷，第935页。——原注

② 莱瓦瑟的《法国商业史》（*Hist. du Commerce de la France*）第2卷第517页给出的数字是：革命前法国的进出口额为10.18亿里弗（约4,000万英镑）。而英格兰的出口额为16,845,000英镑，进口额为15,416,000英镑，即进出口总额为32,261,000英镑。见利昂·列维（Leone Levi）：《英国商业史》（*History of British Commerce*），第64页。——原注

量且不断增长的制成品出口,这证明他们可以增加产量,并控制国内外市场。法国农民也在稳步购买土地,这表明法国肯定有资金。工业革命为什么没有从法国开始呢?原因可能是英国人口太少。英国没有足够的劳动力来进行手工作业,以满足日益增长的需求。为了应对日益增长的出口贸易,机器是必不可少的。此外,拥有2,600万人口的法国拥有大量可用于国内工业生产的劳动力。换句话说,为了满足4,000万英镑的进出口贸易,法国有2,600万人;而面对3,200万英镑的对外贸易,英国只有900万人。1762年,法国取消对农村工业的限制后,国内的工业生产迅速发展,[1]但英国不得不用机器来弥补人口的不足。

不难理解为什么英国会成为一个炼铁大国。英国有煤,这种基本原料为炼铁提供了廉价的能源。英国的煤和铁分布在一起,并且矿山靠近威尔士(Wales)、诺森伯兰(Northumberland)和苏格兰的海岸,这将产品运输的难度降到了最低。但奇怪的是,在既不种植棉花也不使用棉织品的情况下,英国居然成为棉织品生产的佼佼者。[2]英国以前的全部工业发展都与羊毛和羊毛布料有关。18世纪,英国在海外有大量的羊毛贸易,并且大部分原材料都靠自己养殖羊获得。

---

[1] E. 塔尔列(E. Tarlé):《旧制度末期的法国农村工业》(*L'industrie dans les campagnes en France à la fin de l'Ancien Régime*)。——原注

[2] 英国出口的棉织品约为其产量的十分之九、价值的十分之八,供国内消费的棉织品价值约为3,000万英镑〔见《1907年生产普查》(*Census of Production, 1907*)〕。托德(Todd)引自牛顿主编的《大英帝国的大宗商品贸易》(*Staple Trades of the Empire*)第84页。——原注

第2部分
机器引发的工业革命

> 正如我所说的,羊毛是上天给英国的独家恩赐。羊毛是英国特有的,世界上没有其他任何国家在羊毛产量上能与之匹敌。只要英国拥有羊毛,其贸易就不会受到损害,至少不会遭受致命的、最终的、破坏性的打击……英国的羊毛制品是独一无二的,世界上没有哪个国家能在工艺或材料上达到我们的水平……显然,如果其他国家能有羊毛作为制造业的主要原料,它们会有很大的进步。但这是不可能的,它们没有羊毛,也不可能有羊毛,全世界都无法供应羊毛。

这是伟大的权威笛福[1]在1730年得出的结论。[2]到1830年,英国最重要的毛纺织业变成棉纺织业。这是一种新的行业,其原料来自国外,并依赖国外市场销售。而在笛福时代几乎不为人所知的钢铁和工程工业却使英国成为世界锻造工厂。

18世纪下半叶,英国机械工程的发展是多种因素综合作用的结果。18世纪发生过一次木材短缺危机。因此,英国国内对煤的需求量很大。那时的煤被称为"海煤",一直不受欢迎。人们认为煤不健康,但不得不使用煤,所以极大地刺激了煤炭开采。由于矿井被水淹没,挖煤非常困难,人们便发明了蒸汽机,将矿井里的水抽干。于是,有了更多的煤可

---

[1] 即丹尼尔·笛福(Daniel Defoe,1660—1731),英格兰作家、商人、记者。他最著名的作品是1719年出版的长篇小说《鲁滨孙漂流记》。——译者注
[2] 笛福:《英国商业计划》*Plan of the English Commerce*,第二版,第173页。——原注

供使用，一种新的动力开始为人类服务。冶铁需要木炭，而由于缺乏烧制木炭所需的木材，铁矿石贸易已经衰落。因为煤中的硫与铁混合会使矿石变得易碎，所以不可能用煤冶炼矿石。这种铁的短缺被科布鲁克代尔（Coalbrookdale）的一个铁匠家族——达比家族（Darbys）解决了。达比家族首先发明了对煤进行焦化处理的方法，使英格兰的铁矿石在木材短缺的情况下也能被冶炼。到1760年，这个方法被商业化生产所采用，刺激了对煤炭的进一步需求。到1784年，由于考特[①]调整了冶铁工艺，煤炭和机械装置不仅可用于冶炼阶段，还可用于铁制品制造的最后阶段，因此，钢铁工业得到了进一步革新。在谢菲尔德（Sheffield），亨兹曼（Huntsman）还发展了钢铁（坩埚钢）工业。随后，运河被修建，以运输日益增长的家用和炼铁所需的煤炭。1760年，布里奇沃特公爵[②]修建了第一条运河，将其位于沃斯利（Worsley）的煤矿与曼彻斯特（Manchester）连接起来，曼彻斯特从此可以获得廉价动力。布里奇沃特公爵还自费修建了另一条从曼彻斯特到利物浦（Liverpool）的运河，从而保证了往返海岸的廉价交通。此后，全国各地的公司迅速开凿运河。天然的内河航道也得到了改善。到18世纪末，一个在当时非常先进的内陆水路系统已经形成。19世纪，托拉斯公司铺设或重建了

---

① 即亨利·考特（Henry Cort, 1741—1800），英格兰铁器生产商。在英国工业革命期间，他使用创新的生产系统将生铁精炼为熟铁。1784年，他申请了炼铁工艺改进版的专利。——译者注
② 即第三代布里奇沃特公爵（Duke of Bridgewater）弗朗西斯·埃杰顿（Francis Egerton, 1736—1803）。——译者注

第2部分
机器引发的工业革命

各种收费公路的主干道。

所有这些发展都可以在不影响纺织业的情况下发生。事实上，早期的纺织机器是木制的，用水推动，与煤和铁的发展无关。纺织机器的出现是由于国内需求增长、国外市场巨大以及劳动力短缺。要满足国内外市场的需求，纺织业必须具备以下条件：机械装置的使用，能让人们进行试验的大量资本的积累，对全球市场的了解，进入全球市场的自由，以及能保证企业发展成果的政治安全。英国是18世纪唯一具备了所有这些条件的国家。

1782年后，瓦特的旋转式蒸汽机提供了比水力更可靠的动力。然而，木制机器不够坚固，无法承受蒸汽的压力，取而代之的是铁制机器或铁制零部件。铁制机器优于木制机器还体现在其他方面。铁制机器占用的空间更小，可以做得更大、更坚固，并且更耐用，不那么费钱。木制机器渗出的油会破坏很多纺织材料，而铁制机器不吸油，更容易清洗，因此更受欢迎。另外，铁制机器的运转更有规律、更匀速，因而织出来的产品纹路更一致。

当铁可以用来制造机器，并且有工程师来制造和装配机器时，铁被认为是唯一合适的机器材料。铁制机器和零件首先被锻造厂和铸造厂用来制造车轮、锤子和其他零件。[①]1786年，一位法国旅行者记录了当时英国棉纺厂广泛使用铁制机器

---

① 在瓦特的蒸汽机出现之前，早期蒸汽机的汽缸是用黄铜制成的。见彼得·费尔拜恩爵士（Sir Peter Fairbairn），《生平》（*Life*），第33页。——原注

的情况,并断言18世纪的最后十年将是新纺织业和新工程业结合的时期。[1]然而,此后很长一段时间内,机器都是由木头框架和铁制部件组成的。

随着铁被用来制造机器,机械工程和制造业的两条发明线相互作用。纺织业对煤炭和钢铁(机器和蒸汽机)的需求进一步推动了冶金业和采矿业的发展。到18世纪末,机械工程和制造业仍紧密相连,结果是新的棉纺厂倾向于在钢铁厂附近建厂,以方便维修机器。

就纺织业而言,机器的引入是为了应对18世纪英国贸易的迅速扩张。

在国内,新的道路和运河提供了更广阔的国内市场,英国富起来了,可以购买更多商品;在国外,贸易特别是与亚热带国家的贸易不断增长,那里特别需要棉织品。

在纺织品方面,英国在世界各地都有庞大且不断增长的市场,因此,如果英国的机器能生产出数百万码[2]的纺织品,英国都能销售出去。1702年至1792年,英国的贸易额增长了三倍,船运吨位增长了四倍;1700年至1702年,英国年均出口

---

[1] "和我有机会在英国参观的所有大工厂一样,我很钦佩这里(佩斯利)的工人在炼铁方面的聪明才智。工厂的机器非常实用,寿命很长,又非常精确。所有齿轮(通常整个机器)都是用铸铁制造的,质地非常坚硬,经过摩擦后像钢一样锃亮,并且永远保持运行状态。"见拉罗什福科-利昂库尔(La Rochefoucauld-Liancourt),《蒙塔涅斯号航程日志》(Voyage aux Montagnes),1786年5月9日。引自保罗·曼图(Paul Mantoux),《18世纪的工业革命》(La Révolution Industrielle au XVIIIe Siècle),第315页。——原注

[2] 码,英制长度单位。1码=3英尺=36英寸=0.9144米。——译者注

第2部分
机器引发的工业革命

总值达6,045,452英镑；1749年至1751年，年均出口总值为12,599,112英镑，年均出口总值翻了一番。[1] 殖民扩张也刺激了机器的应用。殖民地为英国产品提供了越来越大的市场，尽管值得注意的是，在法国大革命之前，法国与英属美利坚殖民地的贸易规模比英国与英属美利坚殖民地的贸易规模大。

英国贸易（单位：英镑）[2]

年份	出口总额	出口目的地		
		英属美利坚殖民地	非洲	印度
1712—1713	7,352,655	1,053,739	111,805	94,179
1750—1751	13,697,811	1,911,700	214,640	798,077
1770—1771	17,161,146	5,742,532	712,538	1,184,824

年份	进口总额	进口来源地		
		英属美利坚殖民地	非洲	印度
1712—1713	5,811,077	1,104,563	11,515	933,013
1750—1751	7,943,436	2,293,576	56,292	1,096,837
1770—1771	12,821,995	4,225,476	97,486	1,882,139

这种不断增长的贸易直接促使人们采用机器来应对市场需求。当时英国的人口很少，工人还是半农业人口，并且非常独立，所以工人一直紧缺。纺纱业一直人手不足，纺纱工在任何时候都很稀缺，但在春天和夏天，当妇女和儿童忙于收割干草、谷物或其他紧迫的农活时，织布业和布料的生产几乎处于

---

[1] 乔治·查默斯（George Chalmers）：《英国国内经济的历史透视》（*An Historical View of the Domestic Economy of Great Britain and Ireland*），1812年，第325页。——原注
[2] 查尔斯·惠特沃思爵士（Sir C.Whitworth）：《1697年以来的英国进出口贸易状况》（*State of the Trade of Great Britain in Its Imports and Exports, Progressively from the Year 1697*）。——原注

停滞状态。[1]

下面这段同时代人的话清晰地揭示了市场的增长、人手的紧缺和机器的出现之间的联系:

> 大约在1760年,曼彻斯特的商人也开始向意大利、德意志和英属美利坚殖民地大量出口纬起绒布[2]。棉花产业持续增长,直到纺纱工无法为织工提供足够的纬纱。一个织工早上要走三四英里[3]路,拜访五六个纺纱工,才能收集到当天需要的纬纱,这是很平常的事。当织工想在更短的时间内织出一块布时,纺纱工就需要一条新的丝带或罩衣来加快工作速度。显然,兰开夏郡(Lancashire)的棉花产业正面临严峻危机……纺纱工无法为织工提供足够的纬纱,第一个后果是纺纱的价格提高了……这会使制成品的价格过高,无法满足国内外的消费,因为低廉的价格本来是这些产品吸引人购买的主要原因。[4]

这一系列效应的结果是用于纺纱的机械装置被发明出来。

---

[1] 约翰·詹姆斯(John James):《精纺产业的历史》(*History of the Worsted Manufacture*),第312页。——原注
[2] 纬起绒布是指由纬纱在织物表面形成毛绒的棉布。——译者注
[3] 英制长度单位,1英里约合1.61千米。——译者注
[4] 理查德·盖斯特(Richard Guest):《棉花产业简史》(*A Compendious History of Cotton Manufacture*),1823年,第12页。——原注

第2部分
机器引发的工业革命

其他作家也记录了这一系列效应。1780年,一位时事小册子作者断言:"在诺丁汉(Nottingham)、莱斯特(Leicester)、伯明翰(Birmingham)、谢菲尔德(Sheffield)等地,如果不是人们不断发明各种巧妙的改进方法,抵消手工劳动价格上涨的影响,这些地区早就放弃对外贸易的一切希望了。"[1] 1783年,另一位小册子作者认为:"如果不引进纺纱机,制造商或工人的任何努力都无法满足贸易的需求。"[2]

由于有人请愿反对机器的使用,下议院任命一个委员会来调查这个问题。委员会的结论是:"由于使用了机器,棉纺厂得到了发展。如果没有机器,棉花产业肯定会像亚麻产业一样衰落。如果不使用机器,对棉织品的需求就无法得到满足……如果禁止纺纱机运转,织工就无法得到足够的经纱以满足当前需求。"[3]

1802—1803年,下议院任命了一个委员会调查羊毛服装商的请愿。一位证人说,他"清醒地意识到,如果搁置机器,就不会有足够的人手来生产大量的布料,以供国内外消费"[4]。其他证人说,劳动力很难获得,所以在英格兰西

---

[1] 托马斯·本特利(Thomas Bentley):《论使用机器缩短劳动时间的效用和政策书信集》(*Letters on the Utility and Policy of Employing Machines to Shorten Labour*)。——原注
[2] 詹姆斯·奥格登(James Ogden):《曼彻斯特人笔下的曼彻斯特》(*A Description of Manchester by a Native of the Town*),1783年,第87页。——原注
[3] 《大众期刊》(*Commons Journals*),1780年,第38卷,第926页。——原注
[4] 梅特兰(Maitland):《商人、仓库管理员和西班牙羊毛进口商》(*Merchant and Warehouseman, Importer of Spanish Wool*),引自《报告(1802—1803)》(*Reports, 1802—1803*),第5章,第265页。——原注

部，越来越多的妇女被雇用从事织布工作，并且那里正在引进机器来完成布料的加工。兰开夏郡的织工非常短缺，因此，1800年，商人们召开了一次会议，试图改进动力织机。[1]这样就能在英国生产布料，而不是出口纱线让外国人加工，因为后者引起了一种危险的外国竞争。

早在1728年，笛福就记录了纺纱工人工资的大幅上涨及随之而来的用人短缺。[2]劳动力短缺的状况贯穿了整个18世纪。劳动力短缺不仅是因为人口少，还因为纺织业以外的产业对劳动力的大量需求。煤矿开采在扩张，炼铁业也在扩张。收费公路信托正在重建英格兰的道路系统。运河在1760年后迅速发展。人们不仅需要开凿运河，还需要操作驳船，装卸越来越多的货物。码头和港口都建起来了，城镇也建起来了，到处都在圈地筑篱。一些时事小册子的作者将劳动力匮乏归因于制造业从业者的懒惰。据说，他们每周的工作时间不会超过三

---

[1] 梅特兰：《商人、仓库管理员和西班牙羊毛进口商》，引自《报告（1802—1803）》，第5章，第55页。——原注
[2] 《仆人的行为》(Behaviour of Servants)，第84页到85页。——原注

第2部分
机器引发的工业革命

天或四天,因为他们非常富裕。[①]跟他们相比,法国工人更勤奋,并且据说工资"比英格兰人少三分之一"。

显然,工人的稀缺和外国对纺织品日益增长的需求极大地推动了机器的使用。

但是,无论英国多么迫切地需要机器,如果没有足够的资本支持,英国就不可能进行机器实验并在工厂里安装机器。幸

[①] 《对外贸易下降原因分析(1744)》(*Essays on the Causes of the Decline of Foreign Trade, 1744*)一书解释说,我们的用人和劳工的工资之所以"过高",是因为"生活供应太便宜",他们的工作时间不会超过半个星期。"我们的劳动力价格如此之高,以至于在外国人与我们竞争的所有行业中,我们都失去了优势。"(第44页)

二十五年后,另一位作者在《关于贸易和商业的思考(1770)》(*Thoughts on Trade and Commerce, 1770*)中提出了同样的抱怨:"国内工人无所事事的另一个原因是缺少足够数量的劳动人口。人们自然会认为,当人手不足时,工人理应充分就业,但正如这个国家的主要制造商所熟知的那样,情况远非如此。每当制造业的劳动力特别稀缺时,工人就会觉得自己十分重要,并会让他们的雇主了解到他们的重要性。令人惊讶的是,这些人的品行如此堕落,以至于他们联合起来,整天在一起无所事事,让雇主十分头疼。"(第27页)

"我的下一项工作将调查法国人何以能在国外市场上用低价打败我们。法国人之所以能够在国外市场上用低价打败我们,主要原因是法国的劳动力比英国便宜很多。我发现几乎所有作者都同意这个观点。事实上,当我们考虑到劳动力价值在商品价值中的占比时,我们发现劳动力价值经常将商品最初的成本提高五到五十倍。我们必须承认,劳动力价格的小幅上涨对一个国家的贸易有着重大影响。英国的劳动力价格居高不下是我们对土耳其、西班牙和意大利贸易下降的主要原因。在这些国家,我们的销售额一直低于法国。"(第66页)

"我们制造业的主要弊端是劳动力价格过高。我一直认为,劳动力价格高的主要原因是制造业工人游手好闲、放荡不羁。"(第299页)

"我们希望的是,制造业工人的工资应该更低一些,这对他们和国家都更有利。他们劳动六天挣的钱应该和他们现在四天挣的钱一样多。我相信他们能够做到这一点,并且他们的生活会比法国人或荷兰人好得多。单凭这一点就可以弥补我们已经失去的交易,并大大扩大那些仍然存在的交易。"(第301页)——原注

运的是，英国拥有资本。18世纪，英国的资本积累就已经迅速发展起来。在资本积累方面，英国在殖民地和印度的贸易起了非常重要的作用。从殖民地和印度带回的烟草、糖、香料和其他产品给英国带来了大量利润。英国是这些商品在欧洲的主要经销商，销售额与法国不相上下。通过销售和转售这些商品，英国积累了资本，有能力将资金投入煤矿和钢铁厂，以期更大的回报。[①]英国的银行体系组织良好，人们很容易获得资本，有钱人也愿意与发明家合作。法国的进出口贸易规模更大，拥有更多资本，但缺乏一个可以随时提供信贷的银行体系。法国的银行体系直到19世纪才真正形成，因为1720年依靠法律发起的投机计划失败，给法国的银行体系带来了巨大的冲击，法国的有钱人不敢冒险进行新的投资，宁愿投资到土地上。此外，英国的政治环境足够稳定，所以人们毫不犹豫地将资金投入大型企业所需的固定投资中。英国人了解资本，了解大规模生产，知道自己的努力终会有回报。法国大革命后的十年中，法国的工业和商业生活遭到彻底破坏，直到1830年才

[①] 为获得资本而从苏格兰来到英格兰的发明家数量非常惊人，如瓦特、内史密斯（Nasmyth）和费尔拜恩。——原注

第2部分
机器引发的工业革命

恢复到大革命前的商业繁荣水平。[①] 了解了这一点,我们就能明白政治不稳定对经济发展的破坏性有多大。事实上,人们很容易认为,如果没有法国大革命,法国可能会取代英国成为纺织业工业革命的先驱。英国有煤,这是一个巨大的优势,而法国缺煤确实严重阻碍了法国的发展,但法国可以从阿尔斯特(Ulster)这样的地区进口煤炭。而且无论如何,早期的机器是通过水来运转的,在这方面,法国的设备和英国的一样好。法国有优良的工业传统、勤劳又众多的人口、庞大的国内外市场和良好的产品口碑。法国还有大量的发明天才,如雅卡尔[②]发明了提花织机,勒布朗[③]等人在工业化学方面也有许多重大的发现。1771年至1772年,英国仍然拥有所有英属美利坚殖民地,而法国则失去了加拿大。诚然,法国重要的殖民地落入英国手中,但在1787年,法国的殖民地贸易额比1771年至1772

[①] 1771年至1772年,英国与其在非洲和美洲的殖民地之间的进出口贸易额为9,566,418英镑(见查尔斯·惠特沃思:《1697年以来的英国进出口贸易状况》),而法国的进出口贸易额超过1,100万英镑。根据查尔斯·惠特沃思的数据,1771年至1772年,英国在东印度的贸易额为3,414,553英镑(进口额为2,473,192英镑,出口额为941,361英镑),而阿诺德(Arnould)给出的法国贸易额为2,086,200英镑(数据以1里弗等于1法郎,25法郎等于1英镑计算)。1789年,法国殖民地产品的转口贸易额为1.52亿里弗,约合600万英镑。法国的出口总额从1715年的1.18亿里弗(约470万英镑)上升到1787年的5.17亿里弗(约2,060万英镑),而"法国工业产品"的出口额从1716年的4,500万里弗上升到1789年的1.33亿里弗(即从180万英镑上升到532万英镑)。——原注
[②] 即约瑟夫·玛利·雅卡尔(Joseph Marie Jacquard,1752—1834),法国织工和商人。他所发明的提花织机是人类历史上的首台可设计织布机,也是现代自动织布机的基础,推动了纺织工业的技术革命。——译者注
[③] 即尼古拉斯·勒布朗(Nicolas Leblanc,1742—1806),法国化学家,发明了工业制造纯碱的方法。——译者注

年的英国还多。1715年至1787年，虽然英国的对外贸易增长了三倍，但法国的对外贸易增长了四倍。如果不是因为法国大革命，法国与美国的贸易会有很大发展，因为美国人对法国友好而敌视英国。然而，由于法国大革命，1793年英法之间爆发了战争。英国人切断了法国的海外贸易，法国再也无法重新调整其商业联系。

1750年后，法国的道路得到了改善。1789年前，在重农主义的影响下，各种贸易障碍被扫除，法国国王和大臣大力引进机器。在法国大革命之前，法国已经有了用机器加工的棉纺织业的雏形，并在克鲁索（Creusot）出现了使用焦炭的小型现代炼铁厂。但是，法国大革命造成的经济动荡使法国倒退了四十年，到1830年，当法国恢复过来时，英国已经成为世界工厂。

德国的工业发展因缺乏资本，道路不畅，国民性格狭隘、缺乏创业精神，国内关税障碍重重，国内外市场缺乏等诸多原因而受阻。相较之下，英格兰因其广泛的贸易、有组织的信贷系统、良好的道路和运河，以及广泛分布在两个半球的殖民地而具有显著优势。

当时英国的航运十分高效，因此，英国的产品能很快运到海外的目的地。在这方面，英国的分销能力远超除荷兰之外的其他国家。

那么，为什么荷兰没有成为新工厂制度的先驱？这是一个很有趣的话题。荷兰拥有资本，航运设施良好，人口规模小，这些条件能推动机器的使用。荷兰是一个亚麻布生产

第2部分
机器引发的工业革命

国,其产品在印度有很大的市场。然而,荷兰的贸易量正在下降,在市场萎缩的情况下增加产量是很不明智的。荷兰的政治制度极其繁琐,并且地方高度自治。[1]荷兰的行会具有垄断性质,由于行会的反对,很难找到人手来操作机器。荷兰人不熟悉大规模工业,也没有英国和法国那样优良的工业传统,并且缺乏工业自由。但最重要的是,世界上可获得的原材料非常有限,法国和英国成功地获得了原材料,荷兰在这方面不如英国和法国。因此,即使荷兰投入了机器,也会缺乏保持机器运转的原材料。[2]当然,荷兰也有一些其他有助于工厂制度发展的有利因素。

在地理位置上,英国处于欧洲的边缘,位于大西洋沿岸,是通往北欧的必经之地,这让它在任何市场的销售都无可匹敌。1760年后,随着英国内陆水道和公路的发展,从海外向煤田运送原材料变得容易,而将制成品运往沿海地区也很便利。由于公路和运河提供了更多的运输便利,英国的内部市场也扩大了。英国还有一个优势,是它不受任何内陆关税壁垒的影响。直到1834年,成千上万的国内关税阻碍了德意志的交通。1789年之前,无数通行费和关税阻碍了法国的贸易,更不用说除了地方通行费之外,法国还被划分为三大关税区。相较之下不难看出,英国的政治和经济自由是其工业扩张的原因

---

[1] 亨德里克·威廉·房龙(Hendrik Willem Van Loon):《荷兰共和国的衰亡》(*The Fall of the Dutch Republic*),1913年。——原注

[2] 奥托·普林舍姆(Otto Pringsheim):《荷兰对经济发展的贡献》(*Beiträge zur wirtschaftlichen Entwicklungsgeschichte der vereinigten Niederlande*)。——原注

之一。工厂无法雇用被束缚在土地上的农奴,也不能用实物支付工资,仅这两点就阻碍了18世纪大多数欧洲国家的工厂发展。对大陆国家来说,在城镇中获得"人手"并不困难,但行会根深蒂固,阻止城镇工匠从事工厂工作。此外,由于早期的机器是通过水来推动的,所以机器必须安装在农村地区,而欧洲大陆的农村盛行农奴制,使人们无法进入工厂。①

16世纪末,农奴制在英格兰、苏格兰和爱尔兰已经消失。因此,到18世纪中叶,英国的居民可以自由迁徙,这或许是当时其他民族都无法做到的。16世纪时,行会受到王室的控制,不能在新机器的使用上设置任何障碍,也不能阻止人们自主选择职业。18世纪的外贸公司已不再是垄断企业,对买卖金额没有限制。

一个世纪以来,英国人一直在为各种各样的大型外国市场提供服务,非常熟悉大规模生产。不管是气候炎热的国家,还是气候寒冷的国家,英国人与世界各地都有贸易往来,可以把东西从北极卖到墨西哥,并且确实做到了。

> 但看看我们英国的羊毛制品吧,你会发现它无处不在。每个国家、每个市场、每个贸易场所都有它。任何地方都接受、重视、使用、需要它。总

---

① 克鲁索钢铁厂在法国开工时,尽管规模很小,却要在全国范围内寻找劳动力。C. 巴洛(C. Ballot):《法国冶金工业中的技术革命和大开发的开始》(La Revolution technique et les débuts de la grande exploitation dans la metallurgie française),载于《经济史评论》(Revue d'histoire des doctrines économiques),1912年。——原注

第2部分
机器引发的工业革命

而言之,全世界都在穿它,全世界都渴望它,全世界几乎都羡慕我们拥有它的荣耀和优势。在流行穿我们的羊毛制品的几个国家里,它不是卑贱和贫穷的人的穿着,而是最上等、最富有的人的衣装。王子们,不,我可以说,当时世界上的国王们都穿着它。西班牙国王甚至在举行仪式的日子里也会穿着贝斯斗篷;整个土耳其帝国的大领主都穿着英国布袍,而波斯的苏菲①在波斯和印度丝绸之间穿着深红色的宽布长袍,并将其视为世上最高贵的礼服。

在神圣罗马帝国的任何一个邦国首府,你都可以发现英国的布匹堆满了商人的商店,只要易北河(Elbe)、奥得河(Oder)的航运能将它们送达。莱茵河、马斯河(Maes)、摩泽尔河(Moselle)、萨尔河(Saar)、美因河(Main)、内卡河(Neckar)、多瑙河(Danube)都在运送我们的布匹。我们的布匹不仅在布拉格(Prague)、维也纳(Vienna)、慕尼黑(Munich)有销售,甚至在布达(Buda)和贝尔格莱德(Belgrade)也有销售。各国最优秀的绅士都会购买我们的布匹,如果他们不买,那是因为缺钱而不是不喜欢……你看,意大利人通常穿着用英国布料或此类轻薄织品做成的衣服;教士们穿着黑色的贝斯长袍,修女们

---
① 指波斯萨非王朝的统治者。——译者注

戴着我们生产的精美的纱巾和长面纱，甚至高贵的威尼斯人也用我们的布匹做成他们最好的衣服。有哪件产品能像它那样受到如此普遍的欢迎，或者成为整个基督教世界最受欢迎的服装？如果我们去南美洲，比如去葡萄牙繁荣的殖民地巴西，就会发现我们每年能从那里得到几十万比索①，因为尽管那里天气炎热，英国的制成品还是被消费。在价值方面也是如此，我们的布匹对贵族甚至对世界上的国王和皇帝来说不会太便宜，对乡下人和农民来说不会太贵，对男人来说不会太轻佻，对女士来说不会太死板。②

这种广泛的贸易自然需要精心组织。英国商人从西班牙进口美利奴羊毛，这种羊毛对制造精美的布匹来说至关重要。他们还进口了爱尔兰羊毛，尽最大努力防止英格兰或苏格兰的羊毛从英格兰走私到法国。18世纪，世界上出现了羊毛短缺。英国政府绝对禁止羊毛出口，以便让英国人获得全部原材料，但还是无法阻止大量羊毛流向法国。③

---

① 比索：西班牙的旧本位货币。——译者注
② 笛福：《英国商业计划》，第二版，第180页到186页。——原注
③ 出口禁令一直延续到1788年。根据乔治三世28年第38章法案（28 George III, c.38），任何出口羊毛的人，将被处以每磅羊毛3英镑或总共50英镑的罚款。第一次犯罪会被判处3个月的监禁，第二次犯罪会被判处6个月的监禁。法国船过去经常在爱尔兰海峡活动，拦截从爱尔兰到英格兰的羊毛船。也有大量走私船从爱尔兰和英格兰出发。——原注

第2部分
机器引发的工业革命

  商人们将各种品质的羊毛分门别类，并将其分发到全国各地进行纺纱。几乎每家每户的妇女和儿童都在纺纱或梳理羊毛，即使是四五岁的小孩也能以这种方式为家庭做出贡献。收集纱线的商人会把纱线交给织工，并亲自监督布料的染色和精加工。18世纪，布料贸易是一个高度组织化的资本主义产业。然而，也有一些人会自己购买羊毛或蓄养羊群，将羊毛织成布，染色后将成品卖给熟悉的客户或在当地布店出售。这种形式的贸易在约克郡（Yorkshire）特别典型。然而，原材料的专业化和市场许多不同的特殊需求，使一类与众不同的人即大规模生产的组织者脱颖而出。这意味着英国正在为最多样化的市场进行大规模的生产培训。

  在18世纪早期，由于1685年后胡格诺教派的推动，丝绸成为仅次于羊毛的第二大纺织产业。[1]亚麻布位居第三。1716年至1720年，英国平均每年只进口了2,173,287磅棉花，从这一事实可以看出，棉花产业微不足道。英国东印度公司从印度获取棉织品，然后再出口。棉花产业不受当局欢迎，因为原材料的供应极不稳定。人们认为，英国应该集中力量生产羊毛制品，因为大部分原材料都可以在国内买到。原棉来自黎凡特地区（Levant），特别容易被法国人拦截，而第二大供应来源西印度群岛同样不稳定，因为法国人在这些地区作为殖民者和贸易商

---

[1] 杰拉尔德·B. 赫兹（Gerald B. Hertz）的《18世纪的英国丝绸工业》（The English Silk Industry in the Eighteenth Century），摘自《英国历史评论》（English Historical Review），1909年，第721页。——原注

势力十分强大。

主要的羊毛布料生产地是东安格利亚（East Anglia），特别是诺福克郡（Norfolk）、萨福克郡（Suffolk）、埃塞克斯郡（Essex）和英格兰西部地区。在这些地区，布料生产遍布威尔特郡（Wiltshire）、德文郡（Devonshire）和格洛斯特郡（Gloucestershire）。在北方，约克郡是重要的羊毛布料生产地。丝绸在埃塞克斯郡的斯皮塔菲尔德（Spitalfields）、麦克尔斯菲尔德（Macclesfield）和曼彻斯特生产；亚麻布在苏格兰和爱尔兰北部生产。

必须始终牢记的是，在18世纪，原材料非常稀缺，法国和英国这两个工业大国都在努力获取羊毛、丝绸、棉花和亚麻，这也是两个国家在西印度群岛和印度开展殖民竞争的主要原因。从1721年起，沃波尔[1]在不同时期多次调整关税，以使英国有机会用更低的税率获得原材料。[2]1766年后，如果用英国船进口，原棉可以免税。就羊毛而言，英国人可以从国内获得大部分原材料，但需要进口西班牙美利奴长绒羊毛来制作一些优质布料，法国人也是如此。然而，英国人似乎比法国人更容易获得美利奴长绒羊毛。法国的大部分布料贸易都依赖英格兰的羊毛，而英国禁止出口羊毛。于是，英国制造商尽力防止羊毛被走私出去，法国人则想尽一切办法获取羊毛，因此，两

---

[1] 即罗伯特·沃波尔（Robert Walpole, 1676—1745），英国辉格党政治家，1721年至1742年任首相，通常被认为是英国事实上的第一任首相。——译者注

[2] 诺里斯·A. 布里斯科（Norris A. Brisco）：《罗伯特·沃波尔的经济政策》（The Economic Policy of Robert Walpole），第131页到第139页。——原注

第2部分
机器引发的工业革命

国之间斗争不断。[①]两国都在意大利争夺生丝,但法国人更有优势,因为丝绸是在罗纳(Rhone)河谷生产的。不过,英国人能够从东印度群岛获得一些原材料。东印度公司尽力刺激印度提高原材料产量。而在美洲殖民地,英国政府则试图通过奖补来获得原材料的定期供应。

在棉花方面,法国人似乎成功地获得了大部分原材料,这可能是英国棉花产业发展缓慢的原因。直到英国控制了海洋,切断了法国在黎凡特地区和西印度群岛获取原料的渠道,英国的棉花产业才快速发展起来。

在机器时代到来之前,英国的棉织品是用混合亚麻经纱生产的,因为棉纱的强度不够用作经纱。而在1751年,英国人不仅很难获得棉花,而且在获得亚麻纱线方面也越来越困难。爱尔兰人在生产亚麻出口制品时用光了亚麻。英国生产的亚麻很少,为了获得德意志的亚麻,英国人和法国人展开了竞争。棉花行业要求减免亚麻纱线的关税以刺激贸易。英国议会的质询

[①] 英格兰各区之间,特别是约克郡和东安格利亚之间,也存在着争夺原材料的斗争。
"现在对羊毛的竞争非常激烈,诺维奇的人在家里处理羊毛,而这些羊毛本应该运到约克郡用于生产窄布。北方地区可能也留着羊毛,便于自己生产台面呢,而这些羊毛本应该低价卖给博金(Bocking)。"《农业年鉴》(*Annals of Agriculture*),1787年,第9卷,第312页。——原注

表明，对原棉的争夺变得越来越激烈。[1]

为了缓解亚麻短缺的情况，英国对殖民地的亚麻生产给予奖补。七年战争(1756—1763)结束后，对棉花短缺的抱怨似乎停止了，这可能是因为英国在海上的优势成功扭转了原材料供应短缺的局面。七年战争结束时，许多英国人希望保留瓜德罗普岛[2](Guadeloupe)而不是加拿大，原因之一是瓜德罗普岛是一个重要的棉花产地。整个18世纪，在靛蓝、烟草、亚麻、大麻、生丝、植物油、珍珠灰、钾肥、干胭脂虫、原木和各种海运物资上，殖民地都享有奖补和优惠。[3] 1780年，英国对殖民地的棉花给予优惠，即对外国种植的棉花征收低关税，所得收入专门

---

[1] 一位证人就1728年至1750年的情况做证。他提到原棉价格上涨了近三倍，并将这归因于法国和荷兰对原棉的大量需求，"法国人过去进口5,000袋棉花，去年却从萨洛尼卡(Salonica)进口8,000袋，从士麦那进口5,000袋。证人居住在土耳其期间，惯例是荷兰人确定棉花的价格，但自从法国人开始从事棉花贸易，棉花价格就开始由他们确定。如果目前的棉花价格继续走高，他认为英国商人不值得从事棉花贸易。当被问及法国人如何能负担得起这样的高价格时，他说他知道法国人从法国王室那里得到了进口棉花的许多鼓励，他们不仅将所有进口棉花用于生产，还购买英国棉花用于法国生产。"
其他证人提供的证据表明，八年前，西印度群岛的棉花价格为11便士到1先令，而现在涨到了2先令1便士。这是因为"法国、荷兰和德国的船购买了这里的棉花"。——原注
[2] 位于北美洲加勒比海小安的列斯群岛中部。1493年哥伦布到达该岛，16世纪由西班牙统治。1635年，法国殖民者占领该岛，后几度被英国占领。1815年又重新归于法国统治之下。——译者注
[3] 杰拉尔德·B. 赫兹：《旧殖民体系》(The Old Colonial System)，1905年，第39页到第40页。——原注

第2部分
机器引发的工业革命

用于鼓励背风群岛[①] (Leeward Islands) 的棉花种植。[②]

就这样，英国日益增长的殖民势力和在海上的霸主地位刺激了工厂制度的发展，因为大量的原材料供应必须得到保证，才能让机器有用武之地。西印度群岛和弗吉尼亚 (Virginia) 的发展对棉花贸易特别有价值。这些种植园雇用的奴隶穿的是英国制造的棉布，所以为棉花贸易提供了一个稳定的市场，因为在英国，人们不怎么穿棉织品。

法国人和英国人在原材料方面的竞争贯穿了整个18世纪。最有趣的莫过于拿破仑为法国棉纺织业争取棉花的斗争。拿破仑成功获得了一些原材料，这些原材料是从黎凡特地区经维也纳和斯特拉斯堡 (Strassburg) 或经达尔马提亚[③] (Dalmatia) 和意大利的陆路运过来的，因为当时英国人是地中海的主人。拿破仑控制西班牙北部可能是想获得美利奴羊毛。他鼓励美利奴羊的养殖，以大力促进法国美利奴羊毛的加工。在18世纪的两国斗争中，英国人和法国人不仅争夺市场，还争夺原材料，因为谁斗争失败则意味着该国的失业率会普遍上升。

就制造业而言，法国商品在英国要么被禁止，要么因高关税而几乎被排除在外。1766年，一位女士因持有一块法国细麻

[①] 加勒比海岛群。——译者注
[②] 乔治三世20年第45章法案（20 George III, c. 45.）。关于英国人在西印度群岛鼓励种植棉花的努力，见《关于非洲奴隶贸易的报告》(*Report on the African Slave Trade*)，1789年，见于各处。——原注
[③] 克罗地亚的一个地区。——译者注

布手帕而被伦敦市政厅罚款200英镑。[1]

乍一看，羊毛居然被棉花这样一种新的、外来的贸易产品取代了首要地位，这实在让人吃惊。

加工棉花的机器的出现有很多原因，但直接的推动力可能来自对印度进口的封锁。[2]

英国人开始习惯于穿东印度的棉织品，这引起了羊毛和丝绸行业的不满。1708年，笛福指出：

> 人们对东印度商品的喜爱居然到了这种程度。以前斜纹棉布和彩色印花棉布只用来做地毯、被子等，以及给孩子和普通人做衣服，现在它们成了女士们的服装。这就是时尚的力量。我们可以看到有身份的人穿着印度棉布，而就在几年前，他们的女仆还认为印度棉布对上等人来说太普通了。甚至女王本人也乐意穿着中国丝绸和印花棉布制成的衣服出现在公众面前。这还不是全部，棉

---

[1] 《农业年鉴》，1787年，第9卷，第312页。——原注
[2] 英国的棉花产业以新的、更大的规模起步，可能也与莫卧儿帝国的崩溃和印度进口的不确定性有关。英国商人一直习惯于从印度进口棉织品，销往西非、西印度群岛和南美市场。其中一些贸易是通过西班牙和葡萄牙进行的，因为西班牙和葡萄牙不允许其他国家与它们的殖民地进行贸易，但其中仍有许多是在无视牙买加走私贸易禁令的情况下进行的。然后，18世纪中叶，莫卧儿帝国土崩瓦解。英国人能否在印度站稳脚跟，或者法国人是否会赶走英国人，这是一场斗争。其结果是，棉织品的稳定供应变得更加困难，英国商人被迫依靠本国制造来满足西非贸易的需求。詹姆斯·奥格登：《曼彻斯特人笔下的曼彻斯特》，第70页。——原注

第2部分
机器引发的工业革命

布还悄悄地进入我们的房子、壁橱和卧室。窗帘、垫子和椅套都是棉布做的,连床上都铺着印花棉布或印度棉布。[①]

英国政府担心羊毛贸易受损,便在1700年禁止从印度、中国和波斯进口印花棉织品,除非是用于再出口。[②]随后,由于人们继续使用棉织品,商人进口白色棉布,然后在英国印染。丝绸和毛织品行业的抱怨也随之而来。"观察家普遍认为,在过去的十二个月里,印花棉布和亚麻布的消耗量是1717年的两倍……此外,我们的女性过去习惯于用波斯丝绸和纱笼做她们的英国和荷兰印花棉布裙子的内衬,这些丝绸的生产占用了数百台织机。而现在用于丝绸生产的织机数量不到原来的一半,因为最近我们的女性用棉布做她们的印花棉布裙子的内衬。"[③]

显然,棉织品的使用范围大大增加了。1720年,毛织品和丝织品制造商成功地促使一项法案获得通过,该法案禁止使用或穿着印花棉织品,无论这些棉织品是在英国还是在其他地方印染的。但东印度公司可能仍一直进口白色印花棉布或细棉布供英国使用。

---

① 笛福,1708年,引自爱德华·贝恩斯(Edward Baines)《大不列颠棉花产业史》(*History of the Cotton Manufacture in Great Britain*)第70页。——原注
② 威廉三世11年第10章法案(11 William Ⅲ, c. 10.)。——原注
③ 《织工的真实案例》(1719)(*The Weaver's True Case, 1719*),B. M. 1029 e.17,第8页到第9页。——原注

为了满足当前需求，棉纺织业开始生产一种半亚麻半棉花的布料。在生产这种布料方面，曼彻斯特的地理位置非常适合从爱尔兰获得亚麻纱线用于经线。1736年，因为有人对这种做法的合法性产生了疑问，所以政府通过了一项法案——乔治二世9年第4章法案(9 G.Ⅱ, c.4)，明确规定混合布料贸易的合法性。禁止从国外进口印花棉织品的规定甚至在1774年之后仍然有效，即使当时为允许英国人穿着在国内制造和印染的纯棉织品，英国已经废除了1720年的法案。因此，英国的棉纺织业占据了整个国内市场。1781年和1783年，英国对出口的棉织品给予每码半便士到一个半便士的补偿，并退还了消费税〔乔治三世21年第40章法案(21 G.Ⅲ, c. 40)和乔治三世23年第21章法案(23 G.Ⅲ, c.21)〕。不过，尽管普通平纹细布和白色印花布仍可进口，但关税仍相当高，并且法国战争[①]使英国财政收入更加吃紧，棉布关税进一步增加。[②]因此，棉纺织业不像毛纺织业那样得到政府资助的说法并不准确。

用机器制造棉产品几乎是突然开始的，其原因可能是，已经习惯于使用棉织品的英国妇女在印度商品被禁止进口后，用

[①] 法国战争(French Wars)，指1793年至1815年英国与法国之间的战争。1793年，路易十六被斩首后，法国革命者向欧洲所有君主国宣战，入侵奥地利属荷兰领地，并于1793年2月1日向英国宣战。于是，欧洲长达二十二年的冲突开始了，直至拿破仑下台。——译者注
[②] 1787年，白色印花棉布的从价关税为16英镑10先令，1814年上涨到67英镑10先令。而平纹细布和南京棉布的从价关税从1787年的18英镑上升到1814年的37英镑10先令。见爱德华·贝恩斯的《大不列颠棉花产业史》，第325页。——原注

第2部分
机器引发的工业革命

现在提供给她们的半亚麻半棉的产品来替代。[①]

当棉花产业不得不满足新的需求时,从事该行业的人就难以获得纱线了。纺纱工人已经很稀缺,妇女们忙着羊毛纺织,不会轻易接受报酬更低的棉纺织工作。[②]如果要扩大棉织品贸易,就需要大量纱线供应,那就只能使用机器,因为根本找不到工人。由于此前没有训练有素的工人从事棉纺织业,没有任何既得利益者,所以无人站出来反对使用机器纺纱。因此,机器纺纱就这样被迅速推行开来。[③]棉花原材料必须从国外进口,亚麻纱线要从爱尔兰和汉堡进口,这一事实使棉花贸易从一开始就具有资本主义性质。羊毛的供应非常有限,而英国可以从黎凡特地区和西印度群岛获得大量原棉,并且随着时

---

① 然而,原棉的进口量并未显示出棉织品贸易任何快速扩张的趋势。

年份	进口量(磅)
1720	1,972,805
1730	1,545,472
1741	1,645,031
1751	2,976,610
1764	3,870,392

以上部分进口是用于转出口的。然而,原棉的进口得到了亚麻纱线进口的补充,其中1731年从爱尔兰进口亚麻纱线13,734英担(1英担等于112英镑,约为50.802千克),1740年进口18,519英担,1750年进口22,231英担。此外,英国还进口了一些汉堡纱线。爱德华·贝恩斯:《大不列颠棉花产业史》,第108页到109页。——原注
② 爱德华·贝恩斯说,纱线价格的上涨可能会吸引人手,但这会使棉织品过于昂贵。棉织品必须便宜才能战胜毛织品。爱德华·贝恩斯:《大不列颠棉花产业史》,第116页。——原注
③ 织工们发起了反对珍妮纺纱机的暴动,他们担心可能会被要求用更细的纱线织出更紧致的布。詹姆斯·奥格登:《曼彻斯特人笔下的曼彻斯特》,第88页。——原注

间的推移，美国的棉花供应量不断增加。原材料供应无限增加的可能性使棉花特别适用于需要大量原材料的机器，这样机器就可以得到不间断的使用。1787年，忠于英国的难民将棉花种子从巴哈马群岛（Bahamas）带到美国佐治亚州，并成功在那里大量种植。1793年，惠特尼[①]发明了轧棉机，能够将棉花与棉籽分离，使美国能够向英国供应丰富的原棉。因此，从那时起，只要英国人能将棉花运往英国，英国棉纺织业的扩张就不再受原材料短缺的限制。由于英国加强了对海洋的控制，法国将永远无法中断英国正常的原材料供应。英国再也不用担心机器会因原料短缺而闲置。[②]

此外，英国人拥有庞大的贸易关系网，可以轻易销售任何数量的棉织品，这进一步刺激了大规模生产。用机器纺制原棉的技术难题很快被克服，这进一步促进了加工棉花的机器的应用。因此，只要机器投入使用，市场就在那里，原材料就在那里，就可以进行机器生产，投资很快就能得到回报。

---

① 即伊莱·惠特尼（Eli Whitney, 1765—1825），美国发明家，因发明轧棉机而广为人知。轧棉机是工业革命的关键发明之一，塑造了南北战争前南方的经济。——译者注
② 原棉年平均进口量：

年份	进口量（磅）
1701—1705	1,170,881
1716—1720	2,173,287
1781—1785	10,941,934
1786—1790	25,443,270
1800	56,010,732

理查德·盖斯特：《棉花产业简史》，1823年，第51页。——原注

第2部分
机器引发的工业革命

三、纺织业的发明

1.棉花和羊毛的纺纱

在纺棉花或羊毛之前,工人必须先刮开原材料,将所有的团块或结取出来,然后把纤维制成均匀、蓬松的卷。这一初步处理过程被称为梳理,通常在家中进行。普通羊毛的梳理是将纤维交织在一起。棉花的梳理是用固定在硬纸板上的金属线将纤维拉直。精纺毛织物需要的羊毛与毛纱不同,它需要长绒线,这是通过精梳羊毛获得的。当精梳精纺纱线所需的羊毛时,将短纤维梳理出来用于做粗纺原料,长纤维则可以用来做精纺原料。早在1748年,就有人发明了梳理机,但直到机器纺纱的发明被运用,毛纺业对精梳羊毛产生巨大需求后,梳理机才开始被投入使用。1774年,阿克莱特[1]进一步改进了梳理机,并取得专利。[2]然而,长期的困难是纺纱,因为要供应一个织工所需的纱,需要六到八个纺纱工。到了夏天,妇女还需从事田间劳动,纺纱工更是短缺。为了缓解纺纱工的短缺,人们做了许多尝试,但第一次实际的成功要归功于布莱克本(Blackburn)的哈格里夫斯[3],他在1767年发明了一种改进的手摇机,并用妻子的名字将这种机器命名为"珍妮纺纱机"。珍

---

[1] 即理查德·阿克莱特爵士(Sir Richard Arkwright,1732—1792),英格兰发明家,也是工业革命早期的领军企业家。——译者注
[2] 爱德华·贝恩斯:《大不列颠棉花产业史》,第116页。——原注
[3] 即詹姆斯·哈格里夫斯(James Hargreaves,1721—1778),英格兰纺织工、木匠和发明家。——译者注

妮纺纱机从原来一次只能纺一根纱线变成纺十一根纱线，并很快得到改进，一次可以纺一百根纱线。紧接着又出现了由水力驱动的纺纱机。1768年，阿克莱特发明了水力纺纱机。但1785年，阿克莱特关于水力纺纱机的专利被取消，理由是水力纺纱机是另外两个人——海斯[①]和保罗[②]——最早发明的。水力纺纱机的社会意义在于，人们必须集中在一个地方以获得水力，而珍妮纺纱机可以在家里操作。因此，阿克莱特的水力纺纱机意味着工厂制的到来。阿克莱特创办工厂的部分资金来自长袜制造商斯特拉特[③]，因为斯特拉特的长袜需要结实的纱线，而珍妮纺纱机织不出这种纱线。因此，1771年，在德比（Derby）附近的克伦福德（Cromford），阿克莱特建立了一家工厂，以靠近斯特拉特的长袜制造厂。[④]有时，织工会在家里留一两架珍妮纺纱机来纺纱。但纱线的供应主要有两个渠道，即家庭作坊的珍妮纺纱机和工厂里由水力驱动的纺纱机。从技术上讲，水力纺纱机优于珍妮纺纱机。珍妮纺纱机只能纺出足够

---

① 即托马斯·海斯（Thomas Highs, 1718—1803），18世纪80年代工业革命期间梳棉机和纺纱机的制造商。他因将改进的纺纱机和梳棉机申请了专利而闻名。——译者注
② 即刘易斯·保罗（Lewis Paul, ? —1759），卷轴纺纱机的最初发明者，卷轴纺纱机是水力纺纱机的基础。——译者注
③ 即杰迪戴亚·斯特拉特（Jedediah Strutt, 1726—1797），英国贝尔珀（Belper）的纺织工和棉纺工。他和他姐夫威廉·伍拉特（William Woollat）在长袜框架上开发了一种附件，可以生产螺纹长袜。他们的机器被称为德比螺纹机，他们生产的长袜很快变得流行起来。——译者注
④ 阿克莱特借鉴了1719年托马斯·多姆贝（Thomas Dombe）爵士在德比的丝绸厂采用水力纺纱机的设想，而托马斯·多姆贝爵士又是从意大利引进这一设想的。——原注

第2部分
机器引发的工业革命

结实的纬线，经线还和以前一样，使用从爱尔兰或汉堡运来的亚麻纱线。而水力纺纱机纺出的棉线足够结实，可用作经线。于是，英国第一次可以生产出纯棉织品。其结果是，1774年，禁止穿棉织品的法案被废除，只要这些棉织品产自英格兰。

由于训练有素的工人紧缺，人们也不愿进入工厂，以及机器本身的问题，水力纺纱机的推广非常缓慢。据说，1780年时，水力纺纱机的数量只有20架，但到1790年时增加到了150架。[①]于是，珍妮纺纱机继续用于纺制纬线，而由于水力纺纱机的数量太少，就只用于纺制经线。在珍妮纺纱机发明后的二三十年（1767—1790）里，人们继续用珍妮纺纱机纺纱，工厂制发展缓慢。

珍妮纺纱机问世后，许多人开始全身心投入纺纱业，放弃了家庭纺织和耕作。许多受农业革命影响的小自耕农和从未从事纺织业的人也开始买一两架珍妮纺纱机来纺纱。然后珍妮纺纱机开始变得越来越精巧，越来越昂贵。新的珍妮纺纱机淘汰了早期简单的珍妮纺纱机，但越来越贵，只有富人才能买得起。这样一来，资本家开始将珍妮纺纱机安装在集体作坊

[①] "阿克莱特在实行工厂制时遇到的困难比人们通常想象的要大得多。首先，他必须训练工人，使他们在勤奋方面达到前所未有的程度。工人们以前工作时无精打采、烦躁不安，因不习惯现在的制度而不断反抗。其次，他必须构建一个机器纺纱组合，与粗糙的手工纺纱截然不同，机器纺纱非常精确，能让当时的制造商非常满意。最后，他不得不为他的纱线寻找市场……直到1779年，在他获得第一项专利十年后，他的企业仍被许多人视为可疑的新奇事物。"安·尤尔博士（Dr.A.Ure）：《英国的棉纺织业》（*The Cotton Manufacture of Great Britain*），1836年。引自理查德·盖斯特：《棉花产业简史》，1823年，第31页。——原注

里，工人们作为工薪阶层在雇主提供的地方使用机器。如果雇主招不到人手，他们就用水力纺纱机。在家里纺纱的人发现今年买的机器第二年就过时了，便不再购买珍妮纺纱机。获得机器变得十分困难，许多棉纺厂也开始制造机器。这样做的结果是一方面有力地推动了工厂的发展，另一方面又大大改善了农业。当人们完全依靠农场谋生时，就会采用更好的农业方法。①

1775年，克朗普顿②把珍妮纺纱机和水力纺纱机结合起来，发明了骡子纺纱机，进一步刺激了棉花贸易。骡子纺纱机纺出的纱线非常精细，让英国有可能发展细棉布的织造。和珍妮纺纱机一样，骡子纺纱机是一种可以在家里操作的手摇机器。骡子纺纱机被"安装在阁楼或顶楼上。人们修补了破旧的谷仓和牛棚的墙壁，翻修了屋顶，安装了窗户，以放置新的细纱轮"③。"许多勤劳的人用一架骡子纺纱机开始他们的事业，随着收入增加，他们添置了机器，并逐渐扩大业务范围，最终成为这个国家最有影响力的制造商。"④1792年，格拉斯哥的威廉·凯利（William Kelly）将骡子纺纱机改为水力

---

① P. 盖斯凯尔（P. Gaskell）：《工匠与机器》（Artisans and Machinery），1836年，第23页。——原注
② 即塞缪尔·克朗普顿（Samuel Crompton,1753—1827），英格兰纺织业的发明家，在詹姆斯·哈格里夫斯和理查德·阿克莱特的工作基础上发明了一种纺纱机，名为"骡子"，因为这是一种结合了珍妮纺纱机和水力纺纱机的产物。骡子纺纱机在全世界掀起了行业革命。——译者注
③ 吉尔伯特·J. 弗兰奇（Gilbert J. French）：《塞缪尔·克朗普顿的生平和时代》（The Life and Times of Samuel Crompton），1859年，第89页。——原注
④ 弗兰奇：《塞缪尔·克朗普顿的生平和时代》，第131页。——原注

第2部分
机器引发的工业革命

驱动。而新拉纳克(New Lanark)的大卫·戴尔[1]则是第一个使用动力骡子纺纱机的人。1803年,克朗普顿用动力驱动自己发明的骡子纺纱机。到1812年,骡子纺纱机已经取代阿克莱特的水力纺纱机,用来生产所有精纱。[2]

使用珍妮纺纱机和骡子纺纱机时,纺纱工需要掌握大量技能。这不只是一个拉动手柄运行机器的问题。早期的水力纺纱机又矮又简单,孩子们也能操作,最初的骡子纺纱机和珍妮纺纱机也是这样。但纺纱机很快就变得非常复杂,不适合孩子使用,只能由成年人操作。孩子们继续被雇作接头工[3]。

有时,珍妮纺纱机和骡子纺纱机被集中到集体作坊里。当机器变得更重、更精细时,就用马作为动力,然后是水,最后是蒸汽。自动纺纱机直到1825年才被发明出来,当时只能生产粗纱。自动纺纱机价格昂贵,所以应用过程很缓慢。然而,1850年至1860年,自动纺纱机广泛应用于中纱和粗纱的生产。[4]

整体来说,羊毛行业的革命晚于棉花行业,部分原因是羊毛行业是一个更为传统的行业,非常繁荣,所以制造商不太愿意做出改变。当人们在一个方向上做得很好时,很难说服他

---

[1] 大卫·戴尔(David Dale,1739—1806),苏格兰商人,其所创立的新拉纳克纺织厂被后世人们称为"苏格兰工业乌托邦的试验田"。——译者注
[2] 《棉花产业的兴起、发展、现状和前景》(Rise, Progress, Present State, and Prospects of Cotton Manufacture),见《爱丁堡评论》(Edinburgh Review),1827年。——原注
[3] 工业革命时期,纺纱厂雇用儿童把断了的线接起来。——译者注
[4] 西德尼·J. 查普曼(Sydney J. Chapman):《兰开夏郡的棉花产业》(The Lancashire Cotton Industry),第70页。——原注

们为未知的方向做出改变。羊毛行业的工人非常反感机器，早期的机器笨重，总是出故障。此外，水力这种动力具有不确定性。有时河水泛滥，水量太多；而夏天水量往往太少，冬天偶尔还会结冰。水作为动力的不确定性使制造商迟迟不采用水力来驱动早期的机器，而使用蒸汽的难度也不小，如故障频发、维修困难和煤炭短缺。煤炭短缺的部分原因是运输困难，部分原因是矿工短缺。羊毛行业的总体趋势是把工人集中到车间里。在那里，工人可以受到监督，并用雇主提供的原料和织机工作。羊毛行业在这一阶段持续的时间比棉花行业更长。

此外，还有一些技术上的障碍。因为毛线易断，因此，在羊毛行业使用机器比在棉花行业更难。

和棉花行业一样，机器首先被应用在梳理羊毛和纺纱的初始阶段，然后扩展到织造阶段。但在粗纺和精纺羊毛的纺纱过程中，由于上述原因，加上羊毛行业不像棉花行业那样缺人手，机器使用的进程要慢得多。而且，由于羊毛纺织是在英国各地大多数农舍里进行的，机器一旦出现，必然会对妇女的收入和家庭收入产生巨大的社会影响。

变革的第一阶段是采用珍妮纺纱机。这似乎从1785年起就在北方发生了，当时珍妮纺纱机已被应用于棉花行业十八年。尽管萨默塞特郡（Somerset）在1776年就发生过反对珍妮纺纱机的骚乱，但1794年，威尔特郡和萨默塞特郡的作家在提到农业时仍将珍妮纺纱机描述为一种新鲜事物。由于珍妮纺纱机只是一种改进的手动工具，不需要水或蒸汽动力，所以在村舍

第2部分
机器引发的工业革命

里被用来代替纺车。珍妮纺纱机的采用并没有打破家庭作坊体系，但对买不起珍妮纺纱机的穷人来说是一大障碍。然而，由于纱线数量增加，纺织行业有很多就业机会，所以造成的失业人数很少。在毛纺织业中采用动力则没那么容易推广，手工纺纱向工厂纺纱的过渡并不迅速。在需要长绒线的精纺业中，纺纱厂似乎是在18世纪末才出现的。精纺业已从东部各郡迁往北方。在北方，精纺业是一种新兴行业，由于人手不足，机器的使用加快了。[1]

不过，引进精纺机器要比引进粗纺机器容易，因为对机器来说，生产用于精纺的长绒毛技术难度较小。早在1800年，布拉德福德（Bradford）就有十多家精纺厂。[2] 1809年，人们用一种假箱或纱锭来引导梭子，这样纺出来的纱比手工纱更结实，更便于织工使用。此后，精纺厂迅速发展起来。

在毛纺织业，家庭作坊向纺纱厂的过渡较慢。毛纺厂的出现是因为原料变得稀缺，雇主不愿意把羊毛分发给人们在家里纺纱或织布，因为太多的羊毛被个人私吞了。而到全国各地派发羊毛和从村舍里收集珍妮纺纱机纺成的纱线也很麻烦。因此，雇主宁愿在纺纱间安装珍妮纺纱机，雇人纺纱并监督纺纱工。之后又进一步发展为利用水或蒸汽驱动的机器，工人只需监督机器工作。这个过程还涉及从家庭生产到工厂生产的过渡阶段——集体作坊式生产。

---

[1] 《农业年鉴》，第16卷，第423页。——原注
[2] 约翰·詹姆斯：《精纺产业的历史》，第355页。——原注

和精纺不同,粗纺的动力纺纱可能是19世纪早期由戈特[1]引入利兹(Leeds)的。[2]由于对劳动力的普遍需求,村舍小作坊的纺纱率已经上升到非常高的程度,这就刺激了机器的使用。[3]但即使在北方,用动力纺纱也并不普遍。在英格兰西部,虽然到1803年珍妮纺纱机似乎已经取代了手工纺纱,但直到1828年,骡子纺纱机才刚刚被引入。然而,到1830年,我们可以说,粗纺和精纺的纺纱都已经成为一种明确的工厂工业。这意味着英格兰南部的农村地区遭受了巨大损失,英国不得不制定救助穷人的法律,用救济金来补贴工资损失。但实践证明,这种做法并不尽如人意。

2.织造业

织造业向工厂制的转变要比纺纱业慢得多。18世纪有两种织工,一种以织布为副业,兼做一点农活,另一种完全靠织布为生。全职织工住在农村或小镇里,当纱线难以获得时,他们的处境非常艰难。全职织工不能像兼职织工那样依靠农业,因为他们没有土地。而在18世纪,随着小农场越来越少,全职织工的数量有增加的趋势。珍妮纺纱机、水力纺纱机和骡子纺纱机生产出来的大量纱线造成了织工的极大短缺。由

---

[1] 即本杰明·戈特(Benjamin Gott,1762—1840),在纺织业进行工业革命的领军人物之一。他在利兹阿姆利的工厂曾经是世界上最大的工厂,阿姆利工厂现在是利兹工业博物馆的所在地。——译者注

[2] J. 比肖夫(J. Bischoff):《粗纺和精纺产业的综合史》(*A Comprehensive History of the Woollen and Worsted Manufacture*),第1卷,第315页。——原注

[3] 《农业年鉴》,第10卷,第283页。——原注

第2部分
机器引发的工业革命

于织造的利润不菲,兼职织工彻底放弃了农业,完全投身于织造业。他们在小农场的工作被完全从事农业的人取代了。全职织工从机器中得到了他们所需的所有纱线,工作不再因缺乏原料而停滞,收入稳步增长。于是,一场争夺织工的竞争开始了。棉产品制造商诱使羊毛织工离开羊毛行业,转向棉花行业。而由于珍妮纺纱机生产出新的毛纱,羊毛织工也变得很紧缺。克朗普顿的骡子纺纱机被引入细纱纺织后,细布行业的发展加剧了织工的短缺。因纺纱机和梳理机的使用而失去工作的妇女和儿童开始织布,他们发现织布利润丰厚。[1] 1793年,织造行业被认为是"绅士的行业"。"他们(织工)穿着高筒靴和褶皱衬衫,把工作带回家。他们拿着手杖,有时还坐马车。当时许多织工在街上走时,把一张五英镑的英格兰银行钞票摊开放在帽带下面。"[2]

一位同时代的人说:

---

[1] 理查德·盖斯特:《棉花产业简史》,1823年,第31页。威廉·拉德克利夫(William Radcliffe)在第67页描述了织工的富足:"农民和小农场主都是机器织工,尽管他们租用场地的租金是以前的三倍,但由于对劳动力的巨大需求,他们的劳动价格前所未有地高。他们的住所和小园子干净整洁,他们的财富增加,生活安逸,对上帝虔诚。织工全家人都穿得很好,每个男人口袋里都有一块手表,女人都穿着自己喜欢的衣服,每个星期天教堂里都挤满了人,每家每户都有一个精致的桃花心木座钟或其他花哨的钟,还有漂亮的茶具。他们使用斯塔福德郡的餐具、镀银的糖钳和勺子。许多农舍家庭都养了牛,这些牛夏天要吃掉很多草,所以他们在农舍或农场的一个角落开辟了大约一英亩的草地,冬天在这些草地上堆放干草。批发商的代理人向织工派发所需的纱线;或者在社区附近设立仓库,织工可以每周去仓库取纱。"——原注
[2] 吉尔伯特·J. 弗兰奇:《塞缪尔·克朗普顿的生平和时代》,1859年。——原注

英国工业革命

  这个时候，织工的雇用已经最大化。尽管商品种类繁多……但需求量也很大，不管多少商品都能卖出去……在离曼彻斯特三十英里内的柴郡（Cheshire）和德比郡（Derbyshire）一带，所有人都在发放棉纱和接收织物，他们都是从羊毛行业和亚麻行业雇来的织工……简而言之，我们雇用了所有能学习这门手艺的棉织工。但由于人口不足、人手短缺以及织布机短缺，我们不得不加快生产速度。[1]

  织造业采用了伯里（Bury）的凯[2]发明的飞梭，这种飞梭有时也被称为弹簧梭，人手不足的问题得到了部分解决。1733年，凯申请飞梭专利，遭到了许多人的反对，以至于这位发明家不得不逃往法国避难。因此，飞梭并没有取得太大进展。但在18世纪末，飞梭开始发挥作用。和珍妮纺纱机一样，飞梭是一种改进的手摇机器。然而，织工缺口很大，纱线因过剩而被运往国外，欧洲大陆的棉纺织业蓬勃发展，英国生产商认为这非常危险。因此，1800年，他们召开了一次会议，试图设计一种动力机器来织棉布，以便消耗国内的纱线。卡特赖特[3]

---

[1] 威廉·拉德克利夫（William Radcliffe）：《新生产方式的起源》（Origin of the New System of Manufacture），1828年，第11页。——原注
[2] 即约翰·凯（John Kay, 1704—1779），英格兰发明家，他最重要的发明是飞梭，极大地促进了纺织业的发展。——译者注
[3] 即埃德蒙·卡特赖特（Edmund Cartwright, 1743—1823）：英格兰牧师、发明家。1784年，他参观了发明家理查德·阿克莱特在德比郡的纺纱厂，受到启发，发明了一种织布机。——译者注

第2部分
机器引发的工业革命

于1784年发明了动力织机,但这个动力织机在许多方面都不完善。这次会议推动了实用的动力织机的发明。使用动力织机的最大障碍之一是织工必须经常停下织机来整理经纱。1803年,约翰逊解决了这个问题。1813年,新的动力织机被成功研发出来,这要归功于来自斯托克波特(Stockport)的霍罗克斯[①]。到1835年,动力织机被广泛应用于棉花产业,但当时对其他纺织品生产的影响很小。数据如下:[②]

1835年的动力织机数量(单位:台)

地区	棉花	羊毛	丝绸	亚麻	混织	总计
英格兰	96,679	5,105	1,714	41	25	103,564
苏格兰	17,531	22	—	168		17,721
爱尔兰	1,416			100		1,516
总计						122,801

因此,在全国122,801台动力织机中,只有7,175台应用于棉花产业之外的纺织业。有人认为,至少在棉纺织业中,手工织机织工会在1835年之前消失。但事实并非如此。1840年,调查专员记录了他的惊奇发现:"尽管动力织机带来了激烈竞争,但在棉纺织业中使用的手工织机的数量仍然非常可观,并且从普遍数据来看,几乎与以往任何时期相比一样多……看来,动力织机创造了一个能够消耗自身产品的市

---

① 即威廉·霍罗克斯(William Horrocks),生卒年不详,苏格兰发明家,1803年至1813年间改进了卷起布料的方法(即将机织物卷绕到布料梁上),并发明了更小巧的铁制织机。与木制手工织机相比,他的织机所需的空间更小。——译者注

② 《关于手工织机织工的报告》(Report on Hand Loom Weavers),1840年。——原注

场，使市场对手工棉织品的需求几乎与以前一样大。"[1]

有趣的是，当珍妮纺纱机和骡子纺纱机变得又大又笨重时，男性取代女性成为纺纱工。不过，女性是第一批动力织机织工，[2]从而接手了当时主要由男性进行的纺纱行业，尽管女性一直参与织造。

1824年，霍斯菲尔（Horsfall）在精纺行业引进了动力织机。1835年登记在册的应用于羊毛行业的五千台动力织机主要用于精纺行业。1840年被任命调查织工状况的专员称，与精纺业不同，粗纺业仍处于"婴儿期"（初始阶段）。[3]直到1850年至1860年，粗纺业才成为约克郡的产业。然而，19世纪早期，羊毛织物的精加工，如缩绒和剪毛等已经采用了机器。[4]虽然卡特赖特于1790年至1792年发明了羊毛精梳机，但羊毛精梳仍然是手工行业，直到1840年才发生革命性的变化。[5]

在羊毛行业引进机器的长期困难在于羊毛原料的匮乏，因此，如果采用机器，可能会有很大一部分时间机器处于闲置状态。直到1830年后大量澳大利亚羊毛的进口，工厂制才在羊毛行业中被迅速普及。另一个困难是由于缺乏训练有素的工程

---

[1] 《关于手工织机织工的报告》，1840年，第24卷，第650页。——原注
[2] 《关于手工织机织工的报告》，1824年，第5卷，第302页、第481页。——原注
[3] 《关于手工织机织工的报告》，1840年，第24卷，第20页，《希克森的报告》（Hickson's Report）。——原注
[4] 参见夏洛蒂·勃朗特（Charlotte Bronte）的《雪莉》（Shirley）："1806年至1817年，约克郡的精纺厂数量从5家增加到72家，剪羊毛的机器数量从100台增加到1,462台。"——原注
[5] 詹姆斯·伯恩利（James Burnley）：《羊毛和羊毛精梳的历史》（The History of Wool and Wool Combing）。——原注

第2部分
机器引发的工业革命

师制造机器而导致机器短缺,这个问题直到1820年至1840年普遍采用机床后才得以解决。1815年后,随着士兵复员,人口迅速增加,纺织工人非常充足。织造行业很容易上手,所以不缺人手,机器也不再造成很大的经济负担。在新兴的棉花行业,要么进行机械化生产,要么什么都做不了。不过,羊毛行业有悠久的传统,可以在家庭生产和工厂生产之间做选择。因此,织造机械化首先出现在棉花织造,然后才慢慢地扩展到精纺羊毛织造,后来又扩展到普通羊毛织造。要让毛纺品制造商在能找到家庭生产工人的情况下,为了工厂生产放弃有组织的家庭生产体系,这需要有说服力的理由。不过,我们发现,1815年至1835年间,手工织机在作坊里集中起来的趋势日益增强。和纺纱行业一样,织造行业也经历了家庭生产、在集体作坊监督下没有动力驱动的集体生产、蒸汽或水力驱动的工厂生产三种模式。1840年,这三种模式都在发挥作用。然而,1835年后,动力织机被迅速普及。越来越多的机器可供使用,还有越来越多的羊毛从澳大利亚运来,而手工织机工人无论是在羊毛、棉花行业,还是在丝绸行业的处境越来越糟糕。[1]但从此,他们也慢慢消失了。

因此,棉花和羊毛两大主要纺织行业彻底完成机械化改造至少用了七十年(1770—1840)的时间。尽管棉纱的大量使用极大地促进了棉袜、网纱和蕾丝的生产,但直到19世纪40年代以

---

[1]《关于手工织机织工的报告》,1835年,第13卷;1839年,第13卷;1840年,第23卷和第24卷。——原注

后，棉袜、网纱、蕾丝和亚麻的织造才成为工厂工业。

3.亚麻业、蕾丝业和袜业

早在1788年，来自利兹的马歇尔（Marshall）就经常用机器纺制亚麻纱线，但只能生产出粗纱。第一台真正成功的亚麻纺纱机是法国人吉拉德[①]发明的，他实现了亚麻湿纺。吉拉德来到英国，因为他无法在法国筹集资金，也无法从法国获得制造机器的技术。1814年，他的霍尔亚麻纺纱机获得专利。[②]亚麻纺纱的最大障碍是纤维具有黏性，以及由此带来的分离亚麻的困难。1826年，凯解决了这一问题，他设计了一种纺制亚麻的初步工艺。自那以后，亚麻纺纱机迅速普及开来。1840年，调查专员说家庭作坊生产的亚麻纱线"被取代了"。从1788年马歇尔在自己的工厂中使用机器纺制亚麻纱线到1826年凯设计纺制亚麻的初步工艺，时间已经过去了三十八年。1819年，一位作者将亚麻机械发展缓慢的原因归结为"低廉的劳动力价格"。阿克莱特的水力纺纱机生产出坚韧的棉经纱后，爱尔兰妇女"不再为棉织品纺亚麻经纱，她们能接受任何价格纺织亚麻纱"。结果是，手工纺的亚麻纱比工厂纺的纱更便宜，也更细。这些因素，加上"机器磨损的费用"，使亚麻的纺纱和织造一直停留在家庭生产阶段。亚麻动力织机是1840年才引进

[①] 即菲利普·亨利·德·吉拉德（Philippe Henri de Girard,1775—1845），法国工程师，也是1810年第一台亚麻纺纱机的发明者。他还发明了用罐头保存食物的方法。——译者注

[②] 霍纳（Horner）:《纺车时代的欧洲亚麻贸易》(*The Linen Trade of Europe During the Spinning-Wheel Period*)。——原注

第2部分
机器引发的工业革命

的,据说对亚麻贸易没有产生任何影响。[1]

因此,在整个19世纪50年代,亚麻织造一直是一种重要的手工业。

19世纪50年代,网纱贸易和蕾丝贸易开始受到机器的影响。据1841年的统计,当时的蕾丝行业有二十九到三十个机器动力工厂和四十个手工织机集体作坊,[2]但大部分工作仍由工人自己在家里的织机上完成,或在从派发原料的人那里租来的机器上完成。到1861年,蕾丝贸易已发展成为一种产业,并被纳入1861年的《工厂法案》的监管范围。然而,据工厂督察员的记录,该行业当时仍然存在大量的家庭作坊。[3]尽管蒸汽织袜机早在1846年就出现了,[4]但1870年对托拉斯公司的大调查显示,在很大程度上,袜子织造仍是一种家庭作业。机器所有者出租织袜机并收取租金,租金往往很高。那些没有租用机器的人就分不到工作。机器所有者从机器出租中获利颇丰,为了充分利用机器,他们出租的机器数量往往超过了他们所能提供的工作量。结果,1874年的法案禁止收取机器租金。机器所

---

[1] 《关于手工织机织工的报告》,1840年,第24卷,第14页,《希克森的报告》。——原注

[2] 《关于机器出口的报告》(Report on the Export of Machinery),1841年,第7卷,威廉·费尔金(William Felkin)的证言。在这里追溯一下引入机器动力之前无动力驱动的家庭作坊的生产阶段十分有趣:"小规模机器所有者或单一机器所有者停止作业,越来越多的机器在同一屋檐下集约作业。"第138页。——原注

[3] 《特雷明希的报告》(Tremenheere's Report),1861年,第22章。——原注

[4] 哈钦斯、哈里森(Hutchins and Harrison):《工厂立法史》(A History of Factory Legislation),1862年,第156页。在受雇于这一行业的12万人中,只有4,063人受到《工厂法案》的保护。——原注

有者从出租机器中获得利润,使袜业作为家庭手工业也得以维持。随着这些利润的消失,袜子织造很快向工厂制过渡。1880年后,妇女刺绣的袜子也转为机器制造。①

由此可见,纺织品的转型贯穿了19世纪的前七十五年。②

4.工业化学

纺织业的发展促进了工业化学的许多发现。原来漂白亚麻布或棉布的方法是把布浸泡在发酸的牛奶中,然后将它们在空气中暴露几个月。漂白通常需要八个月的时间。罗巴克③改进了硫酸的制造工艺,并于1746年和1749年分别在曼彻斯特和普雷斯顿潘斯(Prestonpans)建立了工厂。这彻底改变了漂白行

---

① 工厂监察员撰写的年度报告对机器的推广进行了详细记载。仔细阅读这些报告,可以看出机械的推广是多么艰难。苏格兰、威尔士和爱尔兰仍有手工织工。甚至直到1920年,笔者拥有的两套服装,其中一套由苏格兰的手工织工织成,另一套由爱尔兰南部的手工织工织成。——原注

② 从英国纺织厂雇用的人数〔数据来自《英国工商业》(*British Commerce and Industry*)第2版第230页〕中,我们可以看到1835年棉纺织业在工厂工业中居于首要地位,并看到工厂制在其他纺织业中的推广。

年份	棉花(磅)	羊毛(磅)	亚麻、黄麻、大麻(磅)	丝绸(磅)
1835	219,286	55,461	33,212	30,745
1850	330,924	154,180	68,434	42,544
1861	451,569	173,046	94,003	52,429
1870	450,087	238,503	145,592	48,124
1880	528,795	301,556	162,965	41,277
1901	522,623	259,900	150,319	31,555

据说,这些数据来自工厂和作坊首席监察员的年度报告,以及英国的《统计摘要》。兰开夏郡棉花短缺的影响从1861年至1870年的数据变化中可见。除此之外,羊毛、亚麻、黄麻和大麻行业的扩张显然主要发生在1860年至1870年间。——原注

③ 即约翰·罗巴克(John Roebuck,1718—1794),英格兰发明家、化学家和实业家。——译者注

第2部分
机器引发的工业革命

业。法国化学家路易·贝托莱[1]进一步研究了这个问题，并发现了氯气。1786年，瓦特从法国带回了氯气的知识，并在格拉斯哥他岳父的漂白厂用氯气进行了漂白试验，结果使漂白时间缩短到几天。[2]1799年，在将漂白技术商业化上，坦南特[3]取得了成功。如果棉布的漂白过程需要花费数月，棉花产业就不可能迅速发展。

1779年后，发明家多次在《下议院集刊》（Commons Journals）上请求对发明染料的人予以奖励。他们提及的染料包括土耳其红（一种猩红色的染料）、一种用于棉花和亚麻的绿色和黄色染料，这表明新兴的棉纺织业开始推动工业化学的发展。[4]新的化工厂是纺织厂发展的必然结果，而新的化工厂需要机械和蒸汽动力，这又对冶金工业产生了影响。

最后，给布印花必须用一种比1785年以后发展起来的手工雕版印花和圆筒印花更快的方法。[5]这意味着大型的漂白、染色和印花工厂要靠近纺织厂，而纺织厂又聚集在能轻易获得煤炭和机器的地方。为方便维修机器，棉花工厂毗邻机械

---

[1] 即克劳德·路易·贝托莱（Claude Louis Berthollet, 1748—1822），法国化学家。——译者注
[2] 爱德华·贝恩斯：《兰开斯特的历史》（History of Lancaster），1788年，第476页。——原注
[3] 即查尔斯·坦南特（Charles Tennant, 1768—1838），苏格兰化学家和实业家，发明了漂白粉，极大地提高了纺织工业中漂白程序的效率。——译者注
[4] 《下议院集刊》，第34卷，第104页；第37卷，第392页；第41卷，第467页。——原注
[5] 贝恩斯：《兰开斯特的历史》，第265页。皮尔家族（Peels）是当时最重要的印花制造商。——原注

制造厂的地方建造，使纺织行业迅速发展起来。①

纺织业变化的一般过程是，早期的工厂建立在农村地区，那里有水可用于动力，那时的工业保留了很多农村特点。然而，随着蒸汽机的广泛使用，新的工厂在炼铁厂附近的煤矿区建立起来，部分原因是工厂可以轻松获得煤炭，部分原因是方便它们与机器制造商和附属产业保持联系。

新工厂与旧工厂相比有很大的改进。许多旧工厂都是由普通的农村住宅改建而成。这些老住宅无法承受蒸汽动力机器的重量和振动，因此，专门为蒸汽动力机器而建造的工厂在1815年后被建造起来，大大改善了工人的工作条件。当使用蒸汽作为动力时，工人的工作也更有规律。水容易干涸或结冰，所以人们需要通过加班加点来弥补工作上的拖延。此外，水动力毕竟有限，这就限制了工厂的数量。蒸汽动力则能让工厂近乎无限地扩张。

必须牢记的是，从家庭生产到工厂生产的变化并非一蹴而就的，而是经历了许多阶段。首先是家庭工具的改良，如纺纱用的珍妮纺纱机或织布用的飞梭；其次，在集体作坊里，一

---

① "机械制造商正与棉纺织品制造商合作，因此，棉纺织业正在改善。如果他们不合作，他们就永远无法做出任何有重要意义的改进。正是由于缺乏这种合作和经验，法国只能继续落后于我们。"
"如果一个棉纺织品制造商离开曼彻斯特七年后回来，他将被一直生活在曼彻斯特的人赶出市场，因为他的知识无法跟上这段时间棉花产业发生的巨大进步，这些进步让曼彻斯特人不断获利：这种不断进步的知识和经验是我们的巨大财富和优势。"《关于工匠和机器的报告》，1825年，第5卷，第44页。——原注

第2部分
机器引发的工业革命

群人在监督下操作这些改进的手工工具,通常是为了更准时地完成工作或防止原材料被盗。由于人手短缺,农村地区出现了一批管理不善的小规模工厂,这些工厂的生产工具靠水力驱动。而随后靠蒸汽驱动的大工厂在城镇建立起来,情况大为改善。所有这些不同的工业组织阶段都是并行的,最后仅拥有蒸汽动力的工厂脱颖而出,占据主流地位。①

四、工厂制的缓慢发展与机械工程和煤炭开采的发展

1.雇工不愿放弃家庭生产

传统的生产方式最终被机器淘汰,英国和法国均是如此。②商人作为雇主发放订单和原材料,雇工住在城镇或分散在农村。虽然部分雇工在从事工业生产的同时还参与少量农业生产,但珍妮纺纱机和骡子纺纱机使工业和农业变得专业化,人们只能从事其中一项。只要生产是在家里进行的,收入就是家庭收入——孩子、母亲和父亲都在工作,挣的钱被集中起来。家庭成员没有多少独立性:

---

① 1920年的服装行业呈现出以下特点:有用缝纫机做衣服的小裁缝,有将布裁剪开来并分包给家庭作坊的服装承包商。有时承包商会把缝纫工召集到作坊里监督他们工作,这些大作坊里使用的缝纫机通常是电力驱动的,服装厂也是如此。——原注
② 在约克郡,家庭手工业者更像是一个独立的生产者,他们养殖羊群,完成从羊毛到成品布的所有工序,并将布料带到布料市场出售给经销商或买家。——原注

只要家庭被利益和情感紧密联系在一起,每个家庭成员到了能使用织布机的年龄就会参加生产,其收入构成家庭收入的一部分,整个家庭收入由父亲或母亲（视情况而定）支配,每个人都依靠家庭收入管理者满足自己的需要。从来没有人承认或想到过单独的或不同的利益。如果有人凭借更高超的技术或更勤奋的工作获得比其他人更高的收入,这个人不会对这种超额收入提出任何要求。相反,其收入被视为家庭收入的一部分。[1]

但如果是以工厂工资支付,养家糊口的费用就不会被计算在内。工资是为了维持在工厂工作的男人的生活,而妻子和孩子们实际上要么被排除在农业生产之外,要么不能从事纺

---

[1] P. 盖斯凯尔:《工匠与机器》,1836年。——原注

第2部分
机器引发的工业革命

纱、梳棉、纺织和采矿等工作。[①] 虽然家庭生产的条件并不理想,但掌握家庭收入的支配权和拥有稳定的工资是这种生产方式给男人带来的好处,所以他们不会轻易放弃。然而,在工厂制下,每个个体都是独立的,有自己的报酬。因此,家庭作坊

[①] 以下来自官方资料的摘录显示了这一现象的普遍性:

"一个织工不屑于娶一个女仆,但会选择一个收入与他相当或只有他的一半的女织工。"《调查专员关于手工织机织工的报告》(Report of the Commissioners on Hand Loom Weavers),1841年,第10卷,第47页("织带工")。

"首先,通过和一个女人结合,织工的经济状况得到了改善,因为这个女人的收入可能和他的一样多,并在生活开支上尽量为他节省金钱。"《调查专员关于手工织机织工的报告》,1841年,第10卷,第45页("毛纺织业")。

"我见过妻子比丈夫更擅长织布的情况,虽然这不是普遍现象,但在大多数情况下,织工的妻子和孩子对家庭生计的贡献很大。"《调查专员关于手工织机织工的报告》,1840年,第650页。

"当男性被雇用来用镐和铁锹在矿井里挖煤时,女性则把背上的煤炭从矿井的尽头运到坑底,或者沿着地下通道用手推车或拖车把煤炭运出来。对女性价值的判断基于她的肌肉力量,而不是美貌程度,一个强壮的年轻女子一定能很快找到丈夫。有一句古老的苏格兰谚语说:'与其说她健壮,不如说她长得像矿工的女儿。'这句谚语证明了女性优秀品质的价值所在。"汉密尔顿庄园(Hamilton Estates)的首席代理人就拉纳克郡(Lanarkshire)采矿区女性教育问题给汉密尔顿公爵夫人(Duchess of Hamilton)写的信,引自《调查专员关于手工织机织工的报告》,1851年,第23卷。

"然而,人们强烈谴责该地区的大量采矿人口和从事类似职业的人,认为他们牺牲子女的最大利益,让他们早早参加工作,以便从他们赚取的小额收入中获利。在这个工资如此之高的社区里,这种增加家庭收入的理由没什么说服力。"《调查专员关于遵守〈采矿法〉的报告》(Report of Commissioner on Observation of the Mining Law),1851年,第23卷,第3页。

从《绅士杂志》(Gentleman's Magazine)1834年第1卷第531页的以下评论中可以看出,妇女和儿童工作的普遍性也是农业领域公认的规则:

"从前,只要劳工的家庭成员能够养活自己,雇用单身劳工还是已婚劳工对农场主来说都不重要。但现在,家庭成员依赖于男人的劳动,或者说几乎如此。"

关于儿童工作和家庭收入的另一个例子,见《调查专员关于遵守〈采矿法〉的报告》,1851年,第23卷,第96页。——原注

始终坚持旧有的生产方式。家庭收入的增加让男人认为这样做是值得的。男人在工厂可能每周只能挣7先令,而家庭联合生产可能让家庭收入提高到21先令,所以他坚持家庭作坊的生产方式。如果他有一小块土地或园子可以用来做副业,就会非常不愿意放弃副业去做正规的工厂工作。家庭收入和副业都是生活稳定的保障。

英格兰的工业体系从家庭作坊向工厂转型缓慢,其中一个原因是很难找到愿意在工厂工作的工人。如果不是因为爱尔兰人口过剩,大量移民进入英格兰,很难想象工厂能招募到足够多的工人。由于农业革命而被剥夺资源的农民和农业劳动者也构成了很大一部分新"人手"。一份关于商业状况的官方报告(1810—1811)指出,如果制造商被迫停工一段时间,"他的工人将分散到全国各地,无法被重新召集起来,他要想再把他们召集回来,就要付出相当大的代价"[1],这反映了当时工厂招工的困难。我们还必须记住,住房非常困难。如果一个人要在乡下建立工厂或炼铁厂,他必须给他的学徒提供住处,或为工人建宿舍,这需要一些时间。在城镇里,过度拥挤的情况令人震惊,而寻找住处的困难则限制了工厂的雇工人数。

2.雇主不愿开始工厂化生产

从经济角度来看,雇主或派发订单的人处于强势地位。他如果停止派发订单,不会因工厂或机器闲置而受损,也不受利

---

[1] 安德鲁·坎宁安(Audrey Cunningham)在《英国在最后一次拿破仑战争中的贡献》(*British Credit in the Last Napoleonic War*)中引用,1910年,第79页。——原注

第2部分
机器引发的工业革命

率、税收和银行利息上涨的影响。实际上,他可以让没有农业可依靠的家庭手工业者接受他开出的任何价格,因为家庭作坊分散各地,相互间无法形成任何形式的联合。一个叫拉德克利夫[1]的棉纺织品制造商表示,19世纪初,他的公司曾经雇用了分布在三个郡的1,000名织工。[2]家庭手工业者常常为了得到工作配额而互相压价,这使他们的报酬很低。为了得到工作,他们常常被迫支付高昂的租金,租用雇主的纺纱机或织布机。此外,他们还不得不忍受实物付款和克扣,这往往使家庭生产非常艰辛。

雇主不太可能轻易改变这一生产方式。从经济角度来看,雇主掌握支配权,除了仓库,他几乎没有任何费用支出。如果转为工厂制,他必须提供机器、工厂、煤炭、照明和运输工具,他还需要从银行贷款,并承担停工的风险。机械化的到来绝不是像"革命"一词所暗示的那样迅速。不难看出,在棉纺织业或机械工程等实际上的新兴行业中,人手不够,因此,从一开始这些行业就有使用机械设备的动机。在交通不便的新兴地区,也会出现人手短缺的情况,如约克郡的精纺工业就出现了人手短缺的情况,这又会刺激各行业采用节省劳动力的发

---

[1] 即威廉·拉德克利夫(1761—1842),英格兰发明家。他写过一篇文章《新生产方式的起源》。——译者注

[2] 《新生产方式的起源》,1828年,第12页。在法国,我们发现工厂制的规模更大。我们听说,就在法国大革命之前,有一个商人雇用了2,100百名农村工人,据说另一位商人于1770年从朗格多克(Languedoc)各地招收了不少于6,000名工人。(见塔尔列:《旧制度末期的法国农村工业》)——原注

明。机器最终传播到像毛纺织业这样传统的行业，这显然是由家庭生产的拖延和私吞原材料造成的。只要没有其他选择，雇主就只能充分利用现有条件。当机器提供了另一种选择时，雇主就会逐渐重建生产方式。1840年，一位调查手工织机织工的专员举了一个例子，说有人最近使用了机器，因为"他可以更快地周转资金。他可以把布卖出更高的价格，因为他的布织得更均匀，织造也更规范。他既没有失去经纱生意，也没有失去纬纱生意，现在他可以接受任何订单，也知道什么时候能完成，而这是他以前雇用手工织机织工永远无法做到的"[1]。

另一位专员谈到家庭织工的工作极不规范，因为他们"可以随时扔下梭子，把一天中剩下的时间变成假日"。这位专员还说，在曼彻斯特的一个集体作坊里，工人在工厂主的监督下可以织完一百张布，而"同样数量的家庭织工连五十张都织不完"[2]。

在某些情况下，机器被引进的直接原因是工人罢工带来的麻烦，使雇主不得不改用机器。[3]

"在剪羊毛行业引进机器前，剪羊毛工人因酗酒和粗心大意的习惯而臭名昭著。他们知道雇主签了合同，如果延迟交货

---

[1] 《关于手工织机织工的报告》，1840年，第24卷，第607页，《马格里奇先生的报告》(Mr. Muggeridge's Report)。——原注
[2] 《关于手工织机织工的报告》，1840年，第24卷，第10页。——原注
[3] 在法国，正是大革命后工人的骚乱导致色当(Sedan)的制造商试图引进机器。克里斯汀·施密特(Christian Schmidt):《关于色当布料的调查》(Enquete sur la draperie a Sedan)，载于《经济史评论》，1912年，第94页。——原注

第2部分
机器引发的工业革命

会受到处罚,因此,他们有时会拒绝工作,除非雇主给他们酒喝。正是为了摆脱这些醉醺醺的剪羊毛工人,毛纺品制造商们急于使用机器来剪羊毛。"[1]

同样,在纺织业的其他分支和机械工程行业中,一些最重要的发明也是因劳工问题而发展起来的。一位传记作家记录了一位机械制造巨头的观点:

"尽管罢工造成了损失和痛苦,但内史密斯先生认为,总的来说,罢工带来的好处远多于坏处。在很大程度上,罢工刺激了发明。现在普遍使用的一些最重要的节省劳动力的工艺可以直接归结为罢工。在很多情况下,就我们许多最强大的自动化工具和机器而言,只有罢工能迫使制造商使用它们。自动骡子纺纱机、精梳羊毛机、刨床、插床、内史密斯的蒸汽臂和其他许多机器都是如此。"[2]

3.人口增长缓解了人手短缺的问题

19世纪人口的迅速增长可能推迟了机械化的到来,因为有更多的人手可用,这使得在旧行业中引进机器变得不那么迫切。人口增长的原因是多方面的。首先,在整个18世纪,英国的瘟疫已经结束,虽然斑疹伤寒和天花造成了巨大损失,但在16世纪和17世纪肆虐的毁灭性流行病似乎已经消失。有人认为,17世纪末开始流行的用棺材埋葬死者的做法可

---

[1] 《关于手工织机织工的报告》,1840年,第24卷,第373页,《迈尔斯的报告》(Mile's Report)。——原注
[2] 塞缪尔·斯迈尔斯(Samuel Smiles):《工业传记:钢铁工人和工具制造商》(*Industrial Biography, Iron Workers and Tool Makers*),第294页。——原注

能减少了瘟疫的流行。[1]

18世纪的农业革命为牛提供了冬季饲料——干草和萝卜。这意味着人们在整个冬天都可以吃到新鲜的牛肉,而不是在圣马丁节[2]时宰杀牛来腌制咸肉干,因为此前牛无法活过冬天。

冬季能够供应饲料,也意味着冬季能够出产牛奶,而新的收费公路为定期特别是在冬季向城镇居民供应新鲜食物和蔬菜提供了便利,从而降低了坏血病的高死亡率。19世纪末,接种疫苗似乎降低了天花的致死率。1750年以后,从新的产科医院中获得的知识让新生儿的死亡人数大幅下降,更多的婴儿存活了下来。

除了流行病和饥荒的消除,还有其他几个因素促进了人口的增长。难以获得住房是限制婚姻的原因之一。随着工厂制的建立,无论是在城镇还是在农村地区,雇主都有必要为新工人建造新房子。尽管买房困难重重,城镇人满为患,但结婚和安家变得容易多了。事实上,许多人抱怨年轻人离家自立是任性之举。在18世纪之前,法律禁止男人在学徒期间结婚,而根据行业的不同,学徒期要持续到21岁或24岁。1720年以后,学徒制趋于衰落,强制性学徒制于1813年被废除。因此,学徒制不再是限制婚姻的因素。年轻情侣在结婚前也不需要因经济原因而对婚姻犹豫不决。孩子们总能在工厂里做工或做家务,他

---

[1] 查尔斯·克雷顿(Charles Creighton):《英国流行病史》(*A History of Epidemics in Britain*)。——原注
[2] 即每年的11月11日。——译者注

第2部分
机器引发的工业革命

们从小就能给父母带来收益。①

4.钢铁制造、机械工程和煤炭开采的发展

我们已经看到,在棉纺、粗纺和精纺行业的主要工序中,人们花了七十年的时间才建立起工厂制,而在钢铁、机械工程和煤炭行业,工厂制的发展更缓慢,从18世纪一直持续到19世纪前三十年。18世纪,战争接连不断,军械和船对铁产生了持续的需求。然而,当时英国深陷木材短缺的困境,直到17世纪末还不能用煤代替木炭冶铁,因为煤中的硫会腐蚀铁。钢铁工业包括冶炼和锻造两个主要分支。②冶铁在1709年至1782年通过焦炭的使用转为工厂工业,而锻造直到1782年后才受到工厂制的影响。以前,铁矿石是在高炉中用木炭冶炼的,风箱为水力驱动,因此,木材和水决定了冶铁业的选址。18世纪早期,冶铁业放弃了像威尔德(Weald)这样的老中心,转而寻找靠近水源的新森林。

用高炉生产的铁要么被加热后倒进铸模中,制造大炮、锅具和水壶等物品,要么冷却后变成生铁,等待在铸造厂被重新熔化和"铸造"。有特殊强度要求的铁,如船用泵、螺栓、钉子、锚等工具都必须加以精炼。锻造的第二阶段是在锻造厂完成的,通过反复加热生铁并锤打以除去杂质。运输铁锤、矿石和成品,水是必不可少的。加热也需要木炭。从锻造厂出来的

---

① 《关于手工织机织工的报告》,1840年,第689页。——原注
② 关于钢铁工业,见托马斯·索斯克利夫·阿什顿的《工业革命中的钢铁》。——原注

铁条被轧制成板，或被切割成棒，供轧钢厂和分切厂的制钉工使用。没有哪个地方有足够的水来进行所有这些操作，所以每道工序都在不同的地方进行。18世纪初，英国所需的铁约三分之二是从瑞典和俄罗斯以精炼铁条的形式进口的，然后在纽卡斯尔、赫尔和伦敦进行加工。在伯明翰附近，4.5万名国内金属工人部分依赖这种进口铁，因为进口生铁的铸造可以使用煤炭。[1]进口的精炼铁条也被运往谢菲尔德，以加工成钢刀和剑。少量生铁从英属美利坚殖民地运至伦敦和布里斯托尔(Bristol)铸造。1720年，英国估计只生产了两万吨铁条，到1750年，数量更少了。[2]对钢铁工人和国家来说，这都是一个非常严重的问题，因为瑞典的生铁供应可能在战时被中断，更不用说涨价了。

冶铁材料从木材到煤炭的转变是由亚伯拉罕·达比(Abraham Darby)开创的。他曾在布里斯托尔铸造锅碗瓢盆。1709年，他移居到什罗普郡(Shropshire)的科尔布鲁克代尔，在那里成功地炼出了焦炭，并用焦炭熔炼铁。然而，这种做法直到1760年才被推广到科尔布鲁克代尔以外的地方。1763年至1770年，约翰·威尔金森(John Wilkinson)在伯沙姆(Bersham)、布拉德利(Bradley)和布罗塞利(Broseley)工作。1774年，他因发明镗钻炮孔的新方法而闻名。瓦特将这个方法应用于蒸汽机并取得了成

---

[1] 托马斯·索斯克利夫·阿什顿：《工业革命中的钢铁》，第104页。——原注
[2] 托马斯·索斯克利夫·阿什顿：《工业革命中的钢铁》，第13页。——原注

第2部分
机器引发的工业革命

功。[1]1779年,塞文河(Severn)上有了第一座铁桥。1746年,来自马尔伯勒(Masborough)的沃克家族(the Walkers)开办了铸铁厂。1759年至1760年,来自斯特灵郡(Stirlingshire)卡隆(Carron)镇的罗巴克也开办了铸铁厂。与此同时,1740年至1742年,亨兹曼发明了铸钢或坩埚钢,从而彻底改变了谢菲尔德的钢铁工业。

1783年至1784年,在费勒姆(Fareham)为海军工作的考特在锻造或炼铁的过程中使用煤炭获得了商业上的成功。他把使用燃煤反射炉与去除碳的搅炼法相结合,将糊状的铁置于滚轴下去除杂质。他让使用煤炭炼铁成为可能,并且能在十二小时内生产出十五吨精炼铁,而不是原来的一吨。由于合作伙伴挪用政府资金,考特的专利被没收并被公开,于是,这项技术在南威尔士地区得到了大力推广。因此,18世纪出现了一种新的高炉工厂。这些工厂使用焦炭炼铁,所以工厂建在煤田附近。有了蒸汽机,人们就不必考虑水力了,并且每年可以多出十二个星期的工作时间。新的运河和道路使钢铁行业能够在不考虑河流运输的情况下选址。到19世纪末,英国停止铁的进口,开始出口铁。铁的价格更便宜了,并有了新的用途。新兴地区逐渐发展起来,米德兰兹郡、约克郡南部、威尔士南部和苏格兰西部成为炼铁中心,为煤炭和蒸汽机提供了新的市场。这些地区招募了新的人口,出现了一个由钢铁工人、工程师和富有的钢铁大亨组成的新群体。企业规模不再受到水力的限制。蒸汽

---

[1] 托马斯·索斯克利夫·阿什顿:《工业革命中的钢铁》,第30页。——原注

机的动力是无限的，所有生产过程都可以在一个地方同时进行。18世纪末，典型的大规模资本主义企业是钢铁厂，而不是纺织厂。[①]1815年后，钢铁贸易遭受了很大的损失，不过，战争的需求逐渐被新兴城镇对下水道、煤气管道和自来水管道的需求取代。街道煤气灯、炉灶、机器和蒸汽机为钢铁贸易提供了新市场。1828年，尼尔森[②]发明了热风炉，使熔炼铁所需的煤炭量减少了一半以上，因而降低了铁的价格。19世纪30年代后，铁路需求的增长创造了钢铁工业的另一个扩张时代。

煤炭开采的发展也是渐进式的。1712年，纽科门解决了从矿井中抽水的问题。到了18世纪末，瓦特发明了复动式蒸汽机，用于将煤从矿坑中吊上来。然而，直到1842年，仍有很多女性被雇作矿工，她们顺着梯子将煤从矿坑中背出来。在此之前，蒸汽机被用来把水抽到水轮上，然后抬高煤。此外，还有更大的难题，那就是如何把煤从矿坑运到运河边，以进行广泛运输。公路虽然有所改善，但也没改善多少，因为马卡丹[③]还没有开始彻底改善路面。17世纪，人们铺设了木制铁路，将煤炭从矿井运到河边。如果地形允许，这些木制铁路会建在

[①] 据说在1812年建造一家钢铁厂至少要花费5万英镑（托马斯·索斯克利夫·阿什顿:《工业革命中的钢铁》，第63页），伯明翰附近至少有10座工厂的造价超过5万英镑，每个工厂雇用了300至500人。克劳西（Crawshay）在赛法德法（Cyfarthfa）雇了2,000名工人。——原注
[②] 即詹姆斯·博蒙特·尼尔森（James Beaumont Neilson, 1792—1865），苏格兰发明家，他的热风工艺大大提高了炼铁效率。——译者注
[③] 即约翰·劳登·马卡丹（John Loudon Macadam, 1756—1836），苏格兰土木工程师和道路建设者，发明了一种有效又经济的筑路方法，即碎石铺路法。——译者注

第2部分
机器引发的工业革命

一个斜坡上,运煤车靠自身重力势能向下行驶。然而,这些铁轨非常不令人满意,木头很快就会腐烂,或者被重物压断。经常维修浪费了大量的时间,支付了高昂的费用。1767年后,人们用铁轨取代了木制轨道,状况大为改观。铁轨将矿井与新运河连接起来,大大推动了煤炭的运输。到了1812年,约翰·布伦金索普[①]发明的蒸汽机沿着一条被称为"马车道"的铁轨,成功地将煤炭从米德尔顿(Middleton)煤矿运到利兹。现代机械运输的实验由煤炭引发,并在大型物品的运输方面引发了一场革命。[②]

煤炭开采量的估计数据显示,18世纪的煤炭贸易规模很小。

年份	吨数	备注
1700	2,148,000	
1750	4,773,828	
1770	6,205,400	
1790	7,618,728	
1795*	10,080,300	运河时期
1854	64,700,000	铁路时期
1913	287,411,869	

*《煤炭委员会的报告》(*Report of Coal Commission*),1871年,第18卷,第852页。

到1816年,煤炭行业出现了明显的扩张,但当时估计的总量是一千五百万吨。这说明,如果考虑到家用燃料的需求,蒸汽机的煤炭使用量非常有限。矿工短缺严重,越来越多

---

① 约翰·布伦金索普(John Blenkinsop,1783—1831),英格兰采矿工程师,蒸汽机车的发明者,他设计了第一台实用的铁路机车。——译者注
② 罗伯特·L. 加洛韦(Robert L. Galloway):《英国煤炭开采史》(*A History of Coal Mining in Great Britain*),第17章。——原注

的妇女和儿童下到矿井里，但矿工的缺乏无疑阻碍了煤田的快速开发。[1]

1839年，安德鲁·史密斯(Andrew Smith)发明了一种用来将煤吊上来的铁丝绳，这样就不再需要雇用妇女沿着梯子背煤了。使用麻绳吊煤的成本很高，因为麻绳很快就坏了，不过妇女的工资很少。1837年，利兹的福尼斯(Fourness)为排气扇申请了专利，开创了现代通风系统的先河，使煤炭行业不再需要雇用幼童。

蒸汽机是"革命"缓慢前进的另一个例子。纽科门的发动机煤炭消耗量非常大，六十多年来，蒸汽机只用于从矿井中抽水。瓦特使蒸汽机的用煤量减少，将所需煤量减少到以前的四分之一。结果1776年后，在康沃尔郡(Cornwall)的锡矿中，瓦特的蒸汽机取代了纽科门的蒸汽机。只要读一下瓦特的传记，我们就会发现由于缺少熟练工人，他和搭档博尔顿[2]经历了数不清的困难。他们所有的工人都得从头学习机械工程知识。蒸汽机在安装时经常出故障，没人能修理。瓦特虽然非常讨厌康沃尔郡，但不得不住在那里，因为除了他，没有人能解决频繁发

---

[1] 1780年后，在诺森伯兰(Northumberland)和达勒姆，女性并未进入矿井。在这些地区，煤矿主用蒸汽机把煤从矿井里提上来，他们在矿井里装有缆车。然而，在这些地区，儿童被广泛雇用来打开和关闭通风门。罗伯特·L. 加洛韦在《年鉴》(Annals)中指出，这些地区对煤炭的巨大需求可能导致了雇主使用机器而非雇用女性。——原注

[2] 即马修·博尔顿(Matthew Boulton,1728—1809)，苏格兰工程师詹姆斯·瓦特的英格兰制造商和商业伙伴。——译者注

第2部分
机器引发的工业革命

生的蒸汽机故障。在威尔金森[1]发明镗缸方法之前,蒸汽机的零件几乎不可能按照规格制造出来。1782年,瓦特发明了让蒸汽机旋转运动的方法,这使得蒸汽可以用来驱动各种各样的机器。抽水不再是蒸汽机唯一的用途。到1786年,蒸汽机已被一家谷物磨坊、一家造纸厂、一家棉纺厂、一家酿酒厂、一家钢铁厂和约西亚·韦奇伍德的陶器厂用作动力。[2]然而,蒸汽机的推广十分缓慢,熟练的工程师仍然缺乏。由于瓦特和马修·博尔顿的专利,博尔顿-瓦特公司在英国形成垄断,但一家公司的产量不足以迅速改变英国的生产方式。蒸汽机本身存在缺陷,推广起来很慢。[3]工人一直很难学会操作机器,更不用说修理了。到1800年,也就是瓦特的蒸汽机问世二十五年后,旋转运动被发明十八年后,三个主要制造中心只有63

---

[1] 即约翰·威尔金森(1728—1808),英格兰实业家,在工业革命期间率先制造铸铁和使用铸铁产品。——译者注

[2] 当蒸汽机被用于棉纺厂时,蒸汽机最初被用来抽取工厂所需的水。罗伯特·皮尔(Robert Peel)、德林克沃特(Drinkwater)、阿克莱特分别于1787年、1789年和1790年安装了蒸汽机。1793年,当有人提议将蒸汽机引入布拉德福德时,被当地威胁起诉。1782年,约西亚·韦奇伍德(Josiah Wedgwood)为自己的陶器厂引入了一台蒸汽机。见约翰·洛德(John Lord):《资本和蒸汽动力(1750—1800)》(Capital and Steam Power, 1750—1800),第179页,注释1。——原注

[3] 即使瓦特搬到伯明翰,并得到博尔顿最好的工人的帮助,史密顿(Smeaton)在看到蒸汽机工作时仍表示,尽管这项发明非常出色,但永远无法被广泛使用,因为很难精确制造出各种零件。有时人们发现铸造的气缸一端比另一端宽八分之一英寸以上。在这种情况下,蒸汽机不可能精确运转。然而,当时没有更好的办法……通常蒸汽的浪费相当大,用咀嚼过的纸张和涂有润滑油的螺帽塞在活塞外也作用不大。直到机械工程师发明了自动机床,蒸汽机的制造才变得相对容易和精确。见塞缪尔·斯迈尔斯:《工业传记:钢铁工人和工具制造商》,1897年,第180页。——原注

台蒸汽机，其中11台在伯明翰，20台在利兹，32台在曼彻斯特。全英格兰只有289台蒸汽机，其中84台在棉纺厂。相比之下，全英格兰有4,543台马力驱动的机器。[①]

1815年后，蒸汽作为动力开始得到更广泛的应用，但即使在1815年后，水车也没有迅速消失。1833年，在调查工厂中妇女和儿童的状况时，专员们经常见到水车。事实上，人们的印象是，当时大约一半的纺织厂仍然靠水力驱动。[②]只要水是主要动力，纺织业就会保持其农村特色，因为工厂必然分散在溪流沿岸或水流附近。蒸汽机的采用意味着工厂集中在煤矿区、城镇发展、工厂扩张和产量增加，也意味着任何地方都能建立工业，而不仅仅局限于有水流的地方。

当时不仅缺少制造蒸汽机的熟练工程师，还缺少制造各种

[①] 约翰·洛德：《资本和蒸汽动力（1750—1800）》，第175页。1800年，铸铁厂、煤矿、铜矿和啤酒厂都使用蒸汽机。蒸汽机还被用来为运河和城镇供水系统抽水。——原注

[②] 在《制造原理》(Philosophy of Manufacture)的附录中，尤尔（Ure）列出1835年蒸汽机和水轮机的数量如下：

地区	蒸汽机	水轮机
苏格兰	224	214
英格兰北部	21	34
兰开夏郡	814	340
西里丁	582	526
柴郡	249	94
北爱尔兰	17	23
斯塔福德郡	13	3
德比郡	33	63
总计	1,953	1,297

——原注

第2部分
机器引发的工业革命

机器的熟练工程师。[①]直到1820年以后,制造工具才逐渐被发明出来,用以快速、准确地制造重型机械。

早期的机器制造者人数很少,都是男性。他们通常是铁匠、木匠或磨坊匠的学徒。机器都是手工制作的,每一颗螺钉都不相同,每一个螺栓和螺母都独一无二。"由于一切都取决于工人的手部灵活性和眼睛的准确性,因此,每台机器的质量良莠不齐,并且成本极高。即使制造相对简单的机器,费用也很高,这严重阻碍了机器的引进和广泛使用。"[②]即使机器安装好了,也不能保证它能正常运转,因为它的各个部件都不精确,且存在缺陷。在1863年的一篇文章中,塞缪尔·斯迈尔斯写道:

> 机器被发明后的五十年间,让一台机器运转起来是一件十分困难的事,让它保持运转也同样困难。虽然配备了称职的人来监控机器,但它通常根本无法运转。然后,制造这台机器的工厂的工头就被请来,几乎要守在机器旁一个月或更长时间。这里拧松点,那里拧紧点。装上一个新零件,换掉一

[①] 在发明砌块机时,布鲁内尔(Brunel)花了很长时间才找到合格的机械师来制造机器,而在机器制造完成后,他很难找到合格的人来操作机器。见塞缪尔·斯迈尔斯:《工业传记:钢铁工人和工具制造商》,第179页。——原注

[②] 塞缪尔·斯迈尔斯:《工业传记:钢铁工人和工具制造商》,第212页。——原注

个旧零件，装上活塞，拧紧阀门。之后，机器终于运转起来了。[1]

显然，在这种情况下，机械的推广不会很快。因此，机器制造工具的发明具有划时代的意义。机器终于可以由非熟练工人来制造，而这些人很容易找到。机器的数量可以无限增加。它们被制造得如此精确，精度高达千分之一英寸，可以省去安装后漫长的调试过程。机器变得更便宜、更可靠，使用机器的吸引力更大了。当制造机器的机器被发明出来后，机器制造发生了革命性的变化，机器的应用大大加快了。[2]

威廉·费尔拜恩爵士说，当他1814年来到曼彻斯特时，"除了非常简陋的车床和一些钻头，整个机器都是手工制作的"。"后来出现了克莱门特（clement）的刨床（1825年）和车床（1827年和1828年）、内史密斯的蒸汽锤（1839年）和可用在任何直径的金属车轮上切割键槽的机器（1836年）、罗伯茨（Roberts）的用于在铁板上钻孔的冲孔机（1848年），以上提到的只是少数发明，但这些发明让机器生产发生了革命性的变化，并使铁桥、铁路机车和铁制

---

[1] 塞缪尔·斯迈尔斯：《工业传记：钢铁工人和工具制造商》，第181页。——原注

[2] 《关于机器出口的报告》，1841年，第7卷，第96页。"以前人们指的工具是锤子、凿子和锉刀之类的简单工具，但现在人们指的工具实际上是机器，非常重要的机器。"（证人说，比如刨床和切削轮。）"通过工具的生产，几乎所有工人都在制造机器，并且制造得更好。如果没有这些工具，就需要一流的工人，而现在有了这些工具，制造机器的成本比以前少得多。机器制造中使用的大多数工具或机器都是自动运行的，不需要人的帮助。操作刨床只需要一个工人，而这位工人一周挣12先令或者14先令。"——原注

第2部分
机器引发的工业革命

蒸汽船成为可能。""机器制造工具的伟大先驱是莫兹利[①]、利兹的默里(Murray)和克莱门特、德比的福克斯、内史密斯和罗伯茨、曼彻斯特的惠特沃思[②]以及利兹的费尔拜恩爵士[③]。"[④]

英国必须发展机械工程学,培养一批工程师,才能彻底改革工业方法。在这个过程中,英国不仅为自己,也为整个欧洲培养了工程师。许多发明确实是由美国人和其他外国人发明的,但这些发明家被迫来到英国开展研究。总的来说,这些发明在英国得到了极大改进。其他国家既没有煤,也没有铸造厂或熟练的机械师,更不用说所需的资本了。

1781年,英国人威廉·威尔金森在法国成功开办了克鲁索钢铁厂。[⑤]其他英国人开办了棉纺机器制造厂,生产哈格里夫斯的珍妮纺纱机和阿克莱特的水力纺纱机,并在法国开办了工厂。[⑥]尽管1825年以前,许多种类的机器都被禁止出口,但机器仍被走私出境,禁止出口的零件与其他允许出口的零件混

[①] 即亨利·莫兹利(Henry Maudslay,1771—1831),英格兰车床创新者、模具制造者和发明家。他被认为是现代车床的发明人。他的发明是工业革命的重要基础。——译者注

[②] 即约瑟夫·惠特沃思爵士(Sir Joseph Whitworth,1803—1887),英国工程师、企业家、发明家和慈善家。1841年,他设计了英国标准惠氏螺纹,即现在公认的标准螺纹。他还发明了惠特沃思步枪,这被认为是最早的狙击步枪之一。——译者注

[③] 即彼得·费尔拜恩爵士(1799—1861),苏格兰工程师。——译者注

[④] 1861年费尔拜恩在曼彻斯特发表的英国协会主席就职演讲。——原注

[⑤] C. 巴洛:《法国冶金工业中的技术革命和大开发的开始》,载于《经济史评论》,1912年。——原注

[⑥] 克里斯汀·施密特:《法国棉花产业的开端(1760—1806)》(Les débuts de Pindustrie cotonniere en France, 1760—1806),载于《经济史评论》,1913年。——原注

在一起出口。[1]当时似乎已经存在一种常规的保险业务，人们给走私的机器上保险，以防机器被拦截或被没收。机器也是根据英国图纸在欧洲大陆安装的，尽管英国直到1825年才取消禁止移民的规定，但在欧洲大陆和美国各地的工厂和机械工程车间中都可以看到英国工匠。1825年，尽管存在某些保留意见，英国还是开始允许机器出口。[2]

1841年的第二届大委员会考虑取消对机器出口的一切限制，雇用英国经理和工头在欧洲大陆上使用英国机器并培训外国工人的趋势更加明显。由于机器更容易获得，英国制造商对

---

[1] 在《经济史评论》(1914年)第43页到第44页的《法国棉花产业的开端(1760—1806)》中，克里斯汀·施密特讲述了一个有趣的故事：在18世纪，一个法国人曾两次尝试走私英国的棉纺机器。

1798年将这些机器进口到法国的尝试，说明要获得这些机器并不容易："被许多英国战船追击一段时间后，鲍文斯(Bauwens)在汉堡登陆，他和他带来的工人藏在哥哥家里。当得知要在巴黎或根特(Ghent)工作时，这些工人逃跑了，并向英国大使告发了鲍文斯。鲍文斯带着愿意跟随他的5个英国人逃跑了，他们穿越比利时，将机器的部件藏在马车下面。到达巴黎后，鲍文斯把机器部件组装起来。"最终，鲍文斯在根特建立了一家棉纺厂，雇用了1,000多名工人，但工厂在1811年的战争中被毁。——原注

[2] 1825年，在废除走私禁令之前，据说欧洲大陆有15,000名到20,000名英国工匠，其中1,500人到2,000人从事钢铁行业。见《关于机器出口的报告》，1825年，第5卷，第43页。另见《爱丁堡评论》，1819年，第32卷，《法国和英国工艺和工业的比较》(The Comparative Skill and Industry of France and England)。另见《关于机器出口的报告》，1825年，第5卷，第112页。——原注

第2部分
机器引发的工业革命

外国人挖走他们的优秀工人的做法怨声载道。[1]许多英国人在欧洲大陆（特别是法国和德国）建立工厂，以逃避关税。他们派出英国的工程师和操作人员来培训欧洲大陆的非熟练工人。1820年之后，当英国发明出制造机器的工具时，据说，欧洲大陆在为自己制造机器方面取得了巨大进步，因为当时对制造机器的工匠的技能要求较低。[2]

从前面对蒸汽机和机器缓慢发展的概述中，我们可以明显看出，如果没有其他因素的刺激，工业变革的步伐不可能很快。一方面，机器的使用受到了阻碍，不仅因为机器的缺陷和它们不令人满意的特征，还因为工人不喜欢在工厂里工作，而且那些认为自己会因机器而受伤的人可能引发暴动和损坏机器。而人口的增长提供了更多人手，人们总是更愿意从事家庭生产，而不是工厂里整齐划一的工作。羊毛的柔软纤维给羊毛行业引进机器带来了技术障碍，使采用机器的过程缓慢，而羊毛原料的短缺更是加剧了这一问题，因为安装的机器可能无法充分发挥作

---

[1] 证人马斯登（Marsden）讲述了法国发展亚麻纺纱业的故事，这个故事是英国影响欧洲大陆工业革命的典型例证。《关于机器出口的报告》，1841年，第7卷，第91页。）他去拜访马伯利先生（Mr. Maberley），一个在法国制造亚麻纺纱机器的英国人。马伯利先生有100名英国工匠和价值6,000英镑的工具和材料。据说，向马伯利先生学习的法国亚麻机械制造商"从曼彻斯特和利兹购买了各种各样的先进工具，从利兹和英国其他地区的不同机器制造商那里购买了一种最好的机器模型，建立了制造机器的工厂。他们还带走了能找到的最聪明的英国人，许诺会支付非常可观的工资。有了最聪明的工人和制造机器的工具，加上从英国偷运出来的机器模型，他们就能够制造出跟我们在英国看到的一模一样的任何机器"。——原注

[2] 《关于机器出口的报告》，1824年，第5卷；1825年，第5卷；1841年，第7卷。——原注

用。最重要的是，建造和运营工厂有一定的风险，并且花费巨大，特别是在处理容易过时的材料时。此外，促使人们采用机器的主要原因是人手的缺乏，这一点在像北方这样人口稀少的地区表现得十分明显，这在一定程度上解释了为什么机器在北方更快得到采用。在另一些情况下，由于工人本身的问题和家庭作坊效率低下，雇主不得不使用机器。因此，将机器引入棉花行业和羊毛行业的某些领域花了七十年（1770—1840）时间并不奇怪。即使到了1840年，家庭作坊仍大量存在。

1815年至1830年的艰难时期实际上是法国战争及其后遗症造成的，引进机器的影响只是一小部分原因。如果说机器使人们流离失所，机器也会慢慢创造新的职业。受影响的行业主要是钢铁、棉花和机械工程等新兴行业，这些行业的扩张是增加而不是减少了就业。即使是在那些妇女被纺织机器取代的地方，对织工的需求也是巨大的，她们在集体作坊和纺织厂找到了新的工作机会。

没有哪个国家的工业转型像英国这样缓慢。其他国家能够从英国止步的地方起步，随着后来的发展，它们的工业革命与铁路发展同时进行。对这些国家来说，铁路加快了变革的步伐。

虽然工业条件最终发生了根本性改变，但这些变化绝不是突然发生的。如果要提出一个时期，说英国已经"革命"了，与1750年的英国大不相同，也许我们可以说这个时期是1830年至1840年，尽管把这个时期定在十年后也未尝不可。

第2部分
机器引发的工业革命

到1840年,英国已经成为一个典型的工业国家,而非农业国家。1820年至1840年,机器制造工具的发展提高了机器的产量和使用率。尼尔森的"热风炉"降低了铁的生产成本,从而对机器的价格产生了影响。而1825年后英国允许机械出口,增加了对机器的需求,刺激了机械工程行业的发展。煤炭的产量大幅增加,1829年英国的煤炭消耗量大约为3,000万吨。[①] 到1835年,棉纺织业已经完全成为一种工厂工业,羊毛、亚麻和丝绸行业也开始发生变化。

因此,在1830年至1840年这十年间,工厂制取代了家庭生产方式。而作为英国工业生活的典型特征,新兴的机械工程、钢铁和煤炭行业开始占据主要地位。

五、工业变革对经济和社会的影响

我们使用"工业革命"一词,并不是因为变革的过程很快,而是因为变革带来了根本性的变化。正如我们所看到的,工业革命首先涉及新兴产业的兴起。这引发了第二个变革,即商业的根本性转变。英国开始组织大规模生产和全球贸易。英国开始前所未有地依赖海外地区,以获取棉花和羊毛等原材料,并依赖国外市场。19世纪下半叶,英国越来越依

[①] 这是当年上议院委员会的估计,引自罗伯特·L. 加洛韦:《年鉴》,第2卷,第462页。著名的煤炭专家和观察家巴迪(Buddle)把这个数字减半,也就是15,300,000吨,这表明没有令人满意的准确估计的依据。——原注

赖其他国家的粮食供应，用煤炭业、制造业、航运和金融服务来平衡粮食进口的开支。贸易规模前所未有之大，新的商品和大型货物的交易不仅成为新兴贸易，而且在重要性上超过了传统的香料和殖民地产品。第三个变化是新兴地区开始出现。1750年，英格兰南部是英国最富有的地区，东部的诺福克郡和萨福克郡及西部是主要的制造业地区。1700年，人口最多的六个郡可能是米德尔塞克斯郡（Middlesex）、萨默塞特郡、德文郡、西莱丁（West Ridings，即约克郡西区）、林肯郡（Lincolnshire）和诺福克郡。北部是贫困地区，几乎没有道路。兰开夏郡的小型棉纺织业在苦苦挣扎。约克郡的毛纺织业正在发展成一定规模。少量煤炭通过泰恩河（Tyne）运到伦敦和欧洲大陆。到1800年，兰开夏郡和约克郡西区的人口增长加速，开始成为人口最多的两个郡。在苏格兰的拉纳克郡，随着煤炭业和钢铁业的发展，新兴工业区相继发展起来。在格拉斯哥和佩斯利（Paisley）周围，棉纺织业也迅速发展起来。1750年，几乎无人居住的南威尔士被西法塔（Cyfartha）的克劳西（Crawshay）变成了一个巨大的炼铁中心。韦奇伍德和廉价的运河运输彻底改变了斯塔福德郡（Staffordshire）的陶器区。而煤炭业和钢铁业的发展使斯塔福德郡和沃里克郡（Warwickshire）在1800年与兰开夏郡、约克郡和米德尔塞克斯郡并列为英国人口最多的五个郡。英格兰东南部和西南部的旧纺织区变得相对没那么重要。利兹和哈德斯菲尔德（Huddersfield）取代英格兰西部成为主要的毛纺织中心，而布拉德福德则接过了诺里奇（Norwich）的精纺贸易。

第2部分
机器引发的工业革命

  第四个重大变化是城镇的发展。人们聚集在煤炭和铁矿地区,新运河使他们能够获得食物和燃料,即使在像北方这样食物供应不足的地区也是如此。由于没有建筑限制,各式各样的房屋被建造起来,通常是一栋紧挨着另一栋。当时没有防止过度拥挤或建造地窖式住宅的规定。城镇没有垃圾处理设施,家里的垃圾总是堆积如山,并从灰坑里溢出,导致庭院和街道上覆盖着"一层令人厌恶的东西"。城镇没有主排水系统,也没有卫生系统。直到1850年以后,才有充足和干净的供水接入房屋。[①]水井和水泵供不应求,河流和运河的水被污染了,令人作呕。城镇的卫生状况非常糟糕,人们饱受瘟疫、天花等恶性传染病之苦。17世纪下半叶,伦敦城的死亡率是80‰,在18世纪是50‰。[②]如此高的死亡率是由于城镇卫生条件不完善造成的。人口大量涌入新兴地区,使原有的问题变得更加严重,恶化了城镇的肮脏、拥挤和疾病感染问题,并且没有解决

[①] 据估计,甚至在1850年,伦敦还有80,000户640,000人居住的房屋没有干净的供水。见杰弗森(Jephson):《伦敦公共卫生的演变》(*The Sanitary Evolution of London*),第21页。另一种选择是,"很大一部分人只能从公共场所安装的管道中取水,并且只能每隔一段时间取一次水,周日不供水。然后人们将水保存在密闭、通风不良的屋子里,直到需要使用时再取出"。见杰弗森:《伦敦公共卫生的演变》,第21页。
"在雅各布岛〔在伯蒙赛区(Bermondsey)〕,一天中的任何时候都可以看到女人在取水。她们用绳子把桶吊在房子后面,从一条肮脏的臭水沟里取水,水沟两边都是泥浆和垃圾的混合物,还有动物内脏和腐臭物。这些水可用于各种用途,包括烹饪。"杰弗森:《伦敦公共卫生的演变》,第23页,引自《卫生总委员会的报告》(*Report of General Board of Health*),1850年。如果这是大都会的模样,显然早期的工厂城镇不会更好。——原注

[②] 卫生部首席医疗官乔治·纽曼爵士(Sir George Newman)发表的纪念普里斯特利夫人的演讲,1920年。1917年,伦敦的死亡率为13.6‰。——原注

这些问题的机制。大量爱尔兰人移民英格兰，提供了工业生产所需的人手。他们的生活水平很低，从而使问题更加复杂。

和老城镇一样，在新城镇里，斑疹伤寒和天花长期存在，各种热病是造成贫困的最主要原因之一，霍乱也经常发生。如果下表中普雷斯顿（Preston）的死亡数据是一个合理样本，儿童的死亡率似乎异常高：[①]

1837年7月1日—1843年6月30日

人群	平均死亡年龄	五岁以上的比例（%）	五岁以下的比例（%）
绅士	47.39	82.43	17.57
商人	31.63	61.78	38.22
工人	18.28	44.58	55.42

因此，在五年内工人的总死亡人数中，五岁以下的儿童占比达一半以上。

除了不卫生的生活条件和疾病，埋葬死者也恶化了城镇的卫生问题。城镇墓地过少，过于拥挤的状况增加了城镇生活的恐怖，并污染了供水。[②]

[①]《关于大城镇状况的报告》(Report on the State of the Large Towns)，1844年，第17卷，第37页，附录。——原注

[②] 关于伦敦的克莱肯韦尔（Clerkenwell）地区，有人明确指出："该教区的浅井水接收了海盖特公墓、众多墓地和该地区无数污水池的排水。"杰弗森：《伦敦公共卫生的演变》，第22页。德鲁里巷外拉塞尔墓园的墓地由于不断有人被埋葬在那里，整块墓地被抬高了几英尺，是"一片腐败之地"，"污染了人们不得不呼吸的空气，弄脏了人们日常缺乏其他水源时不得不饮用的井水"。杰弗森：《伦敦公共卫生的演变》，第36页。在《荒凉山庄》(Bleak House)中，狄更斯（Dickens）对另一个类似的墓地进行了可怕的描述。德洛克夫人在那里为她的情人扫墓。《马丁·丘兹尔维特》(Martin Chuzzlewitt)和《荒凉山庄》都描述了当时的热病，莎拉·甘普（Sarah Gamp）是《马丁·丘兹尔维特》里的一名护士，作者对她的刻画让疾病显得更加恐怖。——原注

第2部分
机器引发的工业革命

　　第五个变化是家庭生产解体并被工厂生产取代。旧的生产方式是使用简单工具的家庭生产，其中许多人还从事农业副业。新的生产方式是由大量的人聚集在一栋房子里或一个地点，依靠昂贵的水力或蒸汽动力机器进行生产。新机器的成本太高，工人们无法在家中安装。使用蒸汽或水作为动力让机器运转起来，需要将操作人员或"人手"集中在一栋房子里，并且工作条件发生了根本性变化。一家人早上出去工作，晚上回家。家庭成员经常在不同的工厂工作。人们再也无法从事农业副业。工人成了机器边的"服务员"，其行动受机器支配，生活依赖于市场对机器产品的需求。另一个结果是，在许多情况下，工作变得更加单调。"纺纱工人一辈子只需做一件事：盯着一对轮子，向前走三步，再向后走三步。"[1]

　　第六个变化是资本与劳动力之间的新关系，即雇主和雇员之间的新关系。新型工业生产需要大量的资本，这使发家致富变得更加困难。随着资本成为19世纪工业主义最突出的特征，资本也越来越成为批评和攻击的对象。

　　在英国的工业生活中，拥有资本的人早已存在。然而，过去典型的资本家是派发订单的人，而且往往是派发原材料，农业工人在自己家中、以自己的方式、在自己的时间内处理原材料。虽然他们常常十分依赖给他们派发订单的人，但在某种程度上，劳动力的稀缺和从事农业工作的可能性改善了他们的处

---

[1] 《关于手工织机织工的报告》，1840年，第24卷，第682页。——原注

境，按照自己的节奏工作又让工人觉得似乎享有很强的个人独立性。工人分散各处，对商人雇主没有强烈的阶级情绪。人们很容易依靠自己的资本成为小雇主，所以不愿意联合起来反对自己希望成为的雇主。

随着新的工厂制度的建立，工人的地位发生了变化。工人变得越来越依赖雇主，因为他们越来越难以依靠农业，特别是在大型农场不断增长的情况下。一个新的富人阶级崛起了，这些富人来自和工人一样的阶层，工人觉得自己不应该对这些富人忠诚。工人怨恨新厂主驾驶的双轮马车，因为这似乎是从工人的劳动中非法获得的。当工人不得不进城工作时，他与村子、乡绅、牧师的旧关系就被打破了。为了社交生活，工人只能找自己的同事。他们对彼此的工资和工作条件非常感兴趣。他们聚集在一起，可以讨论他们的不满。于是，工人们开始变得"有阶级意识"。整个18世纪，工会一直在发展，目标是确保标准工资或限制工作时间。国家准备强制实行工资和工时制度，但不允许工会来推动。因此，当工会越来越强大时，就被禁止了，就像1721年的伦敦裁缝协会被禁止一样。工会组织持续涌现，由于法国大革命引起了英国统治者的恐慌，禁止工会的禁令在1799年和1800年再次生效。[①]然而，在这种情况下，国家完全奉行自由放任政策，没有制定工资和工时标准，甚至在1813年废除了自1563年以来就存在的工时标

---

① 乔治三世39年第81章法案（39 G.Ⅲ, c.81.）；乔治三世39年至40年第106章法案（39 & 40 G.Ⅲ, c. 106.）。——原注

第2部分
机器引发的工业革命

准。[①]然而,在工作中密切合作的工人必然会为了共同的利益而结成某种联盟,工会伪装成政府允许的友好社团,继续发挥作用。不过,起初工会的范围仅限于特定城镇的一群工匠,行动也是地方性的。铁路使工会成为全国性组织。根据《联合法案》(The Combination Acts)或普通法,工会的任何共同行动都可能被遏制,工会成员也会因共谋而被起诉。在《联合法案》于1824年至1825年被废除之前,工人虽然开始在地方层面组织起来,[②]但因为没有投票权,所以在政治上没有影响力,无法改善自己的地位。骚乱是工人表达不满的唯一出口,由于当时没有警察,军队被召集起来维持秩序。

尽管过渡阶段出现了许多弊端,法国战争使情况变得复杂,在英国组织世界销售时,原材料和市场非常不稳定,然而,新的生产方式带来的社会影响并不完全糟糕。

就工人而言,一旦过渡期结束,在通风良好的工厂工作比在垃圾遍地的家庭作坊里工作对身体更好。工人不再在工作垃圾中吃喝睡觉了。

许多委员会指出,织工的家虽然各不相同,但都不是理想的生活场所。

在贝瑟尔格林(Bethnal Green)和斯皮塔菲尔德一些

---

① 伊丽莎白5年第4章法案(5 Eliz.,c. 4.)。——原注
② 然而,英格兰西部的剪羊毛工人似乎一直与约克郡的剪羊毛工人保持着密切联系。——原注

织工居住的地方，每所房子早就应被征用并夷为平地。建筑物破败不堪，街道没有下水道，厕所秽物满溢，污水池和露天沟渠里满是黑色的腐败物，方圆数英里的空气都被污染了，使该地区成为疾病和死亡的滋生地，有的大街小巷斑疹伤寒四季不断。

关于健康问题，我见过住在寒酸公寓里的家庭织工，也见过工厂里的动力织工。我可以毫不犹豫地说，工厂织工的健康状况明显好于家庭织工。家庭织工如果工作稳定，就会一直待在一个房间里，在里面吃喝拉撒，整天呼吸着污浊的空气。工厂织工不仅可以步行往返于工厂，而且住在宽敞的公寓里，那里通风良好。我参观过的一些工厂干净、整洁，通风良好，堪称典范；没有理由认为其他工厂不是如此。[1]

刚才引用的这段描述是关于传统的丝绸行业的，不过，在新兴的棉纺织业中，在家里工作的人似乎同样处于糟糕的境地。

对手工织机织棉工来说，作为一种家庭手工业，织布比其他任何织造业都更不利于健康，更牺牲个人的舒适生活。绝大多数的手工织机织棉工都

---

[1]《关于手工织机织工的报告》，1840年，第24卷，第681页，《希克森的报告》。——原注

第2部分
机器引发的工业革命

在地下室里工作，虽然地下室里的光线能够让他们穿梭抛梭，但因为阳光很少照射到他们，所以工作环境很压抑。选择地下室的原因是棉布需要在潮湿的环境中织造。因此，空气必须凉爽湿润，而不能温暖干燥。这种空气要求本可以在不影响身体健康的情况下达到，并且就存在于最好的动力织机工厂里。但不幸的是，那些贫穷的手工织机织棉工往往不得不忍受这样艰苦的工作条件。我见过他们在沼泽地里挖出的地下室里工作，这些沼泽地里没有排水设施。他们的房子没有下水道，街道被雨水淹没时，雨水就会顺着地下室光秃秃的墙壁流下来，使地下室变得甚至不适合狗和老鼠居住。[1]

难怪手工织机织工被专员描述为"从来不是一个健康或强壮的阶层"[2]。可以想象，从工人健康的角度来看，工厂制对工人更好。

从专员们的报告中我们可以清楚地看出，工厂织工的工资比家庭织工高，并且工作更稳定。1840年，格洛斯特郡工厂织工的工资为每周11先令9便士，而工厂外家庭作坊的老师傅的

---

[1] 《关于手工织机织工的报告》，1840年，第24卷，第645页，《希克森的报告》。——原注
[2] 《关于手工织机织工的报告》，1840年，第24卷，第425页，《希克森的报告》。——原注

工资只有8先令0.5便士，熟练工为5先令7便士。[1]工厂织工的工资也更稳定，"因为制造商发现，降低三四十个在一个屋檐下工作并彼此交流的工人的工资，比降低三四十个分散在各地的家庭织工的工资更难，由于人手充足，这些家庭织工随时准备互相压价"[2]。

生意萧条时，派发订单的雇主能暂停派发工作而不给自己造成损失，但工厂的老板不能。"众所周知，工厂的工人一旦分散，就必须花费大量的时间和精力，才能再次将他们聚集起来继续高效工作……使用动力织机的制造商可以工作一段时间后停工，但他们很少这么做……他不敢冒险让工人完全失业，因为这样会使工人分散到各处。"[3]

虽然多愁善感的人对旧式家庭生活被打破感到震惊，但专员认为"一个家庭的所有成员挤在同一个房子里，互相推搡，这非但不能提升家庭幸福感，反倒会损害家庭幸福感"[4]。在专员看来，有规律的工作使人们的道德品行得到了提

---

[1] 《关于手工织机织工的报告》，1840年，第24卷，第404页。又见第649页："工厂工人每周多挣2先令。"——原注

[2] 《关于手工织机织工的报告》，1840年，第24卷，第424页。"虽然他（家庭织工）的工资很低，但如果这个数额是固定的，如果他每周都知道自己会有这笔钱，他会过得更好。不过，事实并非如此，他的工作极不稳定，他的谋生手段非常不可靠，因此他无法养成固定的工作习惯，也无法集中精力工作。"——原注

[3] 《关于手工织机织工的报告》，1840年，第24卷，第630页，《穆格里奇的报告》(Muggeridge's Report)。盖斯凯尔指出，雇主没有降低工厂中棉纺织工人的工资，"他们知道，在这种情况下，工作越少，人们对工作的依赖就越低"。《关于手工织机织工的报告》，1840年，第24卷，第43页。——原注

[4] 《关于手工织机织工的报告》，1840年，第24卷，第682页。——原注

第 2 部分
机器引发的工业革命

升。[1]人们认为,有规律的工作可以培养出有规律的生活习惯。

工厂制的一个巨大优势是,工人们可以集中起来在舒适的工作条件下工作,领标准工资,工作时间更短,工资全额用现金支付而不是用实物支付。

家庭工人的订单的派发或停发全凭雇主决定。家庭工人分散在各处,对价格行情或市场状况一无所知,因此,在谈判报酬时处于不利地位。虽然纺纱工人很少,但我们必须记住,纺纱的报酬总是很低。

事实上,由于太过分散而无法联合起来,家庭工人的工资一直很低。盖斯凯尔将家庭工作制度理想化了,他说:"18世纪末和19世纪初,一个由四个成年人和两个孩子组成的家庭,每天工作10小时,每周挣4英镑。当然,当工作繁忙时,他们可以挣得更多。"[2]他承认,他们很少吃肉食,而是吃"全麦面包或黑麦面包、鸡蛋、奶酪、牛奶和黄油,几乎不喝茶"[3]。他提到,工厂工人"每天可以吃到一次有限的肉食,还有加了大量水的淡茶"。

家庭工人的工资经常以实物支付,并且经常被任意克

---

[1] "科布登(Cobden)先生认为,工厂制的规律运作,显著改善了众多涌来曼彻斯特的爱尔兰人的性格。"《关于手工织机织工的报告》,1840年,第24卷,第681页。——原注
[2] 盖斯凯尔:《工匠与机器》,1836年,第24页。——原注
[3] 盖斯凯尔:《工匠与机器》,1836年,第18页。盖斯凯尔是一名外科医生。——原注

扣。[1]机器的出现使雇主更倾向于用实物支付工资，或者让雇工以更高的价格在雇主的商店里购买商品。在建有水力工厂的农村地区或矿区，没有商店，也没有什么房子。结果是，工厂主或矿主建造房屋，将其出租给工人，通常是以高额租金出租，然后从工人的工资中扣除。[2]雇主建商店，很多情况下还建酒馆，工人被迫在商店里买东西。工人经常在商店里赊账，以致负债累累，因此不得不工作。在以实物而非现金支付的情况下，工人没钱搬家，因此同样受到限制。"在许多工厂周围出现了固定的人口，他们就像机器一样，是雇主财产的一部分。"以下是委员会在1845年调查时，一名证人讲述的以实物支付的情况：

---

[1] 威廉·费尔金提到，1847年，500名框架织机织工的年收入是194英镑，扣除77英镑，他们赚117镑，或者领4先令8便士的周薪。他说，1845年，"在我们地区的8个村庄中，18个雇主中只有两个给工人支付了全部工资"。见威廉·费尔金：《机织袜子和蕾丝的历史》(History of Machine Wrought Hosiery and Lace)，1867年，第459页。
《关于框架织机织工的报告》(Report on Frame Work Knitters)第15卷第76页记载了一个特殊案件：一名框架织机织工在家工作，被迫为自己的机器支付租金。
做证时，塞缪尔·詹宁斯（Samuel Jennings）说："我为T. P. 欣克利（T. P. Hinckley）工作。每次我从他那里领活时，他总是告诉我，如果我不把所有的钱都花在他的店里，他就不会给我任何工作。此外，框架织机是我自己的，但我必须付租金给他，让他雇用我，因为我在其他地方找不到工作。"——原注
[2] 这些房屋是以成本的13.5%作为租金出租的。"这种利润丰厚的租金回报没有任何风险。雇主不会有租金损失，每个发薪的晚上他们都会从工人的工资中扣除租金。"盖斯凯尔：《工匠与机器》，1836年，第294页到第302页。通过在工厂附近建造房屋，雇主能够让工人在早上早早地开始工作，缩短吃饭时间，并一直工作到深夜。——原注

第2部分
机器引发的工业革命

在整整两年的时间里,我每一两周从雇主那里得到的钱总共是16先令6便士。其中10先令6便士用来支付当票的利息,因为当我生病没钱时,他不卖东西给我。为了给我的妻子和家人购买生活必需品,我把一些东西抵押给他。到了星期六晚上,我不得不将一定数量的肉、蜡烛、烟草、麦芽酒或任何作为工资付给我的东西亏本卖掉。我常常带一罐麦芽酒去理发店刮胡子,带一罐麦芽酒给清扫工,请他清扫烟囱。我的工资收入还算不错,我和邻居们一起买报纸,我不得不以7便士的价格买下一磅蜡烛,然后用蜡烛换报纸,报纸的价格是4.5便士。我以7便士买下牛肉,以5便士的价格从卖煤的女人那里买下我要用的煤。我的雇主不卖的糖、茶或其他任何东西,我都是用肥皂和淀粉从住在院子边上的杂货店老板那里换来的。[①]

然而,值得注意的是,妇女并不反对实物支付。实物支付能使男人远离酒吧或啤酒店,因为他没有钱,他的收入是以妻子和孩子消费的物品的形式存在的。[②]

实物支付制度的弊端受到了1831年法案的限制,但要消除这种做法是极其困难的,尽管在许多地区,一些良心雇主联

---
① 《关于框架织机织工的报告》,1845年,第15卷,第77页。——原注
② 《关于框架织机织工的报告》,1845年,第15卷,第81页。——原注

合起来收集证据,并起诉实物支付的雇主。[①]1850年后,工会的力量日益壮大,为终结实物支付制度起了很大作用,但在家庭生产仍然存在的地方,实物支付继续盛行。[②]1887年,预防实物支付的工作由工厂督察员负责。

工厂制的另一个巨大优势是智力的普遍开发,这似乎发生在早期工厂召集的工匠中。工匠们成立工会,在这些早期工会中,男人作为团体成员接受了培训,并接受了涉及工业和政治

[①] "南斯塔福德郡有5个反实物支付协会……我们有足够的资金进行起诉,并养活那些因参与我们的行动而被实物支付的雇主解雇的人。在10个月内,这些费用加在一起已超过800英镑。我们已经提供了500至600条信息,并使大约250个雇主被定罪。尽管如此,我认为我们没有将用实物支付的雇主数量减少5%。"《关于矿区的报告》(Report on Mines),1851年,第23卷,第463页,《霍纳1851年5月的报告》(Horner's Report,May,1851)。——原注

[②] 《关于实物支付的报告》(Report on Truck),1870年。——原注

第2部分
机器引发的工业革命

的公民教育。[①]

诚然,一方面,工人不喜欢工厂有规律的工作和"工厂铃声的专制"。专员记录道:"无论在哪里,我都察觉到一种明显的不愿意在工厂工作的情绪。"[②]人们强烈反对在监督下工作,拒绝服从工头的命令。当家庭分裂成独立的工作单位时,男孩把钱留给自己,自己决定何时结婚。当女孩也能支配自己的收入时,家庭收入的流失往往会降低生活的稳定性。副业机会的丧失也使家庭收入减少了。男孩在家庭中接受的全面的工业训练让他们日后有可能发展自己的事业,而工厂工人的专业化培训对男孩的职业发展没什么帮助,男孩的职业毫无出路,最终只

[①] 在1823年出版的《棉花产业简史》中,理查德·盖斯特专门用一章论述了"棉纺织业的发展所引起的人们素养和举止的变化":"大量的工人聚集在一起,通过不断地交流,他们的能力得到了锻炼和提高。他们的谈话围绕各种各样以前没有讨论过的话题,以及他们感兴趣的和平与战争问题展开。这些问题可能会导致工资的上涨或下跌,所以激起了他们极大的兴趣,使他们进入了广阔的政治领域,进而讨论他们政府的性质和组成政府的人。他们对国家军队的失败和胜利更感兴趣。他们原来的智力水平只比他们的牲畜高那么一点点,现在却成了政治公民。织工们可以更换雇主,不断寻找新的机会,以获得最高的劳动报酬。精良的制成品和精湛的手艺给他们带来的高工资激发了他们的创造力,让他们精神振奋。他们相信,他们的生活靠的是自己的努力。这种信念激发了一种高尚的情感,一种自由和独立的精神。这种精神保证了良好的行为和得体的举止,并使人们意识到品格的价值及自身的重要性。"
另一方面,盖斯凯尔对工厂工人的堕落品行感到悲哀,认为家庭工人在品行上远远超过前者。参见盖斯凯尔:《工匠与机器》,1836年,第22页:"在某些方面,他(家庭工人)确实不如工厂工人,这不可否认:他几乎不能自由阅读或写作,但他去教堂或礼拜堂时十分守时,堪称楷模;他发表的演讲相对较少,但他衣食无忧;他对狂妄政客创立的俱乐部一无所知,也没有加入可能使他与雇主对立的联合会,但他对上级恭敬有礼,并且严格履行合同。"——原注

[②] 盖斯凯尔:《工匠与机器》,1836年,第649页。——原注

能成为一个非熟练工人。然而，我们必须记住，家庭劳作和家庭工资往往意味着家庭成员被他们的父母压榨，或妻子被丈夫压榨。

另一方面，新的工业发展带来了无穷无尽的新机遇。运输业的发展需要男人当司机、管理驳船、在码头装卸货物，这些工作一点儿都不单调。建筑业迫切需要人手来建造新的城镇和工厂。新的工业发展需要煤矿工人、各种工程师，以及在鼓风炉、钢铁厂和化工厂工作的工人。这些新职业中有许多是危险的或令人不悦的，但与家庭工人相比，所有工厂工人和冶金工人的工资似乎都很高。工厂起初并不受欢迎，因为工厂限制了男人的独立性，降低了他们的社会地位，因为他们不再是"主人"。为了吸引工人进入工厂，雇主必须提高工资。

儿童过度劳动并不是什么新鲜事，[1]但在这一时期特别突出，人们认识到这一弊端并试图革除。

家庭生产的条件并不理想，儿童的过度劳动也不是从工厂开始的。"孩子们一会爬就被安排工作，他们的父母是最严厉的监工。"[2]这是对工厂制出现之前儿童工作的一种描述。对克朗普顿少年时代的描述证实了这一点：[3]

---

[1] 奥利弗·乔斯林·邓洛普（Olive Jocelyn Dunlop）:《英国学徒制和童工》(*English Apprenticeship & Child Labour: A History*)，第99页到第101页。——原注
[2] 威廉·库克·泰勒（William Cooke Taylor）:《兰开夏郡制造业区旅行笔记》(*Notes of a Tour in the Manufacturing Districts of Lancashire*)。——原注
[3] 吉尔伯特·J.弗兰奇:《塞缪尔·克朗普顿的生平和时代》，1859年。——原注

第2部分
机器引发的工业革命

我记得我刚会走路就被安排在棉纺作坊里干活了。我母亲先把棉花打蓬松，然后将棉花放进一个深棕色的盆里，盆里放着有一层厚厚的泡沫的肥皂水。然后，母亲把我的里衬扎在我的腰间，把我放进盆里，让我踩盆底的棉花。当第二批棉花被打出来时，我被抱了出来。母亲又将一些棉花放进盆里，我又被抱进盆里踩棉花。这个过程会一直持续，直到盆里装满了棉花，我再也不能安全地站在里面了，这时母亲会在盆旁放一把椅子，我就扶着椅背继续踩。

我们今天会认为，把一个穿着里衬的小孩放进浓度很高的肥皂水（可能是冷水）里，让他的小脚上上下下踩洗棉絮是非常荒唐的。1866年，情况也没有多大变化。一个委员会在报告中支持关于禁止雇佣童工的立法，理由如下："但更重要的是，此类立法将保护和惠及大量非常年幼的儿童。在许多制造业中，他们的父母让他们在狭小、拥挤、肮脏和通风不良的工作场所长期从事有害劳动。不幸的是，从全部证据来看，对孩子（无论是男孩还是女孩）造成最大伤害的是他们的父母。"[1]

早期的水力纺纱机由贫穷的学徒操作。这些机器很矮，更适合儿童而非成年人操作。儿童学徒由雇主提供食宿，因为儿

---

[1] 《报告》(*Report*)，1866年，第5卷，第24页。——原注

童是一个特别无助、无依无靠的群体，所以存在严重的虐待行为，但即便如此，孩子们似乎在某些方面得到了善待。①

到1816年，贫穷的学徒似乎已经很少见了。②雇用他们只是应对人手不足的权宜之计，因为早期的工厂建在靠近水流的农村，那里人口较少，劳动力只能从外面引进。自从有了蒸汽动力，新工厂就在煤田和城镇建立起来，雇主会雇用和父母同住的儿童。这样一来，雇主就不需要为孩子们提供食物或住所，而孩子们至少可以享受到家庭的庇护。工厂里儿童的工作条件非常艰苦。那里空气闷热，温度往往达到华氏80度到85度，而且灰尘飞扬。根据1816年提供的证据，在一些棉纺集体作坊，根本无法看清房间的另一头。③此外，儿童还要费力地跟上机器的节奏。1816年，他们工作十二到十四小时不等，中间只有一个小时用来吃饭，其他几顿饭显然是在工作时

---

① 一方面，1832年出版的约翰·布朗(John Brown)的《罗伯特·布林科回忆录》(Memoir of Robert Blincoe)讲述了布林科的悲惨遭遇。"布林科是一个被从圣帕涅拉斯(St. Paneras)送到兰开夏郡的贫民，在棉纺厂工作。当布林科跟不上机器时，监工就会用皮带把他的手腕绑在横梁上，让他挂在机器上，直到他受不了为止。每次机器来回时，为了避开机器，他都得收起双腿。监工拧着学徒的耳朵，猛烈地摇晃他们，然后怒气冲冲地把他们摔在地上，这是利顿磨坊里许多非人的惩罚之一，监工们似乎乐此不疲。"(第39页)另一方面，在《基蒂·威尔金森传》(The Life of Kitty Wilkinson)中，W. R. 拉斯伯恩(W. R. Rathbone)写道(第25页)："很久以后，当基蒂长大成人，她常常怀念在卡顿的时光(当时她在一家棉纺厂工作，住在'学徒之家')。她常说：'如果说世上有天堂，那就是把我们养大的学徒之家。在那里，我们与邪恶隔绝，磨坊经理诺顿先生就是我们大家的父亲。'有时她会高兴地唱歌。"——原注
② 《关于棉纺厂儿童的报告》(Report on Children in Cotton Mills)，1816年。——原注
③ 《工厂儿童状况特别委员会取证记录》(Minutes of Evidence taken before the Select Committee on the State of Children in Factories)，1816年，第3卷。——原注

第2部分
机器引发的工业革命

吃的。工作时，孩子们都站着，在整整十二到十四个小时里来回走动。如果是在水力加工厂，他们不得不加班加点工作，以弥补供水不稳定造成的拖延。

有大量证据表明，儿童在工厂的工作时间太长了，尽管专员们在1833年的报告中称，他们在家庭中工作的时间更长，并且工作条件更差。

到1816年，在被调查的工厂里，似乎很少有十岁以下的儿童被雇用。

蒸汽动力远比水动力更有规律，蒸汽机的逐步采用大大减轻了加班压力。

1815年以后，工厂建在城镇并使用蒸汽动力的趋势尤为明显。

使用蒸汽动力意味着机器变得更大、更强大。机器不再适合年幼的儿童，他们的位置被年龄较大的儿童和妇女取代。从一开始，人们就试图纠正童工的使用。1784年，曼彻斯特地方当局决定禁止儿童在每天工作超过十小时的工厂当学徒。[1]1802年，议会通过了一项法案，将棉纺厂学徒的工作时间限制在十二小时以内，并禁止学徒夜间工作。《学徒健康与道德法案》(The Health and Morals of Apprentices Act)还对学徒的教育和参加教堂活动做出了规定。当工厂在城镇发展起来时，普通儿童被正式雇用，而不是去当学徒。1813年，由于禁止强制学徒制的法案被废除，儿童因此不再受立法保护。1819年，这种情

---

[1] 哈钦斯、哈里森：《工厂立法史》，第9页。——原注

况得到了纠正，议会法案规定九岁以下的儿童不得进入棉纺厂，九岁到十六岁的儿童的工作时间最多不超过十二小时。[①] 然而，该法案并不适用于粗纺或精纺等其他纺织行业。直到1833年，《工厂法案》才真正解决了这些问题。政府任命了督察员，并将该法案的效力从棉纺厂延伸到粗纺厂、精纺厂、丝绸厂和亚麻厂。因此，工厂中虐待童工的现象最终被遏制，因为规范工厂的工作条件比规范家庭作坊的工作条件更容易。事实上，即使在督察制度建立之前，工厂的工作条件似乎也比家庭作坊好。[②] 然而，《工厂法案》并不适用于采矿业，那里的孩子在很小的时候，有时只有五岁，就下到矿井里，然后整天坐在黑暗中，不停地打开和关闭活板门，以便通风。在一些地区，年龄较大的儿童用手推车或篮子把煤运到坑口。尽管在现代的观察者看来，这些条件很糟糕，但在1842年调查矿区妇女和儿童状况的五位专员中，有三位在报告中说儿童的总体健康状况良好，并将这一情况归因于他们因高工资而获得了更好的

[①] 当时除油灯和蜡烛之外，几乎不存在其他人造光源，很难想象人们在冬天工作了多长时间。1833年，在《关于工厂儿童的报告》中，柴郡的一些工厂用煤气灯照明，但在大多数情况下，通常是用蜡烛或油照明。煤气灯并不常见。——原注

[②] "在儿童从事的所有工作中，工厂里的工作似乎是最不费力的；在所有室内劳动中，工厂工作危害小。在大多数情况下，与工厂雇用的孩子相比，手工织机织工、框架织机织工、花边工和从事其他家庭手工业的工人开始工作更早、工作时间更长、工资更低。"《调查工厂中儿童状况的专员报告》(*Report of the Commissioners to Enquire into the Condition of Children in Factories*)，第20卷，1833年，第51页。——原注

第2部分
机器引发的工业革命

食物。[①] 直到1842年,矿区恶劣的工作环境才得到改善。

1833年《工厂法案》通过后,出现了许多严重的问题。在被解雇的40,000名儿童中,[②] 没有一个被送去上学。由于孩子们没有了收入,他们的父母比以前更无力支付学费。他们试图让孩子们在不受法案约束的工厂比如漂白厂或染色厂里工作,或送他们去煤矿场。如果孩子们找不到工作,就会在街上乱跑。他们往往失去了工业培训的益处,也没有其他选择。如果他们被其他工厂雇用,大量的童工会降低已经在工厂工作的其他人的工资。显然,必须设计一种教育制度来处理孩子的问题,直到他们年满九岁。将孩子们送去由老妇人开在阁楼和地下室里的家庭小学似乎是比待在工厂工

---

① 《助理专员关于调查矿山妇女和儿童状况的报告》(Report of the Assistant Commissioners to Enquire into the Condition of Women and Children in Mines),1842年,第16卷,第143页、第191页到第192页、第345页。"儿童矿工看起来总是很健康,医学证据充分证明他们的总体健康状况良好……孩子们在一天的工作结束后,看起来就像学童走出学校一样顽皮。"然而,苏格兰东部的情况并非如此(第396页)。"尽管如此,皮肤黝黑的煤矿工人全身脏兮兮但肌肉健壮,他们有宽大结实的身躯,下班后会大步走回家。与之形成显著反差的是,瘦小、苍白、饥饿的男童织工围着脏兮兮的白色围裙,看上去像个女孩似的。这个证据有力地表明,伤害男人的不是肌肉劳累。"(第193页)"医务人员几乎一致认为,儿童矿工没有什么特殊疾病。"(第194页)——原注

② 《关于手工织机织工的报告》,1840年,第686页。——原注

作更糟糕的选择。①

　　工厂制对儿童的最终影响是使他们的状况明显得到改善。当他们大部分时间必须在学校里学习时，家里就很难再剥削他们了，而他们在工厂的过度工作也被法律和督察员制止了。1842年，儿童在矿井里的悲惨状况被披露出来，并得到了彻底的处理，结果女性被禁止下井，而男孩年满十岁后才能下井。

　　对工厂使用童工的限制最终使国家开始对儿童实施教育，并且范围不断扩大。旨在帮助儿童的保护措施的范围也在不断扩大。事实上，20世纪有望成为儿童的世纪。我们已经看到，到1820年，除了棉花、羊毛和亚麻的纺织业，工厂制并没有在其他行业得到广泛的发展。因此，随着机器在纺织业和其他行业的普及，《工厂法案》得到有效实施，并逐渐消除了其他行业虐待童工的现象。

　　也许已婚妇女受到的不利影响最大。纺纱是纺织行业中

---

① "除了少数例外情况，家庭小学都是昏暗且封闭的。许多学校潮湿肮脏，其中一半以上的地方被用作宿舍和教室，在许多情况下只能容纳一个七八口之家；其中四十多所学校建在地下室里。至于贫困地区的普通日制学校，则很难言说。其中许多学校的空气毫不流通、令人反感，以至于从户外进入的人无法忍受，在放学时间临近时更是如此。伍德先生……特别注意到，有一所学校设在阁楼里。在三层漆黑的破楼梯的上面，长十英尺宽九英尺的地方坐着四十个孩子；在一个与房间角落构成三角形的杆子上，趴着一只公鸡和两只母鸡；就在下面有一个狗窝，里面养着三条黑狗，它们的狂吠声加上孩子们的喧闹声，再加上家禽在陌生人走近时发出的咯咯叫声，几乎要将人的耳朵吵聋了。房间只有一小扇窗户，老师坐在那里，挡住了四分之三的光线。"《关于劳动阶级卫生状况的报告》（*Report on the Sanitary Condition of the Labouring Classes*），利物浦，1844年，第17卷，附录。——原注

第2部分
机器引发的工业革命

最先发生变革的行业，而妇女是主要的纺纱工，是纱线的生产者。一个女性如果结婚了，就需要做出选择，要么继续待在家里并依赖男人从工资中分给她一点钱，要么离开家去工厂工作。男人的工资并不是以养家糊口为基础来确定的。人们似乎想当然地认为，在很大程度上，妇女和儿童可以养活自己。① 当女人收入减少、家庭收入不足时，男人的工资没有被上调以弥补不足，而不想亏待孩子、不敢亏待挣钱的男人的妇女总是最先挨饿。当妇女和儿童的收入减少时，家庭收入会变得十分微薄，《济贫法》（Poor Law）不得不介入，特别是在英格兰南部，男人的工资得到了补贴。1834年的改革取消了失业救济金，使工资调整到让一个男人可以养家糊口的程度。②

在很大程度上，家庭手工业者的成功取决于这样一个事实：男人能控制妻子、孩子或学徒的廉价劳动力供应。这使妻子和孩子的工作变得非常辛苦，工作时间也非常长。妻子对丈夫的依赖可能被"抵消"，因为她只需履行在家劳动的义务，而不需要挣钱养活自己。但如果她选择去工厂工作，那很可能意味着她摆脱家庭的束缚，这可能是一种可喜的改变。

---

① "以前存在这样的条件，让母亲和她的孩子可以获得足够的钱养活自己。没有父亲帮助养家的家庭自然会导致早婚。工资是丈夫的固定收入，他用这笔钱支付他的个人花费，无论是正当的还是放荡的。"专员说，妻子和孩子"现在"无法养活自己，"丈夫有义务用自己的工资养家"。《调查专员关于手工织机织工的报告》，1841年，第10卷，第46页。——原注
② 关于19世纪工资的上涨，见亚瑟·里昂·鲍利（Arthur Lyon Bowley）所著的《19世纪英国的工资水平》（Wages in the United Kingdom in the Nineteenth Century）。——原注

此外，工厂制可能意味着年轻的未婚女性更加独立。[①]她们可以离开家去工厂谋生，自己挣钱。可能单身或已婚女性都不认为去工厂工作是一件苦差事。然而，在没有工厂的农村地区，除了家庭生产，女性唯一的选择是做用人或参加田间劳动，而这些替代家庭生产的工作并不受欢迎。女性是喜欢社交的生物，工厂生活似乎吸引了她们。毕竟，"家"并不总是一个有六个小房间、屋顶长满玫瑰的小屋，而往往是城镇贫民窟里一两个过于拥挤的房间，外出工作会带来"一点改变"。

调查者必须始终警惕，不要因人们抱怨而认为事情特别糟糕。委员会对某些行业展开调查并曝光，往往是公众良知觉醒的标志，并不总是意味着情况突然变得更糟。当委员会进行调查时，各种弊端就会显现出来，但人们无法判断有多少人根本没有受到影响或受到有利的影响。富裕的人往往不会说出来，因为他们担心会引来收税者或激励竞争对手崛起。我们总是很难意识到，那些表达不满的人往往是少数。英国人总是对自己所处的时代感到沮丧，而且很容易找到每个时期同时代人

---

① "制造业的进步和机器取代繁重的体力劳动所带来的最大好处之一，是妇女的地位得到了提高。在中产阶级和工人阶级中，女性获取幸福的最大障碍，在于她们在获得生活资料方面完全依赖于家庭，几乎没有其他谋生手段。一般情况下，除了缝补，她们缺少其他工作机会，这大大降低了她们的劳动价值，直到几乎毫无价值。在兰开夏郡，女性拥有大量赚钱的就业机会。因此，家庭女佣非常稀缺，只能从邻近的郡雇用。一个勤俭节约的年轻女子，如果十六岁至二十五岁与父母同住，在这段时间里，她可以存下一百英镑作为嫁妆。我相信每个年轻女性都有能力做到这一点。这符合社会的利益。这样一来，她们不用因必须找个家而被迫早婚。在她们能够自食其力时，独立的意识有利于培养她们的优良品德。"《关于手工织机织工的报告》，1840年，第682页。——原注

第2部分
机器引发的工业革命

的话来证明：自诺曼征服以来，我们的社会就一直在走下坡路。我们必须记住，当时没有警察，一旦发生暴动，民兵就会被召集去镇压暴动者。因此，征召士兵的行动不像现在这样意义重大。除了暴乱，人们也没有其他方式来表达自己的严重不满。人们没有合法的工会，无法通过工会争取更好的工作条件；也没有投票权，无法施加政治压力。因此，暴力行为是引起他人注意其不满的唯一手段。难以计算的是，那些已经表达自己不满的人和那些对现状非常满意的人之间的比例。[1]

正是富人的沉默使我们很难判断中产阶级在多大程度上受到了工业革命的影响。他们的人数和财富无疑有所增加。许多工人脱离了原来的阶级，跻身中产阶级。[2]这里只举几个例子：棉纺织业的阿克莱特、斯特拉特、皮尔（Peel）和欧文[3]，机械制造商费尔拜恩、内史密斯和莫兹利等，钢铁创始人西法塔

---

[1] 例如，从1914年1月的《劳工公报》（Labour Gazette）第6页所载的数字可以看出，英国在1911年、1912年和1913年处于持续的工业动乱之中：

年份	发生争端的次数	参与的工人总数	争端持续天数
1911	903	961,980	10,319,591
1912	857	1,463,281	40,914,675
1913	1462	677,254	11,491,000

然而，官方的记载却是："迄今为止，良好的就业形势已经持续了三年。在这三年里，工厂对劳动力的需求旺盛，大多数行业的工资水平都有所提高，因此，工人既受益于更多的就业机会，也受益于更高的工资水平。"——原注

[2] 据说，斯托克波特、海德（Hyde）和斯泰利布里奇（Staleybridge）的许多富有的制造商都是"帽匠、鞋匠、车夫和织工"。见盖斯凯尔：《工匠与机器》，1836年，第32页。另见托马斯·索斯克利夫·阿什顿：《工业革命中的钢铁》，第9章，第210页，"钢铁大师"。——原注

[3] 即罗伯特·欧文（Robert Owen, 1771—1858），威尔士纺织品制造商、慈善家和社会改革家，也是乌托邦社会主义和合作社运动的创始人。——译者注

的克劳西和威尔金森，热风炉的发明者尼尔森，毛织业巨头戈特和霍斯菲尔，运河工程师布林德利[①]和著名的火车头发明家斯蒂芬森[②]。[③]这些人从普通工人成长为优秀工业领袖的过程有一定的戏剧性。然而，我们并没有听到许多大商人的消息，为分销新的制造业产品，他们肯定存在。[④]我们也没有听到关于建筑商的消息，为建造新工厂和新城镇，对他们肯定有大量需求。为了修建运河、新码头和铁路，一场新的承包竞赛开始了，其中布拉西[⑤]最突出。新的煤炭商人出现了，为新的城镇

---

① 即詹姆斯·布林德利（James Brindley, 1716—1772），英格兰工程师，是18世纪最著名的工程师之一。——译者注
② 即乔治·斯蒂芬森（George Stephenson, 1781—1848），英格兰土木工程师和机械工程师，被誉为"铁路之父"。——译者注
③ 见《国家传记词典》(Dictionary of National Biography)，还有塞缪尔·斯迈尔斯的《发明与工业》(Invention and Industry)、《工业传记：钢铁工人和工具制造商》、《工程师传记》(Lives of the Engineers)。——原注
④ 关于苏格兰人和德意志人移民到布拉德福德分销货物，作为新商人阶层崛起的故事，见M. 劳（M. Law）：《布拉德福德的历史》(History of Bradford)，第195页。——原注
⑤ 即托马斯·布拉西（Thomas Brassey, 1805—1870），英格兰土木工程承包商和建筑材料制造商，在19世纪负责建造了世界上大部分的铁路。——译者注

第2部分
机器引发的工业革命

和工厂提供新的燃料。[①]所有城镇的店主阶层必然增加。[②]银行业也随着业务的增加而发展起来。

推测中产阶级人数和财富的增加对中产阶级女性的影响是很有趣的。在大商人、制造商和店主中,营业场所与家庭住所是分开的。男人开始在一个地方睡觉,在另一个地方工作。原来他们把家安在店铺楼上时,妻子能帮助打理生意。和工匠或农民阶层一样,对店主和商人阶层来说,婚姻是一种商业伙伴关系。随着妇女远离营业场所,她们失去了与外界的联系,生活虽然不那么艰辛,却变得狭窄了。经过几年辛苦的育儿期,孩子们去寄宿学校"完成学业"或长大成人后,妇女们常常被指责在喝茶、打扮、四处闲逛中消磨时间。

随着资本的增长,女人自己创业变得更加困难,而且由于她们没有受过任何商业培训,丧偶往往意味着毁灭。男人死后,她无法"继续生活"下去。人们往往没有意识到丧偶是多么普遍的现象。根据1901年的人口普查,每八个二十岁以上的

---

① 但伦敦的情况并非如此,在那里,现有的煤炭商人拥有卸载煤船的码头,所有煤炭都是依靠水路运输的。在铁路时代到来之前,新的煤炭商人几乎不可能在伦敦立足。如果需要,铁路公司可提供货运车厢和仓库,同时可以每天用货运车厢运送货物,资金较少的人可以从事煤炭销售,因此伦敦煤炭商人的数量迅速增加。戴尔先生(Mr. Dale)向我提供了这一信息。——原注

② "制造业城镇的起源是这样的:首先一个制造厂被建立起来,工厂招收大量的劳工和工匠——这些人的生活需求必须由玉米经销商、屠夫、建筑商和店主来满足。当商人到来时,他们也需要布料商、食品杂货商等来满足自己的生活需求。无论是为了满足居民的基本需求还是更高需求,商业活动都大量增加了,这样就形成了制造业城镇。"理查德·盖斯特:《棉花产业简史》,第4页。——原注

妇女中有一人是寡妇。[1]

　　虽然许多女性无疑因"脱离社会"而损失巨大，但也有一些女性可能更喜欢做一个"真正的淑女"，整日无所事事，享受那份优雅。这就是早期维多利亚时代的女性，如狄更斯、萨克雷[2]和奥斯汀[3]为我们描绘的悍妇和温言软语的小女人。悍妇是指那些精力无处发泄的女人；埃斯特[4]（Esther）和爱米丽亚[5]（Amelias）则温文尔雅、和蔼可亲，却没有能力，因为她们从未接触过现实生活。

　　虽然对工匠来说，从在家庭作坊工作到去工厂工作，这一变化有好处也有坏处。但毫无疑问，从工作的角度来看，这意味着产量更大、生产效率更高。农村织工显然既不是一流的农夫，也不是一流的织工。据说，1840年，苏格兰制造商不愿意与爱尔兰北部的农村织工合作，尽管那里的生产成本比格拉斯哥低三分之一，但农村织工的效率太低。[6]

---

[1] B. L. 哈钦斯（B. L. Hutchins）：《妇女的工作生涯》（The Working Life of Women），1911年，第7页到第14页。——原注
[2] 即威廉·梅克比斯·萨克雷（William Makepeace Thackeray, 1811—1863），英国维多利亚时代的著名小说家，其代表作是世界名著《名利场》。——译者注
[3] 即简·奥斯汀（Jane Austen, 1775—1817）。——译者注
[4] 埃斯特是狄更斯的小说《荒凉山庄》的主角之一。——译者注
[5] 爱米丽亚是萨克雷的名著《名利场》的主角之一。——译者注
[6] "在爱尔兰，织布并不像在英格兰那样是一种全职职业，大部分人都从事一点儿农业。比如一天，一个织工要把猪赶到市场上，另一个织工在挖土豆，还有一个织工在收割庄稼。这样的织工既不能成为织布专家，也不能像生活在大型制造业城镇并全神贯注于同一项操作的人那样，成为一名熟练工人。"《关于手工织机织工的报告》，1840年，第647页，《哈德逊的报告》（Report of Hudson）。——原注

第2部分
机器引发的工业革命

  农业方面也是如此。盖斯凯尔在阐述了拥有几英亩土地对织工的巨大好处后说:"不可否认,他们并不精心耕作,有时把农业作为一种附属职业来经营,相比更好的农业体系,他们的土地产出很少。"[①]

  英国的粮食已经供不应求,在没有铁路的情况下,进口粮食非常困难,且价格昂贵。对国家来说,低效的农业生产导致的全国性风险十分严重,纺纱厂也没有能力应对日益增长的纱线需求。

  随着纱线产量的增加,纱线价格逐渐下降。据说,1840年,纺纱的成本从每磅1先令2便士下降到1便士,并且机器纺纱比手纺纱质量更好。[②]这意味着布匹更便宜,销量更大,市场更广阔。

  需要记住的是,工业革命的影响使英国在一场持续了二十二年(1793—1815)的战争中挺了过来。在这场战争中,英国不仅承担了海上作战的主要任务,还资助了欧洲大部分国家,帮助他们对抗法国。拿破仑的困难在于,一旦法国的海上力量被击溃,就很难对付英国人了。因此,他开始摧毁英国的繁荣之源,即英国的海外贸易。机器生产的增加使英国非常需要广阔的市场。机器生产是为世界生产而组织的,正是从这种广泛贸易中赚取的资本使英国能够收买盟友并集中力量反对拿破仑。拿破仑不仅希望摧毁英国经济实力的源泉,还想把法国

[①] 盖斯凯尔:《工匠与机器》,第12页。——原注
[②] 《关于手工织机织工的报告》,1840年,第370页。——原注

建成欧洲最大的工业国，就像法国在1789年之前那样。

在法国大革命之后的十年里，法国工业因信贷和经济生活的崩溃而遭到破坏。拿破仑不得不重建法国工业。他急于开始机器生产，一方面是为了打败英国，另一方面是为了解决法国的失业问题。如果法国生产出大量的商品，拿破仑就需要一个广阔的市场。将英国商品挡在欧洲大陆之外，将会给正在复苏的法国工业带来巨大机遇。通过他的"大陆体系"，拿破仑试图将英国商品排除在欧洲大陆之外，希望借此削弱对手，让法国继承英国的工业成果。1806年至1812年的斗争主要是法国为从英国手中夺取工业霸权而进行的。

正是棉纺织业的发展，使英国在失去部分欧洲毛织品市场的情况下，能够在热带和亚热带国家为其产品找到替代市场。英国与欧洲大陆之间一直有大量的走私贸易，但被抓的风险和迂回的路线大大提高了商品的价格。[①]如果英国不能用机器生产廉价的纱线，从而生产廉价的布匹，那么欧洲大陆几乎不可能购买英国商品，肯定会购买法国商品。因此，英国并没有选择像1914年至1918年世界大战时那样进行封锁，试图阻止欧洲大陆进口英国货物，而是试图将商品打入欧洲大陆市场。英国做的每一笔生意都会缩小法国商品的市场。

拿破仑没能摧毁英国，因为英国的经济实力十分强大。1815年，英国成为世界工厂、世界机器生产商、世界银行

---

① 英国布料一度经巴尔干半岛走私到德意志。糖则在里加（Riga）登陆，在美因茨（Mayence）出售。——原注

第2部分
机器引发的工业革命

和世界最大的承运商。英国继承了荷兰的航运霸权和法国的工业领导地位。

新生产方法的优点可以总结如下。

机械化生产增加了英国的财富和实力,让英国成为当时世界上最重要的工业强国。机械化生产使英国能够抵抗拿破仑的进攻,在拯救自己的同时拯救了欧洲大陆。机械化生产帮助英国减轻了战争债务的沉重负担,也减少了为支付利息而增加税收的影响。机械化生产提供了更多而不是更少的就业机会、更稳定的工作和更高的报酬。英国工匠成为无可匹敌的熟练工人,并帮助培训欧洲大陆的工人。纺织品价格的下降使英国人既能进军海外市场,又能给国内提供更便宜、更干净、更健康的衣服,因为棉织品比毛织品更容易清洗。

在过渡阶段,实物支付增加,儿童的工作压力也可能会增加,特别是在繁忙的时候。像伦敦一样糟糕的卫生状况也在新兴工业城镇或者像格拉斯哥和利物浦这样快速发展的城市出现了。在家庭生产与机器生产竞争的地方,家庭工人的处境十分艰难。虽然年轻人可以进入工厂,但年长者也许只能靠《济贫法》勉强度日。

过渡期结束后,由于《工厂法案》对儿童参加工作予以限制,卫生改革也取得进展,情况普遍得到改善。实物支付逐渐受到《实物工资法案》和工会的约束,工人的工资有所提高。很少有人怀疑,家不是一个合适的工作场所,把家和作坊分开对个人卫生有益。普通工匠的技能和智力都有所提高。

此外，转变过程中存在某些永久性弊端。工作的单调性大大增加，独立性丧失，炼铁、化工和煤矿开采等许多职业变得更加艰苦和危险。每年都有大量的工业事故发生。此外，出现了一些专为男孩提供的没有技术含量的工作，这些工作没有前途，是职业"死胡同"，往往会制造出贫民，不是因为工人"四十岁太老了"，而是因为他们"二十五岁就不行了"。我们看到存在两种类型的家庭工人，一类生活在农村，将农业和工业结合起来，另一类在城镇或农村专门从事工业。在稳定性方面，第一类工人遭受了很大的损失。经济不景气时，他们再也不能依靠自己的农场或园子了。然而，专职工人可以从工厂提供的更稳定的工作和更高的工资中获益。不过，由于失去了作为某种保障的家庭收入，工人们的生活稳定性普遍下降。最后，无论是好是坏，英国的国家性质发生了变化。英国以前是一个自给自足并能出口谷物的农业国家，唯一能大量出口的工业品是羊毛制品。以前大部分的羊毛原材料都是从自己养殖的羊身上获取的，并且全世界对英国的羊毛制品都有稳定的需求。[①]现在，英国变成一个拥有工程师、钢铁厂、煤矿、制造厂和化工厂的国家，进口大部分原材料，包括羊毛和棉花。1870年后，英国进口了赤铁矿，通过贝塞麦转炉炼钢法生产酸性钢。1846年以后，英国大部分食品都是进口的，主要依靠出口制成品来支付进口食品所需的费用。过去那种自给

---

① 由于战争，某些地方出现了动荡。18世纪，诺里奇因英国与西班牙的战争以及英国失去美洲殖民地而遭受损失。——原注

第2部分
机器引发的工业革命

自足的稳定局面已经被打破。19世纪，英国越来越依赖对外贸易，依赖新兴国家为它种植粮食和提供原材料。

19世纪30年代之前，英国几乎没有采取任何措施来改善上述状况。19世纪30年代是一个伟大的改革时期。法国战争及其后遗症占据了英国的全部精力。没有人知道法国是否会再次发动战争。欧洲革命风起云涌，政治事件吸引了政治家的注意力，使他们无暇顾及经济改革。我们必须记住，从1712年托马斯·纽科门发明蒸汽机开始，工业变革已经持续了大约一百年，而对当时的人来说，这些变革可能不像对我们那样具有革命性。和经济学家或企业家一样，政治家也不知道如何改善现状。工程技术和科学才刚刚起步，因此，针对矿山和工厂事故的预防措施花了很长时间才制定出来。1815年至1840年期间，大量的报告和调查表明，统治阶级希望了解事态的真实情况，并在可能的情况下提供解决办法。人们总是会惊讶于这样一个事实，即政府提出的解决办法是如此无效。政府真的不知道该怎么办。卫生工程也处于起步阶段，现代的铁质排水管还没有出现。似乎无法确保供水充足或为铺设主要排水系统而大规模重建房屋和街道。此外，没有人相信如果所有这些措施都实行了会有什么好处。直到1835年关于市政建设的《改革法案》(*Reform Act*)出台，市政当局才有足够的精力来处理卫生问题。若想使卫生改革真正起效，必须具备三个前提条件：当局必须知道该怎么实施计划；当局必须拥有诸如排水管之类的设备来实施这些计划；当局需要特别的权力来大规模实施这些计划。把这三项结合起来非常困难。医生们开始有了一些对付发烧的办法。但是，工程问题遇到的困难和市政当局的状况阻碍了市政改革。尽管如此，城镇和农村的人口都在迅速增长。当后世之人阅读当时的卫生报告时，似乎很难想象怎么会有人活下来。[①]直到1848年，卫生委员会才开始着手解决卫生设施问题，但几乎立刻就遭到了工程师的反对。在克里米亚战争之前，当局在建设有效的卫生设施方面几乎没有任何进展。令人震惊的死亡率和南丁格尔[②]小姐实施的改革让人们认识到，卫生措施确实可以带来一些好处。预防医学与卫生工程共同发展，通过这种方式，英国为世界创造了一种让城镇居民健康生活的方法。然而，要说服人们"应该做些什么"非常困难。人们对自己和别人的灵魂更感兴趣，他们不能确定艰苦劳作、失望和贫困并非全能的上帝安排的，目的是让人们不再渴望留在尘世。他们认为，当他们平安地躺在亚伯拉罕的怀里时，受的所有苦都可以得到"补偿"。

  人们曾经认为长时间工作是很好的锻炼。"撒旦发现一些恶作剧可供游手好闲的人去做。"这是一句劝导，也是一个警示。"忙碌的蜜蜂"充分利用"每一个闪亮时刻"来提升自己，它们似乎是楷模。当然，没有人想到它的结局是被困在稻草蜂箱里，以便别人可以享受蜂蜜。疾病同样被认为是

---

① 关于不断下降的死亡率，见1827年《爱丁堡评论》上的一篇文章《棉花产业的兴起、发展、现状和前景》。——原注
② 即弗洛伦斯·南丁格尔（Florence Nightingale, 1820—1910），英国社会改革家，也是现代护理学的创始人。——译者注

第2部分
机器引发的工业革命

对人有益的,是来自上帝的训诫,预防疾病是不够虔诚的表现。父母们也真诚地相信所罗门的格言"不使用棍棒就会毁掉孩子",认为鞭打孩子和使孩子受挫是为他们将来的幸福做准备:人们通常对孩子非常严厉,往往是出于最大的善意。[①]过度劳累、住房拥挤和滥用童工等弊端并非新的问题,只是这一时期更加明显罢了,毕竟"人们以前也是这么过来的"。当时盛行一种宿命论的态度。经济学家认为,自由放任是唯一可能的对所有人都公平的政策。如果人们不受约束,每个人都会寻求并获得自己的幸福,其结果将是大多数人的最大幸福。无论是在革命时期的法国还是在保守的英国,这种观念都深入人心。事实上,一开始没有人具备应对新情况的知识。直到后来,英国的政治家们才逐渐为英国和其他国家找到了通过实行工厂督察、制定《工厂法案》、设立卫生部门和铺设主要排水系统来对付这些新问题的方法。

因此,人们花了几十年的时间才设计出现代排水系统,使现代的群居生活变得更加健康。为此,必要的设备必须被发明和制造出来;地方当局必须采取行动,投入大量资金,重建排水系统,必须教育人们认识到排水系统的重要性。

采矿业也遇到了同样的困难。诺森伯兰郡和达勒姆的矿主请汉弗莱·戴维爵士(Sir Humphrey Davey)发明一种安全灯。事

[①] 参见洛克哈特(Lockhart)的《沃尔特·斯科特爵士传》(*The Life of Sir Walter Scott*)中沃尔特·斯科特爵士的童年。沃尔特·斯科特爵士的父母所生的前六个孩子都去世了,这表明儿童死亡率并不仅限于穷人,因为他的父亲是苏格兰的一位事务律师。——原注

实证明，安全灯带来了巨大好处，并且不需要太多的资金支出。而其他项目，如通风和双井技术，则需要投入大量的资金，所以是值得怀疑的投资。当时采矿工程方面的知识非常匮乏，专家的说法常常互相矛盾。1835年，英国政府成立了一个委员会，以调查采矿的危险并提出解决办法。委员会坦率地说，他们不知道有什么解决办法。[①]工厂里也是如此，很难找到工程师来制造机器，所以很难找到工程师来制造保护机器的设备。人们真诚地认为，工作时间越长，产量就越大，而利润产生于最后一个小时。不过他们花了很长时间才发现，从长远来看，长时间工作没有好处，而"工业疲劳"及其影响只是在世界大战[②]期间才得到科学的研究。不过，实际情况是，人类通过机械手段处理无生命物体的能力提升了，人类对自然的控制力提升了，作为生产性动物的人类，其生产能力也大大提升了。但在解决变化带来的弊端时，人类的补救能力赶不上生产能力。人类生产能力的提升与保障生产者福祉的能力不成正比。20世纪的挑战是设计一种促进人类福祉的社会机制，这种机制在效力上要与19世纪的工业机制相匹配。但必须记住的是，机器和机械运输使工人阶级能够获得各种食物、足够的衣

---

① 1835年，第5卷，第Ⅷ页。"在审查他们的工作时，委员会不能不感到担心，因为他们在很大程度上无法为他们不得不调查的痛苦灾难制定适当的解决办法，尽管他们期望公众的注意力能转向这个耐人寻味的话题……由于各地矿层的差异极大，特定矿山的具体情况又不断变化，他们认为目前不可能制定出任何确切的指导原则或形成任何普遍适用的规则。"——原注
② 指第一次世界大战。——译者注

第2部分
机器引发的工业革命

服和改变自身的可能性,而这些是三个世纪前的王公贵族也不能获得的。

每个国家工业革命的一般特征包括:手工劳动和家庭生产减少,工厂的机器生产增多;农业和工业分离,成为两种独立的产业;城镇得到发展;社会阶级分化;大型企业和非个人的大公司兴起;在国家的监督下,教育得到发展;政府规范行业的工作条件,确定最低标准。

尽管每个国家发生工业革命都有相同的特点,但英国的转型可能比其他任何国家都更痛苦。首先,当其他国家开始工业革命时,英国已经找到了解决最明显弊端的方法。其次,在其他国家,转型也不是在一场持续了二十二年(1793—1815)、中间只有短暂停战的大战中发生的。在1840年之前,因战后的影响,英国一直承受着高税收和欧洲大陆资源枯竭导致购买力非常有限的双重压力。

正是英国率先试用机器并承担了失败的代价,其他国家才能在英国的基础上继续发展。通过拥有自己的医生和卫生工程师,英国人找到了在城镇健康生活的方法。英国设立了工厂督察员,[①]使之成为国家监管和控制的重要工具。

在19世纪前四分之三的时间里,尽管法国是第二大工业国家,也是英国制造商一直忌惮的竞争对手,但英国始终是世界上最大的制造商和贸易商。19世纪,英国凭借其在制造业

[①] 从路易十四(Louis XIV)时代起,法国就有商品质量监察员,但不监察工人的社会状况。——原注

和交通运输技术方面的发明，继续影响着整个世界的经济发展。欧洲的原材料生产国为北欧的工厂提供原料，粮食生产国养活欧洲煤炭和钢铁生产线上的人口。英国这个大生产区转而向世界其他地区寻求市场。美洲、亚洲和非洲开始关注欧洲。而当英国的机械运输提供了快捷的联系之后，世界便成了一个巨大的市场。

16世纪是西班牙主宰欧洲、印度和美洲经济命运的世纪。17世纪属于拥有庞大贸易和航运业务的荷兰。18世纪是法国的世纪，其工业、商业和殖民都得到了巨大发展，在思想上处于领导地位。然而，19世纪则是这个位于欧洲边缘的小岛国占据主导地位，并在世界范围内产生影响的世纪。

第3部分

19世纪英国的工商业政策

一、自由放任主义与反自由放任主义

回顾19世纪英国的经济发展，我们可以发现有两条主线贯穿其中。

第一条主线是资本的力量得到了极大的增强。起初是普通的合伙企业或个体经营，后来资本被集中到股份制银行和有限责任公司。这些公司能够以前所未有的规模开展商业活动。它们能够提前筹划，投入资金，然后耐心等待回报。它们背后有雄厚的资金储备，通常可以从股东那里或通过发行新股票获得更多资金。[1]随后，随着机械运输的出现，以及电报、铁路和轮船提供的快速通信，世界缩小为一个贸易区。这些公司开始合并和重组，业务越来越广，并在多个国家开展。资本的力量大大增强，其活动范围变得国际化，超出了国家的界限。

对资本日益增长的主导地位，一些纠正和限制措施出现了。首先，工会的力量日益壮大。全国性工会与股份制公司同步发展。就英国而言，工会在政治中发挥了越来越重要的作用。[2]工会帮助工人获得最低工资，缩短工作时间，并敦促有关实物支付和卫生的法律得以实施。工会还提供了劳动力议价机制。

19世纪初的几年，合作社的实验一直不成功，但1844年

---

[1] 1906年，根据《公司法案》(Companies' Acts) 开展业务的公司数量超过40,000家，资本总额超过20亿英镑。见Cd. 3052, 1906年。——原注
[2] 1918年，据说1,200个工会的成员为6,620,000人，其中男性5,400,000人，女性1,220,000人。见《劳工公报》，1920年1月，第7页。——原注

第3部分
19世纪英国的工商业政策

在罗奇代尔原则[①]的基础上成功试行。合作社按现行价格销售商品，然后按购买比例定期将利润返还给购买者，以此消除"价格上的利润"。随着合作社的发展，每个合作社都享有完全的自主权，所以有必要设立一个中央采购机构。因此，它们成立了一个合作社联盟，并于1864年成立了合作社批发协会，这些协会按采购比例将利润返还给向它们采购的商店。商店再将从合作社批发协会返还的红利中获得的盈余转给商店的顾客。尝试合作购买后，合作社开办了自己的工厂和农场，以开展合作生产。合作社的基本设想是消灭资本主义，建立一种基于合作的新制度。合作社批发协会是一个由消费者而不是由生产者调动资本的组织。[②]

其次，1835年市政改革后，市政进一步发展，政府通过垄断某些服务，提供了另一种纠正或限制资本的可能措施，使这些服务的利润以更便宜的服务或降低费率的方式返还给纳税人。

随着资本力量的不断壮大，国家必须对资本的运作施加某些限制。因此，19世纪，英国制定了一系列公司法，规定了公

[①] 1844年，在英格兰北部罗奇代尔镇棉纺厂工作的二十八名工匠成立了第一家现代合作社，即罗奇代尔公平先锋社（Rochdale Equitable Pioneers' Society）。织工们的工作条件恶劣，工资很低，负担不起昂贵的食品和家居用品费用。他们决定通过集中资源，共同行动，以更低的价格获得生活所需的基本商品。他们还认为，购买者应该分得自己的消费所带来的利润，应该在商业中拥有发言权。——译者注

[②] 1916年，1,362个分销贸易协会的会员人数为3,547,567人，销售额为125,363,364英镑，当年的营业盈余为16,650,576英镑，退还给购买者的利润为13,394,854英镑。1916年，合作社批发协会共有2,106名会员，销售额为66,732,485英镑，当年营业盈余为2,365,141英镑。《皇家所得税委员会的报告》（Report of the Royal Commission on Income Tax），Cmd.288-5，第5期。]——原注

司的运作条件，以确保公司的公开和诚信。英国还制定了一项意义重大的工业法规，规定了工人在工作时间、安全保障和卫生条件方面的最低标准，并逐步将工资纳入规范范围。

在一定程度上，工人的生活保障受到了工业变革的威胁。19世纪，中央政府的政策一直是致力于恢复工人的生活保障，所以有了养老金、事故赔偿、疾病保险、畅通的劳动力交换（如果可能）及失业保险。随着机器的出现，学徒制这种旧式的技术教育变得越来越不重要，因此，国家必须设计一种新的普通技术教育体系来取而代之。1914年以前，除邮政和储蓄银行外，国家并没有参与全国性贸易，尽管各市政府已经开始了各种形式的市政贸易。

第二条主线是19世纪初英国普遍信奉自由放任主义，包括自由贸易和自由订立合同，自由放任政策被认为是政府唯一可能采取的政策，也是自由人民生活的基础。人们认为，剥夺工人按照自己的意愿出卖劳动力的权利是不公平的。日益壮大的制造商阶层比过去的土地利益集团更为重要，因此妨碍制造商的活动是不可取的，且他们要在战后缴纳很大一部分税款。1815年至1840年，贸易停滞不前。人们期待新的工业领袖能够带领大家实现贸易复苏并增加就业，决不允许任何人在生产、开拓新市场和扩大旧市场方面设置障碍，妨碍制造商自由发挥能量。经济学家似乎认为，提高工资既不能靠政府的任何行动，也不能靠工人的任何联合。现有的资本是过去积累的结果。这些资本在厂房、劳动力和原材料之间进行分配。如果劳动力暂时得到了超过

第3部分
19世纪英国的工商业政策

应得份额的收入,那么投在厂房或原材料上的资本将会受到影响,就业人数就会减少,工资就会下降,"工资基金"[1]将自动回落到最初的数字。由于工资基金总额不能增加,如果通过立法或联合使一个阶级得到更多,那么另一个阶级必然得到更少,这是拆东墙补西墙的做法。在这种情况下,没有哪个政府认为自己能进行正确的干预,而当时反驳工资铁律学说[2]的条件也不成熟。

此外,人们普遍认为,如果工资上涨或者谷物价格下降,就会有更多的人结婚,更多的孩子出生,最终会有更残酷的生存斗争,因为更多的人要争夺"工资基金"的份额。这使人们不敢做任何慈善之举,唯恐会增加"灾难性的婴儿出生率"。

经济学家想说,任何举措注定都是徒劳的,因为大家庭的痛苦显而易见,食物供应短缺,过度拥挤随处可见。专家们似乎再次表示,无论是谁,无论他做什么来缓解现状,只会使情况变得更糟。人们可能会原谅19世纪初的立法者认为自由放任是唯一可能对所有人都公平的政策。与此同时,日益增长的贸易受到过时的关税制度的阻碍。关税制度过于繁复,让人完全无法理解。英国正在争取世界贸易,为达到这一目的,最大限

---

[1] 约翰·斯图尔特·密尔(John Stuart Mill)在1848年出版的《政治经济学原理》(*Principles of Political Economics*)中明确阐述了工资基金学说。这一学说认为,在任何时候,都有一个刚性的资本基金即工资基金可用于支付工资。任何群体的工资上涨或就业人数的增加只会导致工资基金的重新分配,而不会导致工资基金总额的增加。——译者注
[2] 工资铁律是一个经济学定律。该定律断言,从长远来看,实际工资总是趋向于维持工人生活所必需的最低工资。该理论最早由费迪南德·拉萨尔(Ferdinand Lassalle)在19世纪中期提出。——译者注

度的进出口自由似乎是可取的。英国的税收制度不是为新富阶层设计的，所以无论如何都需要重新调整税收制度。所得税和遗产税取代了旧的保护制度下获得的财政收入，为自由贸易扫清了道路。人们认为，每个人都能从商品交换中受益，因为没有人会放弃自己拥有的东西，除非他们想要得到的东西比他们放弃的更有价值。因此，让大多数人获得最大幸福的方式是允许每个人自由地追求自己的目标。

不过也有一些例外。儿童不是"自由人"，所以应当受到法律保护。女人是贫穷、软弱、无助的人群，也必须受到保护，于是就有了工业法规的雏形。后来立法机构开始将男人纳入法律保护范围，只是进展非常缓慢，并且很不情愿。显然，在整个19世纪，英国并没有因对妇女和儿童的工作施加限制而陷入崩溃。棉花产业和煤炭产业是受监管最严的产业，现已成为两个主要的出口产业。显然，对工作时间的限制意味着更高的效率，而过度压榨劳动力的做法在全国范围内都不受鼓励，因为被压榨的人很快就会沦为《济贫法》救济的对象。显然，工业立法缓慢，雇主或股份有限公司等得起，而工人等不了太长时间，因为工人对劳动力市场状况一无所知，在劳动力议价中处于不利地位。工人对安全设备也一无所知，不会主动要求安装这些设备。即使工厂提供了这些设备，工人也不愿意使用。良心工厂和好雇主总会存在，让他们被坏雇主赶出行业

第3部分
19世纪英国的工商业政策

对谁都没有好处。[1]此外,国家的职责是为几代人着想,而不是考虑一时的个人利益。因此,国家必须将眼光放长远,通过预防医学和教育来确保健康高质量的人口。因为预防医学和教育花费巨大,并且需要专家,而个人不可能提供足够的资金或创立足够大规模的机构,所以国家必须介入。根据1875年和1906年的法案,工会被赋予保障男性利益的特殊权利,而《工厂法案》则考虑到了妇女和儿童的权益。在1886年的大萧条之后以及与德国的新竞争出现之后,英国开始越来越多地通过立法来保障工人阶级的福祉。自由放任政策逐渐被放弃,不再适用于工业领域。在农业、殖民地关系、爱尔兰事务和运输方面,英国也放弃了自由放任政策。甚至在商业领域,自由贸易也受到了挑战。

在19世纪的前七十五年里,人们对当时盛行的自由放任政策的效力深信不疑。与之形成鲜明对比的是19世纪后五十年国家干预和国家控制的加强。[2]因此,就英国的内部发展而言,资本的增长和对资本的遏制措施以及国家政策的彻底改变,似乎是19世纪的两个重要特征。

然而,如果一个人只把国家控制、劳工运动或资本组织扩张作为19世纪的主要特征,那么他的观点可能会失之偏颇。英

---

[1] 见S. 韦伯和B. 韦伯(Webb,S.& B.)所著的《工业民主》(Industrial Democracy)中的《经济学家和市场的波动》一章。——原注
[2] 阿尔伯特·维恩·戴西(Albert Venn Dicey):《19世纪英国法律与舆论关系讲座》(Lectures on the Relation between Law and Public Opinion in England, During the Nineteenth Century)。——原注

国在19世纪的商业主导地位是19世纪最显著的特征之一。在这一时期，世界贸易以英国为中心。英国是世界各国的交易所、世界的金融中心和不发达国家的投资者。英国的船，无论是帆船还是蒸汽船，都能在所有海域中见到。英国用铁路连通全球，用机车和蒸汽机运送大型货物和食品。英国不仅为世界制造产品，还帮助开辟了各大洲，使数百万人移居到新的国家，种植新的作物，制作新的食物。英国帮助人类成为自然的主宰，并凭借强大的实力、创业精神、建设能力、生产能力和财政实力站在世界面前。顺便说一句，在19世纪，英国成为两个帝国的中心：一个帝国包括有色人种，主要位于热带和亚热带地区；另一个帝国由跟英国人同一种族的人组成，实行跟英国一样的制度。一个帝国需要家长制的政府；另一个帝国要求在基于同一种族和制度的自由人民联盟的基础上达成共同的经济、法律和财政协议。

就英国而言，19世纪是一个充满成就的世纪。尽管相对于其他强国来说，英国的地位无疑会下降，但它将给世界留下不可磨灭的印象，甚至比罗马给人的印象还要深刻。

19世纪，英国的发展经历了几个显著的时期。[①]

[①] 这几个时期总结如下：
1.1793年至1815年，法国战争时期；工业革命开始。
2.1815年至1830年，战后萧条和调整时期；实行自由放任政策。
3.1830年至1850年，改革时期。
4.1850年至1873年，黄金时代。
5.1873年至1886年，大萧条时期。
6.1886年至1914年，放弃自由放任政策，出现新的竞争。——原注

第3部分
19世纪英国的工商业政策

1.从1793年法国大革命战争爆发到1815年,英国全面投入战争。但在这整个时期,英国国内发生了巨大的变革。农业革命即将完成,小农阶层被逐出农业。工业革命进入第一阶段,即棉纺织业采用机器生产,煤炭开采、炼铁和机械工程加速发展,其发展速度之快使棉织品和铁制品成为英国贸易的主要组成部分。大约从1800年起,机器开始越来越多地用于羊毛和棉花纺织。棉花行业是一种新兴行业,相对来说,很少有人因机器的使用而被逐出行业。但羊毛行业则不同。羊毛行业是一种遍布全国的行业,妇女的收入尤其受到影响。从1815年至1830年,失业现象十分严重。战争的需求已经停止,欧洲大陆经济萧条,购买力不足。复员的士兵很难找到工作,他们中的许多人开始从事织布业,这增加了争夺订单的织工数量。于是,家庭手工业者如手工织机织工和框架织机织工的计件工资被压低,[①]这在一定程度上阻碍了机器的迅速普及。劳动力如此廉价,几乎不值得投入机器。1834年,调查手工织机织工状况的专员们提到,有些雇主放弃了动力织机,转而使用手工织

---

① 下表显示了家庭织工每周收入的下降情况。见《手工织业特别委员会的报告》(Report of the Select Committee on Hand Loom Weaving),1835年,第13卷,第355页到356页。

年份	周薪	食品磅数
1797—1804	26先令8便士	281
1804—1818	14先令7便士	131
1818—1825	8先令9便士	108
1825—1832	6先令4便士	83
1832—1834	5先令6便士	83

——原注

机，因为手工织布成本更低。

1815年至1830年是经济萧条时期。由于国家必须支付巨额战争债务的利息，因此，税收沉重不堪。

1816年的债务（单位：英镑）①

债务	大不列颠	爱尔兰
资助资金	772,764,937	23,435,254
无资助资金	44,463,300	5,304,992
养老金和利息	30,731,555	1,323,795
总计	847,959,792	30,064,041

因此，到1816年，英国的债务总额达到了878,023,833英镑。因为爱尔兰人无力支付他们那部分债务的利息，所以在1817年两国财政部合并时，爱尔兰的债务利息被并入英国的债务。因此，爱尔兰和英国债务的大部分利息都要由英国承担。1811年，英格兰和威尔士的人口为10,164,256，苏格兰为1,805,864，爱尔兰的人口约为600万。

1815年，在《英国和英国人民》(England and the English People)一书中，法国经济学家萨伊②说："毫不夸张地说，政府消耗了英国人民通过土地、资本和工业所获得的收入的一半。"③他接着指出，巨额税收让人们不工作就无法生活。④

他说："一般来说，除了那些财富的宠儿（大地主和富有的资本

---

① 《公共收入和支出》(Public Income and Expenditure)，1869年，第35卷，第306页。——原注
② 即让-巴蒂斯特·萨伊(Jean-Baptiste Say, 1767—1832)。——译者注
③ 1816年的译本，第21页。——原注
④ 1816年的译本，第23页。——原注

第3部分
19世纪英国的工商业政策

家),英国人都被迫终日劳作。他们不能休息。在英国,你看不到游手好闲的人。英国没有咖啡馆,没有从早到晚挤满游手好闲者的台球室,除了星期天,街上每天都空无一人。每逢星期天,每个人也都在忙自己的事。那些稍微放纵自己休息一下的人,很快就会被别人挤掉。"他认为,英国人正因此而重新陷入野蛮状态。

战后的英国税收主要集中在消费品上,因为所得税于1815年被废除,而英国每年需要1,400万英镑的收入,这必须以某种方式加以补足。因此,英国对进口商品一再征税,导致关税制度混乱不堪,从而引发了对自由贸易的倡导。

政府人员不敢采取任何措施,因为他们害怕会让工人阶级的处境变得更糟。当时盛行所谓"工资基金"理论。该理论认为,在任何时候资本的总量都是固定的,劳动力在资本中所占的份额也是固定的,一个阶级的任何收益都必然以牺牲另一个阶级的利益为代价。因此,政府以牺牲一部分工人的利益为代价来帮助另一部分工人显然是不公平的。此外,人们认为存在一条人口定律,这个定律是马尔萨斯[①]发现的,按照这条定律,任何舒适标准的提高都会导致早婚和更多孩子的出生。人们认为,这些多出来的人口反过来又会竞争工作机会,从而导致工资下降,其结果将是一场激烈的就业斗争,而条件的暂时改善只会加剧这种斗争。

[①] 即托马斯·罗伯特·马尔萨斯(Thomas Robert Malthus,1766—1834),英国牧师、学者、政治经济学和人口学领域有影响力的经济学家。——译者注

2.英法两国和平之后的十五年，即1815年至1830年，是英国社会极度困难的时期。由于救济金津贴制度以补贴工资为目的，《济贫法》的作用有限。直到1825年，劳动者才被允许通过组建联合组织来自救。①贸易停滞不前，农业萧条加剧，最终使那些本已陷入困境的小农场主破产，使他们加入寻求工作的队伍，从而加剧了失业问题。

1822年，约瑟夫·洛(Joseph Lowe)写道，估计有二三十万人从法国战争中归来，并被吸收进工业生产。他还认为，由于没有了军队服装和武器的需求，至少有10万名家庭手工业者失去了工作。②如前所述，制造商没有必要投入机器，因为劳动力太充足、太廉价，采用机器并不划算。利用这种大量的廉价劳动力，无论在道德上多么站不住脚，都帮助制造商通过低成本生产维持了英国的制造业和商业优势，正如这些劳动力让英国在法国战争期间保持了军事优势一样。在法国战争期间，正因为制造商生产布料的成本很低，所以英国能够承受在拿破仑设置的大陆封锁线内走私布料的额外费用。同样，战后，法国的高关税也无法将英国布料挡在外面。

J. 希尔德·尼克尔森(J. Shield Nicholson)教授说：

拿破仑战争结束后，英国摆脱了破产和国家毁

---

① 这不是英国独有的。这也是民主革命时期法国的一个特色。——原注
② 约瑟夫·洛:《英国在农业、贸易和金融方面的现状》(*The Present State of England in Regard to Agriculture, Trade and Finance*)，第62页。——原注

第3部分
19世纪英国的工商业政策

灭的厄运，最终进入了一个前所未有的繁荣时期。促成这一转机和经济复苏的原因和条件包括：英国率先在伟大的工业革命（后来在伟大的交通革命）中取得了领先地位，贸易取得顺差，劳动力成本低廉，进一步削减了开支，财产税和所得税减少，预防了社会革命，遏制了通货膨胀，以及战后迅速恢复了正常的对外贸易。[①]

但作为经济萧条的主要受害者，劳工付出了巨大代价，因为削减公共开支意味着就业机会减少。取消所得税只是意味着间接税的增加，而穷人缴纳的间接税比例比富人高。社会秩序的稳定意味着政府采取了严厉的镇压措施。因为英国缺少有组织的警察队伍，所以政府经常出动军队来维持治安。然而，1819年，用现金支付工资以抑制通货膨胀的措施有助于降低商品价格，确实大大帮助了劳工。此外，可以肯定的是，国家破产将意味着更高的失业率和更缓慢的复苏，因为使企业得以持续扩张的信贷服务将无法维持，交通也不会得到改善，而在增加财富、扩大贸易和解决就业方面发挥了最大作用的铁路可能不会这么早发展。

必须重申，对于任何认真研究这一时期的人来说，造成1815年后十年社会动荡的不是机器的出现，而是法国战争的后遗症。直到1840年，社会的负担才真正减轻，部分原因是社会

[①] 《格拉斯哥先驱报》(*Glasgow Herald*)，1919年10月1日，《拿破仑战争结束后的复苏》(*Recovery after the Napoleonic Wars*)。——原注

改革，部分原因是就业机会增多，而就业机会的增加则是因为铁路的发展和欧洲经济复苏带来了商业增长，欧洲开始大量购买机器和纺织品。

然而，值得注意的是，尽管在我们看来英国家庭手工业者和农业工人的状况很糟糕，但与欧洲大陆相应阶层的状况相比还是好得多。1834年，英国政府对外国劳工的状况进行了一次大规模的调查，[1]结果发现英国劳工的工资几乎是欧洲大陆劳工的两倍，而英国的燃料更便宜，衣服价格也更低，死亡率也比其他地方低。[2]尽管据说英国的食物比欧洲大陆贵，但英国人的饮食比欧洲大陆的劳工丰富得多，因为欧洲大陆的劳工似乎很少能吃到肉。"在北欧，常见的食物似乎是土豆、燕麦片或黑麦面包，经常有鱼，但只是偶尔有肉……而在法国，食物几乎不包括新鲜肉类。"[3]西蒙斯[4]曾在1835年被任命为专家观察员，以调查法国手工织机织工的状况。他多次提到法国人的住房条件很差。[5]在欧洲大陆，无论是在家庭生产还是在工厂制度下，儿童的状况似乎都没有得到改善。1834年，为了解外国劳工的状

---

[1] 《关于〈济贫法〉的报告》(Report on the Poor Laws)，1834年，第2部分，第39卷，附录F。——原注
[2] 《关于〈济贫法〉的报告》，1834年，第2部分，第39卷，附录F，第102页。——原注
[3] 《关于〈济贫法〉的报告》，1834年，第2部分，第39卷，附录F，第102页。——原注
[4] 即杰林格·库克森·西蒙斯（Jelinger Cookson Symons, 1809—1860），英国律师、学校督学和作家。——译者注
[5] 杰林格·库克森·西蒙斯：《国内外的手工业和手工业者》（Arts and Artisans at Home and Abroad）。——原注

第3部分
19世纪英国的工商业政策

况,英国政府发出了一份调查问卷,我们从英国政府收到的答卷中发现,在欧洲大陆,五岁的孩子为家庭收入做出贡献是很正常的。

下表能说明一切:

法国劳工的妻子和孩子的年收入[1]

	法国货币	折合英国货币
妻子	120法郎	4英镑16先令
最大的孩子	80法郎	3英镑4先令
11岁的孩子	50法郎	2英镑
8岁的孩子	30法郎	1英镑4先令
5岁的孩子	20法郎	16先令

雇用幼童特别是孤儿,是法国棉纺织业发展的一个特点。早期工厂的条件也没有好多少。19世纪初,一位法国医生称赞某位雇主"父亲般温柔"。这位医生顺便提到孩子们五点起床,五点半上班,九点吃点面包,休息半小时,下午两点吃饭,休息一小时,然后一直工作到晚上八点。[2]

事实上,这样的工作条件几乎在任何地方都是常见的,甚至在机器尚未普及的地方也是如此,这就使英国社会改革家的努力更引人注目。英国社会改革家经常面临廉价外国劳动力的困扰,这些廉价劳动力可能会进入外国制造业,压低英国商品的价格。社会改革家的反对者明确指出,英国劳工比其他地方的劳工过得更好,有力地证明了自由放任政策是正确的。英国

---

[1] 摘自西蒙斯《国内外的手工业和手工业者》第54页。——原注
[2] 克里斯汀·施密特:《法国的棉花产业》(L'industrie cotonnière en France),载于《经济史评论》,1914年,第6卷第48页。——原注

的状况相对来说已经很好了,但社会改革家仍然对此不满,下决心进行改善。在一定程度上,这确实说明了当时人道主义情感的力量,特别是考虑到当时没有人能确保英国不会因这场实验而遭受毁灭,并且经济专家们也预言这将带来灾难。社会改革的动力很大程度上来自纯粹的宗教信仰。社会改革家认为,由于不间断地工作,人们没有时间参加精神领域的活动。甚至1801年颁布的第一部《工厂法案》,也对贫困学徒的劳动做出了规定,要求孩子们去教堂做礼拜。最引人注目的是,早期的专员总是会对他们调查的阶级的"道德福祉"进行调查。① 许多人走上限制劳动时间这条充满风险的道路,并不总是因为过度劳动是对身体的摧残,还因为这造成了灵魂的贫瘠。

3.第三个时期,即1830年至1850年,两个对立的党派对社会进行了一系列的改革。以沙夫茨伯里勋爵②为首的托利党改

---

① 莱夫希尔德(Leifchild)专员调查了诺森伯兰和达勒姆矿山中的妇女和儿童的状况,报告摘录(1842年,第16卷,第523页)如下:
"令我震惊的是,在被追问到这个问题时,不止一个在矿井和铁厂工作的男孩承认,他们对神圣可畏的术语的唯一了解,来自他们每天在工厂听到的亵渎之语。十四岁的586号证人说,除了听到有人用'地狱'咒骂,他从没听过这个词。这个情况既不唯一,也不少见。"
莱夫希尔德接着说道:"工作时间的持续性和持续工作的单调性,以及工作现场的黑暗、封闭和其他特点,至少会麻痹人们的感情,降低他们的智力,从而削弱他们接受指导的能力。"
在我们看来,人们认为一个男孩应该在更短的时间里了解"地狱"的正确含义,这似乎很奇怪,但当时虔诚的人确实有这种强烈的感受,这促使他们推动改革。
读者可再比较1816年儿童工作委员会的报告(the Committee on Children's Work)。——原注
② 即安东尼·阿什利·库珀(Anthony Ashley Cooper,1801—1885),英国政治家、慈善家和社会改革家。——译者注

第3部分
19世纪英国的工商业政策

革者认为应该进行试验,看看能否避免一些明显的弊端。沙夫茨伯里勋爵是一位虔诚的教徒,也是福音派的中坚力量,许多人觉得跟随他很安全。他没有私心,是一个好人。作为一个贵族,他不会像那些"错误的人"(法国的雅各宾派[①])那样希望实现人人平等。因此,在许多人看来,他似乎是最靠谱的改革领导者,这使他的立场经得起考验。[②]其结果是,1833年,第一部真正有效的《工厂法案》出台。《工厂法案》的新颖之处在于它设立了四名督察员。早在1819年,九岁以下的儿童就被禁止进入棉纺厂。但因为没有人负责确保工厂执行这一规定,该法律没有起到应有的效力。例如,在没有任何出生证明的情况下,谁能确定一个据称是九岁的孩子真的是九岁呢?如果一个孩子能在五岁时进入矿井或附近的印刷厂或漂白厂工作,那么非要等他到九岁才让他进去就没有任何意义。要使法律真正起效,就必须将其他行业纳入监管范围,并做好更完善的记录。因此,工厂督察制度的建立具有划时代的意义,它起初只意味着国家对某些行业进行监管,以防止违法行为的发生。后来,督察范围逐渐扩大,直到国家对所有工厂和集体作坊的工作条件进行监管,在不同程度上对所有行业进行监管,并且保障的对象不仅有儿童,也包括妇女和男人。

---

① 雅各宾派,法国左翼革命组织,其目标是结束法国国王路易十六的统治,建立一个政治权力来自人民的共和国。雅各宾派是法国大革命中最著名、最激进的政治派别。——译者注
② 1819年工厂改革的先驱罗伯特·欧文在1830年被认为是一位危险的革命者,而另一位改革倡导者奥斯特勒(Oastler)则因债务入狱。——原注

督察员很重要的一项工作是鼓励工厂采用有利于安全的发明。他们敦促议会制定新的法律，把最先进的矿井和工厂使用的发明推广到其他矿井和工厂。他们还认为，国家应该制定一个最低标准，任何企业都不能低于这个标准。由于督察员是中央政府官员，所以他们能够确保标准的统一。如果他们由地方当局任命，就不可能做到这一点。后来采用新工业方法的国家纷纷效仿英国的此类立法。英国放弃了自己珍视的自由竞争和自由订立合同的理想。1831年，沙夫茨伯里勋爵进一步推动一项法案通过，禁止在纺织、冶金和采矿行业中实行实物支付，即反对以现金以外的东西支付工资。实物支付是当时被普遍滥用的工资支付方式。

人道主义者如果不让孩子们在九岁之前进入工厂，就有义务帮助儿童接受某种教育，直到他们满九岁。因此，第一部有效的《工厂法案》的出台和第一笔国家对学校的拨款发生在同一年，这并非偶然。1833年，政府拨款33,000英镑，用于在贫困地区修建学校。正如《工厂法案》是工业法规和国家对工业条件进行监管的开始，政府拨款修建学校也是国家干预教育的开始。[①]

随着对煤炭需求的不断增加，矿井越挖越深，矿井的工作条件越来越差，爆炸事故频发，通风等保障措施非常缺乏。由于对煤炭的巨大需求和工人的缺乏，越来越多的妇女和

[①] 自1563年以来，国家对学徒制的条件进行了监督。学徒制是当时的技术教育，但义务学徒制于1813年被废除。——原注

第3部分
19世纪英国的工商业政策

儿童受雇于矿井。沙夫茨伯里勋爵继续抨击这一弊端,其结果是,1842年,一项法案获得通过,即禁止妇女和儿童进入地下矿井,这是对成年人自由选择职业的有力干涉。从1850年开始,政府任命了一批督察员,以确保男工人的安全。1844年、1847年和1850年的法规将妇女纳为《工厂法案》的保障对象,并规定和限制了她们的工作时间。19世纪40年代,一系列的调查将城镇令人震惊的卫生状况曝光。因此,1848年,卫生委员会成立,沙夫茨伯里勋爵是其中一员。卫生委员会的目标是通过供水、清理街道和铺设主要排水系统,提供体面生活的基本卫生条件。卫生运动很快全面展开,并将传染病和热病的预防纳入进来。1872年后,卫生运动致力于使人们保持健康,而不仅是在他们生病时给予治疗。现在,我们每时每刻都能看到大量清洁用水流入城镇、大量肮脏的污水被抽走的工程奇迹。

另一类改革者认为他们追求的理想应是最大多数人的最大幸福。他们认为,要实现这一目标,就要让每个人都能自由地完成自己的救赎,不受阻碍地订立自己的契约。在自由状态下,人总会达成对自己最有利的交易。他们认为,在贸易中,如果让每个人都能自由交换货物,国家也会得到最好的结果,因为如果每个人都为自己做最有利的事,总的来说,国家会有更多财富。为了确保完全的自由,应该废除任何阻碍自由流动、自由订立合同、自由选择职业或自由买卖的法律。如果每个人都不受阻碍地以自己的方式努力争取幸福和财富,幸福和繁荣的总和将比人们受到法律束缚时更大。

这场争取自由的运动背后还有宗教动机。自由放任主义者认为，上帝赋予了某些民族某些天赋，在商品交换或利用机会方面，我们无权施加人为限制，阻碍那些民族发挥能力。上帝赋予法国人生产葡萄酒的气候与英国人生产棉花的气候和技能，商品交换必然会使每个国家依赖另一个国家，为人类的兄弟情谊和普遍和平铺平道路。显然，在商品交易上设置关税壁垒的做法有悖于上帝的意志。

下面引用的一段话很好地阐述了这一观点，同时表明，英国认为的自然分工是由英国从事生产，其他国家的人则种植原材料供英国使用：

> 显然，在我们深爱的土地上，英国被赋予了为兄弟国家制造产品的崇高使命。我们在海外的同胞将用我们的船从密西西比河谷向我们运送棉花。印度将提供黄麻，俄国提供大麻和亚麻，澳大利亚将提供更优质的羊毛，而我们将为我们的工厂和集体作坊提供煤炭和铁矿石、熟练的机械师和工匠，以及雄厚的资本、发明和制造必需的机器，并将这些原材料织成供各国使用的精美的布匹。所有这些都将由我们制造出来，供人们使用。我们满载原材料的船，将再次满载这些由原材料制成的高级产品，并将它们送到全球各个角落。这种根据自然

第3部分
19世纪英国的工商业政策

规律进行的原材料与制成品的交换，使每个国家都成为另一个国家的仆人，并宣布了人类的兄弟关系。和平与善意将统治全球，一个又一个国家必须以我们为榜样，商品的自由交换将到处盛行。它们的港口应该开放，以接纳我们的制成品，就像我们的港口开放，以接纳它们的原材料一样。

这些改革者不仅主张全面废除一切以任何形式妨碍自由贸易的法律，并且在废除这些法律后，国家不应该再施加任何限制，并尽可能减少干预。他们遵循的是杰里米·边沁[①]的思想，必然反对沙夫茨伯里一派的主张，即国家应对贸易活动施加明确的限制，特别要保护那些不能自由议价的人。

边沁主义者努力的结果是废除了一系列阻碍自由订立契约或自由贸易的法律。

1799年至1800年的《联合法》（Combination Laws）禁止工人组建工会。1825年，这些法律被修改，允许人们为了特定目的联合起来。然而，立法者谨慎地加了一条规定：联合的自由不能以团体的名义施加不适当的压力，从而危及他人的自由。因此，联合的权利受到某些条件的限制，以确保其他人的自由。以前，英国人被禁止移民到大英帝国以外的任何地方。1825年，这一限制被取消了，英国人获得了在国内或国外

[①] 杰里米·边沁（Jeremy Bentham, 1748—1832），英国哲学家、法学家和社会改革家，被认为是现代功利主义的创始人。——译者注

选择住所的权利。1834年对《济贫法》的改革朝着自由选择职业或住所的方向又迈出了一步。救济制度停止后，人们不再受教区的约束。此前，根据法律，人们是可以自由迁移的，但如果陷入贫困，根据《定居法》（Settlement Laws），人们就只能回到原来的教区接受救济。因此，穷人往往宁愿留在能得到定期救济的教区，而不愿搬到另一个教区，再以贫民的身份搬回来。他们没有动力去别处找工作。随着救济金制度的废除，身体健全的人要么被送到劳动救济所，要么就得去找工作。他再也得不到户外救济[①]了。其结果是大量人口迁移并投入铁路建设中。1850年，政府对《定居法》也进行了修改，解除了将人们束缚在某个特定地点的最后一道枷锁。这样一来，妨碍工业自由的法律障碍就被消除了。

1835年，市政进行了改革，以打破城镇管理的垄断局面。公民选举权范围的扩大，使所有市政府焕发了活力，边沁主义者提供了能够实施卫生改革措施的地方政府，无形中为沙夫茨伯里一派的卫生改革的有效推进铺平了道路。随着卫生改革的深入，市政府进行重组，又为市政贸易的发展铺平了道路。这一进程让边沁主义者感到恐惧，因为他们既反对官僚作风，也不赞成垄断。

随后，在商业自由方面，英国进行了进一步的改革。

[①] 户外救济是一个过时的术语，起源于伊丽莎白时代的《济贫法》，是一项社会福利和贫困救济计划。被救济者可获得金钱、食物、衣服或用品的救助，而无须进入救援机构。相比之下，室内救济的受益者需要进入救济院、孤儿院、济贫院或贫民院。——译者注

第3部分
19世纪英国的工商业政策

1825年,机器出口在大多数情况下是被允许的,但在某些情况下,机器出口必须先取得许可证。1843年,机器出口完全放开了。1826年,英格兰银行失去了作为唯一一家大型股份制银行的垄断地位,随后银行业获得了巨大发展,并促进了股份有限公司的发展,从而使资本更容易集中。在此之前,创立股份有限公司必须获得议会的特许。从1825年开始,只要遵守旨在防止欺诈的某些法律规定,股份有限公司便可以自由组建。

1844年,股份有限公司的组建过程变得更加容易。1855年,除了银行等某些特殊行业,政府允许股份有限公司限制股东的责任。1862年,这项特权扩展到所有行业。[1]

《高利贷法》(*Usury Laws*)于1833年被部分废除,并于1854年被全部废除,对利率的限制不再对资本的使用造成任何阻碍。总的来说,资本积累和商业经营得到了最大可能的自

---

[1] 从以下数据可以看出股份有限公司的扩张:

年份	注册公司数量	额定股本(千英镑)
1862	165	57,007
1863	790	139,988
1864	997	237,237
1865	1,034	205,392
1866	762	76,825
1867	479	31,465
1868	461	36,528
1869	475	141,274
1870	595	38,252
1871	821	69,528
1872	1,116	133,041
1873	1,234	152,057

——原注

由。1838年实行的便士邮资[①]为通信提供了便利,也为通信的大幅增长开辟了道路。

1822年至1824年,原材料的关税有所降低,并最终在1842年至1846年被取消。半成品的关税大幅降低,在某些情况下甚至被取消。制成品的关税也被降低或取消。与此同时,谷物和肉类的关税也被取消,1853年和1860年,威廉·格莱斯顿[②]促成其他食品和制成品关税的取消。当时采取的原则是,今后关税应只作为财政支出之用。

1822年至1825年,英国通过了一系列法律,此后又与外国缔结了互惠条约,这使航运业失去了很多保护。1849年,《航海法案》被废除,英国的航运业完全开放,外国航运公司也加入了竞争。商人们现在可以自由租用最便宜的船,无论是英国的还是美国的。《航海法案》废除了"旧殖民体系"对殖民地贸易的其他限制。从此,殖民地居民可以与外国进行自由贸易,雇用任何国家的船,甚至在大英帝国的贸易中,英国也允许外国人自由进入市场。1854年,英国的沿海贸易向所有外来者开放。

到了1850年,自由贸易取得了胜利。但必须记住,在废

[①] 1840年1月10日,英国开始使用统一的便士邮资。新的邮政计划意味着一封信可以从王国的任何一个地方寄到另一个地方,无论多远,只需1便士。但有两个前提:首先,信的重量必须小于二分之一盎司(约14.17克);其次,必须预付1便士邮资。——译者注
[②] 即威廉·埃瓦特·格莱斯顿(William Ewart Gladstone,1809—1898),英国政治家、自由党领袖。——译者注

第3部分
19世纪英国的工商业政策

除所有限制的运动中,改革关税只是其中一部分。

尽管欧洲大陆和英国都有自由贸易运动,但这两场运动有根本的不同。英国的自由贸易派是制造商。他们不惧怕竞争,希望能够以最低的价格获得原材料。他们还希望自由进口谷物,部分原因是他们认为,除非英国向外国粮食开放港口,否则外国就无法支付购买英国制成品的费用。他们还希望工厂主拒绝工人因食品价格高而提出的加薪要求,认为自由进口粮食就能降低食品价格。他们认为,如果欧洲大陆可以把剩余的谷物卖给英国,那么欧洲大陆的粮食价格就会上涨,而英国的粮食价格就会下跌,这样一来,欧洲大陆基于廉价粮食的廉价劳动力的巨大优势就会被抵消。因此,对废除《谷物法》的运动,制造商给予了资助。托利党的农业主义派表示反对,他们不希望英国粮食受制于外国进口,并提醒英国农业将面临被毁灭的风险;他们还警告说,在战时依赖外国粮食供应是十分危险的。

由于英国已成为一个制造业国家,自由贸易派取得了胜利。他们的胜利意味着英国金融业的全面重建。如果来自关税的收入减少了,英国就必须找到其他形式的收入。因此,所得税于1842年恢复,而遗产税则于1853年推出,以弥补格莱斯顿的关税改革造成的赤字。这样,直接税就取代了许多旧的关税和消费税。

相反,在欧洲大陆,保护主义派的中坚力量是那些害怕英国进口商品的制造商,自由贸易派则是想获取廉价制造品的农场主。因此，在德意志，农民或容克地主支持自由贸易，俄国的大地主、法国的葡萄酒生产商和美国南方的棉花种植者也支持自由贸易。他们都是出口商，想在海外开拓市场，并愿意回购制成品。

当19世纪40年代英国开始实行"自由贸易"时，其经济发展进入一个转折点。英国有意放弃了自给自足的国家经济政策，转而争取世界贸易。英国依赖进口粮食，并用自己的制成品支付费用。在美国、德国、意大利等其他国家为实现国家统一、发展国家经济而努力时，英国就已经明确采取了世界经济路线。

法国本来已经形成了统一的国家经济体系，但从商业角度来看，法国大革命使国家经济倒退了四十年。直到1830年，法国的进出口才恢复到1788年的水平。尽管拿破仑三世曾试图通过1860年至1870年他在欧洲缔结的一系列条约将法国和欧洲带进低关税体系，但法国没有能力参与世界贸易。

有趣的是，人道主义者和边沁主义者都在两年内取得了最大的成功。1846年，《谷物法》被废除。如果人们不打算保护国家的食品供应，那么似乎就没有理由采取任何形式的保护措施。这是自由贸易派的一次重大胜利。1844年，第一个《工厂法案》将成年女性纳入其保障范围，这意味着男人和女人一起工作时通常会同时下班，因此，该法案间接限制了男女一起工作的时间。1847年，女性和儿童每天只能工作十小时。顺便说一句，在男女一起工作的场所，男人也只能工作十小时。《谷

第3部分
19世纪英国的工商业政策

物法》的废除为商业自由开辟了道路,而1844年和1847年的《工厂法案》为19世纪意义重大的劳工法的出台和政府对工业的监管铺平了道路。但总的来说,直到1870年,自由贸易派的观点一直占据主导地位。《工厂法案》和《采矿法案》(Mines Acts)被视为特殊措施,以应对妇女和儿童这两类无法照顾自己的特殊群体的特殊情况。自由贸易派的总体目标是确保个人的行动自由。"最好的政府是管得最少的政府。"这是一句格言。自由放任政策是当时最理想的政策。

在此期间,英国发生了两次工人运动。第一次工人运动是1834年各工会联合起来组成了大联盟,目的是通过大罢工迅速推翻现有的工业体系,然后由工人自己来经营工厂,把资本家排除在外。他们的主张现在被称为"辛迪加主义"[①],但这个词当时还没有被发明出来。

第二次工人运动被称为"宪章运动",旨在为工人阶级争取政治而非经济权利。宪章主义者认为,一旦工人拥有了政治权利,他们就可以改造社会。在这一点上,他们是马克思主义的先驱。宪章运动同样是新经济条件下的产物。新的《济贫法》及其"巴士底狱"——劳动救济所——非常不得人心,而机器的普及以及随之而来的就业混乱和糟糕的矿井条件,都为

[①] 辛迪加主义,又称工团主义或革命工联主义,主张将生产和分配手段的所有权和控制权转移给工会。在法国政论家皮埃尔-约瑟夫·普鲁东(Pierre-Joseph Proudhon)和法国社会哲学家乔治·索雷尔(Georges Sorel, 1847—1922)的影响下,辛迪加主义于19世纪末在法国工会中发展起来,并于1900年至1914年达到鼎盛(特别是在法国、意大利、西班牙和美国)。——译者注

革命宣传创造了有利的土壤。这两次工人运动都没有取得任何成功。

然而，值得注意的是，在这一阶段的工人运动中，追随者期望社会的彻底转变能很快完成。有了法国大革命这个先例，他们期待迅速、突然的变革，而演变、妥协或逐步改良与他们的想法相去甚远。新的乌托邦应在转瞬间实现。因此，当目标不能迅速实现时，工人运动就会迅速瓦解。工人阶级的幻想破灭，使得他们在19世纪50年代以后接受了资本主义的社会组织，并支持新工会运动提出的改善现有条件的务实建议和明确目标。彻底推翻现有体制与英国人的性格不符。事实上，英语中没有一个词能表达"彻底推翻"之意。在英国，人们对先例有着强烈的依恋。当需要变革时，英国人只会像补锅匠那样"修修补补"。不过，他们会不断地修修补补，直到这些修补最终将旧锅变成一口新锅。尽管在修补过程中，锅的形状和大小可能已经完全被改变，但它始终保留着原来的痕迹。而法国则是将锅打碎，扔掉碎片，然后用完全不同的材料制作一个新锅。总的来说，法国的任何变革首先都是思想上的变革，都是事先经过深思熟虑的理性计划的结果，法国人似乎总是愿意从头开始。在英国，一种根本性的变革也许是缓慢实践的结果，先解决一个明确的问题，然后再解决由此产生的新问题。这不仅是英国19世纪工厂立法的历史，也是当时所有其他工业立法的历史。

这场革命性的乌托邦运动的失败不仅与英国人的性格有

第3部分
19世纪英国的工商业政策

关,也与铁路的发展有关。1830年后,铁路开始迅速扩张,并提供了新的就业机会。据当时最著名的统计学家托马斯·图克(Thomas Tooke)和威廉·纽马奇(William Newmarch)的计算,1848年,英国总共创造了300,000个新就业机会。其中188,000名筑路工被雇用来建造铁路;另一些人则从事铁轨的制作,准备车站所需的石头、砖和水泥,建造客车车厢和货车车皮以及切割枕木。这些工人和他们的家人构成依靠铁路生活的百万大军。随着铁路建筑工人人数的减少,从事铁路工作的人数却增加了。[1]图克和纽马奇认为,1846年至1850年这5年间,有600,000人在铁路工程中找到了工作。这个数字与英国工厂工业的所有就业人数相当,"减轻了1847年、1848年和1849年商业和政治动荡对工人阶级的灾难性影响"[2]。也许这在一定程度上解释了为何英国是除挪威王国、瑞典王国和专制的俄国之外唯一没有在1848年发生革命的欧洲国家。

铁路不仅提供了就业机会,还对建设资金提出了巨大需求。[3]铁路为原材料和货物的运输提供了更多便利,从而推动了大型企业的发展。铁路公司是股份制有限公司成功运营的杰

---

[1] 托马斯·图克、威廉·纽马奇:《1792年至1856年的物价和流通状况的历史》(*A History of Prices and of the State of the Circulation from 1792 to 1856*),第5卷,第357页。——原注
[2] 托马斯·图克、威廉·纽马奇:《1792年至1856年的物价和流通状况的历史》,第5卷,第368页到第369页。——原注
[3] 根据利昂·列维的统计,1834年至1836年新成立的股份制公司的资本总额为1.35亿英镑,其中6,966.6万英镑用于修建铁路。见《英国商业史》,第220页。图克和纽马奇认为这些资本来自中产阶级的储蓄。——原注

出范例,为大型企业可能达到的规模提供了一个引人注目的例子。通过合并,特别是1850年后,铁路成了商业垄断合并运动的先驱。铁路为农产品提供了更广阔的市场,极大地促进了农业生产。以前,人们需要驱车数天才能将牲畜送达城镇,并且牲畜的体重会下降。而铁路能快速运送牲畜,避免了其体重下降的问题,从而促进了畜牧业的发展。铁路和机车的巨大需求,推动了钢铁和机械工程行业的发展。铁路在国内和国外开辟了一条新的投资渠道,这条渠道的建立几乎等同于一场金融革命。

下表显示了战后出口贸易的停滞情况,而1835年后的数据显示了贸易的复苏:①

年份	英镑(百万)	年份	英镑(百万)	年份	英镑(百万)
1815	51.6	1828	36.8	1841	51.6
1816	41.6	1829	35.8	1842	47.3
1817	46.4	1830	38.2	1843	52.2
1818	—	1831	37.1	1844	58.5
1819	35.2	1832	36.4	1845	60.1
1820	36.4	1833	39.6	1846	57.7
1821	36.6	1834	41.6	1847	58.8
1822	36.9	1835	47.3	1848	52.8
1823	35.3	1836	53.2	1849	63.8
1824	38.4	1837	42.0	1850	71.3
1825	38.8	1838	50.0	1851	74.4
1826	31.5	1839	53.2	1852	78.0
1827	37.1	1840	51.4	1853	98.9

---

① 见《1800—1897年英国农产品和制成品的出口值》(*Value of Exports of Produce and Manufactures of United Kingdom, 1800—1897*),英国海关关税,C.8706,1897年,第51页。——原注

第3部分
19世纪英国的工商业政策

4.在第四个时期，从1850年至1873年，两大改革派的改革见效了。最严重的弊端得到了遏制，经济得以自由发展。城镇成为更适宜居住的地方。工作条件得到改善，就业形势一片大好，这二十三年有时被称为"黄金时代"。贸易和就业状况的改善无疑主要归功于铁路的发展。铁路不仅促进了英国的贸易，而且在1860年后欧洲各国普遍降低关税的情况下，促进了欧洲各地的贸易往来。另一个刺激因素是在澳大利亚和加利福尼亚发现了黄金，世界黄金储备得以增加，从而推高了物价，使得新的投资变得有利可图。机械工程知识已经相当丰富，卫生制度也建立起来。工厂和矿井的督察员确保新知识得到应用，这一时期的工业革命得以在适当的保障措施下继续进行。

由于欧洲大陆已经摆脱了拿破仑战争的影响，成为英国制造业日益重要的客户，所以贸易量大增。但最重要的是，铁路得到了大力发展。

即使英国的铁路建设已经完成，外国对铁轨和机车的需求也始终存在。而铁路一旦被建成，就会随着使用逐渐被损坏。铁轨大约在七至十年后就被磨损，人们对更新铁轨的需求会越来越大。机械的使用也在迅速……量货物的生产和分配提供了更好的运输设施，进……行业提出了新的要求，更不用说欧洲大陆……长的需求了。像铁轨和机车这样的机器……十五年就需要更换一次。[①]一种新型轮船即蒸汽驱动的铁船即将问世，这对钢铁行业产生了新的需求。铁路、机械和蒸汽机都需要煤作为动力。高炉是最大的煤炭消耗者之一，对煤的需求反过来促进了煤矿的开采。1854年，英国的煤矿产量约为6,466.6万吨，1870年为11,043.1万吨。推测新"人手"从何而来是一件有趣的事情。他们大部分来自农业领域。1850年以后，农业开始采用机械，大量劳动力变得剩余，农业劳工或他们的儿子在警察、铁路、煤矿和不断扩张的机械工程行业中找到了新的出路。大量的爱尔兰人来到英国修建铁路，并成为英国工厂的一大劳动力来源。工资上涨了，特别是在冶金行业。尽管物价也在上涨，但工资的涨幅超过了物价的涨幅，工人阶级的生活水平有所提高，[②]不再存在任何能引发社会革命的问题。

各类工人的就业情况稳定。他们开始组建全国各行业工会。这些工会不再追求革命性的变革，而是通过谈判成功地争取到更高的工资、更短的工作时间和更安全的工作环境。工会提供了一个劳动力议价机制，保护工人的议价权，从而有助于促进当时的"工业和平"。1867年，英国通过了一项意义重大的《工厂法案》，将早期法案的规范范围扩展到所有行业——纺织业和非纺织业，并将集体作坊和工厂纳入规范范围。工人之间的合作采购蓬勃发展。1844年，罗奇代尔公平先锋社开办

---

① 参见1919年《皇家所得税委员会的报告》之《第一部分证词记录》第69页（附录7）中的用于所得税计算的约定折旧率表。——原注
② 见亚瑟·里昂·鲍利的《19世纪英国的工资水平》，第130页到第133页，图表。——原注

第3部分
19世纪英国的工商业政策

了一家商店，将利润按购买比例返还给购买者。19世纪50年代，这种运动推广开来，为工人们提供自治、自立和节俭方面的训练。1864年，罗奇代尔公平先锋社将批发采购和销售结合起来。"黄金时代"也惠及农业，农业人口被证明是制造商的优秀客户。当时，在许多制造业领域，特别是铁制品领域，英国几乎处于垄断地位。就机械工程贸易而言，由于难以获得廉价的煤和铁，法国无法与英国竞争，而当时德国和美国的工业才刚刚起步。德国忙于三场战争，一场是与丹麦(1864年)，一场是与奥地利(1866年)，一场是与法国(1870年)。1848年至1870年，奥地利和意大利在进行战争或准备重新发起战争。克里米亚战争结束后，俄国解放了国内的农奴，并进行了全面重建。美国则忙于内战(1861—1865)以及战后的调整。英国能够向所有交战国提供士兵所需的装备、武器所需的铁，以及航运和资本服务。各交战国因人力和财力的消耗而无法与英国竞争。战争带来了垄断，一个显著的例子是，美国航运业在南北战争之前非常兴盛，但在内战期间衰落了，将海洋霸权拱手让给了英国。欧洲大陆大部分地区在1860年至1870年采用了低关税制度，因此英国商品进入欧洲大陆几乎没有障碍。1842年，英国打开了中国的贸易市场并占领了香港；1858年通过条约进一步打开了中国新的通商口岸，同年，打开日本的贸易市场。1857年，打开暹罗[①](Siam)的贸易市场。这些都促进了英国与远东的贸易。

---

① 暹罗，泰国的旧称。——译者注

正是在这一时期，英国开始积极参与世界各地的铁路公司和类似企业的融资与建设。大承包商布拉西不仅建造了许多法国铁路，还在意大利、荷兰、丹麦、挪威、波兰、奥地利、匈牙利、瑞士、毛里求斯、印度、阿根廷（阿根廷的中央铁路）和加拿大（大干线）修建铁路。1850年至1870年，英国建造了不少于三十条的外国铁路，[①]这是英国的技术和训练有素的工程师对欧洲大陆产生影响的又一个典型例子。

1850年至1873年的二十三年里，英国是世界的锻造厂、世界的承运商、世界的造船厂、世界的银行、世界的工厂、世界的清算所、世界的转口港。这一时期的世界贸易以英

[①] 见阿瑟·赫尔普斯爵士（Sir Arthur Helps）的《布拉西传》（*Life of Brassey*）博恩版第84页的表格。关于英国人对法国铁路的资助，见爱德华·布朗特爵士（Sir Edward Blount）的《回忆录》（*Memoirs*）。爱德华·布朗特爵士在英国筹集了600,000英镑，用于修建1843年5月开通的从巴黎到鲁昂（Rouen）的铁路。"1845年，我与M. 查尔斯·拉菲特（M.Charles Lafitte）一起获得特许状，修建了经由艾比维尔（Abbeville）和纽夫沙特尔（Neufchatel）的巴黎到布洛涅（Boulogne）的铁路。后来，在1852—1853年间，我被任命为从里昂（Lyons）到阿维尼翁（Avignon）以及里昂、梅肯（Macon）和日内瓦（Geneva）之间铁路线的局长。我几乎资助了法国西部的所有铁路。我担任法国西部铁路线董事三十年，直到1894年才辞去职务。"第61页。——原注

第3部分
19世纪英国的工商业政策

国为中心。[①]当意大利、德国和美国等其他国家还在摸索建立本国的经济体系时,英国已经为世界经济组织起来了。直到1859年,意大利还由八个邦国组成,彼此之间设有八个关税壁垒。德意志在1834年才开始建立国内关税同盟,到19世纪60年代仍不确定该同盟能否维系下去。美国被划分为三个经济区,即北方、南方和中西部。直到1865年以后,美国是否会成为一个、两个或三个国家仍是个疑问。美国已经经历了两次严重的危机,[②]这两次危机都有可能使这个合众国解体。在当时,英国人的辉煌成就进一步证明了个人主动性和进取精神的价值以及自由贸易政策的益处。

---

① 费尔金:《1851年各国农产品和制成品展览会对劳工和商业的可能影响》(The Exhibition of 1851 of the Products and Industry of All Nations: Its Probable Influence upon Labour and Commerce)。

"例如,中国的丝绸在考文垂织成,在纽约批发销售,在新奥尔良与上千种其他商品一起零售,并被附近种植园主的妻子买去用作她衣服上的缎带。这个美国种植园主种植棉花,然后出口到曼彻斯特织成布料。这种布料由孟加拉内陆的一名商人零售,该商人可能会在销售时接受两季农产品的抵押,并且可能会在收获时获得至少部分农产品,这些农产品将在一万英里外的英国市场上作为食品出售。一份价值半便士的美国谷物,一份价值半便士的牙买加咖啡,一份价值半便士的巴西糖,都在同一个简陋的柜台上出售给圣吉尔斯(St. Giles)教堂附近阁楼的居民。在伦敦或利默里克(Limerick)郊区最肮脏、最黑暗的大道上,一个杂货店的存在离不开全球各地的供应。"(第22页)

"这表明,我们已经开辟了全球货品齐聚一处的方式,将地球上的居民以异乎寻常的方式聚在一起。二十五年前,因为缺乏时间或金钱,出行的人数不到现在的十分之一。蒸汽船和铁路极大地缩短了出行时间并降低了成本,减少了旅途疲劳。为提供这些运输工具,全世界的财政都被课以重税,但取得了令人惊叹的成果。而在蒸汽船提供的一切便利中,商品的聚集是最美妙的。"(第28页)——原注

② 指1812年至1815年的第二次独立战争和1861年至1865年的美国内战。——译者注

在此期间，英国经济只经历了两次衰退。美国内战导致了兰开夏郡的棉花极度短缺(1861—1863)和大量失业，据说，有50万人在1862年的圣诞节领取救济。[①]1860年以后，英国丝绸工业衰落，据说是因为英国与法国签订的《科布登条约》(Cobden Treaty)取消了对法国丝绸的所有关税。[②]

这一时期的一个发展值得注意，那就是市政职能的大幅扩展。在1848年卫生运动的刺激下，卫生委员会成立了，其中一些城镇开始供应水。各市政当局都着手采取措施，铺设主要排水系统并清理垃圾。为了充分完成这些任务，市政当局开始接管城镇道路的维护和修整工作。在某些城镇，市政燃气工程也开始施工。因此，在股份有限公司迅速增加、银行业不断发展、资本变得越来越强大的时期，某些替代方案或纠正措施应运而生。通过将利润按购买比例返还给消费者，合作社运动消除了利润。某些市政当局对某些公共服务项目(如水和煤气)实行垄断，目的是通过廉价销售或将利润用于降低费率，使城镇所有居民都受益。同时，资本权力的滥用一方面受到工会运动的制约，另一方面受到更严格的工厂立法的制约。

英国在此期间的对外贸易增长情况见下表：

---

① 1860年棉花的价格为每磅6至7便士，1863年12月涨为每磅29便士。——原注
② 拉坦·C.劳利(Ratan C. Rawlley)：《英国的丝绸业》(The Silk Industry in Great Britain)。——原注

第3部分
19世纪英国的工商业政策

对外贸易（单位：百万英镑）[①]

年均	进口	再出口	英国制成品出口
1855—1859	169	23	116
1860—1864	235	42	133
1865—1869	286	49	181
1870—1874	346	55	235

钢铁、纺织品和煤炭出口的增长情况，从每十年出口值的增长中可见：

钢铁和机械（单位：千英镑）[②]

年份	钢铁出口	机械和机械安装
1830	1,079	209
1840	2,525	593
1850	5,350	1,042
1860	12,138	3,838
1870	23,538	5,293

纺织品（单位：千英镑）[③]

年份	棉织品和纱线	毛织品和纱线	丝绸	服装
1830	19,429	4,851	521	983
1840	24,669	5,781	793	1,290
1850	28,257	10,040	1,256	2,535
1860	52,012	16,000	2,413	2,474
1870	71,416	26,658	2,605	3,881

---

① 《财政蓝皮书》(Fiscal Blue Book)，Cd. 4954，1909年，第18页。——原注
② 《商业与工业》(Commerce and Industry)，第2卷，第137页，摘自《账目、文件和统计摘要》(Accounts and Papers and Statistical Abstract)。——原注
③ 《商业与工业》，第2卷，第133页，摘自《账目、文件和统计摘要》。——原注

煤炭

年份	出口（千英镑）	年份	生产量（千吨）
1830	184	—	—
1840	577	—	—
1850	1,284	1854	64,666
1860	3,316	1860	80,043
1870	5,638	1870	110,431

5. 在第五个时期（即1873年至1886年），经济以大萧条为特征，其影响遍及全球。在英国，受影响最严重的三大行业是农业、航运业和钢铁业。然而，由于货币变动，所有商品的价格都普遍下跌，尽管有些商品的价格受到的影响比其他商品更大。[1]

在农业方面，除了货币问题，经济萧条的部分原因是美国中西部的开发。美国内战结束后，其铁路建设进入快速发展时期，由此带来了大草原的开发。这些铁路是出于投机目的而被修建的，各个铁路公司相互压低价格，展开对谷物运输的竞争。对谷物出口来说，低价运输起到了某种补贴作用。蒸汽船和帆船的竞争减少了海上货物的运输费用，大量的美国农产品开始涌入西欧。欧洲大陆各国用关税抵御美国出口的洪流，于是这股洪流被转移到英国巨大的自由贸易市场，造成了英国农业的大萧条。

除了小麦进口，还有肉类进口。铁路和冷藏车使肉类

---

[1] 沃尔特·莱顿（Walter Layton）：《价格研究导论》（*An Introduction to the Study of Prices*），第68页。——原注

第3部分
19世纪英国的工商业政策

运输变得前所未有的便捷。当铁路将冷冻或冷藏的肉类运到海岸时,冷藏蒸汽船为海上运输提供了便利。美国的肉类联合企业通过出售皮革、猪鬃、牛角等副产品获利,从而能够以极低的价格出售肉类。随着美国牛肉和猪肉进入英国市场,澳大利亚和阿根廷的羊肉也进入英国市场,在二等肉类和三等肉类方面,英国的养牛者和小麦生产者都受到了外国商品的严重影响。

随着运输业的发展,"自由贸易"真正发挥了作用,其结果是英国和爱尔兰的农业陷入大萧条,然后进行重建。

在航运业,萧条是由旧式帆船和新型蒸汽船之间的竞争造成的。新式蒸汽船能运输更多货物。因此,世界的有效运输吨位大大增加。苏伊士运河的开通又大大增加了世界运输吨位。由于走运河要比走好望角快得多,世界运输吨位进一步增加,加剧了航运业的竞争。最重要的是,更高效的新型轮船正在迅速发展,取代了早期的蒸汽船。耗煤量少的复合式瓦特蒸汽机开始被更节约燃料的三胀式蒸汽机取代。19世纪80年代,铁船被钢船取代。因此,船不断被报废。1880年后,各国政府试图通过某种形式的国家资助开办自己的轮船公司,这进一步加剧了航运业的"产能过剩"。因此,19世纪80年代和90年代,在船主们联合起来消除恶性竞争之前,激烈的竞争和运费的下降似乎没有尽头。[①]

[①] 《关于航运集团的报告》(*Report on Shipping Rings*),1909年,第47卷。——原注

钢铁贸易正经历着从铁到钢的巨大变化。贝塞麦转炉炼钢法使钢价大幅下降。1880年，钢板的价格为11英镑14先令6便士。而到了1886年，钢板的价格是6英镑2先令6便士。[①]因此，钢开始普遍取代铁。这意味着世界上规模最大的炼铁工业将被大规模淘汰。几乎所有以炼铁为基础的英国工厂都必须改造成生产酸性钢。此外，对新的贝塞麦转炉炼钢法来说，英国的铁矿石纯度不够，贝塞麦转炉炼钢法需要不含磷的铁。因此，英国从西班牙的毕尔巴鄂（Bilbao）和瑞典进口了大量的铁矿石，以取代本国的铁矿石。由于只在坎伯兰郡（Cumberland）发现了赤铁矿，英国不能依靠自己的矿石供应钢铁生产，而在很大程度上依赖进口。英国的煤田分别位于南威尔士、苏格兰西部和英格兰北部的沿海，为铁矿石进口提供了便利，使英国仍然保持大型机械工程工厂的地位，但其垄断地位已不复存在。就在这个时候，由于对铁路铁轨等的巨大需求减少了，并且由于钢的使用寿命比铁长，对铁轨更新的

---

① 《贸易萧条委员会的报告》(*Report of Depression of Trade Commission*)，1886年，第21、22、23卷，《第二个报告》(*2nd Report*)，第332页，第2个报告。——原注

第3部分
19世纪英国的工商业政策

需求也减少了。[1]

除此之外，其他国家也开始生产钢铁。它们可以在英国的基础上发展钢铁工业，而不必像英国那样重建钢铁工业而浪费大量资金。吉尔克里斯特-托马斯碱性转炉炼钢法[2]使德国能够在1880年以后利用洛林（Lorraine）大量的云煌岩矿石资源来生产碱性钢。[3]铁路将苏必利尔湖的巨量铁矿和匹兹堡的煤田连接起来，世界钢铁产量因此达到了空前的高度，暂时供大于求。钢轨的价格从1874年的每吨12英镑1先令1便士跌至1883年的每吨5英镑7先令6便士。铁轨的价格从每吨9英镑18先令2便士跌至每吨5英镑。[4]克利夫兰的生铁价格从1872年的每吨4

---

[1] 在贸易萧条委员会面前做证时，洛杉·贝尔爵士（Sir Lowthian Bell）表示，制造钢轨的成本低于铁轨，因为制造钢轨需要的铁矿石和煤炭更少。钢从高炉以液态形式进入转炉，直接高温轧制，无须再加热。洛杉·贝尔爵士认为钢轨的使用寿命是铁轨的两倍，但人们在某条铁路线上进行的实验表明，钢轨的使用寿命为十年，而铁轨的使用寿命为七年。"这是因为铁轨在实际磨损（通过减重来衡量）而变得不安全之前早已开裂，不能继续使用。开裂经常发生在铁轨磨损减重不超过原始重量的4%的情况下。而钢轨一直在持续减重，直到磨损减重达到原始重量的10%到20%。"《贸易萧条委员会的报告》，《第二个报告》，第4页和第51页。事实证明，在实际使用过程中，钢轨的使用寿命远远超过十年。根据线路的不同，使用寿命有所不同，但平均二十五年可能更接近实际情况。——原注
[2] 1876年至1877年，英国冶金学家珀西·卡莱尔·吉尔克里斯特（Percy Carlyle Gilchrist）与表弟西德尼·吉尔克里斯特·托马斯（Sidney Gilchrist Thomas）设计了一种在贝塞麦转炉中制造低磷钢的工艺（此后被欧洲各国广泛使用）。在吉尔克里斯特-托马斯工艺中，转炉使用的炉衬是碱性的，而不是酸性的。——译者注
[3] 与1870年相比，1884年英国的生铁产量增加了31%，外国的生铁产量则增加了138%。《贸易萧条委员会的报告》，Cd. 4893，1886年，第8卷，《最终的报告》。——原注
[4] 洛杉·贝尔爵士的证词见《贸易萧条委员会的报告》第43页。——原注

英镑17先令1便士跌至1885年的每吨1英镑12先令10便士。

其他原因也造成了英国经济的萧条。随着欧洲大陆铁路的发展，以前通过海路运输的大量货物现在通过陆路运输。随着苏伊士运河的开通，贸易路线发生了变化，马赛（Marseilles）、热那亚和敖德萨（Odessa）等地中海沿岸港口的地位也随之凸显。原先世界航运都要经过伦敦或利物浦，现在这一航线的垄断地位受到了冲击。欧洲大陆国家开始发展自己的工业，不再像以前那样依赖英国为其提供工程工具、机器和制成品。随着对原材料需求的不断增加，在许多情况下，欧洲大陆国家将原材料直接运到自己的港口。而以前当它们只需要少量或小批原材料时，一般在英国这个大转口港购买。这种日益增长的直接贸易对英国的转口贸易和分销贸易产生了不利影响。即使在中立市场上，英国也能感受到来自德国的竞争。此外，美国用关税壁垒保护国内贸易，在很大程度上自给自足。结果是英国对美国的出口贸易停止增长，尽管美国的人口迅速增长。英国曾扩大生产以填补普法战争中两个交战国留下的市场短缺，然而，到了19世纪80年代，英国却发现自己最大的两个市场——德国和美国——越来越倾向于自给自足。

大萧条标志着英国的世界霸主地位受到挑战，英国遭遇了19世纪前期未曾遇到的外国竞争。这也标志着法国竞争力的衰落和德国竞争力的崛起。法国曾经是英国这个工业巨头唯一忌惮的工业强国。然而，在色当战役后，欧洲发现自己"把女主人换成了男主人"。在战争中取得胜利的德国人把他们强大

第3部分
19世纪英国的工商业政策

的组织能力运用到商业上。他们对自己的实力充满信心,在组织完善的交通系统的基础上建立了一套令人钦佩的技术教育体系。德国的银行系统也得到了发展,银行不仅提供资金,还参与管理接受银行资金的企业。因此,技术技能和金融知识得以结合。为了促进出口,德国制定了一套基于廉价铁路费率的体系,并凭借其欧洲中心的地理位置成为欧洲最大的分销商。科学被用于助力德国不断发展的工业,其结果是德国发展了新兴行业,如电气工业和化学染料业,并取得了显著成功。当碱性转炉炼钢法使含磷铁矿石的利用成为可能时,洛林的铁矿便被运到鲁尔地区的煤田,一个大型的钢铁工业由此建立。1870年,阿尔萨斯(Alsace)的棉纺织品制造商转到德国开厂,壮大了德国原本规模不大的棉纺织业。这样一来,德国对法国的胜利刺激了德国与英国在纺织业和冶金业的竞争。法国虽然煤炭短缺,但拥有高超的工艺技术,所以它走的工业路线与英国不同。然而,德国正准备沿着英国的路线,在英国的势力范围内与英国竞争。

1886年,贸易萧条委员会意识到了这种新竞争,并报告称:"查阅国外的报告可以看出,在世界的每一个角落,德国人的坚韧不拔和进取精神都在发挥作用。在商品生产上,我们现在几乎没有任何优势。在对世界市场的了解上,在满足当地口味或特殊需求的意识上,在任何地方都努力立足的决心以及保持这种决心上,德国人似乎正向我们靠拢。"[1]

自16世纪以来,英国一直根据真实或假想的竞争对手的政策来制定自己的政策。16世纪,西班牙迫使英国人开发一些国内资源,如采矿,以此作为防御手段。英国进军美洲新大陆的部分原因是为了遏制西班牙的势力。17世纪时,根据荷兰的政策,英国制定了自己的政策。英国跟随荷兰的脚步来到香料群岛,但在与荷兰人的竞争中,英国没能站稳脚跟,只能退而求其次在印度大陆立足。英国效仿荷兰的渔业、航运业、金融业和农业。从1660年起,柯尔贝尔[2]重建了法国,使法国成为英国学习的最佳典范。将英国的工业建设到法国的水平是整个18世纪英国政治家的雄心壮志,而在殖民扩张和工业发展方面,英国受到法国的巨大影响,因此,18世纪被称为议会柯尔贝尔主义时期。在法国大革命和英国工业革命之后,我们仍然可以看到英国商人和小册子作者谈论法国的进步和法国的竞争,但已经不再把法国当作真正的对手了。在19世纪前四分之三的时间里,英国确实找不到令它真正害怕的对手。然而,1880年以后,英国找到了一个新的学习榜样——德国。由于德国是国家指导和国家干预的典范,英国向德国的学习是显而易见的。

---

[1] 《贸易萧条委员会的报告》,第20卷,《最终的报告》。——原注
[2] 即让·巴普蒂斯特·柯尔贝尔(Jean Baptiste Colbert,1619—1683),法国政治家,法王路易十四时期的财政大臣。他对法国的国家政治和市场组织产生了持久的影响,其执政期间所实行的政策被称为"柯尔贝尔主义"(Colbertism)。柯尔贝尔主义通常被认为是重商主义的变体。——译者注

第3部分
19世纪英国的工商业政策

以下数据说明了大萧条期间英国制成品和制造业出口值（不包括船舶业）的下降情况（单位：百万英镑）[①]。

年均	总出口额	出口方向	
		外国	英国殖民地
1870—1874	235	175	60
1875—1879	202	135	67
1880—1884	234	153	81
1885—1889	226	147	79
1890—1894（复苏）	234	156	78

而同期进口额的增长情况如下表（单位：百万英镑）。

年均	总进口额	进口来源	
		外国	英国殖民地
1870—1874	346	270	76
1875—1879	375	292	83
1880—1884	408	312	96
1885—1889	380	293	87
1890—1894（复苏）	419	323	96

6. 在第六个时期，即1886年至1914年，大萧条导致英国的政策发生了重大变化。这是英国在殖民地、商业、工业和农业领域全面放弃自由放任政策的时期。英国开始修正自由贸易政策和自由放任的世界主义观念，集中精力发展大英帝国内部的贸易。1887年，在维多利亚女王登基五十周年庆典上，各自治领的代表也受邀出席，这并非偶然。庆典结束后，英国召开了第一次殖民地会议；1897年再次召开。于是，召开殖民地会议成为一项常规制度。1897年，英国宣布废除与德国和

[①] 进出口数据引自《财政蓝皮书》，1909年，第22页、第24页。——原注

比利时签订的条约，这些条约曾禁止英国向其殖民地提供优惠或接受优惠。为了西印度群岛，英国放弃了纯粹的自由贸易态度，并于1902年加入《糖业公约》(Sugar Convention)，禁止从俄国、丹麦、西班牙和阿根廷进口有奖补金的食糖。因此，英国迫使德国、法国和奥地利停止对本国食糖生产提供奖补金。由于英国的食糖消费量很大，一旦英国禁止从对食糖实行补贴的国家进口食糖，德国、法国和奥地利就无法将多余的食糖运往英国，也就不再值得继续实行奖补制度。英国过去得益于廉价的奖补糖，发展起了以糖为原料的果酱、糖果、汽水和饼干行业。为了从一些主要由有色人种居住的热带岛屿进口食糖，英国不得不以更高的价格采购食糖，从而可能降低英国食糖产业的产量，这值得吗？为了英属圭亚那(Guiana)和牙买加，冒着让英国四千七百万消费者为食糖支付更高费用的风险，这值得吗？英国认为，这样做值得。这是英国贸易政策的一个转折点。从那时起，自由贸易政策就被舍弃了，大英帝国内部的经济以不同方式紧密联系在一起。

1895年，随着张伯伦[①]成为英国殖民大臣，一个新的建设性的帝国主义组织开始形成。英国不仅通过定期会议制度将大英帝国各自治领与宗主国联系起来，而且还补贴各自治领间的电报业务，广建邮政设施，并任命商业官员（即帝国贸易专员）提供信息并协助大英帝国各自治领之间的贸易发展。许多殖民地政

---

① 即约瑟夫·张伯伦(Joseph Chamberlain, 1836—1914)，英国政治家。——译者注

第3部分
19世纪英国的工商业政策

府和铁路公司发行的股票被纳入安全投资的"魔法圈",被称为信托股票。信托股票得到了英国政府的认可,殖民地能够以新兴国家无法获得的利率进行借款。因此,英国给予其殖民地大量的财政优惠,以换取1897年以后开发的殖民地对英国商品的优惠关税。这种金融优惠往往会降低英国公债的价值,因为它扩大了一级证券市场。

在热带地区的大英帝国殖民地上,建设性帝国主义表现为资助乌干达、西非和苏丹等地区修建铁路。英国和热带地区的殖民地都鼓励开展热带医学研究,从而使热带地区居民的生活变得更加健康。人们调查了昏睡病和疟疾的病因,并采取了一些措施来防止疾病肆虐。

此外,英国政府还鼓励并资助热带地区的农业科学研究。科学家们改良了甘蔗品种,并在埃及、西印度群岛和乌干达进行了棉花种植试验;研究了昆虫和寄生在害虫上的真菌,并在一些地方成功进行了防治。热带和亚热带地区到处都是由英国或殖民地政府资助的农业实验站和实验室。新的殖民方式是铁路和科学的殖民,这些对英国产生了深远影响。然而,在印度和其他地方,人们无法接受培训,以执行这些建设性发展政策,也不希望在自己的国家实行这种政策。但无论如何,这些新帝国主义政策必然会改变人们认为国家监管不会带来好处的观点。新的竞争似乎改变了英国大众的看法,此前他们一直认为殖民地没有用处,而大萧条导致了新的殖民政策的诞生。

大萧条影响了工业立法，加强了国家对工业和社会状况的监管。大萧条导致了大规模的失业。[1]为此，英国成立了一个委员会（劳工委员会）调查"血汗工厂"的情况。1892年，劳工委员会召开了一次大型会议，报告了劳工各个阶段的情况。英国制定了新的劳工法，随后出现了一个与19世纪30年代和40年代类似的社会改革时期。1893年，《营业时间提案》（*Shop Hours Bill*）获得通过。1904年，《提前休业提案》（*Early Closing Bill*）获得通过。在工厂和集体作坊的工作条件方面，主要的变化是政府在1891年制定了详尽的条例，以防止某些行业（如制陶或羊毛分拣）的特殊危险，同时授权国内事务大臣扩大"危险"行业的名单，结果是危险行业的数量不断增加。

然而，19世纪90年代以后，工业立法的精神发生了变化。在此之前，当工厂督察员把那些最臭名昭著的弊端一一揭露出来后，政府曾试图逐个解决它们，其明确目标是防止工业弊端。而在这之后，工业立法的目标更加广泛，即恢复或创造生活保障，因为当工厂制度成为主导时，家庭生产的瓦解和农业副业的丧失使劳工失去了大部分的生活保障。过去的家庭收入和小农场就是生活保障。尽管自1880年以来，雇主不仅要对因自己的过失造成的事故负责，而且还要对某些工作中因工头的过失造成的事故负责。但1897年，由于张伯伦的倡议，在较大及较危险的行业中，无论是否因雇主的过失造成，雇主对工

---

[1] S. 韦伯、B. 韦伯（S.Webb & B. Webb）：《工会主义史》（*The History of Trade Unionism*），第346页、第378页。——原注

第3部分
19世纪英国的工商业政策

作中发生的事故都负有责任。因此，事故成本成为生产成本的一部分。1906年，《工人赔偿法案》（Workmen's Compensation Act）适用的人员范围大大扩大。

但赔偿为什么仅限于事故？衰老和疾病是日常生活的一部分。为什么不为已知的不幸做好准备呢？本着这种精神，1908年，政府开始发放养老金，领取者无须缴纳任何费用。1911年，英国推行了强制性的疾病保险，由工人和雇主共同缴纳。经济大萧条期间失业人数众多，人们认为强迫身体健康的人进济贫院是不公平的。因此，1886年后，地方政府委员会支持市政府开展救济性工作。1905年的《失业工人法案》（Unemployed Workmen Act）进一步推动了救济措施的落实，政府还试图组织和改进地方救济工作。某些季节性行业的强制性失业保险也于1911年开始实施。1909年，政府成立了劳工交易所或国家职业介绍所，其初衷是国家应该将雇主和雇员聚集在一起，不需要他们自己付出任何成本，以促进工作衔接，将失业率最小化，加快劳动力的流动。劳动报酬也引起了关注，英国制定了《实物工资法案》，并扩大了其适用范围，以防止不公平的工资扣减，因为扣减将导致工资低于约定水平。1887年，实物支付被置于工厂督察员的监管之下。1897年，议会通过立法对工资罚款和扣减进行了规范。人们认为"血汗工厂"的存在对国家有害，所以1909年的《贸易委员会法案》（Trade Boards Act）为工资微薄的国内行业（如制链、花边修补和精加工、成衣制作和制盒）制定了最低工资标准。1914年，《贸易委员会法案》的适用范围扩展到其他行业，如食品保存、糖和糖果的制作、亚麻和棉线刺绣、衬衫制作和空心器皿制作等。此后，《贸易委员会法案》的适用范围不断扩大，到了1921年甚至包括杂货店等零售行业。1908年，矿工们通过法律争取到了八小时工作制，对他们来说，采矿是一项报酬丰厚的职业；1912年，最低工资原则得到了进一步贯彻。

1902年之后，《教育法案》（Education Acts）得到了扩充，包括了儿童的技术培训，而不仅仅是普通教育。因此，国家开始考虑对儿童进行工商业培训，并提供人的发展所需的知识。孩子的教育如果因营养不良而被耽误是一件憾事，于是，1906年的《教育（膳食供应）法案》〔Education (Provision of meals) Act〕规定为贫困学童提供食物，地方当局在很大程度上推进了该法案的实施。

英国还致力于将儿童引向有前途的就业领域，而不是进入职业死胡同。因此，学校成立了咨询委员会，并设立了青少年劳动交流中心，试图帮助儿童找到合适的工作。

根据1903年的《儿童法案》，英国政府进一步规范了儿童放学后的工作，禁止儿童从事某些形式的街头交易和夜间交易。1908年，英国通过了另一项法案，保护儿童免受父母不负责任行为的影响。十四岁以下的儿童不得进入酒吧，十六岁以下的儿童不得吸烟。而国家的法规甚至要求父母购买火炉栏，以防止孩子被烧伤。

这些详尽的细节表明，从禁止九岁以下的儿童进入棉纺厂被视为近乎革命性的时期开始，我们已经走了多远。这同时还

第3部分
19世纪英国的工商业政策

表明，立法已经开始影响家庭。

国家立法的一般规律是，起初的法规是针对儿童制定的，理由是儿童无法自保，不是真正的"自由人"，后来又以保护未来的母亲为由将妇女纳入法规的保护范围。在19世纪的实际操作中，妇女无法像男人那样有效地保护自己。男人成立了工会，而女人只在非常有限的程度上组建了工会。女性结婚后就会离开工作岗位，因此，对她们来说，定期缴纳工会会费并不划算，因为她们可能永远无法从工会中获益。她们不像男人有很多时间可以去参加晚上的会议。她们要洗衣服、做衣服、补袜子、洗碗、做饭。此外，在维多利亚时代早期，人们有一种根深蒂固的观念，即"谦虚可为妇女的美德增辉"，所以女性不喜欢在会议上发言。女性的工资较低，这也使得她们无法缴纳数额较大的会费。因此，《工厂法案》保护妇女和儿童，而工会则保护男性。工会相当于保护男性的"工厂法案"，在1871年至1876年，工会的权力和活动范围都得到了极大的扩展。根据1906年的《贸易争端法案》(Trade disputes Act)，即使工会成员的行为构成法律上的"侵权"而可能引发诉讼，也无须动用工会基金。因此，当银行或铁路公司出现侵权行为时，可能要就损害进行赔偿，而在类似的情况下，工会不用承担责任。因此，工会享有特殊地位。

在大萧条时期，为了获得业务，企业之间展开了激烈的竞争。后来，为了避免在竞争中两败俱伤，企业之间开始联合和合并。其结果是自由竞争逐渐消失，价格越来越多地由垄断企业和协议来确定。因此，面对强大的雇主联合会，工会被迫依靠立法行动而不是通过集体谈判。这在一定程度上导致工党作为下议院中的一个重要团体崛起，而通过立法加强工业保护的趋势进一步加快了国家在监管工业事务中的权力增长。

雇主联合会不仅包括国内的行业或某一行业的分支，还将范围扩大到国外企业。这些国际联合使"自由贸易"在有雇主联合会的地方失去作用。国家托拉斯还削弱了自由竞争对消费者的主要保护作用，使得国家有必要介入，以防止自由竞争被滥用。

在农业方面，国家的控制也日益加强。大萧条对英国的农业造成了严重的影响。当欧洲大陆用关税来阻止美国农产品的涌入时，英国仍然坚持自由贸易政策。对爱尔兰农民来说，美国农产品的大量涌入是灾难性的，他们本就承担着过高的租金，几乎没有资金来持续对抗进口农产品。爱尔兰必须采取新的政策，这意味着国家影响力的不断扩大。1880年后，政府规定爱尔兰土地的公平租金的期限为十五年，期满后政府会重新审议并确定新的租金。其结果是，一旦政府干预租金的确定，无论是租户还是土地所有者都无法自由要求或给出他们想要的土地租金价格。

"公平租金"引发了巨大冲突，并导致租户为获得减租而实行消极、懈怠的耕作。因此，有一项措施从1885年开始实施并在1903年得到进一步发展，即政府提供资金帮助爱尔兰租户买下土地。政府通过土地专员或地产专员确定购买价格，先垫

第3部分
19世纪英国的工商业政策

付资金,购买者必须在一定年限内分期偿还。因此,1914年世界大战爆发前,英国政府进行了一场现代史上规模最大的土地转让。

然而,仅仅改变土地所有权是不够的。在帮助人们获得农场后,政府还要帮助他们养活自己。1899年,爱尔兰成立了农业和技术教育部,目的是引导农民采用改良的农业耕种方法。对西部偏远的贫困地区,拥挤地区委员会①成立了一个专门机构,以家长式的方式处理该地区的问题,并通过国家资助改善那里的总体经济状况。

在英国,对农业自由放任政策的修正主要体现在两个方面。其一,英国在1889年成立了农业委员会,旨在帮助农民消灭牲畜疾病,并通过提供农业信息和保护农民免受各种形式的不公平竞争来帮助农民。因此,农业委员会执行议会法案,保护农民不受掺假肥料和食品(如用人造黄油冒充黄油)的影响。其二,英国建立和资助了一套完善的农业教育体系,并组织专家进行科学研究。英国被划分为若干个大的农业管理区域,每个区域都有专家就牲畜、农作物和林业方面的问题提供建议。

对农业自由放任政策的修正在小块土地持有运动上更引人注目。在19世纪的前二十五年里,作为英国农业的典型特

---

① 拥挤地区主要指爱尔兰西北部、西部和西南部与海接壤的部分地区,那里的居民被限制在小块的贫瘠土地上,人或牲畜居住的地方拥挤又不卫生。——译者注

征，农民消失了。[①]20世纪初，人们为重建农民阶层进行过许多尝试。1907年，政府责成郡议会收购土地，[②]然后将其出售或转租给小租户。如果各郡当局拒绝执行，政府可能会采取惩罚措施，强制征用各郡土地，然后将土地租给小租户。政府预付前期费用，并为合作农业社提供补贴，因为参加合作社是小农场主规避小规模生产弊端的主要手段。总的结果是公共当局已经成为全国最大的土地所有者之一。

国家对铁路运输的监管也明显加强。大萧条引发了人们对货物运输整体费率合理性的质疑，其结果是，政府在1888年至1894年确定了铁路运输费率，而20世纪初的铁路合并则使整个铁路国有化的问题浮出水面。

在商业方面，国家干预一直较少。政府的活动主要限于打击不正当竞争。因此，自1887年以来，《商品商标法案》(Merchandise Marks Acts)已获通过，该法案旨在保护英国制造商不受外国人对其商标的欺诈性仿冒，或防止欺骗性说明，因为这些说明会使买方认为这些外国商品是英国生产的。面向成人的商业和经济学培训受到越来越多的关注，并成为每所大学课程的一部分。19世纪90年代，人们认为一位教授就能讲授整个经济学领域的知识。1895年伦敦政治经济学院的成立表明，一名经济学教授和一名理科教授一样有用。因此，经济学培训和

---

① 50英亩以下的农场仍然比50英亩以上的农场多，1913年前者为292,720个，而后者为143,166个。但50英亩以下的农场只占农场总面积的16%。见《农业统计》，Cd. 6597，1913年。——原注

② 爱德华七世7年第54章法案 (7 Ed. Ⅶ, c. 54)。——原注

第3部分
19世纪英国的工商业政策

教学得到了极大发展，其中大部分教学经费由政府拨款。

1900年，贸易委员会成立了一个商业情报部门，为贸易商提供信息。贸易委员会开始增加领事的职能，并开始提供一项新的服务，即向英国的殖民地和自治领派驻贸易专员。除了一系列详尽的领事报告和特别报告，贸易委员会还出版了贸易情报月刊[①]《贸易委员会期刊》（*The Board of Trade Journal*），以方便英国商人了解外国的关税和其他法规。

1870年后，国家扩大监管范围，成为英国这个时期的典型特征。但如果没有公务员制度的改革，国家就不可能开展大规模的监管活动。在同一年，通过竞争性考试选拔公务员的制度得以确立，并确立了非常高的廉洁和效率标准。若官员队伍不廉洁、易受贿，那么对社会生活的方方面面进行如此频繁的监管，根本就是徒劳无功的。

1870年后，不仅国家干预增加，市政当局的干预也大大增加。除了提供水和煤气，许多城镇还添设了有轨电车，1880年之后又增加了电力设施，从而扩大了城镇贸易的范围。[②]卫生运动再次扩展了市政当局在食品监管方面的活动范围，这成为市政当局更重要的职能之一。卫生运动还促使许多市政当局实施了大型市政住房计划。1890年的《住房法案》（*Housing Act*）赋予市政当局监管市政住房建设的权力，而伦敦当局便是

---

① 现在是周刊。——原注
② 英格兰和威尔士地方当局的债务从1887年至1888年的1.92亿英镑增加到1892年至1893年的2.15亿英镑。《英国统计摘要》（*Statistical Abstract for United Kingdom*），1896年，第40页；1906年，第48页。——原注

通过1894年的《住房法案》扩大了相关方面的权力。

对自由放任政策进行修正，不仅是因为大萧条迫使政府采取行动，还有其他原因。铁路的发展在世界范围内引发了更为激烈的竞争。为了帮助本国人民，德国提供了国家所能提供的一切支持。个人根本无法与背后有国家资源支持的强大政府抗衡。因此，德国的做法促使其他国家加强国家干预。如果德国对甜菜糖的出口提供补贴，奥地利和法国就不得不效仿，否则它们的国民就会因外国政府的行为而受到伤害。任何国家都不甘心落后于其他国家。显然，德国正在蓬勃发展，所以可以说，国家干预和保护性关税并不一定像以前大家认为的那样会造成效率低下。

工业监管并没有对生产或工人的效率产生不利影响，这也使得人们愿意放弃自由放任政策。19世纪90年代，英国的煤矿和棉纺织业受到严格监管，但其产品是当时两大最有价值的出口产品。劳工组织也没有像人们预测的那样拖垮国家。贸易萧条委员会认为，经济萧条既不能归咎于工会，也不能归咎于立法。

> 目前，正如我们已经指出的那样，由于缺乏稳定的工作，工人存在许多困难，但毫无疑问，我国的工人在充分就业的情况下，几乎在各方面都比外国的同行处于更好的地位。而且我们认为，我们的生产能力并没有因工人地位的改善而下降。我们还可以补充一点，在我们看来，将现有贸易和工业条

第3部分
19世纪英国的工商业政策

件中的不利因素归咎于工会和类似的联合组织的作用是不公正的。[1]

每个国家的劳工运动都在蓬勃发展，迫使各国政府更加积极地关注工人阶级的生活状况。事实证明政府已采取的措施没有产生不良影响，各国都愿意继续尝试新的举措，并且互相借鉴。[2]英国成立了贸易委员会，雇主和雇员都有代表出任委员会委员，他们共同确定了最低工资标准，这极大地促进了此前没有加入工会的非熟练工人加入工会。《国民健康保险法案》(The National Health Insurance Act)也影响巨大。人们必须加入一个"被认可的社团"，因为还能得到其他好处，许多工人加入了被认可的工会。工会运动的迅猛发展增强了工党的实力。

在英国和美国，大型铁路合并也发展迅速。人们开始担心铁路垄断会阻碍贸易往来，于是铁路合并促使国家加强对铁路费率的管控。导致个人主义被抛弃的原因还有科学。显然，在健康问题上，没有人能独善其身。因此，议会又制定了一些旨在预防疾病和维护健康的生活标准的法规，使人们甚至习惯于国家对家庭生活的干预。此外，随着科学研究变得更复杂，普通民众很少能负担得起进行必要调查的费用。因此，越来越多的人主张，国家应该为出于农业或工业目的的科学调查提供补

---

[1] 《贸易萧条委员会的报告》,《最终的报告》, 第21页。——原注
[2] 例如，英国借鉴了德国的社会保险制度并做了一定的修改。参见《美国劳工统计》(United States Labour Statistics) 第24期年度报告中对不同国家劳工法的比较。——原注

贴，就像国家为工业疾病研究或社区的总体健康状况研究提供资助那样。

尽管对自由放任政策的修正是由一系列经济原因引起的，但在社会和殖民方面，张伯伦先生对政策的出台与推进做出的贡献也许比其他任何人都要大。国家承担了所有这些新的社会服务，必然意味着支出的增加。英国所需的大部分额外资金来自对遗产税和所得税多征收的税。1894年后，英国按照累进税制征收所得税，因此，较高收入者负担更重。1909年又加征了一项附加税。1907年后，英国在税收上对非劳动收入和劳动收入区别对待，前者被征收的税更多。1909年，政府还采取措施，救济年收入不到500英镑的有孩子的男子。自那时起，政府救济津贴迅速并持续增加。①

因此，即使在征税方面，国家也开始推行旨在帮助某些阶段或减轻他们负担的社会政策，并通过向富人征税来弥补赤字。②在这个过程中，社会成员的大部分收入每年都会在偿还、减免或豁免申请中被审查。

以下表格说明了英国与法国、德国和美国在20世纪初和二十年前的比较情况（《财政蓝皮书》，Cd. 4954，1909年，第166页到第167页）：

---

① 《皇家所得税委员会的报告》，1919年，《证词记录》(*Minutes of Evidence*)，第1卷，第51页到第60页。——原注
② 在战争期间，这项政策进一步得到实施，制造商和其他企业不得留存比战前标准多五分之一的利润。——原注

第3部分
19世纪英国的工商业政策

1.年平均人口（单位：千人）

年份	英国	法国	德国	美国
1880—1884	35.188	37.728	45.185	52.514
1900—1904	41.966	39.052	57.984	79.015

2.出生率（每千人）

年份	英国	法国	德国	美国
1880—1884	32.4	24.7	37.6	—
1900—1904	27.9	21.4	34.7	—

3.死亡率（每千人）[①]

年份	英国	法国	德国	美国
1880—1884	19.5	22.4	26.1	—
1900—1904	16.8	20.0	20.2	—

4.所有商品进口总额（单位：百万英镑）[②]

年份	英国	法国	德国	美国
1880—1884	343.6	190.9	151.8	140.1
1900—1904	466.0	182.1	287.0	186.0

5.制成品进口额（单位：百万英镑）[③]

年份	英国	法国	德国	美国
1880—1884	64.7	28.2	42.8	65.8
1900—1904	113.4	32.4	57.0	78.6

6.所有商品出口总额（单位：百万英镑）[④]

年份	英国	法国	德国	美国
1880—1884	234.3	138.3	152.8	165.4
1900—1904	282.7	168.6	235.6	292.3

---

① 请注意，英国的死亡率相对较低。——原注
② 请注意，与其他三个大国相比，英国的进口贸易规模巨大。——原注
③ 请注意，在英国的贸易数据中，制成品的进口额所占比例很小。——原注
④ 1900年至1904年，法国、德国和英国的所有商品进口总额超过了所有商品出口总额，而美国的所有商品出口总额超过了所有商品进口总额。——原注

英国工业革命

7.制成品出口额（单位：百万英镑）[1]

年份	英国	法国	德国	美国
1880—1884	206.4	73.1	91.9	30.6
1900—1904	224.7	94.6	154.2	99.8

8-1.人均进口额（所有商品）[2]

年份	英国	法国	德国	美国
1880—1884	9英镑15先令3便士	5英镑1先令2便士	3英镑7先令2便士	2英镑13先令4便士
1900—1904	11英镑2先令2便士	4英镑13先令3便士	4英镑19先令0便士	2英镑7先令1便士

8-2.人均出口额（所有商品）

年份	英国	法国	德国	美国
1880—1884	6英镑13先令2便士	3英镑13先令4便士	3英镑7先令8便士	3英镑3先令0便士
1900—1904	6英镑14先令9便士	4英镑6先令4便士	4英镑1先令3便士	3英镑14先令0便士

9.钢铁出口额（单位：百万英镑）[3]

年份	英国	法国	德国	美国
1880—1884	27.6	0.9	11.5	1.5
1900—1904	33.3	3.8	22.8	10.7

10.机械出口额（单位：百万英镑）

年份	英国	法国	德国	美国
1880—1884	11.5	1.1	2.7	2.6
1900—1904	19.5	2.3	10.1	14.7

---

[1] 在制成品出口方面，请注意英国的巨大优势。还要注意的是，1900年至1904年，德国制成品出口增长快速，与英国仅比以前（1880年至1884年）增长了1,830万英镑相比，德国在此期间增长了6,230万英镑，美国则增长了6,920万英镑。——原注

[2] 这些数字从另一方面显示了英国的优势地位。——原注

[3] 当人们比较美国的生铁产量（见表18）和钢铁产量（见表19）超过英国这一事实时，会发现英国在制铁成品出口方面的优势地位是惊人的。有趣的是，二十年来，美国的机械出口迅速增加了1,210万英镑，而英国的机械出口只增加了800万英镑。——原注

第3部分
19世纪英国的工商业政策

11.棉纱和棉织品出口额（单位：百万英镑）[①]

年份	英国	法国	德国	美国
1880—1884	75.9	3.7	5.0	2.6
1900—1904	74.7	7.5	14.9	5.0

12.毛织品出口额（单位：百万英镑）

年份	英国	法国	德国	美国
1880—1884	18.5	14.7	11.3	0.07
1900—1904	15.8	8.7	11.5	0.13

13-1.航运——进入港口并清关的吨位（单位：千吨）[②]

年份	英国	法国	德国	美国
1880—1884	61.482	25.960	14.519	28.538
1900—1904	101.384	39.087	31.432	48.652

13-2.航运——注册吨位（单位：千吨）

年份	英国	法国	德国	美国
1880—1884	6.937	0.971	1.233	海运：1.317 湖运：4.160
1900—1904	9.958	1.190	2.183	海运：0.877 湖泊和河流运输：5.773

13-3.航运——出售给外国的吨位（单位：千吨）

年份	英国	法国	德国	美国
1880—1884	103	14	22	28
1900—1904	249	22	47	12

14-1.铁路——运营里程（单位：千英里）

年份	英国	法国	德国	美国
1880—1884	18.422	15.938	21.719	111.564
1900—1904	22.231	24.027	32.232	208.408

[①] 在这方面，英国的主导地位也是显而易见的。请注意德国棉花出口的快速增长。——原注

[②] 从这些数字中可以明显看出英国海港业务的繁忙。1900年至1904年，英国船舶的注册总吨位是其他三个大国总和的两倍多。英国的海港主要是为其他国家服务的。——原注

英国工业革命

14-2.铁路——载客量（单位：百万人次）①

年份	英国	法国	德国	美国
1880—1884	652	192	243	—
1900—1904	1,179	431	922	649

14-3.铁路——载货量（单位：百万吨）

年份	英国	法国	德国	美国
1880—1884	253	84	187	—
1900—1904	434	124	370	1,069

14-4.铁路——总营收额（单位：百万英镑）

年份	英国	法国	德国	美国
1880—1884	68.6	44.1	47.9	—
1900—1904	108.7	59.7	103.4	361.6

15-1.棉花消耗量（单位：百万英担）②

年份	英国	法国	德国	美国
1880—1884	12.9	2.0	2.9	8.3
1900—1904	14.3	3.6	6.8	18.2

15-2.纱锭（单位：千个）

年份	英国	法国	德国	美国
1880—1884	41.170	3.887	4.900	12.087
1900—1904	46.640	5.940	8.450	21.403

16.羊毛消耗量（单位：百万磅）③

年份	英国	法国	德国	美国
1880—1884	336.0	409.5	219.8	343.1
1900—1904	450.8	517.2	345.3	448.4

---

① 请注意美国庞大的里程和货物运输量以及英国庞大的客运量。——原注
② 值得注意的是，与棉织品的出口值相比（见表11），美国的棉花消费量很大。请注意英国在纱锭数量方面的绝对优势。——原注
英担是重量单位。1英担等于112磅，即50.802千克。——译者注
③ 值得注意的是，1880年至1884年和1900年至1904年，法国的羊毛消耗量都超过了英国。——原注

第3部分
19世纪英国的工商业政策

17.煤炭产量（单位：百万吨）[①]

年份	英国	法国	德国	美国
1880—1884	156.4	19.3	51.3	88.7
1900—1904	226.8	31.8	110.7	281.0

18.生铁产量（单位：百万吨）[②]

年份	英国	法国	德国	美国
1880—1884	8.1	1.9	3.2	4.2
1900—1904	8.6	2.6	8.9	16.4

19.钢铁产量（单位：百万吨）[③]

年份	英国	法国	德国	美国
1880—1884	1.8	0.4	0.8	1.6
1900—1904	4.9	1.7	7.3	13.4

下表显示，1913年英国在贸易方面保持着巨大的领先优势，这也证明了英国整个工业的实力和活力。[④]当然，该表还显示德国贸易越来越重要。

1910年至1913年平均贸易额相对于1895年至1899年平均贸易额的增长量
（单位：百万英镑）

	英国	法国	德国	美国
净进口额	218	260	155	188
制成品和半制成品的进口额	72	48	37	81
农产品和制成品出口额	230	244	115	221
制成品和半制成品的出口额	177	170	71	140

---

① 1900年至1904年，美国的煤炭产量首次超过英国。——原注
② 1900年至1904年，美国的生铁产量超过了英国。——原注
③ 这些数字说明了钢铁产量的增长和美国所占据的重要地位。——原注
④ 《关于战后商业和工业政策的报告》，Cd. 9035，1918年。——原注

二、英国在19世纪称霸的原因

1789年至1914年,英国的霸主地位是多种因素共同作用的结果。

英国的工业革命比别的国家早很多,虽然这意味着英国必须承担实验的风险,其他国家可以在它的基础之上发展,但这确实意味着它已经培养出一批技艺娴熟、训练有素的工人,这是当时世界上其他国家都不具备的,这使它能够改进或改造其他地方发明的机器。[1]虽然1825年以后英国的机器大量出口,但外国人使用这些机器无法获得与英国人相同的效益。[2]这种高度发达的机械工程技术使英国开始并发展起铁制船舶这一新兴行业,从而成为世界造船大国。众所周知,兰开夏郡的棉纺工操作的纱锭数量比世界上任何一个地方的棉纺工都更多,而且英国的细纱质量无与伦比。在19世纪,英国商品总是意味着良好的质量和做工,所以当时英国在防止其他国家在其

---

[1] "每个人都承认,我们的技术无与伦比,我们人民的勤劳和力量无人能及,他们在机械的不断改进和商品的生产上表现出的聪明才智无人能敌。"《关于机器出口的报告》,1825年,第5卷,第16页。谈到从美国引进的发明,1841年的报告说:"由于我们国家机械师的高超技艺,由于制造大量机器所积累的关于机器的知识,我国工匠在建议或实施改进方面的更大才能,这些机器后来得到了改进。"(《关于机器出口的报告》,1841年,第7卷,第112页)——原注

[2] 《关于机器出口的报告》,1841年,第7卷,第30页。据说,雇用收入为50先令的英国工匠比雇用收入为20法郎的外国工匠更划算。从斯塔福德郡招来的工人,按与比利时人相同的计件工资工作,每周收入为3至5英镑,而比利时人每周的收入为18至20法郎。这也是托马斯·布拉西的经历。见赫尔普斯:《布拉西传》。——原注

第3部分
19世纪英国的工商业政策

劣质商品上贴上英国商标方面遇到了很大的困难。[1]

此外，由于英国是第一个大规模发展机械工业的国家，所以其附属工业是围绕主要工业发展起来的，并为主要工业提供其所需材料。

漫长的起步为英国培养了一批训练有素的工人，也培养出了一批银行家、商人和制造商，他们目光远大，精通金融、交易和制造业，并能够把世界看成一个市场。快速通信的发展使英国的公司董事、总经理、工业巨头和商业大亨形成了商业政治家的思维习惯。其结果是，英国培养了水平极高的商业专业技能人才。[2] 在商业领域，英国处于领先地位，建立了各种商业机构，给自身带来了巨大收益。贸易联系一旦建立起来，就很难被打破。人们习惯了他们通常购买的东西，商人习惯了与某些公司进行交易，这种习惯非常有利于历史联系的延续。[3]

在19世纪，丰富又便捷的煤炭供应对于英国的重要性怎么强调都不为过。从一开始，煤炭就为英国提供了廉价动力。由于英国的水力资源有限，煤炭提供的动力就特别宝贵。

在整个19世纪，英国最大的工业对手法国都深受煤炭高

---

[1] 《关于〈商品商标法案〉的报告》(*Reports on the Merchandise Marks Acts*)。——原注
[2] 詹姆斯·达文波特·惠尔普利（James Davenport Whelpley）：《世界贸易》(*The Trade of the World*)。——原注
[3] "大约四十五年前（莫斯科）开办（棉花）加工厂时，俄国从英国请来了梳棉工、织布工、纺纱工以及厂长和厂长助理，以启动并稳定地发展棉纺织业。许多俄国工厂的厂长和工头都来自兰开夏郡，其结果是俄国订购的机器几乎一直都是英国制造的，只有少量部分来自阿尔萨斯。"《1910年莫斯科领事的报告》(*Consular Report, Moscow, for 1910*)，1911年出版。——原注

昂成本的阻碍，只有了解这一点，我们才会意识到大自然对英国的慷慨馈赠。英国的煤炭资源不仅丰富，而且适合炼铁。达勒姆的煤炭可能是世界上最好的炼焦煤。物美价廉的炼焦煤加上技术熟练的工匠，使英国能够制造出廉价的机器、机车、轮船和发动机，从而成为世界的建筑工厂和锻造工厂。廉价的煤炭降低了轮船的运营成本，而对英国煤炭的普遍需求使那些出海运输谷物和原材料的船既可以向外运输，也可以向内运输，从而降低了运输费率和商品价格。丰富的煤炭使英国能够低价购买食物和原材料，也能进行低成本生产。①

英国不仅煤炭储量巨大，煤田的地理位置也极为有利，易于开采和运输。1870年后，当钢铁工业发生变革时，由于英国的铁矿石纯度不够，英国必须从西班牙和瑞典进口铁矿石，以炼制贝塞麦钢。正是由于英国的煤田位于威尔士和北部沿海地区，才使得从西班牙和瑞典进口的铁矿石可以非常方便地通过海运直达煤田，不需要通过运费较高的内陆铁路运输。因此，英国得以继续成为世界主要的钢铁生产国。在19世纪以煤炭为基础的经济文明中，英国是最大的煤炭生产国。直到

---

① 1913年，英国的煤炭出口额为53,659,660英镑。Cd. 9093，第29页。——原注

第3部分
19世纪英国的工商业政策

1900年,英国才被美国超越。[①]但直到1914年,英国仍然是最大的煤炭出口国。在出口方面,沿海煤田的地理位置有助于煤炭出口。在这里,煤田位于沿海地区这一地理优势再次发挥了作用。例如,德国向地中海地区出口煤炭就因长途铁路运输而受到阻碍。对英国来说,通过海路将煤炭运到欧洲南部国家却比较容易。美国的煤炭生产成本比英国低得多,但就出口而言,从美国煤田到港口的额外运输成本和较长的海上运输距离抵消了其生产成本低的优势。

由于煤炭出口量巨大,英国在国外港口为运煤船提供码头和其他设施。"南美洲港口的大多数码头和煤炭装卸设施都由英国公司控制,这些公司长期以来一直为停靠在世界各地的英国船只提供燃料。"[②]美国联邦贸易委员会将英国向南美洲供

---

① 各国煤炭产量(单位:百万吨)

年均	英国	法国	德国	美国
1855—1859	66.0	7.5	—	12.4
1860—1864	84.9	9.8	15.4	16.7
1865—1869	103.0	12.4	23.5	26.7
1870—1874	120.7	15.1	31.8	43.1
1875—1879	133.3	16.3	38.4	52.2
1880—1884	156.4	19.3	51.3	88.7
1885—1889	165.2	20.7	60.9	115.3
1890—1894	180.3	25.4	72.0	153.3
1895—1899	201.9	29.6	89.3	189.1
1900—1904	226.8	31.8	110.7	281.0
1905—1908	254.1	34.0	135.3	380.2
1913	287.4	40.1	187.0	508.9

《财政蓝皮书》,Cd. 4954,1909年,第166页到第167页。——原注
② 美国联邦贸易委员会:《关于美国出口贸易合作的报告》(*Report on Co-operation in the American Export Trade*),1916年,第1卷,第340页。——原注

应煤炭的成功归因于英国对煤炭装卸设施的控制。

英国庞大的航运网是促进英国工业发展和贸易扩张的另一个原因。无处不在的不定期货船为英国提供了接收和发送货物的便利，这在1914年以前是其他国家都无法比拟的。然而，人们很少意识到英国船长在推动英国贸易方面所起的重要作用。他们去往世界各地，任务是揽货；他们愿意为任何出得起租船费用的人运送货物，但他们最希望的是能将货物运送回英国，因此在揽货时也会朝着这个目标努力。[①]英国船长是英国贸易的最佳代理人之一，他们的身影随处可见。

如前所述，当其他国家（法国除外）还在致力于实现国家统一时，英国已经为世界贸易组织起来了。其结果是，19世纪下半叶，英国的金融体系在世界范围内建立起来。伦敦汇票成为国际商业结算货币，这刺激了英国的购买活动，因为在英国金融结算非常便捷。"英国为本国的进出口商提供了与全球任何地方的人做生意所需的一切金融便利。反之，通过英国的代理机构，最偏远地区的商人不仅能够与英国人，而且能与其他国家的商人进行交易。……简而言之，凡是向英国出口商品或销售从英国进口的商品的地方，要么有一家与伦敦密切联系的当地

[①] "没有哪个商人能像船主那样擅长做生意。如果你遇到一个在远东有船的家伙，而他没有货物，那么除了偷窃，这个家伙会诉诸一切手段为他的船获取货物，因此，运费常常很低，这对太平洋沿岸地区的商人来说是一个巨大的利好。如果我住在伦敦，你觉得我会运货去太平洋沿岸吗？不会的。我会运货去伦敦……每一位船主，无论你在哪里找到他，他都在努力设法让自己的船回到家乡的港口。"1916年美国联邦贸易委员会的证人证言。《关于美国出口贸易合作的报告》，1916年，第1卷，第35页。——原注

第3部分
19世纪英国的工商业政策

银行,要么有一家为英国商业提供便利的英国银行。"①没有哪个国家拥有如此全面的对外金融组织。

英国投资修建了许多大型工程,如遍布世界各地的铁路、码头、照明和电力工程、自来水厂、有轨电车、电报、电话、电缆,更不用说采矿和种植园公司了。②这些工程所需的材料一般都是从英国订购,工程师都是英国人,更喜欢使用英国产品,大多数公司的董事会也都设在英国。这些公司还与英国的其他企业有业务往来,订单都是在英国下的。③而更新设备的订单向来是非常重要的,一般也会跟英国签订。

因此,英国工业革命起步早,有丰富的煤炭资源,英国工匠技能娴熟,英国航运无处不在,英国金融组织遍布全球,英国海外投资规模巨大,以及英国制造业品质卓越,所有这些因素共同作用,确保了英国在过去一个世纪里的主导地位。

---

① 美国联邦贸易委员会:《关于美国出口贸易合作的报告》,1916年,第1卷,第40页、第44页。——原注
② 美国联邦贸易委员会:《关于美国出口贸易合作的报告》,1916年,第2卷,第537页到第574页,共37页,列举了海外英国公司的名称和大致的资本额。1913年,英国在海外的投资总额约达四十亿英镑。——原注
③ 美国联邦贸易委员会:《关于美国出口贸易合作的报告》,1916年,第1卷,第66页、第281页。
德国人认识到培训工程师的重要性,这些工程师习惯于某些类型的机械装置,不容易适应其他类型的机械装置,所以他们可以在自己的国家担任商业代理人。"德国商业组织出资,让有前途的中国青年在德国的学校和大学接受工程师教育,并在上海建立了一所工程学校,配备德国设备和德国教员,按照德国工程标准、方法和设备等培养中国的年轻工程师。"引自美国联邦贸易委员会:《关于美国出口贸易合作的报告》,1916年,第1卷,第112页。——原注

三、工人阶级福利的增长

英国工商业的巨大发展和随之而来的财富增长并没有以牺牲工人阶级为代价。工人的工资不仅上涨了,而且他们的工资可以购买更多东西,即实际工资和名义工资都上涨了。鲍利教授绘制的下表清楚地说明了这一事实。[1]

年份	名义工资	物价	实际工资
1790—1810	快速增长	十分快速增长	缓慢下降
1810—1830	下降	快速下降	缓慢增长
1830—1852	几乎持平	缓慢下降	缓慢增长
1852—1870	快速增长	增长	整个时期都有相当大的增长
1870—1873	十分快速增长	快速增长	快速增长
1873—1879	快速下降	快速下降	快速增长
1879—1887	几乎持平	下降	增长
1887—1892	增长	有增长也有下降	增长
1892—1897	几乎持平	下降	增长
1897—1900	快速增长	增长	增长
1900—1914	略有下降	有增长也有下降	持平

鲍利教授用相对指数说明工资的增长,如下表所示:[2]

年份	名义工资	实际工资
1850—1854	55	50
1855—1859	60	50
1860—1864	62	50

---

[1] R.H. 英格利斯·帕尔格雷夫(R.H.Inglis Palgrave):《政治经济学词典》(*Dictionary of Political Economy*),1908年,第801页,附录1。——原注

[2] 他说:"这一结果在任何意义上都不应被视为最终结论,而应被看作是表明价格变动影响的方向,即名义工资和实际工资之间数量关系的性质。"——原注

第3部分
19世纪英国的工商业政策

续 表

年份	名义工资	实际工资
1865—1869	67	55
1870—1874	78	60
1875—1879	80	65
1880—1884	77	65
1885—1889	79	75
1890—1894	87	85
1895—1899	92	95
1900—1904	100	100

该表显示，实际工资在过去的半个世纪里翻了一番。自1891年以来，教育一直是免费的，文盲率有所下降，食物种类更加丰富，交通的发展为度假及生活方式的改变提供了更多的机会，贫困人口占总人口的比例减少了，[1]严重犯罪也有所减少。[2]从互助协会[3]和储蓄银行的储蓄积累来看，人们更加节俭了。[4]

存款额

	1877 年（单位：英镑）	1905 年（单位：英镑）
互助协会	5,211,052	18,056,640
注册银行的分支机构	7,752,050	23,888,491

---

[1] 《关于公共卫生和社会状况的统计备忘录和图表》(*Statistical Memoranda and Charts relating to Public Health and Social Conditions*)，Cd. 4671，1909年，第52页和第104页的图表。——原注

[2] 《关于公共卫生和社会状况的统计备忘录和图表》，1909年，第6部分，图表3和图表5。——原注

[3] 英国的互助保险组织，会员长期缴纳少量会费，生病或年老时得到保险金。——译者注

[4] 《关于公共卫生和社会状况的统计备忘录和图表》，1909年，第103页到第104页。——原注

邮局和信托储蓄银行存款额

	1850 年	1907 年
存款总数	2,900 万英镑	20,950 万英镑
人均	1 英镑 1 先令 0 便士	4 英镑 15 先令 1 便士

显然，在1834年，英国工人比欧洲大陆的工人生活得更好。在关税改革的风潮下，1909年，英国对法国、比利时、德国和美国的工人的生活成本进行了一次大调查。我们很难对两个国家的工人状况进行精确比较。但显然，如果一个英国工人在1909年去了法国，想以他在英国的生活方式生活，他的境况可能会更糟。他的茶、煤、果酱都会更贵，他的房子会是一个非常不同的类型，可能只是一个公寓。如果他想住在和他的英国房子同样多房间的居所里，可能得支付更高的租金。而且他的妻子不会有自来水可用，她得从院子里的水管里取水。不过，如果他更愿意喝葡萄酒而不是啤酒，就会发现法国的葡萄酒比英国的更便宜。而且他会发现牛奶、鸡蛋和家禽也比英国的更便宜。他的肉类饮食会更加丰富多样，他会吃到牛肉、小牛肉、羊肉、培根、熟食、猪肉和家禽。如果他适应了法国的饮食习惯，他会吃更多水果和蔬菜。在不同的国家，人们的需求和习惯大相径庭，很难进行比较。法国的面包虽然与英国的面包名字相同，却是完全不同的东西。房子是不同的，工资的支付方式是不同的，职业规划也有所不同。在法国，很大程度上，工资仍然是家庭工资，1909年的法国妇女仍会增加家庭收入。在罗阿纳(Roanne)，在统计的收入中，97.5%的妻

第3部分
19世纪英国的工商业政策

子有工作，82%的妻子在手套工业中心格勒诺布尔（Grenoble）工作，81%的妻子在福格雷斯（Fougères）小镇制造鞋靴。

据说法国工人的工资与英国工人的工资之比是75∶100，德国工人的工资与英国工人的工资之比是83∶100。法国工匠的劳动时间比英国工匠长13%至23%，但谁又能衡量这两个劳动时间里的劳动强度呢？一个人可能悠闲地度过漫长的工作时间，也可能因在短时间内从事非常艰苦的工作而疲惫不堪。

四、英国的个人主义与法国和德国家长式作风的对比

19世纪英国工业发展的一个特点是，英国工业几乎不依赖国家资助。英国的发明家既没有从当局那里获得资金，也没有得到支持，而在法国和德国，国家都提供了大量的资助。

普鲁士政府不遗余力地把英国机器的知识介绍给本国人民。以下是1841年一名证人在皇家机械出口委员会面前的陈述：

> 我在柏林发现，为掌握机械制造技术，普鲁士政府做出了最积极和最系统的努力。为了实现这一目标，政府不惜一切代价，其力度之大让我感到非常惊讶。柏林有一个非常重要的机构，叫作工业研究所。这是一个大型的实践教育机构，将设计与几乎所有涉及科学和机械的制造业分支结合起来。在和教授一起参观该机构的展厅时，我看到里面全是

英国机器的模型。教授告诉我，这里收藏了英国生产棉织品以及亚麻、丝绸、羊毛制品的每一种机器的模型，还有许多美国和德国的机器模型。通过这些方式，德国人就能掌握我们最新的改进成果，而更重要的是，工业研究所的研究人员经常能够在同一台机器上结合两项不同的英国专利，这是我们无法做到的。

  教授告诉我，整套制度是这样运行的：英国发明出一种新机器后，德国政府会立即出资进口，将机器安装在工业研究所。随后迅速制作出这种机器的模型，将模型存放在研究所里，而原件则作为荣誉奖品由政府赠送给普鲁士的某个制造商，因为他在该机器应用的特定行业中表现突出。同样，在研究所里，学生们被教导要自己制造机器，研究所给他们提供工具，并允许他们带走自己制造的机器。[①]

  一方面，以上摘录显示了英国技术对日后将成为其工业竞争对手的德国的影响。另一方面，这也是普鲁士政府实行家长式统治以及对工业和技术教育进行指导的一个突出例子。与英国的自由放任政策进行对比时，这个制度就更引人注目了。

  在英国，机械的引入以及随之而来的工业生活的变革，是

[①]《机械出口委员会的报告》，1841年，第87页。——原注

第3部分
19世纪英国的工商业政策

私人用自己的或借来的资金带来的,所以不受政府对工资或雇员工作条件的任何限制,并且在1813年,英国对工资和工作条件的所有限制被最终扫除,尽管这些限制早已过时。只有在为开凿运河或修建铁路强制征用土地时,才需要得到议会的批准。制造商往往将他们的成功归功于个人的积极主动。制造商也是自由放任政策的狂热拥护者。

> 在我们政府的管理下,每个人都可以自由地以对自己最有利的方式运用自己的资本、劳动和才能。这是不可估量的优势。运河的开凿和铁路的修建都是由一些人自愿联合起来实施的,他们对当地的了解使他们能够把这些设施设在最合适的地方。在不太自由的政府管理下,这种巨大的优势是无法发挥的。这些情况综合在一起,使我们的人民获得了决定性的优势。因此,无论是在机械制造方面还是在商品制造方面,无法想象有任何国家能对英国形成有伤害力的竞争。[①]

英国个人对国家工业生活的重建与法国机械工业的发展形

---

① 《机械出口委员会的报告》,1825年,第16页。——原注

成鲜明的对比。① 从法国国王亨利四世（Henry IV）时代起，法国制造商就习惯于向政府寻求帮助。法国工业在法国大革命期间严重受挫，直到拿破仑亲自出力并提供资金，机器工业才得以重新启动。但根据法国传统，国家应该帮助制造商，尤其应提供良好的道路和运河运输条件。

在德意志，政府对制造商的资助也是出于同样的原因。三十年战争彻底破坏了德意志的经济生活，只有在国家的帮助下才能恢复。在重建经济的德意志各君主中，表现最突出的是普鲁士国王，人们习惯于指望国王为他们做点什么。

除此之外，在欧洲所有国家，农业人口（其中很大一部分在1780年还是农奴）都向封建领主寻求正义、指导、就业和生活保障。这种依赖权威的习惯无法被轻易打破。正如前面已经指出的那样，法国和德国比英国有着更为浓厚的家长式作风和国家控制的传统。人们不能突然失去指导，就像当时英国人发现印度人不能失去其指导一样。

资金匮乏、经济生活遭到破坏、缺乏主动性以及封建和农奴制时代遗留下来的传统，使普鲁士王国、法国和俄国政府于

---

① 《爱丁堡评论》，1820年，第416页，《英国和法国的科学状况》：
"在法国，政府同样是科学的伟大保护者和推动者。政府不仅推动，甚至直接指导学者的研究。这同样受到了高度赞扬……而在英国，政府做得较少，因为人民做得较多。在自由政府的管理下，与其说统治者的职责是启发被统治者，不如说被统治者的职责是启发统治者。人民变得智慧的方法是让智慧成为人民自己的追求。人们真正珍视的唯一知识是他们自己觉得有价值的知识，而不是他们被告知有用的知识，也不是被赋予光荣使命的知识。英国富人的开明，以及那些既开明又富有的人的努力，使我们的政府不用操心一切跟科学有关的事情。"——原注

第3部分
19世纪英国的工商业政策

19世纪率先鼓励、引进或组织新的工业或运输方法。

除了英国不存在农奴制或农奴制在英国很早就消失了这一因素，英国的发展道路与众不同的首要原因在于英国君主的贫穷。伊丽莎白一世(Elizabeth I)统治时期，王室每年的收入很少超过300,000英镑，这导致伊丽莎白一世不得不靠每四五年向议会申请一笔紧急救济金来维持政府的运转。查理一世(Charles I)每年的收入约为550,000英镑，但他总是缺钱，因为1630年至1642年，他的年支出约为850,000英镑。英国君主可能会造福企业，但无法从中分得一杯羹。因此，英国的对外贸易和殖民扩张是通过特许公司的商人进行的。甚至"清教徒前辈移民"[①]也类似于一家股份公司。英国商人或制造商想要什么，就得自己去争取。清教主义的诞生刺激了政府的独立性。独立精神使人们拒绝承认一个权威的教会，拒绝在自己和上帝之间设立任何神父，也使他们在贸易问题上像在宗教问题上一样独立。对贸易和宗教的权威，他们都很反感。他们中的许多人认为，一个人的贫穷证明了耶和华已弃他于不顾，因为耶和华赐福的人无不好运亨通。当获得财富似乎是对此生和来世过上安逸生活的一种真挚追求时，人们"上进"的动机就非常强烈。此外，对虔诚的清教徒来说，花钱让他们充满罪恶

[①] 指早期的英国殖民者，他们乘坐"五月花"号来到北美，并在今天的马萨诸塞州普利茅斯建立了普利茅斯殖民地。他们由清教徒的宗教集会领导，为逃避17世纪英国的宗教迫害来到荷兰，又从荷兰来到北美。——译者注

感,于是,他们就成了资本积累的绝佳载体。[1]

这种独立自主的传统自然也随着殖民者来到了美洲新大陆,特别是殖民者中的许多人都是清教徒。因此,美国紧跟英国的步伐,将许多事务交由私人企业处理,而迟迟未采取现代世界所特有的政府干预措施,这绝非偶然。爱尔兰是一个被征服的国家,其行动必须获得征服者的许可。因此,爱尔兰不得不指望英国政府,因为权力可以给予,也能收回。此外,爱尔兰还是一个贫穷的国家,所以需要向较富裕的英格兰寻求财政援助,[2]这就意味着国家干预。自1880年以来,爱尔兰一直处于特别有利的地位,但它得到的援助是农业援助,而不是工业援助。

在征服者占主导地位、清教主义传统深厚的地区,即阿尔

---

[1] 关于清教主义的影响,见赫尔曼·利维(Hermann Levy):《经济自由主义》(*Economic Liberalism*);舒尔茨-加维尼茨(Schulze-Gaevernitz):《20世纪初的大英帝国主义与英国自由贸易》(*Britischer Imperialismus und englischer Freihandel zu Beginn des zwanzigsten Jahrhunderts*);威廉·坎宁安(William Cunningham):《基督教与经济学》(*Christianity and Economics Science*)。——原注

[2] "截至1893年3月,英国共预付119,421,373英镑的政府贷款,其中52,283,698英镑(占总额的43.78%)拨给了爱尔兰,而不少于10,718,095英镑(约占预付给爱尔兰的贷款的五分之一)已被免除或销账,被视为免偿还补助金,而在大不列颠,只有1,154,514英镑(约占预付给大不列颠的贷款总额的五十八分之一)被免除或销账。这似乎是由于以下两个主要原因:一、在自由市场上为爱尔兰筹集资金,或在没有国家信贷干预的情况下,以爱尔兰地方当局的信用为担保筹集资金有困难或被认为有困难。二、爱尔兰特殊的社会和政治环境导致其在公共工程和救济贫困方面支出巨大。"《金融关系委员会的报告》(*Financial Relations Commission*),Cd. 8262,1896年,第160页到第161页。

这说明,即使政府奉行自由放任政策,正如英国在1815年至1886年间所实行的那样,如果国家贫穷或处于依附地位,国家干预仍是必要的。——原注

第3部分
19世纪英国的工商业政策

斯特[①](Ulster),政府援助并非必要。19世纪,在阿尔斯特,大规模的造船业由私人公司自发地发展起来,亚麻业也成功地按照机械化模式进行了改造。从苏格兰向爱尔兰北部出口煤炭[②]也很容易,这无疑有助于爱尔兰北部工业的发展。

1789年,法国受到类似清教主义的影响,信奉"自由、平等、博爱",这在一定程度上抵消了其较晚从封建制度中解放出来所带来的影响。法国开始接受英格兰"光荣革命"的原则,而一旦资本再次积累起来,法国的政治生活也趋于稳定。除了建设良好的交通设施,法国工业几乎不需要国家资助。法国的机器工业在重新启动时曾接受过国家资助,但启动后就沿着自由放任的道路发展。德意志工业则一直深受国家支持,特别是在技术鼓励方面。前文引用的摘录表明,德意志在19世纪早期就开始支持本国工业,并且力度非常大。然而,法国、英国和德意志工业发展的主要特点可以追溯到17世纪中叶。1649年,英格兰国王查理一世被处死。在英格兰,这意味着国王在经济生活中作为主导力量的终结。此后,英格兰议会成为最高权力机构,当时的议会是一个由几百名乡绅组成的

---
① 爱尔兰北部地区的旧称。——译者注
② 阿尔斯特和爱尔兰其他地区的一个显著区别在下面这段话中得到了体现:"就在前几天,一个皇家委员会对爱尔兰港口的需求进行了调查。南部各港口详细讨论了所需改进之处,以及在没有财政部资助的情况下无法实施这些改进。贝尔法斯特(Belfast)当局解释说,他们自己建造了港口,并将自行决定和实施所有必要的改进措施。他们已经开始着手这些改进工作,最终将花费数百万英镑。"查尔斯·狄更斯:《双城记》(*A Tale of Two Cities*),载于《布莱克伍德杂志》(*Blackwood's Magazine*),1919年8月,第152页到第153页。——原注

庞大机构。议会对国内工业的发展未加任何限制，允许其按照自己的方式自由发展。议会只是确保维护高关税和广阔的海外市场。查理一世被处死的前一年，即1648年，《威斯特伐利亚和约》（Peace of Westphalia）签订，三十年战争结束，德意志彻底崩溃。可以说，德意志只能完全依靠各邦国的君主来重建。几乎在一年之内，国王这个职位在英格兰不再存在，而在德意志则成了一种必需品。1642年，黎塞留[①]去世。黎塞留彻底摧毁了法国贵族的政治权力，为法国国王建立了强大的经济管理体制，并使王权成为法国最高的权力。因此，由君主自上而下对工业和贸易进行直接指导和控制就不可避免了，特别是法国国王非常富有，只要他愿意，他可以提供补助金和其他财政援助。1660年后，柯尔贝尔按照君主专制统治的原则对法国经济进行了重组，整个法国工业都指望国王给予鼓励、监管、指导和督察。法国大革命摧毁了国家援助的传统，但后来拿破仑恢复了这一传统。在19世纪的法国，自由和控制这两种相互冲突的理念在不同时期以不同方式体现。

在18世纪，法国是最强大的工业国，英国位居第二。到了19世纪，情况发生了逆转。有趣的是，我们注意到，英国和美国以及传统上专制的法国和德国都朝着加强国家控制的

[①] 即阿尔芒·让·迪普莱西·德·黎塞留（Armand Jean du Plessis de Richelieu，1585—1642）。通常被称为"枢机主教黎塞留"，路易十三时期的国务大臣，性格强势，任职期间主导法国政治，使法国成为欧洲第一强国。——译者注

第3部分
19世纪英国的工商业政策

方向发展。①

五、1815年和1914年英国的经济地位

英国19世纪初期的农村特征与19世纪末的城镇特征形成了鲜明对比。到1815年，英国仍然可以说是一个农业国家，因为在英格兰和威尔士，每十个男性劳动力中就有四个从事农业。当时英国在谷物和其他粮食上能够自给自足。除了古老的毛纺织业，英国还增加了两个新行业：棉纺织业和机械制造业。尽管英国劳工的状况似乎比欧洲大陆劳工要好，并且自1810年起的整个世纪里，英国工人的实际工资都在上涨，然而，法国战争遗留下来的巨额债务、沉重的税收和贸易停滞，再加上农业革命、过度发行纸币导致的物价上涨、糟糕的《济贫法》、新兴城镇恶劣的卫生状况，以及机器的引入所造成的冲突，使英国人民的生活非常悲惨。出于诸多原因，英国政府没有进行干预。它担心干预会损害制造商的利益，而国家还要依靠制造商努力提升产量，以减轻战争带来的负担。人们认为国家干预本身就是一件坏事，有悖于"生而自由"的理念。况且，政府也不知道何为恰当的补救措施。

到20世纪初，英国已成为一个粮食进口大国，只有十分之一的男性劳动力仍从事农业。1901年，77%的人口集中在

---

① 亚瑟·特文宁·哈德利（Arthur Twining Hadley）：《美国政治的暗流》（*Undercurrents in American Politics*），1886年。——原注

城镇地区，英国的制造业向各个方向发展。部分债务已通过偿债基金和定期年金的方式偿还。45,221,615人（1911年的人口普查数据）承担6.51亿英镑（1913—1914）的债务，与18,500,000人（1811年的人口数据）承担8.78亿英镑（1815—1816）的债务相比，债务压力完全不同。关税已经完全改变，自由贸易取代了旧的保护主义关税。政府对《济贫法》进行了改革，为解决特殊贫困群体的问题扫清了道路。城镇的卫生状况日益改善，死亡率是欧洲最低的，从1870年的21.3‰下降到1908年的15.4‰，[①] 某些发热病如斑疹伤寒和天花已经消失，所有传染病的发病率都有所下降。1870年后，英国最大的工业对手法国的地位下降，但一个新的、充满活力的德国已崛起，并正在成为英国强大的竞争对手。美国已经成为一个工业国家，但还不是英国重要的竞争对手。美国出口粮食和棉花等原材料，但与英国相比，其制造业的出口量很小。

到1914年，一套完善的工业法规体系已经在英国建立起来，再加上专业的督察员和训练有素的公务员队伍，以及科学和机器工程知识的大幅增加，英国可以尝试做许多在1815年不可能做的事情。19世纪早期英国对自由放任政策的笃信与20世纪初政府和市政的广泛监管形成了鲜明对比。

19世纪早期大英帝国所辖殖民地和自治领的范围和价值与20世纪初相比，形成了鲜明的对比。1783年，英国失去了

---

① 1913年，英格兰和威尔士的死亡率是13.7‰。——原注

第3部分
19世纪英国的工商业政策

拥有350万到400万居民的北美沿海地区。这些地区现在已经成为美国的一部分。1815年，英国仍然拥有北部地区，即"雪域之国"[①]，那里似乎很难得到成功开发，部分是由于气候寒冷，部分是由于居住在上加拿大的英国人和居住在下加拿大的法国人之间存在纷争。在好望角，英国人和荷兰人之间同样存在纷争。英国人希望废除奴隶制，而奴隶制正是荷兰人的农业和生计所依赖的，所以两个国家之间的冲突更加激烈了。澳大利亚似乎是一个水源匮乏、物产稀少的地区，主要被用作流放罪犯的场所。直到1830年左右，英国人才意识到，澳大利亚和新西兰有可能成为巨大的羊毛产地。西印度群岛的经济建立在奴隶制的基础上，因而其价值在英国人眼中大打折扣。

1815年至1850年的大英帝国似乎前景暗淡。英国人普遍认为，虽然他们已经做好了在全球开展事业的准备，但帝国能带来的经济利益微乎其微，而与外国政府因殖民地问题产生的种种纠葛却可能带来巨大的不利影响。

机械运输的发展改变了这一观点。铁路深入内陆，帮助殖民者深入大陆内部定居。加拿大小麦产区的草原地带得以开发。西非内陆也得到开发，刺激了棕榈油和可可的出口。铁路促进了埃及的棉纺织业，也使印度的各种原材料得以大量供应英国。铁路运输为航运业提供了更多的就业机会，而冷藏蒸汽船让澳大利亚的羊肉和羊毛变得十分有价值。大英帝国的各自

[①] 加拿大的别称。——译者注

治领和附属国成为制成品越来越好的市场；1880年以后，印度成为英国制成品最大的市场。

旧殖民地由岛屿和沿海或沿河地区的人民组成，而新帝国由发达的大陆地区和世界四分之一的居民组成。人们通过铁路和快速蒸汽船这两种交通方式与宗主国联系并彼此相连。

1670年，英国铸造了一枚奖章，可能是为皇家非洲公司所制，上面刻有铭文："大不列颠人遍布全球。"[1]当时的预言现在已成为事实。

---

[1] 威廉·坎宁安:《英国工业与商业的发展》，第2卷，标题页。——原注

第4部分

机械运输引发的工业革命

在人类历史上，经济发展一般会经历三个阶段。首先是地方经济阶段，当时的庄园和后来的城镇及其周边地区都力求自给自足，国家的各个地区之间几乎没有往来。这是长达一千年的中世纪的特点。1492年后，随着通往印度和美洲的海上航线的发现，国家经济开始形成。在新殖民地的补充下，各国还是以自给自足为目标，但范围更广了。海上帆船、内河船只、骑乘和驮运的牲畜是主要的交通工具，道路是适合牲畜行走的土路。在第二阶段末期，即18世纪末，人们开始硬化路面，修建运河，并疏通河流。运输能力因两个新因素而增长：用马牵引运河驳船；马车或其他轮式车辆可以行驶在硬化路面上。第二阶段随着铁路和轮船的全面发展而结束，世界经济取代了国家经济。以前，世界各国各自为政，被关税壁垒所隔绝。现在，世界各国相互联系，形成一个共同的经济体系，没有一个国家能保持孤立。各国已发展成为拥有或在经济上控制着全球大部分地区的庞大的陆地帝国或海洋帝国。第三阶段的世界经济意味着世界生产、世界分配、世界相互依存和相互竞争。第三阶段可以追溯到1870年，那时英国、法国、德国和美国的铁路与蒸汽船都得到了发展，从而使它们的交通方式发生了革命性的变化，19世纪90年代的俄国也是如此。

1850年至1890年，除了矿井、工厂和高炉运用新生产方法引起的问题，各大强国还相继面临由新的分配方式所带来的种种问题。然而，起初这些强国主要忙于修建铁路、补贴运送本国货物的轮船、防止更明显和更严重的铁路垄断和解决腐败问

第4部分
机械运输引发的工业革命

题。铁路和蒸汽船即将在世界商品贸易中引发的变革在19世纪80年代开始显现,当时新的粮食进口设施严重冲击了欧洲农业。

和机械、蒸汽机和冶金工业一样,新的运输发明也源自英国,这是技术对英国和其他国家的经济生活产生巨大影响的又一例证。如果说法国的思想有助于改变人的地位,那么英国的发明则帮助人类控制了此前一直使人类屈从的自然力。

铁路和蒸汽船的结合给经济生活带来了一些全新的因素,如迅速、安全、规律、廉价的运输,以及远距离运输大型货物的能力。机械运输还最大限度地减少了诸如山脉、气候和缺乏水路交通等地理限制因素的影响。

机械运输带来的总体结果具有革命性意义。商品和人员的流动性都增强了,各国在工商业方面的重要性也发生了变化。事实上,就德国、俄国和美国这三个大国而言,它们可以说是通过铁路系统建立起来的强大帝国,而19世纪的新大英帝国同样是铁路和轮船共同作用的产物。

商品运输的新便利彻底改变了商业的主要商品种类,使体积大、易腐烂的商品占据了重要地位。通信的便捷催生了新的商业组织形式,新的国际金融体系应运而生,引发了新的国际竞争。

人员流动性的增强引发了社会生活的一场革命,导致城镇的发展、从事贸易和运输的新工人阶级的兴起、妇女地位的改变、人口季节性的迁移以及欧洲人和亚洲人的大规模移民。如此重大的变化必然会影响国家政策。出于军事和经济原因,任何一个大国都不能没有铁路或轮船。运输的便利和廉价影响了所有的关税政策。欧洲各国政府纷纷提高关税，以应对进口廉价食品的冲击。货物运输的便捷使各国不得不采取措施，以保护本国工业不受他国在较有利条件下生产的产品的冲击。各国的铁路要么被用来阻止外国货物进入，要么被用来帮助本国货物出口。也就是说，为了阻碍进口，港口到内陆的运费被提高，而为了鼓励出口，内陆到港口的运费被降低。因此，铁路成为保护主义政策的一个组成部分。就连崇尚自由贸易的英国也发现，如果那些依赖快速运输的大型国际联合公司自行达成协议，决定它们在哪里出售或不出售商品，那么"自由贸易"也无法确保国际竞争的自由。

铁路也可以用来发展或协助国家大力发展某些工业部门。例如，在德意志，造船用的木材和铁是由普鲁士国有化铁路以极低的价格运输的。

铁路使各个地区之间的联系变得十分便捷，以至于国家可以发展成为帝国，从而彻底改变了政府面临的诸多问题。其结果是分裂主义倾向有所缓和，中央集权的影响大大增强。铁路使中央政府的直接管理变得更加容易，并使地方政府的重要性降到最低，从而加强了国家日益增长的权力。正如我们所看到的，即使在奉行自由放任政策的英国，国家权力的增长也是近年来最明显的特征之一。但同时，铁路带来了国家控制的新问题。俄国、普鲁士王国和其他德意志邦国的铁路都归政府所有。法国的大部分铁路是国有铁路，并且法国政府对其余铁路的建设和运营提供补贴。在这些国家，铁路已成为国家的重

第4部分
机械运输引发的工业革命

要部门,从而使国家通过运输业成为所有商业企业的合作伙伴。在1914年以前,英国和美国的问题并不是国有制,而是国家控制已成为必要,在这两个国家,铁路促进了国家权力的增强,以消除运输垄断或铁路合并所带来的弊端。

一、内陆地区商业重要性的变化

国家的商业重要性发生变革,首先是因为铁路能够深入内陆。在18世纪中叶之前,大部分国家只有未经硬化的土路,无法运输重物,除非沿着海岸线或利用未经疏通的河流运输,但河流经常结冰或泛滥或干涸,或有浅滩和移动的沙洲及其他阻碍船只通行的障碍。况且,虽然船顺流而下很容易,逆流而上却非易事,除非有潮水助力。另一种选择是使用驮货的骡队,因为马车在土路上经常被卡住。由于新兴国家种植原材料并用原材料换取制成品,所以它们的内陆地区很难得到开发,除非这些地区靠近河流。因此,各国的海外殖民地要么是岛屿,要么是海岸沿线地区,比如英国和西班牙在美洲的殖民地,荷兰、葡萄牙、英国和法国在非洲和印度的殖民地。当时非洲、北美洲、南美洲和澳大利亚的内陆地区尚未得到开发。岛屿是旧殖民体系最重要的特征之一。1763年,七年战争结束后,英国国内就应保留加拿大还是瓜德罗普岛[①]

[①] 加勒比海上的岛屿。——译者注

(Guadeloupe)和马提尼克岛(Martinique)发生了一场激烈的争论。[①]

铁路深入内陆,使人们能够离开河流,进入内陆地区。在北美洲和南美洲,铁路促进了中部地区的开发,使沿着铁路线定居的人能够种植小麦、玉米,养殖牛,以供出口。这些笨重的农产品以低廉的运费用轮船从沿海地区运往欧洲。

内陆的发展还取决于这样一个事实:当内陆地区被打通时,新的交通方式成本低廉。如果运输费用高昂,这些食品本可以被运走,但实际上并不会被运走,因为要购买的人无法支付为抵消运往欧洲的高额运费而收取的高价。事实上,1850年以前,只有在粮食短缺或农业歉收时,欧洲各国才会从他国进口粮食,在其他时候进口粮食,粮食的售价还不够支付运输成本,而从美国等遥远国家进口粮食几乎是不可想象的。1845年,科布登[②]计算得出,即使在自由贸易的情况下,英国的谷物生产者仍会享有相当于每夸脱[③]10先令的保护性关税,这相当于将小麦从但泽(Dantzig)运到伦敦需要支付的运费。他没有预见到新的运输发展会消除距离的障碍,使大宗货物能够以低廉的价格出售。

钢轨取代铁轨后,运输费用进一步被降低。1856年,亨

[①] W. L.格兰特(W. L. Grant):《加拿大对瓜德罗普》(Canada versus Guadeloupe),载于《美国历史评论》(American Historical Review),第17卷(1911—1912),第735页。——原注
[②] 即理查德·科布登(Richard Cobden, 1804—1865),英国激进自由派政治家、制造商,也是推动自由贸易与和平的活动家。——译者注
[③] 英制和美制中的容量单位,主要用于测量液体和谷物。在英制单位中,1夸脱约等于1.136升。——译者注

第4部分
机械运输引发的工业革命

利·贝塞麦发明了生产廉价钢的方法。贝塞麦转炉炼钢法逐渐改变了冶金行业，用钢取代了可锻铸铁或铸铁。铁轨磨损后，被钢轨取代。钢轨的使用寿命比铁轨长，从而降低了维护轨道使其一直运行的成本。钢也成为铁路车辆的主要材料，因为钢比铁更轻且更耐用。于是，火车的载重量增加，车厢变大，机车动力增强。因此，铁路运输变得更加经济，铁路费率呈下降趋势。这些发展给距离海岸较远的大陆地区带来了新的价值。因此，19世纪的一个显著特征是内陆地区的发展而非沿海地区的发展。

同样，深入内陆的可能性使非洲在世界经济中占据了重要地位。非洲大陆内部是一片广阔的高原，河流湍急地流入大海。这些急流给向内陆地区移民造成了障碍。在铁路开通之前，由于非洲内陆有能杀死马匹的舌蝇，所以大部分地区唯一的运输方式是人力运输。铁路的出现使人们能够避开急流，得以深入内陆，非洲因此成为一个有着广阔前景的重要经济区域。其结果是，19世纪80年代，欧洲列强之间展开了争夺非洲的竞争，从而开启了殖民地竞争的新时代。与此同时，随着铁路的开通，非洲大量从事纯粹搬运工作的劳动力得以解放，被投入农业发展，如西非的可可种植和乌干达的棉花种植等中。

同样，新的交通发展使亚洲得以开放。西伯利亚铁路贯穿亚洲北部地区，而外高加索铁路则贯穿亚洲中部地区。印度也因铁路网的建设而开始发生变化，饥荒减少，种姓制度趋于瓦解，进出口贸易量增加。作为开发中东地区及其油田的重要工具,巴格达铁路在政治舞台上占据重要地位。1869年苏伊士运河开通后,轮船将印度、中国、日本与西欧紧密联系起来,英国旅行社甚至可以将"在迷人的日本待上两周"宣传为一次有吸引力的轻松旅行。

不仅美洲、亚洲和非洲越来越关注欧洲,欧洲大陆本身也受到这种新的交通方式的强烈影响。也许最显著的例子是1870年后德国经济的发展,这在很大程度上得益于欧洲铁路系统的建立。在1870年之前,德国的发展因海岸线短、河流向北流以及冬季运河结冰而受阻,如今它在东、西、南三面都获得了全年畅通的出海口。1882年,圣哥达(St. Gotthard)铁路建成,德国成为地中海强国。在意大利北部,德国具有巨大的经济影响力,热那亚成为德国重要的出海口。同样,通往君士坦丁堡的铁路使德国成为支配巴尔干地区的一个大国,并在黎凡特地区拥有商业利益。通过铁路,德国与西边的法国和东边的俄国相连,成为欧洲大陆分销体系的中心,从而撼动了英国迄今无敌的海上分销地位。[1]由于海上交通的便利,1870年以前,英国几乎垄断了从北欧到地中海的货物运输。但1870年后,欧洲大陆的大部分货物都是通过德国铁路运输。[2]

运输重物的能力也将铁和煤汇集在一起,用于制造钢铁产品。此前,由于运输成本过高,除了英国,其他国家都无法大

---

[1] 除西班牙和俄罗斯外,欧洲各国的铁路轨距都相同,在中欧、西欧和南欧,货物可以在铁路机车上直接转运,无须重新装卸。——原注
[2] 《战后英国航运的报告》(Report on British Shipping after the War),Cd. 9092,第87页。——原注

第4部分
机械运输引发的工业革命

规模开发铁和煤，因为英国的铁矿和煤矿产区离得很近。1830年，哈科特[①]抱怨德国的炼铁工业无法在威斯特伐利亚发展，因为那里的煤矿和铁矿相距十英里[②]。[③]1870年后，德国将洛林的铁矿通过铁路运往威斯特伐利亚的煤田。1870年至1874年，德国的年均生铁产量只有180万吨，而英国则为640万吨。1905年至1908年，德国的年均生铁产量增至1,180万吨，而英国仅为980万吨。在钢铁方面，德国的产量从1870年至1874年的年均30万吨，上升到1905年至1908年的年均1,090万吨。[④]这一产量仅次于美国。

以前，俄国的港口和河流在冬季会结冰，又缺少公路，因此，铁路发展起来之后，俄国才得以在任何季节都能与欧亚大陆广袤的帝国各地保持联系。俄国还能将黑土地区的谷物带到粮食短缺的北方森林地区，并为谷物产区带回木材作为燃料。有了铁路，俄国全年都能够通过德国或通过敖德萨获得出海口，在冬季则使用破冰船，或者可以通过西伯利亚和亚瑟港[⑤]到达公海。俄国的钢铁和煤炭产业得到了发展，因为铁路可以将南部顿涅茨地区生产的钢铁产品运送到使用者所在的地

[①] 即弗里德里希·哈科特（Friedrich Harkort, 1793—1880），德国早期著名的实业家，鲁尔地区工业发展的先驱，被称为"鲁尔区之父"（Father of the Ruhr）。——译者注
[②] 这里指德国的英里，德国的英里是19世纪引入公制单位之前德意志地区使用的长度单位。德国历史上的英里长度因地区和时间的不同而有所变化，但通常为7.5千米左右。——译者注
[③] 伯杰（Berger）：《哈科特传》（*Der alte Harkort*），1890年，第170页。——原注
[④] 《财政蓝皮书》，Cd. 4954，1909年，第3页到第4页。——原注
[⑤] 即旅顺港。——译者注

区。俄国的棉纺厂不仅在国内打开了销路,还在中国北部和中亚地区找到了市场,而这些棉纺厂的原棉供应有很大一部分来自土耳其斯坦(Turkestan)或美国。

  美国是另一个依靠机械运输发展起来的新兴强国。其贸易的趋势是沿着自然形成的河流向南北发展。密西西比河及其支流形成了一张庞大的水路网,为美国大陆中部地区中心地带的一百万平方英里的土地提供灌溉水源。然而,水流湍急,逆流而上要花上几个月的时间。返程时,货物通过木筏或平底船顺流而下,根本不存在回程货物的问题。蒸汽船被投入使用后,动力很快得到提升,可以逆流而上。随着蒸汽船的增多,中部地区的贸易发生了一场革命。[①]1829年,美国已有两百艘蒸汽船,到1842年则增至四百五十艘。随着南方不断扩大棉花种植园,西部地区能够为南方提供粮食。1860年之前,美国分为三个地区:北部和东部各州构成一个地区,通过阿勒格尼山脉与西部地区隔开;山脉的另一边是第二个地区,即谷物种植区,这个区域越来越依赖南方市场;第三个地区是南方的棉花种植带。如果东部地区当初没有通过修建铁路来转向东西交通,而是继续依赖河流进行南北向的运输,那么美国内战的焦点问题想必会有所不同。西部各州随后(1861—1865)与东部连成一个统一的体系,开始把欧洲视为丢掉南方市场后的补偿性

[①] 密西西比河有很多弯道,所以逆流而上或顺流而下都耗时很长。另一个巨大的困难是密西西比河的河床和水位总是在变化,河道中的沙洲一直是水上运输的障碍。因此,铁路作为一种运输工具比河流要高效得多。——原注

第4部分
机械运输引发的工业革命

市场。东部和西部原本截然不同的两个地区得以联合。美国内战极大地刺激了美国的铁路建设,从那时起,"铁路的历史就是美国的历史"。铁路本身成为重要的移民推动力量,促进了内陆地区的开发,将东西两岸连接起来,并使粮食得以运输。

"如果小麦在市场上的售价为每蒲式耳[①]1.5美元,那么它只能承受250英里的土路运输距离。如果印第安玉米的售价是每蒲式耳75美分,它就只能承受125英里的土路运输距离。如果没有铁路,这些产品就没有任何商业价值或出口价值。"因此,超过一定限度,"铁路的运输成本仅为土路运输的二十分之一,这是促使这些主要农产品的产量超过生产者自身消费所需量的唯一诱因"。

"就重要性而言,铁路利益现在优先于所有其他产业或企业。铁路公司的规模比世界上任何利益集团都大,而且它已经完全成为美国经济体系的一部分,其地位仅次于美国政府本身。"[②]

值得注意的是,在美国,许多铁路是出于纯粹的投机目的而修建的。投机者之间竞争激烈,竞相降低铁路费率,其结果是低廉的铁路费用刺激了美国的谷物和肉类向欧洲出口。19世纪80年代,这种残酷的竞争导致了19世纪90年代的铁路合并。而事实证明,铁路合并使火车的载重量大大增

[①] 蒲式耳是一种旧式的计量单位,用于测量干散货物(如谷物、水果等)的体积。就小麦而言,1蒲式耳约等于27.216公斤;就玉米而言,1蒲式耳约等于25.401公斤。——译者注

[②] 亨利·瓦纳姆·普尔(Henry Varnum Poor):《普尔的铁路手册》(*Poor's Manual of Railroads*),1889年,第23页到第24页,前言。——原注

加，而且由于采用了最新的设备，运行起来也更经济，从而使铁路费率进一步下降。[1]然而，20世纪初，铁路费率有所上升。

美国庞大的冶金工业之所以重要，也是因为运输设施。美国的钢铁工业是通过连接苏必利尔湖的赤铁矿和匹兹堡的烟煤田而发展起来的，美国也因此成为世界上最大的粗钢生产国。在发展钢铁工业的过程中，铁路的重要性可以从这样一个事实中看出：美国全部棉花作物的运输量还不及匹兹堡卡内基公司一家企业经铁路运输的钢铁量。[2]

应当注意的是，铁路不仅在经济意义上造就了新的大国，在统一这些大国方面也发挥了很大作用。普鲁士和南德意志诸邦在臣民性格、宗教和历史方面存在巨大差异，这本可能会导致德意志南北分裂，但1870年后铁路的发展在很大程度上弥合了分裂。巴伐利亚（Bavaria）和符腾堡（Wurttemberg）被南部的山脉包围，除了经由普鲁士的铁路，巴伐利亚和符腾堡没有别的办法进入德意志北部或东部。普鲁士控制着德意志北部的整个运输系统，这使它拥有巨大的经济影响力。

---

[1] 美国每吨每英里运价的下降见查尔斯·李·雷珀（Charles Lee Raper）和亚瑟·特文宁·哈德利所著的《铁路运输》（*Railway Transportation*）第240页：

时间	运价（单位：美分）	时间	运价（单位：美分）
1867	1.92	1895	0.839
1870	1.89	1900	0.729
1880	1.28	1905	0.748
1885	1.00	1908	0.754
1890	0.927		

——原注

[2]《美国工业调查委员会的报告》（*Report of United States Industrial Commission*），1902年，第19卷，第266页。——原注

第4部分
机械运输引发的工业革命

如果没有铁路交通的联合力量，很难想象像美国和俄国这样幅员辽阔的地区如何能够作为一个整体来治理。美国南北之间再次爆发内战的可能性微乎其微。铁路统一了美国南北，就像它曾经统一了美国东部和西部一样。南非联邦的形成源于一次铁路会议。铁路让加拿大对大英帝国有了新的意义，因为它开辟了加拿大草原地带，将温哥华和魁北克连接起来，并将交通由南北贯穿转向东西贯穿。而过去南北贯穿的交通意味着加拿大对美国的依赖越来越重。一旦铁路覆盖整个加拿大，其全国各地就会形成经济上的相互依赖，而经济合力能让政治单元之间保持政治稳定。

可以说，机械的快速运输对于缔造"19世纪的新大英帝国"大有裨益。就英国而言，19世纪40年代，铁路线发展成为干线，至少比其他任何地方形成一个连贯的铁路系统早了十年。一两条铁路并不能使一个国家的交通发生革命性变化，铁路必须覆盖全国，形成一个与国土面积相称的网络，这个网络必须协同作用，以便货物可以在这些铁路线之间廉价、快速地运输。铁路运行协调机制的重要性仅次于铁路建设。1850年至1870年，铁路和蒸汽船比其他任何运输方式都更有效，这使英国在生产和分销方面暂时获得了丰厚的收益。在这期间，英国可以大量生产，大量接收原材料，并迅速、准时地向任何地方运送任何数量的产品，而在1870年之前，除了法国，任何国家都不可能做到这一点。1853年至1857年，在拿破仑三世的推动下，法国的铁路系统发展成为一个运营系统。在这一时期，铁路对巩固英国作为世界锻造厂的主导地位尤其重要。机械等铁制品是特别难运输的物品，但英国不仅能够运输机器，还能运输铁路机车、煤气管道和排水管道，这些都是当时的普遍需求。作为铁路和蒸汽船的建造者，工程工具、铁轨和机车的供应者，英国在1850年至1873年间没有对手。1840年，德意志的245台机车中有166台来自英国。[①]

另一方面，由于英国是铁路建设的先驱，"在铁路发展的早期阶段，我们无法预见到铁路需求的巨大增长，也无法预见到火车需要承载的货物规模，以及我们的枕木需要承受的每个车轮的重量。一个令人惊讶的事实是，英国铁路有不少于66种的装载规格，适用于150段不同的铁路。在使用铁路运输时，必须考虑不同的装载规格；同时还要注意铁路上的障碍物和站台的侧边挡板"[②]。

因此，英国不得不重建国内的铁路，就像它不得不经历从工厂制度的混乱到制定工厂法案的过程，以及通过卫生局和卫生工程师来解决早期城镇的卫生问题一样。

在19世纪的最后二十五年里，铁路为英国带来了新的竞争，但也带来了新的补偿，因为铁路塑造了新的大英帝国，加强了建设性帝国主义，而不是自由放任主义。

我们已经看到，德国的铁路系统如何造就了一个新的工业

[①] 维尔纳·桑巴特（Werner Sombart）：《德国国民经济》（*Deutsche Volkswirtschaft*），1913年版，第243页。——原注
[②] 1918年11月5日，约翰·阿斯皮纳尔爵士在土木工程师学会上的演讲。——原注

第4部分
机械运输引发的工业革命

化德国,使它成为欧洲的陆路经销商,而它的钢铁和纺织工业则成为英国相同产业的有力竞争对手。同样,铁路让美国成为英国新的工业和农业竞争对手。英国被迫改变其经济模式,自1870年起依赖进口粮食,并以高质量的制成品、煤炭、航运和金融服务来支付进口粮食的费用,把廉价标准化产品的制造让给了德国或美国。虽然由于其他国家的工业发展,英国不再是世界上最优秀的工厂,但它仍通过新的蒸汽船保持了世界承运者的地位,并发展出了一个新的产业——铁船制造和后来的钢船制造。

1860年,美国的对外贸易运输量为2,546,237吨,湖泊运输量为2,752,938吨,总计为5,299,175吨。英国的总运输量则有4,658,687吨。1858年,英国建造了总计236,554吨位的船,美国建造了总计244,713吨位的船。在进出英国港口的所有贸易中,美国占了相当大的份额。1860年,英国港口的进港和出港量包括13,914,923吨英国货和2,981,697吨美国货。[①]

铁制蒸汽船出现后,情况完全变了。对美国造船业来说,曾经非常有价值的木材已不再是一项重要的资产。英国的煤田和铁矿都位于沿海地区,这使得英国非常适合建造当时最高效的一类船——铁船。在处理新型铁材方面,英国已经有近百年的经验,自1750年左右煤炭炼铁技术被广泛采用起,英国的钢铁工业变革就开始了。一旦轮船成为一个"机械箱",凭借

---

① 《英国商船发展情况一览表》(*Tables showing the Progress of Merchant Shipping in the United Kingdom*),1902年,表329。——原注

丰富的原材料供应、充足的煤炭燃料和熟练的工程师，英国能够制造和操作当时最高效的船型，很快就超越了所有竞争对手。由于缺乏适合造船的原材料，也缺乏制造船舶发动机的技术，美国商船迅速衰落。造船技术的革新恰好发生在美国内战期间。接下来的几年里，美国忙于战后重建。在19世纪70年代和80年代，美国的资本并没有投入航运业，而投到庞大的铁路和工业建设中。即使当时美国购买了船只，也无法对其进行维修或配备船员。在整个19世纪，没有哪个国家能与英国匹敌，无论是作为承运者还是作为造船者。造船发明层出不穷。复动式蒸汽机节省了煤炭，使轮船能够更经济地运输货物。在1850年至1860年间采用复动式蒸汽机之前，蒸汽船主要用于运送乘客和邮件。从1860年起，蒸汽船越来越多地被用于各种用途。苏伊士运河开通后，在没有拖曳的情况下，帆船无法自行通过运河，这一困境加快了帆船向蒸汽船的转变。航运分为两种类型，一种是不定期船，它四处航行，哪里付钱就到哪里揽货；另一种是保持固定航线和定期航行的班轮。因此，为跟上铁路的准时性和速度，航运的准时性和速度也有了相应的提升。

  19世纪80年代，正如铁路受到钢轨和钢制铁道机车的影响一样，由于用钢代替铁，船的建造也发生了革命性变化。所有这些变革都首先发生在英国，这使得英国在航运界几乎处于垄断地位。

第4部分
机械运输引发的工业革命

到1912年，英国承运了世界一半以上的航运货物。①在世界大战前的二十五年里，英国建造了世界上三分之二的新船。航运的发展对新大英帝国的建立起了重要作用。对俄国和美国来说，帝国的扩张是向毗邻的陆地领土扩张。而对于英国来说，正是其无可匹敌的快速蒸汽船运输能力使大英帝国的形成成为可能。蒸汽船对英国来说就像铁路对德国、俄国和美国一样，是一种联系手段。大英帝国的各个组成部分通过快速的海上交通相互连接，再加上电报线，一个新的实体就此形成。距离不再是障碍，便士邮资、信件和报纸的快速投递使整个大英帝国更加紧密地联系在一起。边远地区的大臣可以很方便地"回家"参加短期会议，负责任的政治家可以访问各自治领，这为制定类似大英帝国宪法的宪法典奠定了基础。航运对大英帝国的重要性从以下事实可见一斑：英国的不定期船将英国的制成品运往南非，在纳塔尔（Natal）装载煤炭并运到印度，再在印度装载一批原材料，经苏伊士运河返回。如果这艘船不去印度，而是空船返回，那么南非就要为购买制成品而花费更高的费用。如果英国必须承担整个航程的成本，那

---

① "1912年，以各国的进口额来推算，世界海运贸易总额约为34亿英镑，其中5.1亿英镑（约占15%）是大英帝国内部的贸易。大英帝国与外国之间的贸易总额超过了13亿英镑（约占39%）。因此，海运的一个或两个终端在大英帝国内的贸易总额占世界海运贸易的54%以上。而海运一个终端在英国的贸易约占世界海运贸易的40%。我们估计，英国航运业承运了18亿英镑的货物，约占世界海运贸易总额的52%、大英帝国内部贸易的92%、大英帝国与外国之间贸易的63%以及外国之间贸易的30%。"《战后英国航运的报告》，Cd. 9092，1918年，第72页。——原注

么从印度进口原材料的成本会更高。这反过来又会使制成品价格上涨，并可能降低制成品的销量。值得注意的是，自治领委员会似乎认为，在宗主国和自治领之间建立联系时，运输设施比所有其他因素都更重要。[①]"只要宗主国和海外自治领之间以及各自治领之间的运输费用比外国和自治领之间的运输费用低，而且通信手段也更便捷，那么贸易就会自然而然地在帝国内部进行。因此，如果一些能永久改善帝国内部海上航线的方案可以设计出来，就会给帝国贸易带来强大的推动力，同时帝国的实力和凝聚力也会显著增强。"

不过，在缔造新的大英帝国的过程中，铁路也发挥了作用。18世纪的大英帝国主要由岛屿和沿海城镇构成，而19世纪的大英帝国则是英国统治下的殖民化大陆。铁路促进了内陆地区的开发，使人们得以在内陆定居。因此，诸如尼日利亚（Nigeria）、罗得西亚（Rhodesia）、乌干达、加拿大草原地带、苏丹和澳大利亚的内陆地区得以发展。这些地区生产出新的商品，进一步促进了整个大英帝国的相互依存。

随着铁路穿过森林地带，草原地区得以开发，加拿大的小麦出口量逐年增加，其供应的稳定性甚至超过了美国。澳大利亚和新西兰的羊毛、印度的黄麻、西非和马来半岛的橡胶、西非海岸的油料、加拿大的镍以及世界上大部分的黄金几乎都被大英帝国垄断。埃及的棉花以其优质的短绒成为美国著

---

① 《自治领委员会的报告》(*Report of Dominions Commission*), Cd. 8462, 1917年, 第108页。——原注

第4部分
机械运输引发的工业革命

名的海岛棉的补充,因为美国的海岛棉并不足以满足英国的需求。另外,自19世纪80年代以来,印度就被证明是英国商品的最佳客户。[①]

有趣的是,橡胶、黄麻和棕榈油等许多产品都是国际贸易中的新事物,所以这些产品的转运量也是前所未有的。虽然像羊毛和棉花这类值钱且不易腐烂的商品可以在任何时候进行转运,但如果没有机器生产,人们对这些商品的需求量也不会如此之大。如果运输工具没有超越帆船、驳船和马车的水平而有所改进,机器生产的规模就不可能扩大。因此,虽然大英帝国内部的原材料开发得益于铁路和蒸汽船,但正是由于英国对原材料的需求,才使得最初生产这些原材料变得有利可图,而皇家殖民地、自治领和印度为英国的制成品提供相应的市场,再次说明了19世纪大英帝国内部在经济上的相互依存关系,因为铁路和蒸汽船将大英帝国连接起来了。

然而,铁路和蒸汽船虽能造就德国、俄国和美国这样的

---

① 英国年均出口额:

	1880—1884		1885—1889		1890—1894	
出口目的地	总额(百万英镑)	总出口占比(%)	总额(百万英镑)	总出口占比(%)	总额(百万英镑)	总出口占比(%)
美国	28	12.2	28	12.2	26	11.0
德国	18	7.7	16	7.2	18	7.8
印度	30	12.9	31	13.7	30	12.9

	1895—1899		1900—1904		1905—1908	
出口目的地	总额(百万英镑)	总出口占比(%)	总额(百万英镑)	总出口占比(%)	总额(百万英镑)	总出口占比(%)
美国	21	8.6	21	7.4	26	7.0
德国	23	9.4	24	8.4	33	9.1
印度	29	12.0	35	12.2	47	12.8

《财政蓝皮书》,1909年,第35页至第43页。——原注

新兴工业强国,却不可避免地导致了新的工业竞争。因此,由于铁路时代的到来,各国为争夺原材料产地和世界市场而展开的斗争愈发激烈。各国对获得殖民地和势力范围有了新的动力。机械运输使得保护主义关税政策再度盛行,以保护国内市场,防止货物从一个国家轻松运往另一个国家。同样,一些国家的劳工,特别是美国和澳大利亚的劳工支持保护主义政策,因为他们担心低薪劳工生产的商品轻易流通到别处,会压低高薪劳工生产的商品的价格,导致后者无法维持其舒适的生活标准。就连英国这样主张自由贸易的国家,政府也开始采取措施,保护其人民不受因商品流通便利而产生的不公平竞争的影响。1907年之前,一个拥有专利的人在英国申请了专利后,通常不会在英国生产,而是在其他国家生产,然后把产品运到英国销售。因此,英国人被禁止生产相关产品,而运输条件却使其他国家能够将这些产品投放到英国市场。1907年,自由党政府通过《专利法案》(Patent Act),堵住了这一漏洞。该法案规定,外国人在英国取得的任何专利,除非在四年内在英国生产出相关产品,否则均属无效。

这种日益激烈的国家竞争导致了争夺新殖民地的竞争,并使国家演变为帝国。针对新的国家保护政策和越来越激烈的工商竞争,跨国托拉斯或联合企业开始出现。竞争到了某个阶段,生产商、制造商、商人和运输机构将不再竞争,而是会合并或联合。同样,由于进口商品变得非常容易,各国出现了要求劳动条件普遍趋同的运动,以防止出现"血汗工厂"压低劳

第4部分
机械运输引发的工业革命

动力价格的现象。全球范围内的快速通信使劳工和资本能够在国际范围内组织起来，各国似乎有必要采取某种形式的国际经济行动，以消除劳工和资本的国际化联合可能产生的不利影响，因为机械运输使商品交换跨越了国家或帝国的疆界。解决办法可能有两个：国家加强对铁路和港口的控制；各国就在何种程度上允许联合企业使用国家运输设施达成共同协议。这样一来，国家就可以找到一种与国际大型垄断企业进行谈判的有效方法。

二、主要商品和商业组织的变革

随着全世界生产的加速，主要商品自然也发生了一场变革。以前的商品是基于驮货的骡子和马车，以及马牵引的运河驳船和帆船等运输条件而生产的。现在，商品的性质发生了变化，商品开始面向全球市场，销往世界各地，以世界价格进行交易。世界经济取代了国民经济，正如国民经济曾经取代中世纪城镇和庄园的地方经济一样。大多数重要商品的价格不再由国内市场的生产量决定，而由国际条件决定。像小麦这种在英国、德国、俄国、阿根廷、澳大利亚和加拿大等不同生产条件下生产出来的农产品，在伦敦或曼海姆（Mannheim）谷物交易所的交易价格却大致相同。[①] 棉花、羊毛、橡胶、铜、油、茶、咖

---

① 《财政蓝皮书》，1909年，第194页到第202页。——原注

啡和糖的情况也是如此。不存在英国市场和美国市场之分，世界就是一个市场。

随着运输的速度更快、更有规律，以前从未被转运的商品现在可以被转运了，世界商品的价值也随之发生变化。15世纪和16世纪，香料贸易是财富的主要来源，后来随着对殖民地产品需求的不断增长，香料贸易的主导地位被取代，茶叶、咖啡、糖和烟草成为殖民地的主要商品。如果有人想写一个18世纪的故事，想让男主人公摆脱经济困境，那就应该让他娶一个甘蔗种植园主的女儿。19世纪，利润丰厚的贸易商品是铁、煤和粮食等体积庞大的货物。虽然殖民地的产品仍然非常重要，但原材料和矿产向产煤区的运输、制成品的分销以及肉类等易腐商品的运输占据了经济舞台的中心位置。

1842年，经济学家麦克库洛赫[①]这样写道：

> 没有哪个国家能向英国运送任何牲畜，也没有哪个国家确实有任何牲畜可以运送，除了汉堡周边的国家，但英国从那里进口的牲畜数量不可能很大。乌克兰和俄罗斯南部的其他国家有一种品种优良的牛，但人们不可能将活牛出口到英国，只能出口腌制后的牛肉。正如我们所看到的那样，尽管多年来我们的商人一直享有以适度的关税进口腌制牛肉的优惠待遇，但其

[①] 即约翰·雷姆赛·麦克库洛赫（John Ramsay McCulloch，1789—1864），苏格兰经济学家、作家和编辑。他撰写了大量的关于经济政策的文章。——译者注

第4部分
机械运输引发的工业革命

间没有一英担[1]的牛肉从敖德萨或亚速海运来。

南美洲的情况也是如此。那里无法向英国出口活牛;而且在关税是12先令的情况下,没有任何南美洲的腌牛肉运抵英国,即使关税降至8先令,或者根本没有关税,也不会有一盎司的南美洲腌牛肉运到英国。南美洲人甚至很少把牛肉出口到西印度群岛,我们怎么可能指望他们会向英国出口牛肉呢?[2]

1870年以前,肉类、黄油、鸡蛋和水果的大批进口和现在的鲜奶运输一样,并不在商业考虑之列。随着蒸汽船和快速准时的班轮的出现,在19世纪60年代和70年代,活牛的运输变得轻而易举。19世纪80年代初,冷藏技术发展起来,冷冻肉、奶制品和水果开始进入商业流通。正如我们所看到的那样,新的地区得到了开发,小麦的运输量达到前所未有的规模。食品贸易促进了大型农产品交易所和商业组织的兴起,"期货"的投机活动日益壮大,性质也发生了变化。人们的饮食更加多样化,整个世界都为此做出了贡献。中亚或摩洛哥的鸡蛋、南非的新鲜桃子、西伯利亚的黄油、西印度群岛的菠萝和香蕉、塔斯马尼亚(Tasmanian)的苹果都进入了普通家庭。除此之外,还有大量的罐头食品贸易,有加利福尼亚的杏罐头、澳大利亚的兔肉罐

---

[1] 1英担约为50.802千克。——译者注
[2] 约翰·雷姆赛·麦克库洛赫:《关于拟议进口外国牛肉和牲畜的备忘录》(*Memorandum on the Proposed Importation of Foreign Beef and Live Stock*),1842年。——原注

头、阿拉斯加的鲑鱼罐头、西班牙的麝香葡萄罐头、意大利的西红柿罐头和芝加哥的牛肉罐头,种类繁多。

  1873年后,食品价格迅速下跌,劳工的实际工资因此大幅上涨。由于煤炭、铁和机器便于运输,它们的重要性日益凸显。1913年,英国出口的货物约四分之三是煤炭,即一亿吨货物中有约7,600万吨是煤炭,另外还有大概2,100万吨煤炭是船用燃料。铁路和蒸汽船本身创造了对钢铁几乎无尽的需求,钢铁不仅用于建造,还用于更新。一台机车的使用寿命最多为三十年,一节铁路货车车厢的使用寿命最多为二十五年。根据使用情况,一条钢轨平均每二十五年就需要更换一次。据计算,1913年,仅英国铁路就消耗了价值高达3,000万英镑的钢材。铁路和蒸汽船一样,在技术方面不会停滞不前。每隔十至十五年,交通条件就会发生巨大变化,整个设备就必须进行大修,这对机械工程技术、煤炭和钢铁产业提出了新的需求。"铁路不是一个保存旧机器的博物馆,而是一个高度组织化的商业工具,要保持高效,就必须不断进步。"[①]

  从下面1900年美国铁路运输货物数量的表格中,可以大致了解机械工程行业的新发展对采矿和运输业提出的巨大需求:[②]

种类	数量(吨)	占比(%)
农产品	53,468,496	10.35
动物产品	14,844,837	2.87

---

① 1918年11月5日,约翰·阿斯皮纳尔在土木工程师学会上的演讲。——原注
② 《美国工业委员会的报告》(*Report of United States Industrial Commission*),1900年,第19卷,第266页。——原注

第4部分
机械运输引发的工业革命

续 表

种类	数量（吨）	占比（%）
矿物	271,602,072	52.59
木材	59,956,421	11.61
制成品	69,257,145	13.41
指定商品	21,974,201	4.26
其他	25,329,045	4.91
合计	516,432,217	

交通运输的发展不仅极大地促进了采矿业和机械工程业的发展，而且粮食的流动能预防饥荒，这是此前从未有过的。如果美国的粮食歉收，澳大利亚可能会补上这一缺口；如果阿根廷遭遇蝗灾，印度可能会迎来有利于丰收的季风。这个世界总有一个地方可以提供粮食。[1]虽然像英国这样的粮食进口国每年的粮食来源变化极大，但令人吃惊的是，其所需的粮食总是会源源不断地运来。粮食运输如此迅速且稳定，以至于"战时食品供应委员会"在1905年的报告中指出，在相当长的一段时间里，港口的一手小麦库存量只有不到两周半的供应量，而在1893年至1904年期间，十一年中的七年里，一手小麦的库存量低于102周的供应量。[2]可以让小麦的库存量降至这种程度，说明小麦的到货量是绝对稳定的。此外，磨坊主手中至少

---

[1] 1904年，英国从美国进口的小麦和面粉比1902年减少10,760,000夸脱，但该年英国进口小麦和面粉的总量比1902年增加了2,520,000夸脱，这一缺口被来自俄罗斯、阿根廷、英属东印度群岛和澳大利亚的供应补上。——原注

[2] 《战时食品供应委员会的报告》(*Report of Commission on Our Food Supply in Time of War*)，Cd. 2643，1905年，第11页。——原注

有三周用量的小麦库存。[1]而面包师手中至少有一周用量的库存。然而，世界上总有一些粮食在去往英国的途中，而这些粮食的到来是确定的。

在正常情况下，英国的小麦供应几乎全年不断，这清楚地表明世界已成为一个巨大的市场。换句话说，由于运输业的发展，小麦不再局限于英国市场或欧洲市场，而是由生产条件决定其世界价格和世界供应市场。俄罗斯农民和印度农民在原始条件下生产的小麦，与美国或加拿大中西部大草原上农民使用先进的省力机械生产的小麦展开竞争。后者又与苏格兰洛锡安(Lothians)或英格兰林肯郡采用高度集约化的方法生产的小麦竞争。

以下是1905年英国的小麦到货情况：[2]

时间	来源	备注
1月	美国太平洋海岸	
2月	阿根廷	
3月		
4月	澳大利亚	
5月	加尔各答和孟买	
6月	德里	印度小麦
7月	卡拉奇	
7月	美国（冬小麦）	
8月		
9月	美国（春小麦）	
10月	美国（春小麦）和俄国	
11月	加拿大	

---

[1] 《战时食品供应委员会的报告》，Cd. 2643，1905年，第13页。——原注
[2] 《战时食品供应委员会的报告》，Cd. 2643，1905年，第9页。——原注

第4部分
机械运输引发的工业革命

　　这与1850年左右的供应状况形成了鲜明对比。在此之前，如果英国国内的小麦供应不足，只能从敖德萨或波兰或普鲁士的但泽进口，且价格很高，因为运费大大增加了成本。欧洲大陆经常遭受与英国相同的恶劣天气，英国的粮食短缺通常意味着欧洲的粮食短缺，届时无论出多高的价钱都买不到小麦。英国祈祷书中有两篇针对饥荒的特别祷文，两篇针对因雨水过多而导致粮食歉收的祷文，一篇祈求免于瘟疫和饥荒的祷文，这不是没有原因的。对铁路时代之前的人们来说，感恩丰收一定有着非常现实的意义。在某种程度上，机械运输保障了人们的生命安全，这是以前从未实现过的。

　　同样，通过消灭海盗，蒸汽船保障了商业安全。在16世纪和17世纪，控制一艘船对任何一个足够强壮的人来说都是"公平的游戏"，海盗行为是整个18世纪商业的祸根。如今，要装备一艘能追上现代班轮的船，海盗需要投入很多资金。海盗可能觉得不值得彻底检修一艘现代蒸汽船，因为处理一船谷物或羊毛很困难。对海盗来说，装卸煤炭也不是一件容易的事。然而在19世纪初，海盗曾洗劫过汉堡港。但现在，拦路劫掠者要想抢劫火车，也远不像抢劫马车那么容易。因此，无论是海上还是陆地运输的安全性都发生了一场商业革命，更不用说为旅行者提供了更强的安全保障。

　　此外，一些新的大宗商品进入商业流通领域，而这些商品在19世纪下半叶之前从未真正被纳入世界商贸范围，因为它们的重量或体积与其价值不成正比，无论以何种价格运输都无法盈利。然而，曼彻斯特的罗伊斯（Royse）先生在皇家运河委员会面前提供的证词表明，这些新的大宗商品如今已经变得多么重要：[1]

> 1850年，我们进口了约1,500,000吨的小麦、大麦、玉米等粮食；1905年，我们进口的粮食超过10,000,000吨。1850年，我们进口的原棉约为300,000吨；1905年则达到将近1,000,000吨。1850年，我们没有进口棉籽——当时棉籽还没有被利用；1905年，我们进口了近570,000吨。1850年，我们没有进口石油，那时候石油还不为人所知；1905年，我们进口了约1,250,000吨，即约3亿加仑。1850年，我们没有进口木浆，当时的技术还不能生产出木浆；1905年，我们进口了近608,000吨。1850年，我们没有进口铁矿石；1905年，我们进口了7,250,000吨。我可以在这里说，根据我的判断，这些进口在很大程度上帮助我国保住了钢铁产业。因为如果没有这些进口物资，我们能否从本国矿石中生产出足够的、现在需要的高质量钢铁都成问题。1850年，我们没有进口黄铁矿；1905年，我们进口了近700,000吨。众所周知，这种廉价的硫黄供应来

---

[1] 《皇家运河委员会的报告》(*Report of Royal Commission on Canals*)，Cd. 4979，1909年，第6页。——原注

第4部分
机械运输引发的工业革命

源使我们能够在很大程度上保留我国的硫酸及相关产业。1850年，我们没有进口石灰磷酸盐；1905年，我们的石灰磷酸盐进口量超过400,000吨。我想我已经举了足够多的例子来说明我国的贸易在过去五十年里发生了怎样的变化……你可以看到，如今进入英国的商品的吨位巨大，而五十年前几乎没有。从这些推论中，我得出的结论是，无论是通过铁路还是运河，我们都应该拥有通往内陆的廉价运输，这一点非常重要。

在早期，大量原材料的运输成本太高，并且因为没有机器，即使运来也难以利用，所以需求量很小。还有像小麦这类粮食的日常运输，在过去由于运费太高，只有在饥荒时期才会以高价运输。而大宗商品的运输成为19世纪商业革命的一个特征。

机械化的快速运输不仅改变了国家和商品的相对价值，而且引发了商业组织的变革。由于能够迅速且绝对有把握地获得货物，贸易商不再保留大量库存。因此，他们需要更少的仓储空间和更少的银行贷款，并能够以更经济的方式开展业务。一个突出的例子是伦敦煤炭贸易的变革。在19世纪中叶之前，煤炭都是通过船只运到伦敦，煤炭商人都拥有自己的码头，因此是相当有实力的人物。1850年左右，一些铁路公司开始积极发展煤炭运输业务，并在车站设立用车厢储存煤炭的设施。其结果是，各种小本商人都可以成为煤炭商人，因为他们不必拥有昂贵的仓储设施，并且可以按火车车厢的载量而不是船只的载量进货。

山姆·费伊爵士(Sir Sam Fay)在向皇家运河委员会解释这一变化时说："我们都过着紧巴巴的生活。消费者、零售商、中间商和制造商都期望，而且我认为这种期望每天都在加剧——今天发电报或打电话订购的东西，明天就能送到。……事实上，除了苏格兰的偏远地区，你今天发出的货物明天就能送达，这种情况在大多数地方都能实现。"[1]

这种情况不仅适用于国内的贸易商，也适用于各国的贸易商。在往返印度大约需要一年时间的时代，英国囤积货物，以便更快地在欧洲分销，那时，英国是重要的转口港。随着快速运输的发展，人们发电报订货变得轻而易举，比如向印度发送茶叶订单，然后由下一班班轮或不定期货船运来。货物根本不需要经过英国，而是可以在敖德萨卸货运往俄国，或在热那亚卸货运往中欧各国，或在马赛卸货运往法国各地，铁路会把货物运往内陆并进行分发。[2] 随着贯穿美国的铁路的发展，过去从中国运到伦敦，再从伦敦转运到美国东部的货物，现在可以直接用蒸汽船运到旧金山，然后横穿美国内陆。

随着铁路的延伸，当地的市场和集市逐渐消失。商店留

---

[1] 《皇家运河委员会的报告》，Cd. 4979，1909年，第81页。——原注
[2] 《关于伦敦港的报告》(Report on the Port of London)，1902年，第43卷至第44卷。——原注

瓦特和蒸汽机
詹姆斯·埃克福德·劳德（James Eckford Lauder, 1811—1869）绘

纽科门蒸汽机 (1747 年)
18 世纪版画，绘者信息不详

阿克莱特纺纱机（1883年），由理查德·阿克莱特设计
19世纪版画，绘者信息不详

使用珍妮纺纱机的女子（约1880年）
19世纪版画，绘者信息不详

1846年，议会废除了《谷物法》
19世纪版画，绘者信息不详

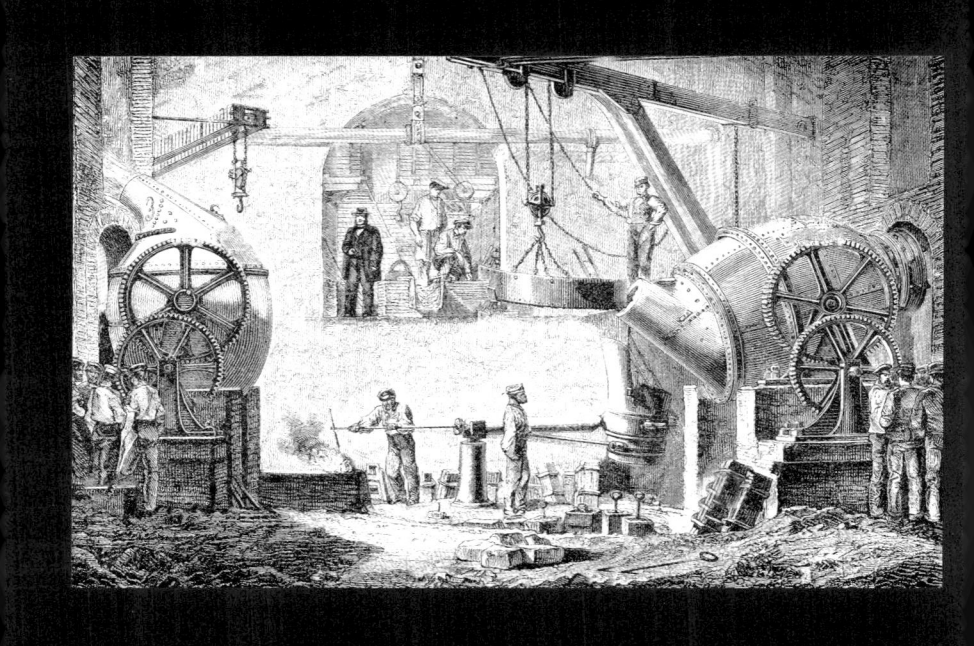

在贝塞麦转炉中炼铁(1886年)
19 世纪版画，绘者信息不详

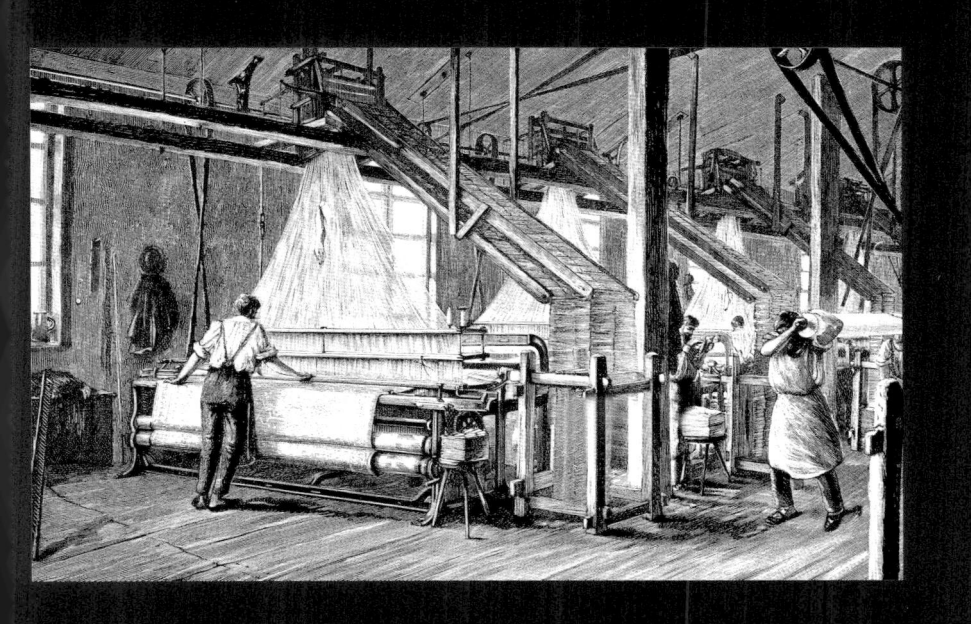

配有提花织机的编织梭口（约 1880 年）
19 世纪版画，绘者信息不详

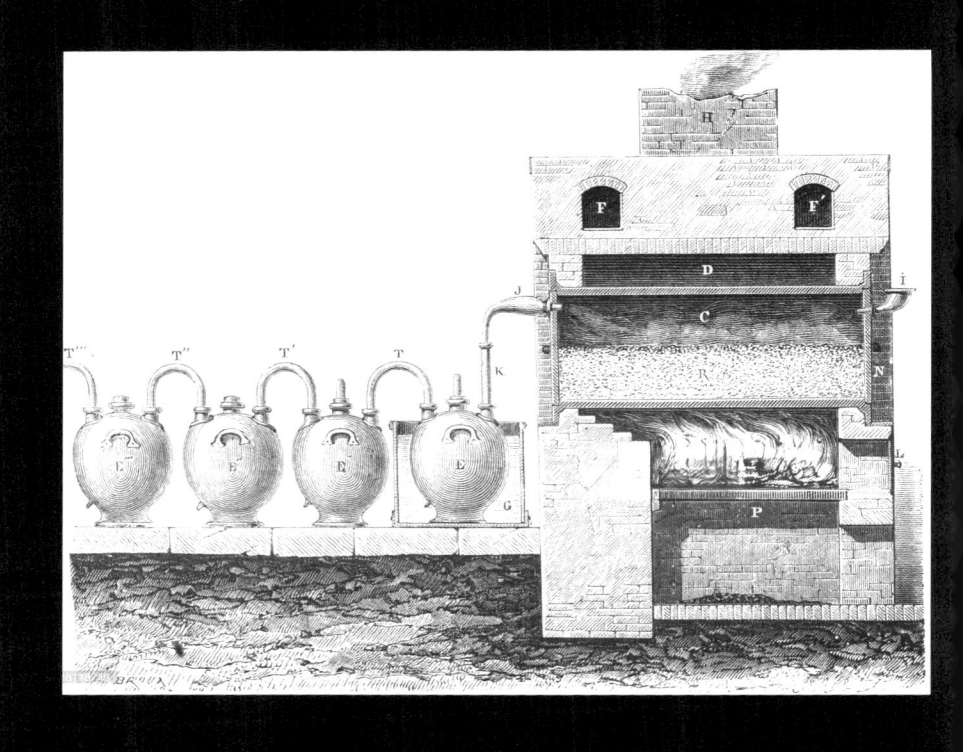

英国的旋转炉，通过勒布朗制碱法生产碱
19世纪版画，绘者信息不详

使用伊莱·惠特尼轧棉机的奴隶
19世纪版画，绘者信息不详

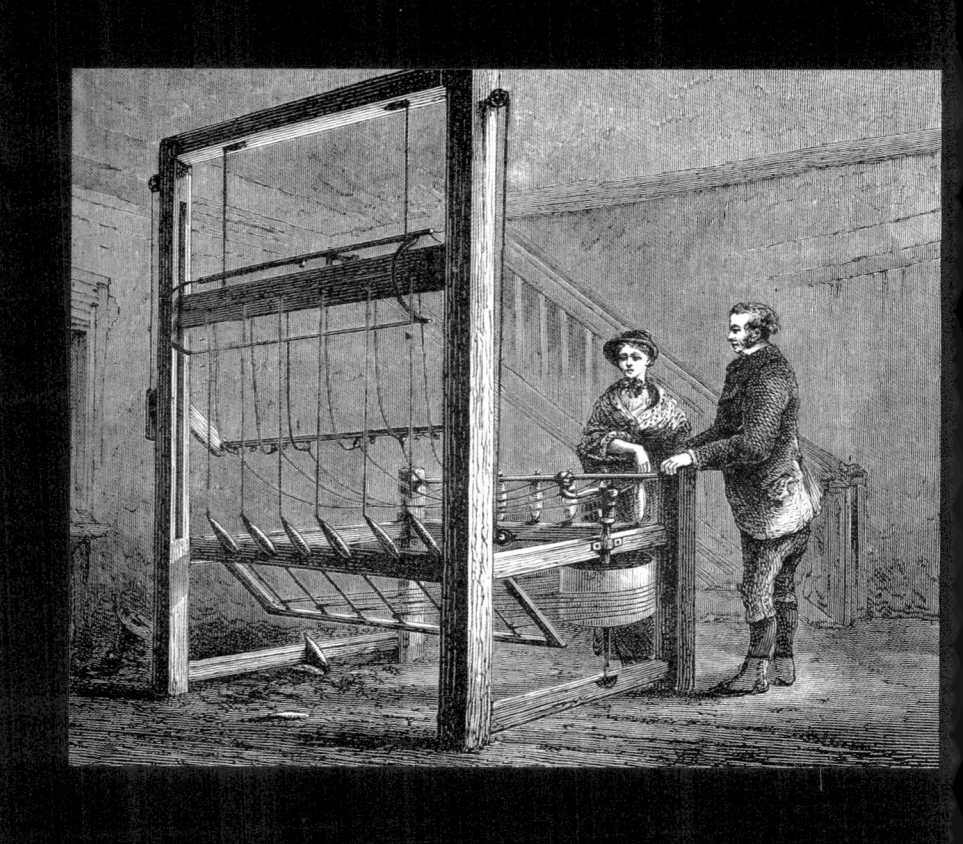

托马斯·海茨的珍妮纺纱机（约1880年）
19世纪版画，绘者信息不详

19 世纪 30 年代格拉斯哥的圣罗洛克斯化工厂
(位于克莱德河畔,占地 20 多万平方米,有近 150 米高的烟囱)
19 世纪版画,绘者信息不详

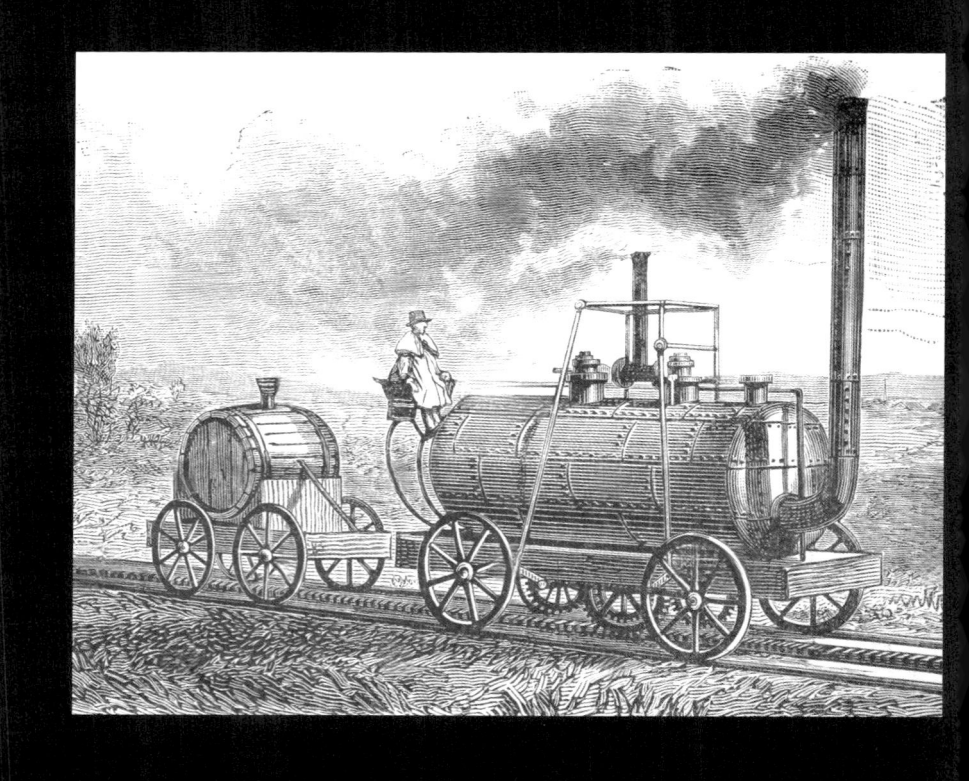

约翰·布伦金索普设计的从米德尔顿到利兹的用于运煤的齿轨铁路
19 世纪版画,绘者信息不详

莫兹利船用发动机（1862年，伦敦国际博览会）
19世纪版画，绘者信息不详

曼彻斯特约瑟夫·惠特沃思爵士的武器生产车间
19 世纪版画，绘者信息不详

曼彻斯特的棉纺厂，女工们正在进行梳棉、并条和粗纱工作（约1834年）
19世纪版画，绘者信息不详

在磨坊工作的孩子
19 世纪版画,绘者信息不详

第4部分
机械运输引发的工业革命

有存货,如果需要,每天都能通过铁路从制造商那里进货。家庭主妇不再需要每年或每半年到集市上更新存货。于是,零售商店的数量大增。

铁路改变了内陆贸易和零售贸易的方式,而蒸汽船与电报的结合则彻底改变了对外贸易的方式。直到19世纪下半叶,货船运输或多或少都是"一次冒险"。船上装满货物,每艘船配有一个押运员。货物运抵目的地后,押运员将货物以最有利的价格出售。在许多情况下,出口商拥有运送货物的船只。船只属于商行所有,不像现在这样是混合货物的普通运载工具,也不像现在这样可以随意租用。出口商不知道也不可能知道货物抵达时的市场行情。因此,所有的贸易都有点像赌博。当货物可以通过电报订购,并在数小时内发出时,进口商便拥有了决定权,而不是像以前那样由出口商决定。进口商决定自己的需求,下订单,并自己提货。

机械运输导致大型企业和联合企业的产生,而这些企业反过来又极大地促进了机械的普及,因为这些大型企业能够调动数以百万计的资金,所以设备和研究不会因难以获得发展资金而被限制在狭窄的范围内。铁路时代之后的制造业,其规模与收费公路和运河时代的小工厂大不相同,正如这些小工厂的规模与伊丽莎白一世统治时期的家庭作坊大不相同一样。

铁路发展起来之后,工厂和集体作坊的规模不再因难以获得足够的煤炭和原材料而受限,工厂和集体作坊也没有在运送大量制成品方面受到阻碍。由于通过铁路可获得的铁矿石和燃料的数量没有物理条件的限制，高炉的规模得以扩大到原来的三到四倍。机械的使用在各地推广得更快了。机器变得更大，效率更高。船的尺寸增大，运营更加经济。铁路设备也不断改进，火车的载重量越来越大，机车的动力也越来越强。新工厂必须建得更大，以承受重型机械对地面的压力。由于铁路提供了运输大量货物的设施，所以铁路不仅倾向于塑造更大的企业，还让企业从一个国家的一个地区拓展到另一个地区，甚至从一个国家拓展到另一个国家。美国的小麦主要在明尼阿波利斯（Minneapolis）或其他大型磨粉中心加工成面粉后出口。铁路和船运公司发现将小麦装上火车货运车厢或蒸汽船的货舱很容易，因此小麦的运价比面粉低。结果，小麦取代面粉成为轮船运输的主要货物。为了碾磨小麦，磨坊主在利物浦和赫尔（Hull）建立了大型蒸汽磨坊。英国面粉加工业在港口的发展，是小麦的铁路和海运运费低廉，而面粉的运费较高的直接结果。与此同时，英国获得了用于饲养牛的边角料，这是面粉加工的副产品。在港口建立面粉厂或从美国进口面粉，这两种情况都意味着英国国内原来每隔十英里或十二英里就有一家的农村面粉厂倒闭。

铁路发展成覆盖全国的铁路网后，引发了企业之间新的激烈竞争。在铁路时代之前，大多数公司只能在当地进行交易，在全国范围内分销的商品数量很少。铁路打破了区域之间的障碍，不仅促进了国内竞争，而且推动了国际竞争，这种竞争在1870年后变得尤为激烈。

第4部分
机械运输引发的工业革命

过度竞争导致利润大幅下降，各个公司开始联合起来，以避免破产。铁路公司率先合并，并在英国和美国继续发展成越来越大的运输垄断企业。航运业以成立集团和签订协议的方式紧随其后。船主们声称，运输费率协议稳定了价格，使他们能够提供更优质、更稳定的服务。其他行业也采取了同样的做法。由于通信便捷，公司现在能够掌控从原材料到成品的整个产业链。这种联合形式被称为垂直联合（纵向联合），主要出现在冶金行业，该行业中的煤矿开采、铁矿石供应、高炉生产以及轧钢厂、钢丝厂和其他工厂的经营常常由同一家公司管理。[①] 垂直联合最好的例子就是拥有3.69亿英镑资本的美国钢铁公司。德国钢铁联盟是另一个大型联合企业，但属于另一种联合类型，即"卡特尔"。托拉斯公司以大型商业公司的模式运作。卡特尔则是基于合同，在一定时期内联合起来的组织。联合后各公司仍保持独立，只是为了调节生产和销售而联合，并不是合并，而且它们可以恢复独立。[②]

联合有时会采取另一种形式，即横向联合。有时，从事相同业务的公司会为了特定目的联合起来，通常是为了稳定价格或推动海外销售。它们不一定控制原材料或成品，只是将与

[①] 《关于托拉斯的报告》(Report on Trusts), Cd. 9236, 第2页。——原注
[②] 这种联合形式在德国的发展非常惊人。1879年德国有14个卡特尔，1890年有210个，1902年有400多个。见《关于美国出口工业的报告》(Report on American Export Industries), 第1卷, 第103页。1913年，美国有超过200起企业合并案。见《关于战后工商政策的报告》(Report on Commercial and Industrial Policy after the War), Cd. 9035, 1918年, 第36页。——原注

自己的生产阶段相同的所有企业联合起来。这种横向联合可能是全国性的，也可能是国际性的。如科茨棉线公司1899年的资产为一千万英镑，而当时 A. 科茨爵士（Sir A. Coats）说，到目前为止，公司大部分利润来自国外制造公司的股份，而不是英国国内的工厂。①

还有一种由于通信便利而产生的世界联合形式在金属行业中尤为明显，即采购原材料的联合。战前，世界有色金属的控制权掌握在一群德国商人手中，他们主要从事金属采购或担任生产商的销售代理。少数几家公司控制着全球的金属行业，而且它们之间关系密切。这些公司共同决定金属和金属制品的价格，并调节其产量，②其中最著名的是德国金属公司。

不仅在生产、出口销售和原材料采购方面存在联合，而且在零售业中也是如此。联合商店如雨后春笋般出现，虽然它们并非垄断企业，但已显示出合作和大规模组织的趋势。商店经营各种各样的商品，并以成为"通用供应商"为目标。为了控制供应，它们有自己的茶园、橘园、果园和食品保鲜工厂。

为了充分利用自身产品，一家大公司往往集众多性质迥异的制造公司于一体。一家肥皂制造公司在西非设立棕榈油压榨厂，用自己的蒸汽船运送棕榈油。这家公司不仅生产甘油和肥皂，还生产其他洗护用品，以及蜡烛、人造黄油和用于制作

---

① 亨利·威廉·麦克罗西（Henry William Macrosty）：《英国工业中的托斯拉运动》*The Trust Movement in British Industry*），第128页。——原注
② 《关于美国出口工业的报告》，第1卷，第357页到第358页。——原注

第4部分
机械运输引发的工业革命

巧克力和饼干的固体脂肪。英国一家炸药联合公司还生产汽车、自行车、人造皮革和橡胶轮胎。该公司用部分铜条制作灯具和无芯炉灶，并开发了一种浴羊药液[①]，以便利用其化学制品盈利。还有一种联合发生在截然不同的企业之间，在西非和东方的贸易中，我们可以看到一个引人注目的例子。为了消化从西非进口的可可豆，联合公司在英国收购了巧克力工厂，并涉足棉花和丝绸的生产，将产品销往非洲。通常情况下，是制造商将其他行业的企业拉进商业活动中，但在这个例子中，是贸易商利用制造业来消化原材料，并自行提供贸易商品。

1918年，美国的五大肉类加工企业控制了70%以上从事各州间贸易的肉类加工企业和屠夫屠宰的牛、羊和羊羔。"五巨头"又迅速扩大了对所有肉类替代品，包括鱼、家禽、牛奶、鸡蛋、黄油、奶酪以及各种植物油制品的控制。除了最初的肉制品贸易，"五巨头"还涉足罐装水果和蔬菜，另外还经营大米、糖、土豆、豆类和咖啡。据说，"五巨头"已成为上述商品贸易的"主导力量"。阿莫尔公司主要从事肉类加工，但在1918年成为"世界上最大的大米经销商"。"五巨头"还将业务范围扩展到其他谷物。为了开展业务，他们在农村设有谷仓，向农民出售化肥、牛饲料、煤炭、木桩、铁丝网、五金建材、麻绳、木材、水泥、石灰、砖块、沙子、砾石和盖屋顶的材料。值得注意的是，这个大型联合企业的大部分

[①] 用浴羊药液浸泡羊毛，可以杀死羊毛中的寄生虫。——译者注

实力来自其拥有美国91%的冷藏车。冷藏车装备齐全，能够运输新鲜肉类。铁路公司对"五巨头"的冷藏车给予优惠待遇，当其他公司不得不等上几个月才能取回车辆时，"五巨头"却可以迅速取回冷藏车。由于货运量巨大，"五巨头"在与铁路公司的所有业务往来中都拥有很大的影响力，并获得了竞争对手没有的特殊优惠。这个例子显示了运输业和托拉斯之间的联系是多么紧密。①

随着现代世界通信的完善，不同国家的企业之间可以签订协议，规定彼此在哪些地区出售或不出售商品，并限制彼此"入侵"其他公司市场的程度。这样就可以将世界划分为英国贸易区和外国航运联盟贸易区，或烟草公司之间的贸易区。这些重要的国际协定凌驾于所有国家的关税之上。如果钢轨托拉斯的成员达成协议，规定德国或美国的钢轨不得在英国销售，作为交换条件，英国的钢轨制造商也不在德国或美国销售钢轨，那么英国政府宣布实行自由贸易也就毫无意义了。这是世界经济凌驾于国家经济之上的又一实例。"产业联合无国界。"

同样，一家英国或外国公司有可能让销售该类商品的零售商同意只销售它的商品。这样一来，某些商品就没有销路，不管有没有关税。

---

① 《关于美国肉类加工业的报告》(*U.S.A. Report on the Meat Packing Industry*)，1918年（摘要），第17页到第21页。1920年，这家肉类托拉斯同意只从事肉类产品的经营。——原注

第4部分
机械运输引发的工业革命

现在,把全球利益作为一项庞大的商业事业来控制已成为可能,其结果是形成了各种联合组织、卡特尔、集团和托拉斯,这是现代商业世界最显著的特征。在英国,企业联合已发展到一定程度,以至于1916年重建部在报告中说:"我们发现,目前行业协会和联合组织在英国工业的每一个重要分支中都有日益增长的趋势,其目的是限制竞争和控制价格。"

总的来说,这些联合有助于提高生产效率和减少浪费。联合企业的各分厂可以高度专业化,大量采购原材料能使采购价格更低,更容易处理,处理成本也更低。大型企业有能力开展实验和研究,而小企业则不行。最重要的是,它们可以以小企业无法实现的商业规模组织和利用副产品。联合企业的优势之一是可以为大宗货物运输争取到更低的铁路运价。它们还能从最近的营业点发货,从而节省长途铁路运输的费用。也许它们最大的优势是对原材料的掌控能力。在推动对外贸易方面,这些大企业无可匹敌,即使亏本也能开拓贸易。与小企业相比,大企业能够提供更长时间的信贷,聘用更好的代理人和巡回推销员。大企业能够稳定生产,避免经济波动和由此引起的失业。

个体企业之间自由竞争的旧理念已不复存在。20世纪的政府面临的问题是制定一套方案,既要充分发挥联合企业的优势,又要防止垄断带来的不利影响。这些不利影响体现在联合企业能够维持高价,采用不公平手段排挤竞争对手或阻止新对手进入,以及对金融、政治或新闻界施加不当影响。

如此规模庞大、业务范围涉及国内国际的联合企业，若没有日常的通信来维系彼此的联系，是无法持续经营的。因此，联合企业的存在依赖于电报、电话、铁路和轮船将各个分公司连接成一个共同的系统。正是快速运输最大限度地缩短了距离，才使这些大型联合企业得以持续存在，并使它们像一个公司或一群协调一致的合作伙伴那样运作。由此可见，控制托拉斯的方法之一是政府控制铁路所有权。这样一来，联合企业就必须遵守政府的条件，否则不得通过铁路分销货物。1918年，联邦贸易委员会建议美国政府收购所有用于运输肉类和牲畜的冷藏车及其他铁路车辆。联邦贸易委员会成员认为，如果再加上政府对牲畜饲养场、冷库和仓库的垄断，就能"轻松、彻底地解决"美国大型肉类联合企业的问题。国际托拉斯的问题也可以通过各国政府之间的协议来解决，因为许多政府已经将铁路作为国有事业来经营。

　　铁路和蒸汽船打破了各国经济上的自给自足，世界各国相互依存，经济上的孤立不可能再存在，就连中国也在修建铁路。

　　总的结果是，机械运输使贸易超出了国家的控制范围；企业可以轻而易举地改变经营地点，在一个大陆经营与在另一个大陆经营一样顺利，[①]因此，有必要建立一套国际监管体系。

---

① 1919年，有人在皇家所得税委员会面前举过一个转移经营地点的例子。拥有2,000万英镑资本的韦斯蒂兄弟公司将其肉类业务的经营场所和控制权从伦敦迁至美国，然后在1915年又迁至阿根廷，以逃避英国的所得税和遗产税。《皇家所得税委员会的报告》，Cmd. 288—293，第451页。——原注

第4部分
机械运输引发的工业革命

三、新金融时代的开启

铁路不仅影响了各国的商业地位、商品类型和商业组织，还促进了金融的新发展。这里我们又遇到了同样的问题，即国家对国际环境的控制。由于新的通信技术的便利，金融活动已经超越了国界和国家的监管范围。

新的运输方式影响了公共财政和投资，也引发了新的税收问题，并形成了一种新的金融机制来促进大宗商品的流通。

首先，铁路往往会增加国家的债务，并对国家的收支产生影响，这时国家就需要进一步征税。不过，有时铁路又会带来巨额利润，从而证明铁路本身就是一项收入来源。

除英国之外，欧洲各国政府都不得不以某种形式为修建铁路提供资金。它们要么为利息提供担保，要么为铁路建设和设备购置筹集贷款。以普鲁士为例，铁路被证明是一项非常有利可图的投资。而在大多数情况下，对于国家来说，修建铁路要么没有利润，要么亏损严重，这给国家财政带来很大压力。例如，俄国虽然极力想与西方保持距离，但由于必须向西方借钱修建铁路，它不得不与西方联系在一起，并依靠出口谷物来偿还贷款利息。这是世界各国因铁路而相互依存的又一例证。蒸汽船也得到了各国政府各种形式的补贴。[1]在每一个欧洲国家，新的交通方式都给国家财政带来了有利或不利的影响。然

---

[1] 《关于蒸汽船补贴的报告》(*Report on Steamship Subsidies*)，1901年，第8卷；1902年，第9卷。——原注

而，铁路通常促进了经济的极大繁荣，保障了国家安全，因此，国家愿意为此征收任何必要的额外税。但在俄国，这种税收落在贫困的农民身上，给他们造成了巨大负担。

在铁路建设中，私人投资者找到了新的出路，他们要么投资国家担保利息的铁路，要么在欧洲以外的大陆地区修建铁路。铁路对金融产生的第二个影响是为资本投资开辟了一个广阔的新领域。

铁路借贷使整个世界通过金融债务进一步联结在一起。新兴国家通过贷款修建铁路和购置机车，以原材料和粮食的形式偿还贷款。某些国家，特别是英国，向各国政府提供巨额贷款，用于铁路建设和设备购置，或者在诸如阿根廷、加拿大或墨西哥等世界不发达国家成立铁路建设公司。

>在为铁路建设提供资金方面，英国做了一项杰出的工作。它给殖民地政府提供的大部分贷款都用在了铁路建设上。印度欠我们的债务，其中大部分也是铁路建设贷款，我们向外国政府提供的贷款也有部分用于类似目的。除了向各国政府提供资金建设铁路，我们还成立了许多公司，在其他国家修建和运营铁路。
>
>通过向殖民地（特别是加拿大）运营的铁路公司提供资金，我们每年可获得7,600,000英镑的收入。而从印度运营的铁路公司中，我们每年可获得近

第4部分
机械运输引发的工业革命

4,800,000英镑的收入。阿根廷、巴西、乌拉圭、墨西哥、智利和其他国家的铁路,每年给我们带来的总收入超过13,000,000英镑,而我们的投资者每年从美国铁路中获得的收益不少于2,700万英镑。根据这些公司的报告,以及尽可能从独立调查人员那里收集到的数据,我统计出我们的总收益共计82,777,000英镑。

根据乔治·佩什爵士的计算,英国用于铁路建设的投资不少于17亿英镑。"这笔资金大致平分给了大英帝国的海外领地和外国。"[1]

1912年,英国投资在本国铁路上的资金为13.34亿英镑。[2] 1900年,美国投资在铁路上的资金高达114.91亿美元。[3] 根据1907年英国贸易委员会的估算,普鲁士-黑森(Prussian-Hessian)的铁路投资估计为4.37亿英镑,巴伐利亚的铁路投资为7,700万英镑,俄国在欧洲部分的铁路投资为3.31亿英镑,在亚洲部分的铁路投资为4,800万英镑。[4] 这些巨额投资开创了一个新的金融时代。随着铁路股票的上市,全球证券交易所的交

---

[1] 乔治·佩什爵士(Sir George Paish):《大不列颠在其他国家的资本投资》(Great Britain's Capital Investments in Other Lands),1909年9月,第470页。——原注
[2] 《铁路年度报表》(Railway Returns Annual),Cd. 6954,1913年——原注
[3] 《美国工业委员会的报告》(Industrial Commission),1900年,第19卷,第400页。——原注
[4] 《给下议院的报告》(Return to House of Commons),331,1907年。——原注

易量大幅增加。

铁路使资本能够在世界范围内进行投资，无论是投资铁路建设，还是投资原材料或食品的生产。许多业务不只在一个国家进行，而是具有国际性。例如，力拓矿业公司在西班牙开采矿石，在美国冶炼，由英国控制，但公司很大一部分股东是法国人，并且要向每个国家的政府纳税。[①]这样就产生了双重、三重、四重课税的难题。这是铁路对金融的第三个重大影响。国际投资是世界经济对国家财政的必要补充。调整国际投资是一个十分棘手的问题，要解决这个问题只能通过国际协议，以确定每个国家的税收比例。

铁路对金融的第四个重大影响在于，为促进全球货物的流通，信贷机制得到了发展、扩展和专业化。银行业、汇兑业、贴现和承兑行、商品交易所和投机市场都得到了扩张，并且性质发生了变化。各种形式的信贷变得非常精细，以使复杂的世界业务能够顺利开展。

新的运输方式发展的必然结果是国际商业的联合、国际金融和税收，以及商品和人员的国际交流。国民经济将不得不进行调整和重新安排，以适应这些变化了的条件。与此同时，这些变化也引发了激烈的国际竞争。

[①] 《皇家所得税委员会的报告》，1920年，第27,953段到第27,957段，A. 斯蒂尔·梅特兰爵士(Sir A. Steel Maitland)的证词。——原注

第4部分
机械运输引发的工业革命

四、商业革命的社会影响

铁路的出现带来了新的人员流动,引发了一场不亚于政治革命、商业革命和金融革命的社会革命。①

铁路和蒸汽船带来的人员流动促进了城镇的兴起与发展,这是19世纪社会发展最典型的特征之一。此外,新的交通发展催生了一个新的工业阶层——运输工人,同时也推动了商业和贸易阶层的迅速壮大。小店主、家庭工人和小农场主都受到了影响,只是前两者受到了不利的影响,而后者则受益。机械运输对妇女的地位产生了重大影响,使她们不必留在家里为家庭制作食物,而新的人员流动使人口以前所未有的规模从一个国家迁移到另一个国家,这在进一步将世界作为一个经济整体紧密联系起来的同时,也带来了一系列新的问题。一个国家必须考虑是否允许其人民离开并定居他国,以及在什么条件下允许其他民族或种族入境并获得居住权。当亚洲人开始大量迁移时,太平洋沿岸的国家面临一个紧迫的问题,即在多大程度上允许或限制一个生活舒适度较低的民族在其境内定居,因为这可能会威胁到白人历经艰辛才达到的生活水平。

城镇的发展最初是工业革命的产物。制造商们在产煤和产铁地区建立工厂,以获得廉价的动力或原材料。"人手"也跟

---

① 从以下事实中可以大致判断出人员流动的增加:1831年,在现在的德国境内,大约有100万人乘坐公共邮车出行。1910年,铁路一共送了15.41亿人。见维尔纳·桑巴特:《德国国民经济》,1913年版,第244页。——原注

着来找工作。人口还在港口聚集，以便处理日益增多的进出口货物。在每个国家，城镇的发展都与煤矿开采、工厂和机械工程的发展相一致。[1]然而，铁路的发展大大加速和促进了城镇的发展，这不仅是因为人们进入城镇更加便利，还因为铁路使城镇的粮食供应有了保障。当城镇所需的粮食通过土路或运河运输时，城镇规模的扩大必然会受到一定的物理限制，即使是海港城镇，其粮食供应也受码头设施的制约。铁路使城镇里的数百万人每天都能得到食物，[2]伦敦每天所需的牛奶供应来自城市周围方圆一百五十英里的地区。

进出城镇的优良铁路设施使工厂主选择在城镇而非农村地区建厂。在城镇，工厂主可以确保获得燃料，而供家庭使用的燃料已经分配好了。工厂靠近销售成品的市场，那里的商人

---

[1] 英格兰和威尔士采矿区和制造业区的人口增长情况如下表所示：

时间	总人口（百万）	北部采矿区（万）	中部制造区（万）	英格兰和威尔士的其他地区（不包括伦敦郊区）（万）
1851	27.37	451	276	829
1861	28.93	529	364	953
1881	34.88	757	427	1,030
1891	37.73	862	489	1,126
1901	41.46	976	568	1,255

值得注意的是，在这五十年间，采矿区和制造业区的人口翻了一番，而英格兰和威尔士的其他地区的人口仅增加了50%。
见亚瑟·里昂·鲍利：《统计学入门手册》(An Elementary Manual of Statistics)，第89页。
注：北部诸郡包括柴郡、兰开夏郡、约克郡(西里丁)、达勒姆郡和诺森伯兰郡；中部郡包括德比郡、莱斯特郡、诺丁汉郡、北安普敦郡、斯塔福德郡、沃里克郡、伍斯特郡、蒙茅斯郡和格拉摩根郡。——原注

[2] 山姆·费伊爵士在伦敦经济学院铁路学生会上的演讲，1911年，第2页。——原注

第4部分
机械运输引发的工业革命

会负责产品销售事宜。此外,凭借铁路设施,工厂主可以通过多条线路运输原材料或发送成品。除了交通方面的原因,制造商选择在城镇设立工厂,还因为在城镇很容易找到人手,而不需要像在农村地区那样为工人提供住宿。

在美国,城镇的发展似乎特别迅速,因为相互竞争的铁路公司都试图吸引制造商使用它们的特殊线路。在创办新企业时,制造商自然会被这些具有竞争力的设施吸引。久而久之,工人聚集在工厂周围,城镇的规模不断扩大。[1]

> 从1870年至1890年,伊利诺伊州(Illinois)、威斯康星州(Wisconsin)、艾奥瓦州(Iowa)和明尼苏达州(Minnesota)人口的净增长……全部集中在拥有竞争性运价的城镇,而那些运价不具竞争力的城镇人口则有所减少。人们普遍认为艾奥瓦州缺乏大城市的原因在于早期的铁路政策给了芝加哥运价优惠。[2]

不过,英国一家拥有某一地区垄断权、完全现代化的铁路公司,或者德国一家国有铁路公司,仍会竭尽全力为贸易商提供与外国竞争时所能获得的良好设施。一般来说,利用铁路

---

[1] 阿德纳·费林·韦伯(Anda Ferrin Weber):《19世纪城市的发展:一项统计学研究》(*The Growth of Cities in the Nineteenth Century: A Study in Statistics*),第152页、第199页、第200页。——原注

[2] 阿德纳·费林·韦伯:《19世纪城市的发展:一项统计学研究》,第201页。——原注

来发展业务是有利可图的，而对于垄断某一地区的铁路公司来说，将业务集中在其垄断区域内而非分散到其他地区也是有利的。英格兰的东北铁路公司会努力增加其所在地区的货运量，而不是让货物集中到南威尔士或中部地区。普鲁士的国有铁路公司会努力将业务吸引到柏林，而不是让业务流向巴伐利亚的慕尼黑。除了不同公司所属铁路之间的竞争，还有不同地区之间的竞争。然而，总体结果是一样的。制造商被铁路设施吸引到城镇，而城镇的显著发展则归功于新工业和新交通的结合。

铁路发展后，特别是1841年至1851年间，不仅英国的城镇人口集中化速度加快，法国和德国也加快了。在德国，铁路使除工业小镇之外的其他小镇的人口增长停滞，并加速了大城市的发展。[①]

以下表格来自韦伯的著作。表格中的统计数据显示，居住在万人以上的城市和十万人以上的城市的人口比例都在不断上升。[②]1851年之前，这种上升可归因于工业革命。但1851年之后，这种上升主要是交通发展的结果。正如我们所见，交通的发展反过来又进一步推动了工业革命的传播。

[①] 阿德纳·费林·韦伯：《19世纪城市的发展：一项统计学研究》，第201页。——原注
[②] 阿德纳·费林·韦伯：《19世纪城市的发展：一项统计学研究》，第144页到第145页。——原注

第4部分
机械运输引发的工业革命

万人以上城市的人口比例

	1800 年	1850 年	1890 年
英格兰和威尔士	(1801) 21.30	(1851) 39.45	(1891) 61.73
苏格兰	17	(1851) 32.2	49.9
普鲁士	(1816) 7.25	(1849) 10.63	(1890) 30
美国	(1800) 3.8	(1850) 12	27.6
法国	(1801) 9.5	(1851) 14.4	25.9
俄国	(1820) 3.7	(1856) 5.3	9.3

十万人以上城市的人口比例

	1851 年	1891 年
英格兰和威尔士	22.58	31.82
苏格兰	16.9	29.8
普鲁士	(1849) 3.1	12.9
美国	(1850) 6	15.5
法国	(1851) 4.6	12
俄国	(1856) 1.6	(1885) 3.2

铁路的出现和工厂的设立并不是19世纪城镇发展的全部原因。人们聚集到城镇，不仅因为城镇提供了更多的就业机会，还因为城镇生活的吸引力和群居生活的兴奋感。新的交通设施使农村人能够通过长途或短途旅行来熟悉城镇环境，从而在许多情况下发现自己更喜欢城镇生活而非乡村生活。

由于被农业机械赶出了土地，女人们只能离开村庄去做家政服务。年轻男子紧随其后。女人一旦习惯了城镇生活，便不愿意在农村结婚和定居。她会感到孤独。农村附近没有商店，她可能不得不步行几英里才能买到一夸脱用于照明的煤油或其他必需品。在农村，水并不像在城镇里那样随时随地都有，她经常要从很远的地方取水来做饭和洗衣。城镇生活对那些没有机会像男人那样外出工作又返回农村的贫困阶层妇女有着极大的吸引力，因此她们会利用自己的影响力让丈夫留在城镇。

1850年之后，卫生改革措施开始见效，这无疑加快了城镇的发展。如今城市中存活下来的人口比过去卫生条件恶劣时要多得多。因此，城镇的发展不仅因为外来人口的涌入，还因为城镇居民死亡率的降低。

也许19世纪城镇发展最显著的特征之一是沿海边缘城镇的发展，这些城镇主要是为去海滨度假的人们提供服务。这也是由于铁路促进了短期的人员流动。

在英国，城镇沿着海岸线发展还有工业方面的原因。[1]在接收原材料时，一个设在港口的企业无须将原材料从船上卸下再装上火车，从而省去了内陆运输的费用。同样，如果货物要出口，也省掉了运往海岸的铁路运输费用。[2]

值得注意的是，如今城镇的发展不再受制于供水问题。这是人类控制自然的成就之一，是19世纪的典型特征。借助19世纪工程发展提供的新管道，人们可以从很远的地方引水。例如，格拉斯哥的水来自卡特琳湖(Loch Katrine)，曼彻斯特的水来自坎伯兰郡；人们还认真讨论过将威尔士的水横跨英格兰引入

---

[1] 见《皇家运河委员会的报告》(Report of Royal Commission on Canals)，Cd. 4979，第88页。——原注
[2] 见《皇家运河委员会的报告》，Cd. 4979，第88页。——原注

第4部分
机械运输引发的工业革命

伦敦的可行性。而19世纪之前,城镇的选址受到周边地区可用水源的限制。

铁路的发展催生出一个全新的工人阶层,并极大地扩大了其他人的就业范围。修建铁路需要人手,为此曾经修建运河和内陆航道的筑路工人阶层被利用起来。这一阶层早就存在,但铺路工、司机、消防员、清洁工、列车长、调车员和站长等职业都是全新的。铁路的货物运输和在码头卸货也给许多人提供了大量的就业机会。英国商船队的规模迅速扩大。不过,英国商船队中不仅英国水手的人数增加了,外国水手的人数也大量增加,如下表所示:[①]

年均	英国水手 (不包括印度水手)	外国水手	外国水手占比 (每100个英国水手)	印度水手
1860—1864	163,676	17,808	10.88	—
1865—1869	176,114	20,630	11.71	—
1870—1874	181,628	19,425	10.69	—
1875—1879	174,407	22,393	12.84	—
1880—1884	170,399	26,040	15.28	—
1885—1889	171,710	25,709	14.97	—
1890—1894	185,524	29,799	16.06	24,628
1895—1899	176,773	34,130	19.31	31,126
1900—1904	175,095	38,915	22.22	39,267
1905—1908	190,128	37,556	19.75	44,152

结果是,运输工人开始成为所有国家中人数最多的工人阶层之一,并且其人数有迅速增加的趋势。

由于铁路带来的商业革命,贸易阶层的人数也迅速增

[①] 《财政蓝皮书》,1909年,第102页到第103页。——原注

加。社会需要更多的人来处理新商品的买卖。这些新商品成为交易的主体，同时交易量也大幅增加。

  例如，即使在19世纪50年代，茶、咖啡、可可、糖、大米、木薯粉、葡萄干、醋栗、橙子和柠檬等主要是富人消费的物品。到19世纪末，这些物品已成为富人和穷人的必需品。所有阶层对这些商品的消费量都大幅增加，因此，分销环节所需的人力也大大增多。如果没有运输设施，这些商品不会进入世界市场，也不会被如此大量地生产出来。因为运费下降，这些商品出售给消费者的价格得以降低，并通过铁路和蒸汽船送到消费者手中。虽然铁路和蒸汽船是使上述商品消费量增加的主要原因，但这些商品生产方法的改变也起到了一定的作用。糖不仅由甘蔗制成，也由甜菜制成；茶叶不仅在中国种植，也在印度广泛种植；锡兰[①]（Ceylon）的咖啡又补充了巴西的咖啡供应。这进一步降低了商品的价格，刺激了消费，扩大了贸易阶层。

  大城镇的发展进一步刺激了贸易阶层的增长。正如我们所看到的，大城镇的兴起主要得益于铁路的发展。在一个人口超过一万人的城镇里，生产者和消费者之间的直接交易变得越来越困难。以前，农民的妻子或女儿赶着车，带着自家的黄油和家禽去集市，摆出来售卖，与认识她的家庭主妇进行交易。但现在，这种充满农村风情的生活实际上已经结束了。黄油商、鸡蛋商、家禽商、肉类批发商和牛奶公司不再在"赶集

[①] 即现在的斯里兰卡。——译者注

第4部分
机械运输引发的工业革命

日"销售产品,他们要么为小商店供货,要么自己经营。即使在如今的市场大厅里,卖家也只是中间商而不是生产者。

城镇的发展使家庭主妇没有必要囤积大量商品。空间太宝贵了,而且商人的冷藏库可以保存易腐物品,条件更好。因此,贸易和店铺经营阶层逐渐壮大。集中在一个地方的大型企业也需要中间商来进行分销。为促进分销,代理机构和游商的数量也增加了。

下表显示了英国运输和贸易阶层人数的增加,以及与新的运输方式密切相关的矿工和钢铁工人人数的增加:[①]

十岁以上每千人的就业人数

	男性(每千人)			女性(每千人)		
	1881年	1891年	1901年	1881年	1891年	1901年
商业	30	34	41	1	2	5
交通业	75	85	41	1	1	1
采矿业	49	54	60	—	—	—
金属业	75	79	91	3	3	4
总就业	827	827	834	335	330	316
退休或未就业	173	173	166	665	670	684

	男性			女性		
	1881年	1891年	1901年	1881年	1891年	1901年
十岁以上的总人口(万人)	1,255	1,389	1,554	1,350	1,580	1,680

[①] 阿德纳·费林·韦伯:《19世纪城市的发展:一项统计学研究》,第91页。
注:商业的从业人员包括大商人、小商贩、游商和柜员。交通业的从业人员包括从事铁路(不包括铁路建设)、公路、河流、码头及电报和电话服务的人员。金属业的从业人员包括除采矿工人以及工具、机械和发动机制造人员之外的所有金属业从业人员。——原注

在美国，从事贸易和运输业的人数不断增加，这一现象更加引人注目：[1]

时间	人数
1880	1,871,503
1890	3,326,123
1900	4,766,964
1910	7,605,730

铁路和蒸汽船使小店主和独立工匠阶层的处境更加艰难。大型商店的发展使商业更加集中在大城市，从而损害了地方工业。它们将图文并茂的商品目录寄给顾客后，可以通过邮政或铁路寄运货物。而地方布料商的布料款式有限，小杂货店的新货"每天都在进货中"，但几周甚至几个月都无法到货。它们都受到大型分销商店发货便利（通常是免费运输）的严重冲击。住在康沃尔郡（Cornwall）偏远农村的女性可以按照商品目录，轻松地从曼彻斯特、伦敦或巴黎购物。在德国、美国和英国，邮购是分销业务的一大特点。

当地工匠也受到了交通运输的影响。以前，由于交通不便，一个地区使用的几乎所有东西都必须在该地区制造。因此，每个地区都有一些独立的工匠或工人，为邻近地区提供即时需要的东西。随着家具、炊具或衣服等物品能够从大型中心便捷地运往各地，当地的手工业逐渐萎缩。这是当地工匠减少的原因之一。[2]

---

[1] 《职业普查》(Occupation Census)，1914年，第53页。——原注
[2] 古斯塔夫·冯·施穆勒（Gustav von Schmoller）：《19世纪德国小企业的历史》(Zur Geschichte Der Deutschen Kleingewerbe Im 19. Jahrhundert)，第274页及之后。——原注

第4部分
机械运输引发的工业革命

对当地生活的破坏引发了更严重的后果,因为当地政府的大部分事务都依赖当地人来完成。

此外,农业生产富余的国家或地区,其农产品往往能通过铁路进入比周边地区更广阔的市场,所以受益颇多。其结果是当地产品价格的上涨,因为当地产品可以通过铁路在其他地方获得更好的销路。[①] 美国或丹麦的大型农业生产者就是如此获益的。小农场主也因此受益。如果鸡蛋、鸡肉、牛奶、黄油或蔬菜由中间商或合作协会组织起来销往大城市,那么小农场主就能将这些农产品卖出比卖给当地人更高的价格。因此,他们能够提高生活水平,从而摆脱过去收益仅够糊口的状况。外国竞争的影响主要表现在肉类或小麦等大宗农产品上,因为这些商品在国际市场上交易。小农场主的水果、蔬菜和牛奶等主要满足国内市场的需要,因而不受外国竞争的影响。总体而言,美国或英国殖民地的大型农业生产者受益于海外市场,但不得不面对来自世界各地的竞争,这往往会减少他们的利润。然而,由于草原条件下种植的农产品很容易进入欧洲,西欧出现了严重的农业萧条。

总之,因为得到了发展机会,新兴国家的大型农业生产者受益了;小农场主在大城市获得了不断扩大的市场,而且没有遭遇激烈的外国竞争,此前一直垄断国内市场的大型农业生产者却遭受了损失。

---

① 1825年美国开通伊利运河后,美国西北部的谷物价格大幅上涨。——原注

捕渔业是因交通设施的改善而发展起来的另一行业。当地的鱼类市场很快出现过剩。鱼是一种极易腐烂的商品，带冷藏功能的快速运输能使其销路更广，甚至走向国际市场。英国的鱼在瑞士仍能新鲜出售，加拿大的鲑鱼在欧洲也有市场。因此，捕渔业已不再是一个渔民驾驶自己的船捕鱼的行业，而开始变得资本化，拖网公司正在取代渔民。

机械运输也影响了女性的地位。分销的便利使得许多过去在家中制作的食品实现了工业化生产。生产饼干、果酱、泡菜、蛋糕、糖果的工厂，洗衣店、烘焙房、食品腌制工厂和生产罐头食品的工厂都是近来才发展起来的。夏季时，家庭主妇不再习惯性地因冬季黄油的匮乏而给黄油加盐，因为在正常情况下，从西伯利亚到澳大利亚，世界各地都可以定期供应黄油，南半球的夏季对应北半球的冬季，反之亦然。维多利亚时代早期的家庭主妇对自己"腌制一整头猪"和对每一样食品进行战略规划以供未来消费的才能颇为自得，而现代人已不具备这项才能，他们大量进口芝加哥的火腿，并在杂货店按磅购买丹麦或美国的熏肉。其结果是，女性劳动力从为家庭准备食物的工作中解放出来，促使她们转向其他领域寻求就业机会。[1]

如上所述，大规模的粮食进口使人们的生活更有保障。世界变得相对安全，人们不再像过去那样随时面临饥荒的威

---

[1] 在通信不发达的国家，大量的女性劳动力仍然被雇用来做食物的简易保存工作，以应对食物匮乏时期。在《俄国城乡生活》（*Russian Life in Town and Country*）第16页到第25页中，弗朗西斯·H. E. 帕尔默（Francis H. E. Palmer）生动地描述了一个俄国家庭在夏季保存食物的狂热场景。——原注

第4部分
机械运输引发的工业革命

胁。普通人也从过去几个世纪所特有的对粮食和收成的持续关注中解脱出来。

然而,新的人员流动使其他问题凸显出来。首先,人们在国内的大规模迁徙日益频繁。仅从选民登记册的变化就可以看出,与19世纪早期人们固定居住在一个城镇或地方的情况相比,在20世纪,人们不断变换居住地。家具搬运业务的增长也证明了这一点。德国、美国和英国的情况都是如此。这种持续不断的流动给地方行政管理带来了严重问题:如何管理那些总是在变换居住地的人口?许多人在一个地方工作,而在另一个地方睡觉,并且对这两个地方的福利都没有真正的责任感,这种情况使问题变得更加复杂。于是,中央政府开始接管更多工作,从而增加了国家干预的力度。国家干预是1870年后的时代特点。

除了在一个国家内不断变换住所,人们还季节性地迁移到其他国家。成千上万的俄罗斯人和加利西亚人在收获季节前往德国。[①]爱尔兰人前往英格兰和苏格兰挖土豆。许多意大利人在夏季去德国甚至去美国,从事建筑行业的工作,然后在冬季返回意大利。其他意大利人前往阿根廷只为收割庄稼。成千上万的英国熟练技工、石匠、玻璃吹制工、机车工程师等会在

---

① 来德国参加收割的外国农业劳工(俄罗斯人和加利西亚人)的官方数据如下:

1911年	387,902人
1912年	397,364人
1913年	411,706人

《领事报告(德国)》〔*Consular Report*(*Germany*)〕,Cd. 7620,1914年。——原注

春天定期前往美国新英格兰地区各州,并在淡季到来时返回英国。"这样一来,他们既逃避了美国的税收,又不履行任何公民义务,而且把大部分钱花在了美国之外。"[1]

由于快速和安全的运输消除了距离的障碍,各国都出现了大规模的人口迁出和迁入流动。

> 在北欧、东欧和南欧偏远且鲜为人知的地区,永远有一支规模庞大、无边无际的队伍在行进。这支队伍没有任何特征,人员不断变化,没有领袖或组织,每年以近一百五十万人的规模涌入文明世界。
>
> 这是一场世界前所未有的行军,而行进中的队伍只有一个念头,那就是逃离让人无法忍受的罪恶之地,到那些条件更符合民众福祉的自由国家去。
>
> 这是一个由各种各样的人组成的庞大队伍。在语言上,有多种语言;在着装上,从极地到赤道,所有气候的衣服都有所体现;所有宗教和信仰都有其追随者。这个队伍没有年龄的限制,年轻人和老年人并肩而行;也没有性别的区分,因为女性和男性一样热衷于移民,甚至比男性更热衷;怀抱婴儿的妇女数量也不少。

---

[1] 斯坦利·柯里·约翰逊(Stanley Currie Johnson);《从英国移民到北美》(*Emigration from the United Kingdom to North America*),第319页。——原注

第4部分
机械运输引发的工业革命

这支队伍把行装背在背上，但没有统一的样式。的确，他们的盘缠少得可怜，但他们的家族神像——与百代先人同根同源——可能被装在各种形状的袋子里或被捆装起来。这支队伍始终朝着同一个方向前进。他们从贫瘠的地方走出来，汇集在自然的分叉点，沿着国际公路集结，其先头部队消失在找到的安身之处。

海上运输已经到了肆无忌惮甚至不人道的激烈竞争阶段，这对于不熟悉其细节的人来说是不可想象的。从这数百万人的行进中获利的人在欧洲大陆布下了一张大网，其网眼之细，让任何出得起旅费并有愿望或有需要出行的男人、女人或儿童都无法逃脱。在意大利王国、奥匈帝国和俄国这三个大国，民众的社会地位很低……一些人急于为他们的船寻找货物，他们提供了移民的便利渠道，把这些国家的贫苦人民源源不断地吸走。[①]

在上述引用的文字中，作者对如此大规模的人口迁移给出的解释是：家乡难以忍受的条件和蒸汽船公司的努力。蒸汽船公司通过其代理人的积极活动，鼓动人们前往据说条件更好的地方。

---

① 詹姆斯·达文波特·惠尔普利:《移民问题》(Problem of the Immigrant)，1905年，第1页到第3页。——原注

不过，移民潮产生的原因对于不同国家来说各有不同。[①]就英国而言，国内的工业和农业革命是英国人移民的主要原因。纺织工人被机器取代，小农场被大农场排挤。在蒸汽船公司开始争夺移民运输业务之前，贫困阶层的通行问题得到了慈善协会和土地公司的帮助。[②]那些成功移民的人后来又寄钱回家，以帮助亲戚们移民。[③]

爱尔兰的人口过剩，1841年爱尔兰的人口达到8,175,000人，到1846年大饥荒时，爱尔兰的人口数量达到顶峰，这成为爱尔兰人移民的主要原因。其结果是1901年爱尔兰的人口锐减至4,459,000人。

1847年，欧洲同样遭遇了粮食短缺，这导致1848年欧洲普遍爆发了革命。其结果是，许多参加过自由主义运动的人都想离开德国，于是，大批德国中产阶级开始移民。19世纪，来自农村的德国人也加入了移民队伍。许多获得解放的农奴以前

---

① 在1880年至1911年间离开英国前往北美洲、澳大利亚或新西兰的7,783,503名英国人和爱尔兰人中，有4,407,253人去了美国。见斯坦利·柯里·约翰逊：《从英国移民到北美》，第346页，表2。——原注
② 斯坦利·柯里·约翰逊：《从英国移民到北美》，第346页，表3。——原注
③ 移民到美国并取得成功的人，每年都会给在英国的亲友寄去大笔的钱款。据英国当局统计，数据如下：

1849 年	540,000 英镑
1859 年	575,378 英镑
1869 年	639,335 英镑
1878 年	784,067 英镑

以上仅给出了几个典型年份作为样本。关于1848年至1878年每年汇寄的金额，见斯坦利·柯里·约翰逊：《从英国移民到北美》，第352页，附录，表10。——原注

第4部分
机械运输引发的工业革命

从事的是集体农业,无法适应个体经营。还有一些人移民是因为欧洲西部的小农场被过度细分,那里实行的是《拿破仑法典》,即一个人死后要将大部分财产平均分给子女,这导致了小农场的不断细分,结果是没有人可以靠农场的产出生活。德国人主要去了美国。同样,奥匈帝国和俄国不断变化的农业条件,加上铁路运输的便利和蒸汽船公司的活动方便了移民的通行,导致东欧人开始成群结队地移民。

1900年以后,英国人开始越来越多地被本国的殖民地吸引,英国移民的主力开始转向加拿大。1901年至1912年,63%的英国移民移居到了大英帝国境内,而1891年至1900年,这个比例仅为28%。[1]

由于英国是首屈一指的航运大国,欧洲的移民运输起初是由英国负责的。1880年以后,随着其他国家航运的发展,各国下定决心抓住这一运输业务,并以此为基础开发自己新的蒸汽船航线,这样一来,它们进出口货物的运输就不会被英国人主导。

1894年后,德国通过设立名义上旨在防止病人和不受欢迎的人通行的检查站,逐渐在移民运输业务中占据了越来越大的份额。[2]这些检查站由德国轮船公司管理,他们采取措施,确保通过检查站的人搭乘德国班轮而不是英国班轮。1880

---

[1] 《自治领委员会的报告》(*Report of Dominions Commission*), Cd. 8462, 1917年, 第88页。——原注
[2] 《战后英国航运的报告》, Cd. 9092, 1918年, 第8页到第9页。——原注

年后，移民运输的性质逐渐发生变化，这使检查站的运作变得更容易。由于德国工业的发展，德国的移民人数减少，[①]人们被新的工厂和工程项目吸纳。取代德国人的是俄罗斯人、奥地利人和意大利人，他们开始成群结队地迁移。虽然意大利人过去都移民阿根廷，但现在他们中的大部分人去了美国。[②]俄罗斯人和奥地利人穿过德国内陆，从德国港口经大西洋到达美洲，而德国人也借此机会发展了自己的大西洋航运业务。

现在，这股移民潮已经达到了一定规模，以至于二十多家蒸汽船公司拿出全部精力来处理移民运输，以确保建立新的和更直接的航线，并建造专门用于运载移民的新船。[③]

---

① 德国移民的数据如下：

1881 年	220,902 人	1892 年	116,339 人
1882 年	203,585 人	1893 年	87,677 人
1883 年	173,616 人	1894 年	40,964 人
1884 年	149,065 人	1895 年	37,498 人
1885 年	110,119 人	1901 年	20,874 人
1891 年	120,089 人	1912 年	18,545 人

关于19世纪外国移民的人数，见1904年第2期《财政蓝皮书（贸易委员会）》（Cd. 2337）第159页到第175页的关于欧洲主要国家移民情况的表格、图表和备忘录。——原注
② 《战后英国航运的报告》，Cd. 9092，1918年，第6页。1912年至1913年，在意大利移民中，266,000人去了美国，81,000人去了阿根廷，32,000人去了巴西。——原注
③ 詹姆斯·达文波特·惠尔普利：《移民问题》，1905年，第15页。惠尔普利先生指出，许多移民局认为轮船公司运送出境的移民人数占总移民人数的50%。——原注

# 第4部分
机械运输引发的工业革命

青壮年人口大量移民,这并不符合一个国家的最大利益。留在国内的小孩和老年人比例太大,身体不健康的人往往占多数。养育和教育出一个成年人需要花费大量资金,[1]一个壮年人意味着大量的资本,以移民形式输出资本对国家来说是不利的,除非能证明移民输出国随后能获得一定的收益。一个国家如果让国民在青春年华、体力全盛之时离开,这会破坏国内的生产力。19世纪的最后二十五年里,英国和德国的农业都因农业劳动力短缺而遭受损失。而英国熟练工人和矿工大量移民到美国,则在很大程度上为英国的机械工程行业树立了竞争对手。[2]

虽然大多数政府都采取了预防措施,以确保移民运输在合理、安全、舒适的条件下进行,但欧洲大陆政府的普遍做法是通过禁止广告和限制轮船公司的活动来限制国民外流。但这些移民去往的国家同样面临棘手的问题。移民往往在劳动力市场上要价过低,并和同一国籍的人聚在一起,难以管理。移民的卫生标准不高,人们很难让他们意识到自己对接收国的责任。他们必须马上找到工作;他们涌入城镇,加剧了港口的拥挤和普遍的住房困难。[3]

几乎所有国家都制定了关于外国人入境的法律和法规。一些国家只是禁止病人和罪犯入境。其他国家,特别是美国和

---

[1] 阿尔弗雷德·马歇尔(Alfred Marshall)认为培养出一个成年人需要200英镑。见《经济学原理》(*Principles of Economics*),第647页,注释。——原注
[2] 关于移民价值的讨论,见斯坦利·柯里·约翰逊《从英国移民到北美》第113章。——原注
[3] 见《移民委员会的报告》(*Report of the Immigration Commission*)美国部分。——原注

加拿大，对移民严加限制。将东欧移民"美国化"是1914年美国面对的一个重大问题。如果新移民是英国人、德国人、爱尔兰人或斯堪的纳维亚人，他们的生活水平和总体观念与美国本土居民没有太大差异，因此，将他们"美国化"很容易。然而，近年来，大量目不识丁的加利西亚人、俄罗斯人和黎凡特人涌入美国则完全是另一回事了。

大英帝国也因大规模人口流动而面临严重问题。交通的发展甚至在一成不变的东方也引起了人口流动。自1850年起，印度人、中国人和日本人开始涌向澳大利亚的金矿区，在新西兰和南非殖民地也可以看到他们的身影。解放奴隶后，黑人劳动力的效率非常低，毛里求斯、英属圭亚那、特立尼达(Trinidad)和牙买加的政府有意识地鼓励印度人移民。然而，这种人口流动在自治领内引发了冲突。印度和中国劳工的生活水平比欧洲劳工低，而且愿意接受比白人劳工工资更低的薪酬。自治领政府不希望白人劳工的生活水平被廉价的亚洲劳工降低。因此，他们都采取了限制措施，目的是将亚洲劳工拒之门外。这些措施要么是惩罚轮船公司，要么是设立不可能通过的教育测试，或者采取其他方法。然而，英国的印度臣民抱怨说，既然他们是大英帝国的臣民，就应该被允许在帝国内自由流动。煽动者利用各自治领施加的限制赚了很多钱。世界大战期间，印度移民问题得到了解决。

中国移民的问题则截然不同。他们不是来自大英帝国的同胞。但在19世纪，英国人不止一次发动战争，迫使中国向外国

第4部分
机械运输引发的工业革命

人开放其国土和港口。中国人会提出怎样的"门户开放"对等要求,这是一个棘手的外交问题,特别是澳大利亚是一个只有400万人口的大陆,而大清帝国有大约3.15亿人口,且人口过剩。然而,在不久的将来,印度和中国的工业发展可能会吸纳大量的人口,这样,亚洲过剩人口寻找出路却无路可走的问题或许可以暂时得到解决。

显然,任何国家都不能忽视修建(制造)或控制铁路和轮船的问题。除了由机械和工程引起的制造方法的革命,国家控制铁路和轮船是继个人自由问题解决之后整个19世纪经济发展中最重要的事件。

第5部分

英国机械运输的发展和国家对运输的控制

新型交通工具出现在工业革命的先驱国家并非偶然。大规模机械创新的发生必须具备三个条件：进行新实验的资金、对新产品或新服务的需求、制造所需物品的技术实力。就铁路而言，英国人已经积累了资本，并愿意将其投入新的交通工具中。[①]煤、铁和其他重型材料不断发展，而工业发展超出了运河的运输能力，运河无法以足够快的速度运输货物，所以需要用改进后的新方法来运输这些重物。英国的钢铁工人和工程师拥有无与伦比的技术和能力，可以制造机车、铁轨、船用发动机和铁船。

有别于世界上所有的其他铁路系统，英国的铁路系统有其独特之处。部分原因在于英国铁路是在现有的公路和运河系统基础上发展出来的，保留了许多旧有的特征。

一、公路

18世纪以前，英国的公路还只是土路或供驮运货物的骡子和骑马者行走的小道。[②]根据1555年的一项法规，这些非硬质路面的土路由每个教区的劳动力来维护，他们每年必须在这些道路上义务服务6天。那些年收入超过50英镑的教区居民

[①] 图克、纽马奇：《1792年至1856年的物价和流通状况的历史》，第5卷。——原注
[②] 关于这个主题，见悉尼·韦伯（Sidney Webb）和比阿特丽丝·波特·韦伯（Beatrice Potter Webb）：《英国地方政府：国王公路的故事》（*English Local Government: The Story of the King's Highway*）。——原注

第5部分
英国机械运输的发展和国家对运输的控制

则必须提供6天的人员、马匹和马车服务所需的费用。虽然已经有了车辆运输，但17世纪末仍不常见。不过，随着贸易的扩大和大宗货物运输需求的增加，车辆运输逐步增加。这些带轮子的车辆在公路的土质路面上留下了很深的车辙。就在人们越来越需要运输大量原材料和制成品的时候，公路变得越来越糟糕。如果不对道路加以改善，18世纪的整个工业发展就会受到阻碍。正如我们所看到的，英国政府的传统做法是把一切问题都留给个人解决。18世纪，某些"个人、土地所有者和其他人"自发修路的做法兴起，这些人获得议会私法法案的批准，开始重建和铺设道路，使带轮子的车辆可以轻松通行。这些人组成了一家收费公路信托公司，并获得授权，可以向公路使用者收取通行费，以收回成本和为维护公路提供资金。因此，人们可以想象这样的情景：一个十分完善的公路网络掌握在1,100家不同的收费公路信托公司手中。收费公路信托公司以不同的方式重新修建公路，并以不同的效率开展道路维护，在其所在地区之外，有一个庞大的教区道路网，这些道路依然是非硬质路面的土路。因此，我们可以发现当时关于道路的记载有很大不同。一位作家记录了以每小时5英里的速度行进的马车的"飞速远征"；另一位作家则记录了四英尺深的车辙和一长串被撞坏的马车。这一切完全取决于他们说的是改进后的收费公路还是未经改善的教区道路。但即使是收费公路也各不相同，一些路段损坏严重。在一些地方，土地所有者不上心，或者没有资金重新修路，车辆在土路上无法通行。由于糟糕的道路状况，冬天时，城镇与外界的联系就会被切断。每年冬天，人们都会腌制食物，就像被围城一样做好准备，因为通往城镇的道路在交通繁忙时特别容易失修。很难想象农村地区在冬天是怎样与世隔绝。这是1792年的情况："你也很清楚，冬天是一年中最无趣的季节，人们需要结交朋友，建立友谊，但邻里之间的交往不可能持续下去，否则就会有生命危险。"[1]

在整个18世纪，公路信托公司都面临着一个巨大的难题，那就是要为道路铺设令人满意的路面。直到1808年，"在考察伦敦附近的收费公路时，我发现用于修路的材料在冬天很少能维持一个月或六个星期以上，然后它们就被碾成粉末，像水坑里的水一样被碾到了路边……在一些地方，通行费增加了一倍，但有时道路几乎无法通行"[2]。

教区的旧道路继续通过六天的法定劳役或通过征收税款和雇用穷人来维修。1832年，至少有52,800名贫民被雇用修路，花费了264,000英镑。1820年，官方认可的公路总长度为125,000英里，其中只有20,875英里属于收费公路信托公司。1830年，收费公路之外的其他公路由工作效率低下的穷人维护，或由那些必须提供六天义务服务的人维护，他们的工作同样令人不满意。[3]

显然，旅行会给人的生命和肢体带来相当大的危险，因此，那些敢于在英国旅行的人，将自己的经历写得像是去中非

---

[1] 韦伯夫妇：《英国地方政府：国王公路的故事》，第195页、第226页。——原注
[2] 亚当·沃克（Adam Walker）：《关于公路的报告》(Report on Highways)。——原注
[3] 韦伯夫妇：《英国地方政府：国王公路的故事》，第193页。——原注

第5部分
英国机械运输的发展和国家对运输的控制

探险,这并不奇怪。①

然而,19世纪初,三项重大的改革彻底改变了主要公路的交通状况。麦克达姆发明了一种耐用的路面;托马斯·特尔福德②发明了道路铺设的新方法;收费公路信托公司开始合并,覆盖更大的区域,在这些区域,政府任命带薪官员,并建立了一套更统一的维护和改进制度。

1835年的《公路法案》(The Highways Act)废除了公路的强制性劳役,授权每个教区征收通行费,并任命一名带薪官员负责道路维护。

正当公路真正得到改善时,它们却遭遇了"铁路灾难"。人们纷纷放弃用马车运货,改用铁路运货,而马车过去交纳的通行费占很大比例。收费公路信托公司因此破产,政府不得不放弃自由放任政策,着手进行公路养护。收费公路信托公司逐渐被解散,但1871年仍有854家。然而,最后一次公路收费是在1895年针对什鲁斯伯里(Shrewsbury)至霍利黑德(Holyhead)公路的安格莱西亚(Anglesea)路段征收的。1888年,主要道路的维护工作移交给了郡议会,其他道路则由农村或城镇区议会负责维护。

与英国的公路系统形成鲜明对照的是其工业劲敌法国的公路系统。从1743年开始,法国中央政府对大部分地区如财政区

---

① 有趣的是,大仲马(Dumas)认为,体现金钱力量的最好方式是让他的主人公基督山伯爵(Monte Cristo)提前三个月就确定抵达巴黎的日期和时间。当然,法国的道路系统是出了名的高效。——原注
② 托马斯·特尔福德(Thomas Telford,1757—1834),苏格兰著名的土木工程师。——译者注

行省[①](Pays d'Election)的主要道路进行了改进施工[②]。一所培训道路维护和道路工程方面人员的学校成立了。在保留了相当多地方自治权的三级会议行省(Pays d'Etat)，主要道路并不在政府的监督之下，但榜样的力量必然会发挥作用，朗格多克的公路受到了像阿瑟·扬(Arthur Young)这样经验丰富的旅行者的赞扬，而他对英格兰北部的道路却大加指责。法国农民必须为所属辖区内的公路无偿劳动三十天，而法国公路是全欧洲最好的公路。

  法国大革命期间，法国的道路维护工作完全中断。但为了恢复法国的秩序和镇压盗匪，同时为了能够迅速调动军队，拿破仑重新修建了法国的道路。1811年，这些道路被划分为从巴黎向外延伸的主干道或帝国道路以及地方道路或部门道路。[③]前者由中央政府负责维护，后者由各省维护。所有道路都按照统一的规划进行设计和养护。事实证明，法国人是自罗马时代以来最卓越的道路建设者。与英国的收费公路不同，法国公路是免费通行的。拿破仑倒台后，复辟政府继续推行他的政策，在道路建设上花费了3.02亿法郎。而1830年至1848年间，修建和维护这两类道路的花费为9.78亿法郎。与此形成鲜明对比的

---

① 法国大革命前，法国的地方行省分为三类：财政区行省，直属法国王室的行省，税收的评估和征收由国家指定的官员负责；三级会议行省，在税收方面保持一定程度的地方自治的行省，税收评估由地方议会制定；直接征税区(Pays d'Imposition)，近期被法国征服的行省，交直接税。——译者注
② J. 莱塔科努(J. Letaconnoux)：《18世纪法国的交通线路》(Les voies de communication en France, au XVIIIᵉ Siécle)，载于《社会经济史季刊》(Vierteljahrschrift fur Sozial und Wirtschaftsgeschichte)第7卷第94页。——原注
③ 这种区别现在仍然保留，但主要道路是国有道路。——原注

第5部分
英国机械运输的发展和国家对运输的控制

是,同一时期英国的收费公路信托公司纷纷破产,而英国政府却试图将公路建设的负担转嫁给地方卫生部门。这是两国交通发展史的典型特征,无论是公路、运河还是铁路。在英国,交通运输的改进被视为个人事务。如果个人筹到钱,那很好;如果筹不到钱,那事情就保持原样。和其他行业一样,运输是一种商业行为,除防止商业不端行为外,政府并不干涉商业活动。而在法国,人们认为国家的统一和福祉取决于迅速通畅的通信网络。因此,在18世纪和19世纪,无论法国在其他事务上采取何种自由放任政策,国家始终特别关心交通问题。在法国,交通的发展是自上而下的,并按照统一的制度进行规划;而在英国,交通的发展来自下层,并以一种零星散乱的方式发展起来,尽管有合并覆盖更大区域的趋势,但始终保留着最初缺乏统一性的痕迹。

显然,随着交通和工业的发展,英国必须改进其交通方式,不能仅仅依靠收费公路,否则英国的运输量将无法满足大规模生产的要求。

因此,1760年后,运河得到了发展,对煤炭的需求进一步刺激了运河的开凿。

二、运河

18世纪时,英国对煤炭的需求量日益增加,于是迫切需要一种比马车运载或骡子驮运更好、更便宜的方式来运输煤炭。

1750年后，用焦炭冶炼铁的秘密在整个行业中流传开来，鼓风炉迅速发展起来，对煤的需求量大增。与此同时，韦奇伍德成功地发展了制陶业，该行业需要来自康沃尔的瓷土和用于烧制的煤炭，最重要的是，需要一种廉价且安全的方法来运输制作好的易碎陶器。由于木材短缺，家庭燃料也需要煤炭，不断发展的纺织业同样需要煤炭提供驱动机器的蒸汽动力。对兰开夏郡来说，至关重要的一点是能够接收散装的原棉，并能够将曼彻斯特生产的数百万码的成品布料准确迅速地运出去。因此，第一条运河出现在英格兰北部并非偶然，因为从像阿瑟·扬这样经验丰富的旅行者的描述来看，英格兰北部的公路系统似乎特别低效。[1]

很难说是工业革命促进了交通方式的改进，还是交通方式的改进促进了工业革命。事实可能是两者互相促进。道路的改善是由于交通量的增加，[2]而运河的开凿当然是由于工厂对煤炭

---

[1] 从下表可以看出，需要处理的原材料越来越多：

原棉进口量（引自爱德华·贝恩斯《大不列颠棉花产业史》）（单位：千磅）

1751 年	2,976	1800 年	56,010
1782 年	11,828	1810 年	132,488
1787 年	23,250	1820 年	144,818
1790 年	31,447	1830 年	259,856

来自外国和殖民地的羊毛进口量（单位：千磅）

1766 年	1,926	1830 年	32,305
1790 年	2,582	1840 年	49,436
1800 年	8,609	1857 年	127,390
1810 年	10,914		

引自威廉·坎宁安《英国工业与商业的发展》第3章第929页"关于约克郡羊毛贸易的报告"。——原注

[2] 韦伯夫妇：《英国地方政府：国王公路的故事》，第5章。——原注

第5部分
英国机械运输的发展和国家对运输的控制

需求的不断增长。另一方面，如果工厂所需的煤炭和原材料只能小批量运输，那么工厂的发展就不可能超越小作坊的阶段。

英国运河的历史可以分为两个时期。第一个时期是1760年至1830年，运河崛起并发展成为交通系统中最重要的部分，也成为英国工业赖以生存的基础。第二个时期是1830年至1914年，铁路和蒸汽船的出现使运河相对衰落。英国的工业开始依赖于机械运输。货物的分发量达到了难以想象的数字，反过来让工业革命的传播速度大大加快，传播范围极大扩大。

第一条运河由布里奇沃特公爵自费修建，于1761年开通，目的是将他在查特莫斯〔沃斯利（Worsley）〕的煤矿与曼彻斯特连接起来。由于曼彻斯特需要比公路和未经改善的河流更好的与海港连接的交通，公爵又修建了第二条运河，连接曼彻斯特和朗科恩（Runcorn），从而连接利物浦。当时，陶器制造商、制盐商和其他因缺乏良好交通条件而特别受阻的人联合起来，出资开凿了中部地区的几条运河。它们是特伦特至默西运河〔Trent and Mersey，或称"大干线"（Great Trunk）〕、斯塔福德郡至伍斯特郡运河（Staffordshire and Worcestershire，1766年批准）、伯明翰至考文垂运河（Birmingham and Coventry，1768年），以及牛津运河（1769年）。连接伦敦和中部地区的大枢纽运河（Grand Junction Canal）于1793年获批修建。关于大枢纽运河，人们说："它给大都市以及沿线还有其分支的所有地方带来的好处是无法估量的。曼彻斯特、斯陶尔布里奇（Stourbridge）、伯明翰和伍尔弗汉普顿（Wolverhampton）的主要商品，如奶酪、盐、石灰、石头、木材、谷物、纸张、砖头等，都由它运到城里。而在回程中，杂货、牛油、棉花、锡、肥料和制造业地区所需的原材料也源源不断地经由它运输。"①这段引文也表明，1831年，当主要商品还是上述商品时，英格兰中部地区离工业化还有很长的路要走。

18世纪的最后十年，一场修建大运河的热潮席卷了英格兰（1793年至1797年），由众多私人公司建造的内河水道系统迅速覆盖了整个英格兰。这些公司必须得到议会法案授权，才能获得为修建运河而强制征地的权力。在授予征地权之前，议会规定了水路使用的最高收费标准。

对于运输变革带来的好处，当时的人们都赞不绝口："在短短的几年时间里，内陆水路系统得到了大量扩充，现在几乎扩展到国家的每一个角落。这不由得让人对英国商业阶层特有的宏伟气魄、进取精神和开阔视野产生深刻印象。对这一阶层来说，没有什么是它不敢尝试的，没有什么是它无法实现的。如果没有外部变化持久制约国家繁荣，那么它未来的发展将不可估量。"②

由于许多运河与河流相连，这些河流也必须被修缮，修缮后的河流被称为"内河航道"。

总的结果是，到1830年，英格兰和威尔士共有1,927英里的运河和1,312英里的航道以及812英里的开放河流。苏格兰有

---

① J. 普里斯特利（J. Priestley）：《通航河流、运河和铁路的历史记录》（*The Historical Account of the Navigable Rivers, Canals and Railways*），1831年，第335页。——原注
② 艾肯（Aiken）的《兰开夏郡》（*Lancashire*，1793年），引自《皇家运河和内河航行委员会的报告》（*Report of Royal Commission on Canals and Inland Navigations*），Cd. 4979，1909年，第3页。——原注

第5部分
英国机械运输的发展和国家对运输的控制

183英里的改良水道和运河,爱尔兰则有848英里。[1]因此,运河系统主要是由英格兰人开凿的。考虑到英格兰人没有多少经验可循,这种覆盖全国的水路交通网络的形成确实是一项了不起的成就。布里奇沃特公爵的工头布林德利接受过工匠训练,每周从公爵那里领一英镑的工资。他必须自己解决所有关于运河建造的问题,包括使运河不透水。他还要充当测量员、承包商、工程师、工地工头和所需设备的发明者。当时在英格兰,没有人见过运河驳船或船闸,北方人对公爵的计划也缺乏信心,因此,布里奇沃特公爵不得不去伦敦借了25,000英镑,来完成曼彻斯特至利物浦运河的修建。在北方,他连500英镑都筹不到。[2]

布里奇沃特公爵展示了运河运输的价值后,运河得到了人们的广泛关注。尽管当时英格兰正在进行一场大战,财政很紧张,但这些数千英里的水道还是由私人修建完成了。英格兰的水道建设没有得到政府的财政支持,但苏格兰的两条运河,即喀里多尼亚(Caledonian)运河和克里南(Crinan)运河,是由议会拨款修建和改善的。但这是一般情况中的特例,其目的是帮助船只避开苏格兰高地海岸的危险。这不是商业问题,而是航运安全问题。喀里多尼亚运河和克里南运河是英国仅有的两条国有水道,而喀里多尼亚运河每年都在亏损。一般情况下,改善交

---
[1] 《皇家运河和内河航行委员会的报告》,Cd. 4979,1909年,第14页、第20页。——原注
[2] 塞缪尔·斯迈尔斯:《工程师传记》。——原注

通的资金应由私人筹集，他们可以通过收取通行费来收回资金。运河上的交通十分繁忙，在工业和经济上，许多运河都取得了巨大成功。[①]

修建这些运河和内河航道是为了与公路竞争，所以它们被设计为只适用于小型驳船。在英国，只有载重20吨的驳船可以从头到尾全程通行，而载重60吨的驳船可以在相当长的航段内通行。运河是在蒸汽船出现之前修建的，并不是为机械动力运输设计的，河岸也无法承受蒸汽船航行时激起的波浪。

由于运河只是另一种形式的道路，运河公司并不承担货物运输的责任。只要支付路费，任何人的船都可以在运河通行。除了艾尔和科尔德运河公司(the Aire and Calder Canal Company，1845年之前该公司也从事运输事务)，没有一家运河公司发展成为运输公司。只有少数运河公司于1845年之后在铁路竞争的刺激下试图发展成为运输公司，但此后许多公司又放弃了。[②] 如果运河公司在铁路竞争

[①] 以下数据摘自1824年12月《绅士杂志》(Gentleman's Magazine)的股票报价，见《皇家运河和内河航行委员会的报告》，Cd. 4979，1909年，第4页。这些数据大致反映了当时丰厚的股息和利润情况：

运河	股息（%）	股价（英镑）
特伦特至默西运河	75	2,200
拉夫伯勒运河	197	4,600
考文垂运河	44	1,300
大枢纽运河	10	290
牛津运河	32	850
斯塔福德郡至伍斯特郡运河	40	960
利兹至利物浦运河（1824年8月）	15	600
伯明翰运河	12.1	350

——原注

[②] 《皇家运河和内河航行委员会的报告》，Cd. 4979，1909年，第57页。——原注

第5部分
英国机械运输的发展和国家对运输的控制

出现之前就发展成为运输公司,它们很可能会为了自身利益而统一运河系统。事实上,单收取过路费,它们的收入就已经很不错了。而在一切进展顺利时,它们觉得没有理由做出改变。

在英国,因为运河和公路一样是由数百家私人公司修建的,所以在标准、深度、收费、财务和维护方面各不相同。船闸规格不一,河道宽窄不一,桥梁高度也不一样,并且所有运河的建造规模都太小,无法满足现代需求和蒸汽船运输的要求。这些公司本来可以在统一的基础上设置联运收费制度,但由于任何人都可以选择运河运输,对这些人的收费必然不同,因此,不可能有广泛的货物运输联运收费制度,通过运河运送货物往往意味着要办几条运河的缴费手续。[1] 例如,一艘从伯明翰到利物浦的船要经过六条运河,从伯明翰到赫尔则要经过十条不同的运河,这种多头管理必然对交通造成阻碍。[2]

然而,我们必须记住,运河和内河水道极大地改善了以前的交通状况。货物运输不仅变得更便宜,也更迅速。根据1770年的一本小册子,从利兹到利物浦的货物如果通过陆路运输,通常需要三周甚至更长时间,每吨运费高达4英镑10先令,

---

[1] 伍斯特商会的科贝特先生(Mr. Corbett)在证词中提到,当地一位木材商人将木材从斯特劳德(Stroud)运到南斯塔福德郡的矿区。这些木材必须通过七条不同的运河,这意味着要办理五次手续、进行五次货物申报,以及必须让船上的人带上五次要交的钱。另一名证人描述了这种做法带来的灾难性后果:"有一个船夫酗酒,根本不驾船去拉土豆,我们预付给他的大约四英镑也就打了水漂。"《皇家运河和内河航行委员会的报告》,Cd. 4979,1909年,第7页。——原注
[2] 《皇家运河和内河航行委员会的报告》,Cd. 4979,1909年,第6页。——原注

并且货物还容易被损坏。但如果通过运河运输，只需要3天就能安全抵达，每吨运费仅为16先令。[1]

总的结果是，运河使运输费用降低到原来的四分之一左右。原材料得以大量运输；像煤炭和建筑材料这类体积庞大的货物也获得了新的流动性。1767年后，为了将产煤区或采石场与运河连接起来，铁轨或马车道被铺设起来，这又进一步刺激了大型货物的运输。

由于从康沃尔获取瓷土和分发易碎陶器的条件得到改善，陶器制造业获得了新的发展动力。陶器产区迅速发展起来，1760年，该地区只有7,000人，并且只有部分人就业，工资很低；1785年，陶器产区的人口增长到21,000人左右，[2]人们"生活富足且舒适"。卫斯理[3]对这一地区20年来在礼仪和道德方面的巨大进步给予了非常积极的评价。

由于燃料可以通过运河运输，人们可以搬离森林和沼泽附近的区域。内河水道对家庭来说意味着廉价的供暖，对工厂和高炉来说意味着更廉价的动力。1831年，在谈到牛津运河时，普里斯特利说："这是一种将大量煤炭从伯明翰附近的产煤区运往牛津和泰晤士河沿岸其他城镇的运输工具。"运输的总成本被大幅降低。英格兰中部地区得以开发，城镇得以发

---

[1] 基里克（Killick）：《利兹和利物浦运河的历史》(History of the Leeds and Liverpool Canal)。——原注
[2] 塞缪尔·斯迈尔斯：《工程师传记》，第6章，《布林德利传》。——原注
[3] 即约翰·卫斯理（John Wesley,1703—1791），英国牧师、神学家和福音传教士。——译者注

第5部分
英国机械运输的发展和国家对运输的控制

展,部分原因是可以获得食物,部分原因是可以大量获得建筑材料。农业有了更好的市场,运河的发展促进了大型农场的兴起和农业的全面变革。

关于曼彻斯特,有人说:

> 自1788年以来,曼彻斯特对谷物和面粉的需求大幅增长,新的供应来源已经通过航运从遥远的地方打开。尽管在产量极低、消耗极高的地区,这些商品的价格肯定会很高,但不必担心出现垄断或短缺的情况。在各阶层的饮食中,作为面包之外最重要的补充,土豆从各地运来,特别是通过布里奇沃特公爵开凿的运河从朗科恩(Runcorn)和弗罗德舍姆(Frodsham)一带运来。[①]

这段摘录表明,如果没有运河运输条件的改善,由于粮食供应困难,而不仅仅是煤炭供应问题,"大工业"不可能在英格兰北部扎根。

运河对港口发展的影响也很明显。广阔的腹地被打开后,利物浦从一个以奴隶贸易为主的小地方,成为原材料的入口港和工业品的出口港。

内河水道贸易取代了大量的沿海贸易。当从利物浦或布

[①] 约翰·艾金(John Aikin):《曼彻斯特周边三十至四十英里范围内的乡村风貌描述》(*A Description of the Country from Thirty to Forty Miles round Manchester*),1795年,第203页。——原注

里斯托尔（Bristol）向伦敦或赫尔运送货物时，船经常因海上风浪而耽搁数周。运河驳船的定期和准时凸显出优势，诸如利兹至利物浦运河等运河便成为从爱尔兰海（Irish Sea）到波罗的海和德国的货物运输的主要通道。肯尼特至埃文运河（The Kennet and Avon Canal）通过连接泰晤士河和塞文河，成为"爱尔兰海和德国海域之间的交通枢纽"[①]。

随着运河交通带来的港口增长，人们需要新的码头和大规模的建筑工程来应对日益增加的运输量。从事内河航道建设的新型承包商应运而生，他们所积累的经验对后来的铁路建设非常宝贵。新的测量师阶层被培训出来，新的流动工人阶层，即航海工人或水手出现了。这些人可以承担大型建筑工作，也可以去修建铁路。贸易的性质也发生了变化。过去，商人们常常用马匹驮着货物，边走边卖。1760年后，他们被游商取代。1823年，盖斯特写道："现在可以断言，整个英国的内部批发贸易都是由游商开展的。他们走遍了英国的每一个城镇、大小村庄，带着他们的样品和图案，接受零售商的订单，然后用马车或运河驳船将货物运到目的地。在到全国各地旅行的人中，他们的人数占一半以上，也是旅店的主要客源。"[②]

运河促进了所有贸易和交通的发展，成为大规模生产的必要条件。

正如英国和法国的公路系统存在显著差异一样，两国的运

[①] J. 普里斯特利：《通航河流、运河和铁路的历史记录》，第386页。——原注
[②] 理查德·盖斯特：《棉花产业简史》，1823年，第11页。——原注

第5部分
英国机械运输的发展和国家对运输的控制

河系统也有明显不同，具有各自国家发展的特点。法国大革命后的十年里，法国的运河修建陷入了混乱的局面。个人在法国根本无法筹集到资金，因为1789年至1799年，法国的信用和信心遭到了极大的破坏。但凡手里有点资金，法国人就会投资到土地上。国家向得到国家贷款的公司颁发特许状，修建运河才得以重新启动并增加。由于人们认为这些公司收取的费用过高，政府回购了这些特许权。与英国不同，法国政府改造运河是为了与铁路竞争，水路建设的标准是可供载重300吨的船通行。在法国，修建运河不是一项商业投资，运河和公路都是免费通行的，也就是说，没有收费制度。当然，纳税人间接支付了这些费用。1879年至1900年，法国在改善河流方面花费了11,209,600英镑，在改善运河方面花费了14,607,611英镑。此外，1814年至1900年，法国还花费了30,384,073英镑用于养护和维修运河。[①]其结果是，自1880年以来，法国运河的运输量大增。

年份	运河（千吨）	增长率	铁路（千吨）	增长率
1880	18,000	—	80,774	—
1905	34,030	90%	139,000	72%

这与英国运河的命运形成了鲜明对比。英国运河大约在1830年达到繁荣的顶峰。[②]从那以后，运河作为主要运输方式的地位被铁路取代。1909年，运河实际运输的货物比以往任何时候都多，但日益增长的运输量主要是由新型机械运输工具承担的。运河的运输费用大幅下降，运河的收入受到严重影

---
① 《皇家运河和内河航行委员会的报告》，Cd. 4979，1909年，第100页。——原注
② 《皇家运河和内河航行委员会的报告》，Cd. 4979，1909年，第5页。——原注

响。例如，大枢纽运河的运载量可见下表：[①]

年份	吨位	收入（英镑）
1838	948,481	152,657
1888	1,172,463	84,981
1898	1,620,552	100,075

运河运输尽管运载量有所增加，但与铁路运输相比，进入了一个发展相对停滞的时期，具体见下表：[②]

年份	运河（吨）	增长率	铁路（吨）	增长率
1888	36,300,000	—	281,747,439	—
1898	39,350,000	8.5%	378,563,083	34.5%

这些数字足以说明，英国不断增长的贸易是由铁路承运的，相对来说，曾经十分重要的运河系统在英国商业中发挥的作用已变得相对不重要。1905年，仅西部大铁路的运输吨位就超过了英国所有水道的运输总吨位。这些数字也是铁路时代贸易增长的一个显著例子。1898年，运河实际的运输量比其曾经作为主要运输方式时还要多，但在那一年，有3.78亿吨货物改由铁路运输。这表明铁路极大地促进了向大规模生产和分销的转变，这一转变被称为工业革命。

当铁路以其快速的联运、处理大量货物的能力、统一费率、准点性、车站的装载和交货服务，以及铁路官员的文明管理出现时，运河的发展迅速陷入了相对停滞的状态。随着沿海

[①] 其他证据见《皇家运河和内河航行委员会的报告》，Cd. 3184，1906年，附录1。——原注
[②] 《皇家运河和内河航行委员会的报告》，Cd. 3184，1906年，第64条问询，贸易委员会H. 杰基尔爵士（Sir H.Jekyll）的证词。——原注

第5部分
英国机械运输的发展和国家对运输的控制

蒸汽船开始大量运输货物，并且不会像以前的帆船那样出现延误，运河发展的停滞就更严重了，运河的大部分运输业务又被分流到了沿海贸易中。政府迫切地希望保持铁路和运河之间的竞争，以降低运输费率，并于1845年授权运河公司从事运输业务，但收效甚微。虽然在某些情况下，运河的通行费降低了七分之一，但运河只有通过合并和重建才能有效地对抗铁路，然而没有人会把钱投资在如此明显不如铁路的运输方式上。政府本已因经营不盈利的喀里多尼亚运河而负债累累，不会试图去做法国政府所做的事情，即为大船和蒸汽船的运输而扩大和重建运河。在英国，运输业是个人的事，而不是国家的事。许多运河公司为了保全股东的利益，甘愿将运河卖给铁路公司，[1]这样铁路公司就获得了英国三分之一的运河里程。铁路公司有时不得不购买运河，以避免运河公司在议会中对铁路议案提出反对意见。总的结果是，在运河和内河航运的总里程中，非铁路公司所有的运河有3,310英里，铁路公司所有的运河有1,360英里。[2]这进一步阻碍了运河的任何改善。铁路公司受其接管运河时所订合同的约束，需要对运河加以维修。但将运河维持在1850年的状态，并不意味着运河在1900年仍能有效使用。货物通过铁路运输符合铁路公司的利益，因为这样货主向铁路公司支付的费用不仅有过路费，还有运输费、铁路货运车厢和车站的使用费。如果货物通过运河运输，那么驳船船主会

---

[1] 为了保住运输业务，一家运河公司甚至转型为铁路公司。——原注
[2] 《皇家运河和内河航行委员会的报告》，Cd. 3184，1906年，第14页。——原注

收取运费和驳船使用费,其他人收取码头使用费。因此,早期的铁路公司把货物从自己的运河转移到铁路上是有利可图的,这样他们就可以从三四处而不是一处挣钱。其结果是,铁路公司所属运河的货运量下降了,而独立运河的货运量却上升了。数据如下:

年份	独立水道(吨)	里程数	铁路公司所属水道(吨)	里程数
1888	19,789,668	—	15,512,189	—
1905	20,434,411	1,923	13,702,356	1,225

此外,铁路公司控制着约三分之一的运河战略要道,这一事实阻碍了运河形成一个统一的体系。显然,制造一个与自己竞争的对手不符合铁路公司的利益。

然而,英国运河衰落的真正原因在于国内商业已经在很大程度上进行了重建,铁路运输比水运更适合重建后的英国商业。例如,英国农民已经从销售小麦转变为销售乳制品,而对于牛奶和黄油这类产品的运输来说,水路太慢了——尽管它曾适用于谷物运输。煤炭商人不愿意用大仓库来存放煤炭,而宁愿把煤炭装在铁路的货运车厢里,在需要时取出,这样就可以用较少的资金来运营。就运输煤炭而言,铁路有一个很大的优势,那就是货运车厢可以通过铁路支线开到煤矿旁,然后在矿井口装货。人们也可以通过支线将煤炭运至需要用到煤炭的工厂或集体作坊的各个角落。为船只添加燃料时,人们可以将煤炭从铁路货车车厢的一侧倒入码头一侧的船上。因此,即使煤炭是运河发展的原动力,铁路也被证明是更有效的工具,并

第5部分
英国机械运输的发展和国家对运输的控制

提供了更便捷的运输方式。建筑商希望在需要时就能用上材料,不喜欢让材料在船上堆放几个月,直到驳船船主方便卸货为止。道路测量员也是如此。铁路公司会提供棚屋,用来存放人造食品或肥料,以避免天气的影响。农民也愿意先把自己的货物放在有遮挡的地方,等到他腾出马和马车时再去取货。此外,并不是每个商人都能租到一艘驳船并装满货物。大多数货物都是小批量的,用铁路运输更方便。因此,无论如何,铁路服务和沿海轮船的更高效率(在运输大型货物时能准时交付)都会对运河产生不利影响。由于铁路公司控制了很大一部分运河系统,运河的分散管辖使对运河的任何改善都无法进行,所以英国的运河系统变得相对不那么重要了。

  运河的复兴难度很大,部分原因是运河所有者众多,部分原因是工程困难重重,更不用说所需的费用巨大了。

>   一个公司的运河只占整个航道的一部分,如果它改进自己的河段以承载更大的通航量,而其他河段却没有做相应的改进,那就是在浪费钱。在这种情况下,只拥有几英里河道的公司因为不情愿、没有钱或不在乎,连一个水闸都不想改善,而这可能会阻碍整个航道的改善。[1]

---

[1] 《皇家运河和内河航行委员会的报告》,Cd. 3184,1906年,第70页。——原注

改善运河系统还有另一个巨大障碍。在铁路出现之前，因为运河的运输价值极高，所以人们在某些地区的运河边上密集地建造了许多房屋。如果要拓宽运河，伯明翰等人口密集河段边上的所有仓库和建筑物都要被拆除，需要的巨额资金超出了个人的能力范围，并且其经济回报非常值得怀疑。

如果议会不是如此急于阻止铁路公司收购运河，铁路公司可能会逐渐获得对整个内陆水路系统的控制权，并大规模改进和统一运河系统，将其作为铁路运输的支线和铁路服务的补充。但1873年，铁路和运河委员会成立了，其目的之一就是审查并阻止铁路公司收购运河，以保持竞争。因此，英国运河系统的拼凑特征得以保留。运河现有的运输业务能存续下来是由于这样一个事实，即1914年之前，内河航运主要靠日夜生活在驳船上的小家庭经营，这种家庭运输模式省去了房屋租金，使得运输费用比其他方式低。某些商人使用运河运输纯粹是因为运费低。

在法国、比利时和德国，铁路并没有取代内河航运系统。但在英国，商业活动变得有组织且有序化，迅速、准时、仓储设施和装卸的便利性成为选择运输方式时的重要考量因素。在这方面，铁路远超内陆水路系统，尽管对那些还记得老式驮马和土路的人来说，运河系统似乎非常美好。不过，必须记住的是，运河也发挥过作用，为英国在19世纪上半叶占据主导地位做出了重大贡献。

第5部分
英国机械运输的发展和国家对运输的控制

三、铁路

在公路和运河修建方面，英国的私营企业有着各自为政的传统，所以铁路修建自然也遵循了类似的发展模式。

在几个重要方面，英国的铁路系统与其他国家的铁路系统不同。和公路与运河一样，在英国，铁路最初是由私人资本投资修建的，没有统一的全国性规划，也没有得到国家的任何资助。[①]铁路的修建是为了适应现有运河无法承载的运输量。铁路纯粹是出于商业目的而修建的，旨在为投资者带来利益。

我们可以将这一特点与欧洲大陆的情况做比较。在法国，法国人希望政府承担道路和运河的修建与维护工作，一些主要的德意志邦国也有类似的国家支持。因此，在欧洲大陆，人们期望政府能够修建和运营铁路，至少起协助作用。交通是国家事务而非私人事务。此外，在任何情况下，德国和法国政府都有义务为军事目的而修建铁路。欧洲大陆的铁路规划主要是出于战略考虑，尽管也有商业原因。但很多铁路，比如普鲁士通往俄罗斯边境的铁路，如果只是出于经济上的考虑，是绝不会被修建的。

在欧洲大陆，资本在任何情况下都非常稀缺，因此商人对这种新的运输方式的投资非常谨慎。因此，国家必须自己筹集资金或为投资利息提供担保。按照惯例，在法国，国家会先

---

① 爱尔兰的情况并非如此。《皇家运河和内河航行委员会的报告》，Cd. 3184，1906年，第174页到第175页。——原注

铺设一些铁路的路基，像此前由国家修建公路和许多运河一样，然后将这些新铁路转交给私人经营。在德意志，大部分现有铁路在1870年后被各邦国政府掌握。然而，国家支持和战略军事动机在英国完全不存在。

其他国家也没有模仿英国铁路系统东拼西凑的做法。法国的道路规划从巴黎向外延伸，每条主要铁路线路都在其所在地区被授予了垄断权。英国议会崇尚自由竞争，以规范设施和价格。它十分排斥垄断的建议，并尽可能地促进铁路之间、铁路与运河之间的竞争。

美国在修建收费公路时严格遵循英国的传统，但在铁路建设初期并非如此。对于一个新兴国家来说，改善交通非常必要，所以1830年至1838年，美国各州政府对许多铁路的修建都给予了补贴和支持，并通过政府贷款筹集资金。1838年之前，美国各州在铁路建设上的投资不少于42,871,084美元。1837年，美国爆发了金融危机。有些州拒绝偿还债务，于是卖掉了铁路。新的州宪法几乎都禁止将公共资金用于内部交通的改进。[1]在那之后，美国开始采用英国的做法，允许私人出资修建铁路。美国铁路的特点在于，铁路是在交通还没有需求之前修建的，目的是开发内陆。铁路公司创造了自己的交通条件，并带动了铁路沿线地区的经济发展。因此，铁路公司获得了大量

---

[1] 欧内斯特·L.博加特（Ernest L. Bogart）：《美国经济史》（*The Economic History of the United States*），第214页。——原注

第5部分
英国机械运输的发展和国家对运输的控制

免费的土地,[①]并且不用担心安全措施、建筑方法或设备方面的严格规定。人们认为有铁路总比没有好。铁路越多,竞争就越激烈,运费也就越低。因此,铁路在美国受到了热烈欢迎。

在俄罗斯,由于其专制传统和资金匮乏,国家被迫承担了铁路系统大部分的修建和运营工作,尽管也有一定数量的外国资本受到利息担保的诱惑而投资铁路。

不过,在英国,修建铁路并没有被视为造福民众之举,而是被视为危险的创新,因此,主张修建铁路的提案人必须在议会的详细质询中证明修建铁路的合理性。在反对赫斯基森[②]提出的《利物浦至曼彻斯特的铁路法案》时,人们提出了以下理由:

> 那些投资修建和维修收费公路的人怎么办?那些仍然希望按照祖先的方式乘坐自家马车或租用马车出行的人怎么办?制造马车和马具的人、马车主人、马车夫、旅店老板、驯马师和马贩子怎么办?农村绅士庄园的美丽和舒适将被铁路摧毁。下议院是否意识到,以每小时10英里或12英里的速度驶过的火车头会产生烟雾、噪音和旋风?无论是在田野里犁地的牛,还是在草地上吃草的牛,看到火车都

[①] 1861年之前,31,600,842英亩的公共土地被赠予用于国内交通的改善,而铁路公司获得了绝对的最大份额。见欧内斯特·L.博加特:《美国经济史》。——原注
[②] 即威廉·赫斯基森(William Huskisson,1770—1830),英国政治家、金融家,也是包括利物浦在内的多个选区的议员。——译者注

会大为受惊。土地租赁人、租户、农场主、牧场主和奶农都会起来反对……铁的价格将上涨一倍甚至更多，铁可能会被完全耗尽。铁路将是人类的聪明才智所发明的最令人讨厌、最彻底破坏全国各地的宁静和舒适的东西。[1]

众所周知，《利物浦至曼彻斯特的铁路法案》首次提交议会审议时未能通过，只因一位公爵大人称这会破坏他狩猎的围场，为此提案人要花70,000英镑才能获得议会的许可。这还是没有买下一块地或没有铲开一块草皮之前的费用。即便如此，人们仍采取了种种奇特的预防措施，以确保铁路不会造成困扰。《利物浦至曼彻斯特的铁路法案》有一条规定："不得在伯顿伍德或温威克（Winwick）镇设置蒸汽机，且利尔福德勋爵托马斯（Thomas Lord Lilford）或温威克校长认为噪音和烟雾会对其造成滋扰或烦恼的铁路线，不得有火车通过。"[2]北安普敦（Northampton）的居民庆幸他们让铁路避开城镇五英里。

在总结反对修建铁路的意见时，约翰·弗朗西斯说：

乡绅听说鸟儿飞过火车头时会被烟雾熏死，公众听说发动机的重量会阻碍机车移动，制造商听说烟

---

[1] 约翰·弗朗西斯（John Francis）：《英国铁路史》（*A History of the English Railway*），1851年，第119页。——原注
[2] 引自埃德温·A. 普拉特（Edwin A. Pratt）的《英国内陆运输与通信史》（*A History of Inland Transport and Communication in England*），1912年，第249页。——原注

第5部分
英国机械运输的发展和国家对运输的控制

囱里的火花会烧毁他的货物,乘客被生命和肢体会受到威胁的断言吓坏了,上了年纪的绅士们因担心自己会被火车碾过而备受折磨。女士们一想到她们的马会受到惊吓就担忧不已。铁路附近不会再有狐狸和野鸡。马这个物种将会灭绝。农民认为燕麦和干草将不再适合销售。马匹会受惊,把骑手甩出去。据说,在这些邪恶设施附近,奶牛甚至会停止产奶。

有人说,火车经过的地方,植被会被破坏。土地的价值会因此降低,市场上的菜农会因此破产。运河可以更便宜地运输货物。在暴风雨和霜冻等恶劣天气条件下,蒸汽机会无法正常工作。车站附近的房产会贬值。铁路被认为是有史以来对人类信任的最大挑战。修建铁路是错误的、不切实际的、不公正的,是对私人财产和公共场所的一次重大且令人愤慨的侵犯……有人被告知火车头开得太快,对人来说会有生命危险;也有人被告知,火车头太重,根本开不动。[①]

隧道曾是人们最害怕的事物,并被认为对健康有害。这些恐惧在我们现在看来很可笑,在当时却具有重大的经济意义。铁路是人们极力抵制的事物,为了克服这种阻

[①] 约翰·弗朗西斯:《英国铁路史》,第101页。——原注

力，铁路公司不得不付出沉重的代价：铁路从一开始就要为生存而战，并处处受阻。

英国铁路建设起步难，这部分解释了英国铁路系统特有的另一个特点，即铁路系统的高度资本化。英国铁路是世界上资本化程度最高的铁路系统。在英国，修建每英里铁路需要54,152英镑，而在英格兰和威尔士则需要64,453英镑。普鲁士铁路每英里的成本为21,000英镑，而美国铁路每英里的成本不到13,000英镑。高额资本投入中的一项重要支出，是获得铁路法案授权的费用。这不仅包括培养测量员和聘请律师的费用，还包括与运河和其他利益相关方斗争而产生的费用，这些利益相关方极力阻止铁路建设的获批或铁路扩建。铁路公司要拿出大量的专家证据来支持他们的提案，反对者将提出同样强大的证据来反对提案，双方都渴望拥有"一支优秀的律师团队"。因此，包括勘测和法律费用在内的初步费用达到每英里4,000英镑也就不足为奇了。[1]

铁路建设得到授权后，铁路公司必须购买土地。在早期，每个土地所有者都认为自己的土地会被铁路这种可怕的机器毁掉，所以开出了尽可能高的售价。在1851年的著作中，弗朗西斯引用了铁路用地的价格：[2]

---

[1] 威廉·M. 阿沃斯爵士（Sir William Mitchell Acworth）:《铁路经济学要素》(The Elements of Railway Economics)，第11页。——原注
[2] 约翰·弗朗西斯:《英国铁路史》，第11页。——原注

第5部分
英国机械运输的发展和国家对运输的控制

铁路线	每英里价格（英镑）
伦敦至西南地区铁路	4,000
伦敦至伯明翰铁路	6,300
大西部铁路	6,696
伦敦至布赖顿铁路	8,000

伦敦至伯明翰铁路公司对土地的估价为250,000英镑，但实际收购价是这个估价的三倍。[①]

为了消除人们对铁路出行危险的深深疑虑，铁路公司在施工时非常注意铁路的牢固性，这增加了最初的修建成本。议会也越来越坚持要求铁路管理部门配备最先进的安全设备，比如真空制动器和联锁信号装置。

此外，英国的地理条件也使得其铁路建设的成本较高。德意志北部是一片广袤的平原，铁路修建成本低，工程难度小，美国中西部和俄国的情况也是如此。而当铁路延伸至英格兰西部和苏格兰时，工程会面临更大的问题，需要更多的资金来修建坡道、铺设轨道和建造高架桥。

英国铁路运输的性质与欧洲大陆的大不相同。与其他大国相比，英国的国土面积较小：[②]

[①] 当发现自己的土地并未遭到破坏时，贝德福德公爵（Duke of Bedford）和汤顿勋爵（Lord Taunton）分别归还了150,000英镑和15,000英镑。埃德温·A. 普拉特：《英国内陆运输与通信史》，第254页。——原注
[②] 表格数据摘自1919年的《政治家年鉴》(Statesman's Year Book, 1919年)。——原注

国家	面积（平方英里）
英格兰	7,466
威尔士	7,466
苏格兰	29,79
以上总计	88,137
法国	207,054
德国（1910年）	208,780
美国（大陆国土）	2,973,890
俄国	8,417,118

欧洲大陆的铁路运输以长途运输为主。而在英国，任何地方距离港口都不超过90英里。英国的港口沿海岸线均匀分布，国内运输和出口运输都是短途运输。长途运输每英里的费用比短途运输要少。英国铁路的收费是按照短途运输、快速运输和小批量货物运输来计算的，这些特点使英国铁路的总体运价高于欧洲大陆，更不用说英国铁路系统特有的仓储、搬运和送货服务费用了。

商人已经习惯于以极小的批量订购他需要的货物。他下午让人将这些货物送到火车站，期望第二天能在他工作的地方看到货物像邮政包裹一样准时送达，所以他不会订购装满一个车皮的货物。对他来说，这是从银行获得信贷的问题。他只存储维持经营必需的货品量，不会多囤哪怕一磅的存货，特

第5部分
英国机械运输的发展和国家对运输的控制

别是对于那些价格高的商品更是如此。[①]

此外,还必须指出,英国人不得不在机械运输方面进行许多实验,其他国家则从中获益。英国为此投入了大量资金,如果现在来做,很多投入是可以避免的。做一个开拓者是光荣的,但做开拓性的工作对开拓者来说往往是艰难的。英国铁路系统需要进行大量的改造才能实现联运。即使到了现在,英国的铁路系统仍然受到车站站台和建筑限界的限制,这让使用更大的铁路货运车厢和更重的发动机成为十分困难的事。

我们已经看到铁路系统是如何取代运河系统的,但这只是英国特有的情况。[②] 德国、法国和比利时在大力发展铁路的同时,扩建和改造了它们的运河系统,使水路运输成为铁路运输的补充。然而,人们必须认识到,英国的铁路系统是依照运河的模式建立起来的,也就是说,铁路被视为类似运河的另一种道路,铁路公司的股东只能收取通行费。和运河一样,英国铁路在开始时便确立了一套最高通行费制度,铁路所有者可以向乘客收取道路使用费,这是议会在批准铁路法案时规定的。英国最初设计铁路的想法是,任何人都可以将自己的货车开上铁路并支付通行费。结果是,英国的铁路设备中很大一部分是属于私人的铁路货车,如某伯爵的运煤车、某货栈的家具搬运

[①] 1918年11月5日,约翰·阿斯皮纳尔爵士在土木工程师学会上的演讲。——原注

[②] 这种情况也在美国出现过。不过,与英国的运河系统相比,美国的运河发展相对微不足道。——原注

车等。1913年年底，英国铁路上有786,516辆铁路货车，据估计，780,200辆为私人所有。[①]

这种认为铁路只是一种特殊道路的想法催生了英国的运费制度，这也是英国铁路才有的特点。

英国的铁路运费包括以下几个部分：

(1) 道路使用费；

(2) 运输费；

(3) 铁路货车使用费；

(4) 收货和交货费；

(5) 装货和卸货费，包括封装费；

(6) 车站使用费。

不过，发货人或收货人可以自备货车，自行装卸，自己取

[①] 1918年11月5日，约翰·阿斯皮纳尔爵士在土木工程师学会上的演讲。
约翰·阿斯皮纳尔爵士指出，这些私人铁路货车对铁路的高效运行造成了极大的阻碍。虽然铁路公司在这方面已经采取了一些措施，但不可能将所有这些私人拥有的铁路货车的零部件标准化。"此外，如果通过铁路公司拥有货车的方式，能够省去将这一大批商人的货车卸货并分类，然后在每次装货运输之后再将每辆空车送回各自特定所有者那里所耗费的巨大人力和时间，那么，即便不算空车返回的费用，也不去估算每年将这些商人的货车卸货并分类的实际成本，显然，每辆货车每天节省1便士的调车费，一年300个工作日，70万辆货车，所节省的费用也几乎接近100万英镑。"
此外，废除铁路货车私有制将使所有铁路货车都能配备连续制动装置。"除非安装了此类制动装置，否则我们将无法充分利用更长、更重的列车所带来的全部好处，因为让这些列车停下来需要花费太多时间。有效的连续制动装置可以使列车在更短的时间内完成整个行程，这个说法似乎有点矛盾，但这确实是事实。"
以上引用说明，一开始没有人真正了解铁路将会是什么样子，所以出现了种种困难，这也说明了英国因进行铁路试验而遭受的损失。——原注

第5部分
英国机械运输的发展和国家对运输的控制

货和交货,并自设车站。在这种情况下,铁路公司不得向他们收取这些服务的费用。他们唯一需要支付的是铁路线路使用费和机车牵引费。此外,铁路公司会对其提供的诸如服务以及在终点站的住宿等收取额外费用。

虽然最初的想法是将铁路作为公共道路,但实践很快就证明,铁路公司必须同时是承运者和道路所有者,至少必须对机车负责,确保列车的安全。不可能让人们带着自己的小火车头在铁路线上行驶,像运河上的驳船或公路上的马车和公共汽车一样自由活动。当其他国家开始修建铁路时,它们已经清楚地了解了铁路对国家发展的真正意义,并避免了许多早期的错误。

当时人们对铁路的潜力知之甚少,也没有意识到这一点,以至于《利物浦至曼彻斯特的铁路法案》的招股说明书称,这条新建的铁路"前景不错""有望成为旅客便捷、廉价的交通方式",预计年收入为一万英镑。事实证明,这一预估不及实际收入的十分之一。[①]铁路的修建最初主要是为了方便货物运输,而不是旅客出行。随之而来的大规模人口流动在当时几乎无人能想到,铁路将会引发的商业革命也无人能够预见到。

英国铁路的历史可以分为四个时期:

(1) 1821年至1844年为实验时期。

(2) 1844年至1873年为铁路系统的整合期,形成了大干

[①] 伦敦至伯明翰铁路的客运收入估计为331,272英镑,实际收入为500,000英镑;虽然货运收入估计为339,830英镑,但实际收入仅为90,000英镑。约翰·弗朗西斯:《英国铁路史》,第203页。——原注

线,消除了运河的竞争。

(3) 1873年至1893年,铁路"垄断"变得十分严重。尽管此前英国议会奉行自由放任政策,但仍不得不制定了一套监管制度。在这一时期,议会致力于处理铁路的相关事务,成立了铁路和运河委员会,以消除铁路运营的各种弊端,并于1888年和1893年进一步确定了新的、适用范围广泛的铁路最高费率。

(4) 1894年至1914年,铁路进入设施竞争活跃期。铁路股息下降,结果导致1900年后铁路合并风潮兴起,引发了商人和劳工的抗议。于是,铁路议题变成了由国家制定新的监管措施或接管铁路的问题。

1.1821年至1844年,实验时期

煤炭的运输开启了运河系统,煤炭的运输也造就了铁路。我们已经看到,早在17世纪,煤矿场已将木制轨道铺设至河边。1767年后,铁轨开始取代木轨,效率更高。这些铁轨最初从煤矿场铺到运河边。随着制造业城镇的发展,我们发现越来越多的线路被修建,以连接煤矿场和城镇。然而,这些货车轨道是私人轨道,只能由相关煤矿场使用。1801年,萨里铁路公司在克罗伊登(Croydon)和旺兹沃思(Wandsworth)之间修建了一条向公众开放的铁路,人们可以通过这条铁路运送任何货物。这条铁路被称为"萨里铁路(Surrey Iron Railway)",用来将石灰和谷物运送到大都会。"萨里铁路"由马匹提供动力。这条铁路在经济上并不成功,但轨道继续延伸,将铁厂与运河、采石场与城镇连接

第5部分
英国机械运输的发展和国家对运输的控制

起来,以提供建筑材料。这些铁路货车大部分用马牵引,但各地都在进行实验,看能否用蒸汽机车牵引。然而,当时存在各种困难。人们认为,车轮光滑的机车无法拉动重物,所以给机车装上齿轮,以便与齿条啮合,结果速度很慢。1814年,怀勒姆(Wylam)煤矿的赫德利[①]和基林沃思(Killingworth)的乔治·史蒂芬森都制造出了车轮光滑的机车,这种机车能够承受相当大的重量。但后来人们发现,蒸汽机车太重,会把铁轨压裂。机车速度非常慢,也很笨重,容易出现故障。固定式机车沿着缆绳拉动货车被发现是可行的,因此被采用。

1821年,斯托克顿至达灵顿铁路(Stockton and Darlington Railway)获得了一项法案授权,旨在将煤炭从达灵顿煤矿运送到蒂斯河畔的斯托克顿。斯托克顿至达灵顿铁路因是第一条使用蒸汽机车并运载乘客的公共铁路而闻名。最初讨论法案时,这两种功能都不在考虑范围内,直到1823年,该铁路公司才获得一项修正法案的授权,获得使用蒸汽机车和运载乘客的权力。1825年,这条铁路开通,尽管货物是由蒸汽机车运输的,但运输乘客时仍使用马力。

其他小型线路也在规划中,如1825年建造的坎特伯雷至惠特斯特布尔(Canterbury and Whitstable)铁路,以及博尔顿至利铁路(Bolton and Leigh),这两条铁路都获得了使用机车或固定机车牵引的许可。

1826年,利物浦至曼彻斯特铁路获得法案授权,开启了

---

① 即威廉·赫德利(William Hedley,1779—1843),19世纪早期领先的工业工程师之一,建造了第一辆实用的蒸汽机车。——译者注

一个新时代。修建这条铁路是因为运河已经无法满足北方地区日益增长的运输需求。显然，铁路迟早会发展起来，而运河运输的延误和高额费用让人们十分不满，这使得该铁路的修建比原本预期更快地提上日程，并促使制造商和其他人愿意冒险投资这项事业，尽管未来成功与否令人怀疑。当铁路建设取得明显成功后，公众便蜂拥而上，急切地为修建铁路筹集资金，就像当初他们为修建运河筹集资金一样。

运河公司的运营变得非常专断。它们可以根据自己的需要多送或少送，运送时间和运送方式也全由它们决定。"曼彻斯特的一家公司需要5,000英尺的松木，从1824年11月到1825年3月，仍有2,000英尺的松木没有运到。"将棉花从利物浦运到曼彻斯特的时间比将棉花从利物浦运到纽约的时间还长。威廉·赫斯基森在下议院称："棉花在利物浦滞留了两个星期，导致曼彻斯特的制造商不得不暂停生产。"1825年，约瑟夫·桑达斯（Joseph Sandars）写了一封信，信的标题页上写着："揭露水运公司高额又不公正的收费。"他指责布里奇沃特运河信托公司收取的过路费是其授权费用的两倍，并通过占据曼彻斯特运河沿岸所有可用的土地和仓库来实现垄断。曼彻斯特和利物浦的商人还抱怨说，冬天运河会结冰，夏天又经常缺水，以至于船的实际负载量只能达到其负载能力的一半。[①]

---

① 约翰·弗朗西斯：《英国铁路史》，第78页到第80页。——原注

第5部分
英国机械运输的发展和国家对运输的控制

利物浦至曼彻斯特铁路是英国第一条向运河发起挑战的铁路,于1830年开通,展示了许多新的铁路运营方式。这条铁路证明了这种新的运输方式最适合运送旅客。直到1850年左右,铁路的大部分收入来自乘客的票价,这与以前的预期完全相反。铁路起初是用来运送煤炭的,现在却主要用来运送最珍贵的货物——人。这是铁路带来的早期惊喜之一。和其他铁路公司一样,利物浦至曼彻斯特铁路公司获得了用马或机车牵引的许可。该公司悬赏500英镑制造最好的机车。1829年,机车试验在雨山(Rainhill)进行,乔治·斯蒂芬森的"火箭"轻松获胜,证明了蒸汽机车的优越性。尽管如此,向铁路公司支付通行费的私人马拉车继续在铁路上行驶。在与运河公司的斗争中,利物浦至曼彻斯特铁路公司取得了成功,实现了机车运输,并成功地运送了乘客。该公司接下来便开始提供货车和牵引货车服务。也就是说,与运河不同的是,铁路是作为一种公共运输工具发展起来的。为了获得垄断地位,1832年,该公司买断了私人马车在铁路上行驶的权益。换句话说,经过两年的运营,铁路公司意识到铁路运输必须处于统一的管理之下,不能任由人们随意使用,因为铁路与运河不同。

《利物浦至曼彻斯特的铁路法案》获得通过后,利物浦至伯明翰的铁路也被规划出来,但该铁路法案直到1833年才获得通过。就在这一年,第一条长途铁路——利物浦至伯明翰铁路(大枢纽干线)——开始修建,将把伦敦和伯明翰连接起来。因此，1837年，英国有了一条连接曼彻斯特和伦敦的铁路。大西部铁路始建于1835年，是一条连接伦敦、巴斯（Bath）和布里斯托尔的铁路，于1838年开通。然而，大部分铁路都是互不相连、杂乱地散布在两三个地方之间的短途线路，因此，威廉·赫德利说，1844年英国铁路的平均长度只有15英里。1844年至1847年，英国共有637条独立的铁路线路，总长度为9,400英里。[1]有一段时间，人们还不确定蒸汽机车是否会成为最终的牵引方式。有人提出并尝试建造了缆车铁路和气压铁路[2]，但蒸汽机车被证明是最有效的牵引方式。

1836年，铁路在经济上的成功引发了一小波铁路建设热潮，许多新的铁路项目被规划出来，中部郡铁路、东部郡铁路（这是当时规划中最长的铁路，长126英里，也是东部各郡的第一条铁路）、东南铁路、北英格兰铁路、曼彻斯特至利兹铁路是其中几个最重要的铁路规划。到1836年，我们现在的铁路系统的雏形已经初步具备。到1838年，英格兰和威尔士已有490英里的铁路，苏格兰有50英里铁路，总共建设成本为13,300,000英镑。[3]实践证明，新的运输方式非常有效，因此，1838年，铁路开始承担邮政业务。

到1840年，议会开始意识到这种新型运输方式的极端重

---

[1] 亚瑟·特文宁·哈德利：《铁路运输》，第167页。——原注
[2] 气压铁路利用气压差提供动力，推动铁路车辆前进。铁路要预先铺设管道，车辆与管道连接处有一个活塞。空气压力通过管道输送至车辆，推动车辆前进。——译者注
[3] 《报告》（Report），1867年，第Ⅸ页。——原注

第5部分
英国机械运输的发展和国家对运输的控制

要性,从那时起,议会几乎每年都会成立一个或多个委员会来研究如何控制这种新的交通方式。一方面,议会小心翼翼地尽量不干涉私营企业的进取心和主动性;另一方面,议会意识到,由于"优越的空间和低廉的价格",铁路"在所在地区掌握了客运的主导权"。1840年,委员会惊讶地发现,公众有权驾驶自己的机车这一规定实际上已形同虚设。委员会成员认为,这是因为尽管法案允许独立火车使用铁轨,但并没有相关规定来确保独立火车能够使用车站和加水设施,所以铁路公司可以在事实上禁止私人使用铁路线。而且,独立运营的个人不管怎样都很难获得利润,所以必须将所有列车的运营控制权交给一个公司。因此,到1840年,新铁路获得明显成功,特别是在客运方面。铁路必须承担运输任务,而且种种迹象表明,其效率之高可能使其形成垄断,所以议会"应该做点什么了"。因此,贸易委员会被赋予了些许权力,而此前它已经对航运进行了监管。同时,英国对运河进行了大刀阔斧的改革,1820年至1840年,运河运输的货物比以往任何时候都多。铁路的机车动力较弱,主要还是以客运为主,因为乘客总能支付得起比货物运输更高的费用。在早期的蒸汽船的例子中,这一特点也很明显——早期的蒸汽船首先用于运载乘客,后来才逐渐用于大规模货运。

斯蒂芬森铺设的铁路是按照4英尺8.5英寸的轨距设计的,在这方面,他沿用了旧的马车轨道或货车轨道的轨距。然而，布鲁内尔①却采用宽轨或7英尺的轨距来修建他的铁路线。这样一来，英国到处都有两种规格的铁路，要想实现联运，就必须转运或对大部分轨道进行接驳。

1842年，贸易委员会的权力得到扩张〔根据维多利亚女王3年至4年第97章法案（3 & 4 Vict., c. 97）〕。议会宣布，任何新铁路在开通前都必须通知贸易委员会，委员会可指派官员对所有新铁路进行检查，并有权要求铁路公司提交有关运输量和事故的报告。但议会赋予贸易委员会的权力非常有限。贸易委员会不能干预铁路的管理，但如果委员会对铁路的安全条件不满意，可以推迟铁路的开通。然而，该法案的重要性在于它声明了纯粹的无限制竞争需要监督。实际上，贸易委员会权力很小，因为它没有强制力，而且当时英国的公众舆论总是反对任何官僚机构的干预或控制。贸易委员会的权力既没有法律支持，也没有公众舆论的支持。

1844年，议会对国内新兴的铁路势力感到极度不安，于是鼓起勇气颁布了一项法案，规定如果铁路的股息超过10%，议会可以修改通行费、票价和其他收费，并且财政部可以购买未来的铁路股份。也就是说，1844年之前建成的所有铁路不受该法案强制购买条款的约束，但1844年以后建成的铁路则受法案约束。不过，这项法案只是宣布议会有调整票价和

---

① 即伊桑巴德·金顿·布鲁内尔（Isambard Kingdom Brunel, 1806—1859），英国著名土木工程师，被认为是"工程史上最有创造力、最多产的人物之一"。——译者注

第5部分
英国机械运输的发展和国家对运输的控制

购买铁路的权力,事实上并没有付诸实施。该法案还规定,必须保证每条客运线路每天都有一趟火车,如有需要,每站都停靠,并以每英里1便士的价格运送三等车厢的乘客。这个控制措施被称为"议会式"管控。

1844年,议会再次尝试管控。议会成立了一个委员会,该委员会负责向议会提交关于铁路特许状的初步报告。一年后,委员会解散,据说是因为工作太多而工资太少。然而,就铁路建设而言,到1844年,实验时期就结束了。这个时期有两个显而易见的事实。其一,铁路必须是公共承运者。作为公共承运者,无论是长距离运输还是短距离运输都将符合铁路的利益,因为所有零散的线路迟早会合并。其二,铁路将变得非常重要,政府必须对其加以管控,但议会信奉自由放任主义,所以我们发现议会总是小心翼翼、试探性地管控,想看看会发生什么,然后又迅速收回这些试探性手段。议会成立了一个新的委员会,即贸易委员会,但实际上并没有赋予它任何权力。议会似乎本能地认识到,铁路将是涉及国家控制的重大因素,但议员们不愿面对这一问题。管控是必然的,但如果议会持管控的态度,那一定是错误的。此外,值得注意的是,一个委员会调查了筑路工人的状况。这明显背离了人们可以自己照顾自己的原则,违反了"自由契约"的理念。人们认为,妇女和儿童(贫穷、弱小、无助的人)应该得到国家的照顾,这是普遍规则的例外,但男人不需要这种保护。这是一个引人注目的例子,说明铁路公司是需要政府干预的,这次调查本来就应该进行。该委员会于

1846年提交了报告，报告对筑路工人的生存状况进行了令人震惊的描述。据说筑路工人的人数达200,000，在挖掘隧道和筑建路堤时，经常发生事故。爆破似乎是造成许多人员伤亡的主要原因，这不仅仅因为工人的粗心大意，还因为雇主没有提供适当的设备和保障。因此，委员会建议铁路公司对所有事故进行赔偿。"本委员会认为，让铁路公司承担责任，就是让最有能力预防损害、最有资源修复损害的一方承担责任。"委员会认为，赔偿的责任应该"由造成这些人受伤害的人来承担"。这一点很有意思，工人赔偿原则这么早就被提出来了。就在两年前，将妇女纳入《工厂法案》的保障范围都是一件非常困难的事，然而，现在有委员会建议采取严厉措施来保障男工的安全，这些措施甚至不是为了保障公众的安全。[①]

这次调查揭露了大量骇人听闻的实物支付情况。工人的工资是按月发放的。工人在承包商经营的商店里赊账，总是欠店里钱。商店的东西价格很高，质量很差。每个发薪日都会出现骚乱，因为工人总是认为他们应该拿到更多的钱，而承包商则似乎证明这些钱已经在商店里花光了。委员会主张每周以现金的形式发放工资。工人的食宿条件令人震惊，"几乎无法保证任何舒适或体面的生活"。

委员会建议成立一个特别委员会，对于那些没有为工人提供适当住宿条件的铁路建设项目，特别委员会可以不批准开

[①] 《铁路劳工特别委员会的报告》(*Report of Select Committee on Railway Labourers*)，1846年，第13卷，第427页及以后。——原注

第5部分
英国机械运输的发展和国家对运输的控制

工。委员会承认这是一种"特殊干预",但他们认为"国家应该关心国民的健康和尊严"。委员会还认为,因为国家"授予铁路公司特殊和宝贵的权力",所以铁路公司必须提供适当的生活保障,不仅要为工人提供住宿,还要为他们周日去教堂做礼拜提供便利。

毋庸讳言,这些严厉的建议在这一时期或接下来的时期几乎没有被采纳的可能,[①]但这些建议表明,委员会准备对铁路公司采取比对制造商更为彻底的处理措施。尽管国家援助可能令人厌恶,但与其他任何形式的企业相比,国家将会更雷厉风行地对铁路公司施加压力。

铁路公司面临的下一个重大挑战,是要在包含两个主要轨距的数百条线路上实现联运,并将运输收益按比例分配给联运经过的各条线路。由于铁路公司已经成为承运者,为了自身的利益,铁路公司必须促进运输量的增加,并收取通行费。它们意识到,为了提高效率,铁路必须实现联运。铁路将会如何发展?议会的态度又会如何?这些都是接下来的三十年里将要面临的主要挑战。

2. 1844年至1873年,线路合并时期

到1844年,铁路建设的实验阶段已经结束,接下来的29年将见证铁路运营方面的实验。铁路线有了,接下来必须建立

---

① 1887年,实物支付被禁止,而1880年和1897年的《雇主责任法案》(*Employer's Liability Act*)和《工人赔偿法案》(*Workmen's Compensation Acts*)规定了事故赔偿的范围、条件等。——原注

一套高效稳定的运行系统，这套系统既能给铁路公司带来收益，又能造福公众。1844年至1873年这一时期的两个主要事件，是铁路线整合为大型干线系统和运河不再作为重要竞争对手存在。

议会目睹了可怕的"垄断"局面的形成，试图通过新的《铁路法案》(Railway Act, 1854)成立一个新的铁路管理委员会，并赋予贸易委员会更大的权力，以某种形式让铁路公司意识到其对公众的责任。此外，议会试图通过鼓励开凿运河和允许自由修建新的竞争性铁路，来维持运输费率方面的"自由竞争"。

尽管议会频频抗议，但1844年至1872年，由于联合存在明显的优势，线路合并以各种方式进行。此外，由于各大铁路系统同意在相互竞争的站点采用相同的收费标准，费率和票价方面的竞争不复存在。

铁路合并始于1844年，整个过程贯穿了19世纪50年代和60年代。[①]有时一条铁路会收购另一条铁路，有时会租赁另一条铁路，有时铁路公司会就在对方线路上运行的权利达成协

---

① 克利夫兰·史蒂文斯(Cleveland Stevens):《英国铁路》(English Railways)，第25页。

年份	新线路	合并数	购买和租借数
1844	37	3	7
1845	94	3	18
1846	219	20	19
1847	112	9	20
1848	37	5	7
1849	11	2	4
1850	5	1	5

——原注

第5部分
英国机械运输的发展和国家对运输的控制

议,或者会在资金和管理上简单合并。

第一个致力于将铁路线路整合成大型系统的人是"铁路大王"乔治·哈德逊。他认识到为了提高效率和经济上的成功,联运和合并十分必要,并在1844年至1847年大力推动铁路合并。尽管后来证明他在一些交易中存在财务欺诈,但他确实给合并运动提供了强大的动力。在任何情况下,合并都不可避免,甚至收费公路也显示出合并的趋势。但由于哈德逊的经营和随后的铁路繁荣,铁路合并的速度加快了。哈德逊有能力规划大型铁路,并让其他人看到这些规划的实现。作为管理者,他能力很强,在铁路的总体运营中引入了许多改进措施。1845年至1847年是修建铁路的狂热时期。各地的线路被规划出来,不管有没有可能实施。大量资金投到铁路建设中,对铁路股票的疯狂投机开始了,然后繁荣破灭。然而,许多铁路线路得以保留下来。到1850年,英国已经建成一张与其国土面积相称的良好的铁路网。到1850年12月31日,英国开通的铁路里程已达6,621英里。[①]

---

① 克利夫兰·史蒂文斯:《英国铁路》,第164页。

英国开通的铁路里程数(截至12月31日)

时间	里程数(英里)	时间	里程数(英里)
1842	1,857	1849	6,031
1843	1,952	1850	6,621
1844	2,148	1851	6,890
1845	2,441	1852	7,336
1846	3,036	1853	7,698
1847	3,945	1854	8,954
1848	5,127	—	—

——原注

虽然哈德逊为铁路线路的合并做了很好的宣传，但对铁路合并起到最大推动作用的是结算所。

　　随着铁路逐渐成为货物运输的主要通道，旧的公路最高费率已不再适用，铁路公司必须为铁路制定一份运输费率表。为了维护自己作为承运商的利益，铁路公司希望铁路能实现联运，而不需要乘客重新购票。重新购票曾是运河运输的弊端之一。结算所于1842年成立，旨在促进铁路货运车厢在不同铁路系统之间的调配，并协调各个公司因在联运中提供其部分线路而应得的收益。虽然加入结算所并非强制要求，但渐渐地所有铁路公司都加入进来。为了制定联运费率，各公司必须先就货物分类达成一致，然后才能确定每类货物的联运费率，并确定每个公司的收益分配比例。各铁路公司必须在结算所举行会议，因为结算所是连接整个铁路系统的唯一纽带。为了对货物进行分类，解决与联运有关的许多问题，铁路巨头和经理们需要经常在结算所开会。他们开始意识到彼此的共同利益——这也是达成费率和票价协议的基础，以避免恶性竞争。结算所被描述为"英国铁路公司的联邦委员会"。结算所虽然成立于1842年，但直到1850年才通过议会的法案获得法律地位。[①]值得注意的是，最先加入结算所的铁路公司也是最早完成合并的铁路公司。"实际上，铁路结算所是铁路公司设立的一个机构，目的是减少各铁路公司独立运行所带来的弊端。"[②]

---

① 克利夫兰·史蒂文斯：《英国铁路》，第177页。——原注
② 克利夫兰·史蒂文斯：《英国铁路》，第175页。——原注

第5部分
英国机械运输的发展和国家对运输的控制

  哈德逊开创了铁路合并的先河,结算所则为各铁路公司达成协议提供了持续的机会。铁路合并的一个根本原因,在于运行一个大系统比运行一个个小系统成本更低,对铁路用户来说也更方便。乘客不必因列车班次不衔接而苦等数小时或不得不换乘。合并使各趟列车相互配合或使用彼此的车站。1872年,委员会急于控制合并,但也不得不在报告中承认,自从东北铁路公司形成垄断以来,服务更好,票价更低。

  虽然各铁路公司可以通过合并获得更高的效率和更好的经济效益,但另一个强烈的合并动机是希望自己的公司形成足够大的规模,以便拥有与其他铁路公司竞争的能力。较大的铁路公司开始保护自己的地盘不被其他公司侵扰。这是一种防御性政策。为了防止竞争对手修建新的铁路线,铁路公司接下来采取进攻策略,打算占领所有中立地带。为了渗入对方的势力范围,这些公司在议会里不断展开斗争。这些斗争通常意味着大型铁路公司会修建支线供自己使用,以免其他铁路公司抢先修建支线并将其接入他们的铁路网。因此,铁路里程持续增长。随着新的铁路线连接到一个或多个旧系统中,以及出于进攻或防御之需,大铁路公司兼并小铁路公司,铁路合并的同时,里程也实现了持续增长。但铁路再也不能只承担运送乘客这样的高级运输业务了,为了使新的线路盈利,铁路公司不得不竭尽全力争取货物运输业务。结果是货物运输量,特别是煤炭和大件货物的运输量大增。新的费率被制定出来,要么是为了将其他线路的运输量吸引过来,要么是为了吸引那些此前根本不会通过铁路运输的商品。正是在这一时期，铁路运输开始超过运河运输。我们已经看到，铁路有联运、准时和速度快的优势。现在，铁路公司认为应该开始削弱运河的地位。毋庸置疑，对日益增长的交通垄断，英国议会感到担忧。虽然现在我们能明显看到近海蒸汽船将成为铁路系统的一个强有力的竞争对手，但英国议会当时无法预知。1860年，英国只有447艘蒸汽船，其中只有少数是货船。1860年的蒸汽船主要是班轮，还不能真正与铁路展开激烈的竞争，尽管到了1872年，有人说四分之三的铁路运费的制定是因为受水路竞争的影响。

因此，英国议会开始试图为公众利益实施一些管控措施。可悲的是，一个极度奉行自由放任主义的政府害怕违背自己的原则，却又迫于事实只能默许自己强烈反对的垄断，因为垄断的效率要高得多。一方面，委员会几乎每年都会指出铁路在交通发展方面所取得的巨大成就；另一方面，他们会为运河的衰落和铁路法案的混乱感到忧虑和无奈，因为这些法案正在让铁路发展为一个议会不敢干涉的运行系统，这将使铁路在其运营的地区形成垄断，而垄断与下议院奉为信条的"神圣又光荣"的自由贸易和自由竞争原则相悖。因此，我们发现1867年委员会的报告称：

> 尽管立法过程中存在种种矛盾，毫无疑问，这些立法促进了铁路系统的迅速发展。国家资源也因此迅速积累起来，可能比在其他任何条件下的

第5部分
英国机械运输的发展和国家对运输的控制

发展都要快得多,并促使铁路的建设和运营得到改进。如果没有由此产生的竞争精神,这些改进肯定需要数年才能实现。因此,在法国,每5,000名居民所拥有的铁路长度不足1.25英里,而在英格兰和苏格兰,这个数字是2.5英里。

该报告接着阐述了这个促进铁路发展的立法系统带来了什么样的后果。

报告解释说,这些特别立法现在(1866年)包含在1,800项法案中,另外还有1,300个法案修改了原始法案,"因此,要确定具体哪部法案影响了哪个铁路公司或其铁路线的哪个部分非常困难。在几乎每一项批准新铁路线的法案中,都有一些特别条款赋予个人或其他铁路公司特定的权利或利益,以落实发起人为避免其提案遭到反对而做出的安排"。

这些立法给铁路公司的收费权带来了极大的混乱。在一项法案中,对于煤炭运输,中部铁路公司被授权按照每吨每英里1便士的标准收取运费,而在另一项法案中,则被授权按照每吨每英里1.5便士的标准收取运费。对于谷物运输,一项法案规定可以按照每吨每英里1.5便士的标准收取费用,而另外两项法案规定的标准是2便士。诸如此类的立法比比皆是。

显然,如果铁路公司能从这种混乱中发展出秩序,那么最好还是让它们自己去调整。然而,铁路公司对公众负有责任,现在合并似乎使铁路公司成了公众的主人。如何做才能让铁路公司既担负起对公众的责任，又维护好自身的权利？

1846年，英国议会设立了一个由五名高薪专员组成的特别法庭。他们的职责是审查合并提案，鼓励竞争性方案，并全面接管贸易委员会的监督权。然而，事实证明这项举措是失败的。铁路合并继续进行，特别法庭于1851年被解散。英国议会"通过不赋予他们（委员们）任何权力来避免引起任何不满或争议"，他们"解散的原因是薪水太高而工作太少"。[①] 特别法庭被解散后，其权力转归贸易委员会。

1854年，另一个委员会成立后，《卡德韦尔法案》(Cardwell's Act) 获得通过，该法案的主旨是禁止铁路公司对任何人给予任何不正当的优惠，并要求铁路为联运提供便利。此前，英国铁路实行联运存在极大的风险，因为英国的铁路网存在各种不同的轨距，货运车厢不能从4英尺8.5英寸的轨道转到7英尺的轨道上，所以在实际上，实行联运是不可能的。然而，到了1846年，议会明确将宽轨限制在某些地区，所以在英格兰大部分地区实现联运成为可能。当时，窄轨铁路有1,901英里，宽轨铁路有274英里。直到1892年，大西部铁路公司才最终将其线路从7英尺轨距改建为4英尺8.5英寸轨距，尽管该线路早在1868年就开始转换为窄轨铁路。

委员会继续试图解决铁路管控问题，1867年委员会的努力带来的结果是铁路公司被勒令以特定的形式记账。

---

① 亚瑟·特文宁·哈德利：《铁路运输》，第171页到第172页。——原注

第5部分
英国机械运输的发展和国家对运输的控制

然而,到了1872年,另一个重要的委员会在报告中称:"在过去的三十年里,精心挑选的委员会和理事会一直坚持一种又一种的竞争形式。然而,很显然,竞争无法像在普通商品贸易中那样对铁路行业起调节作用,并且目前还没有找到能够永久保持竞争的办法。"

3.1873年至1893年,国家控制的加强

1850年至1873年的二十三年是英国空前繁荣的时期,而铁路是促成这一繁荣的主要因素之一。在此期间,各铁路公司达成共识,即除非经一致同意,否则不得改变竞争性运输业务的费率。显然,自由竞争不能保证固定的费率和收费。1873年至1893年,铁路发展的主要特点是国家对铁路的控制日益加强。德国的发展和日益激烈的国际竞争是造成各国普遍反对自由放任政策的重要因素,但自由放任不再作为国家政策准则的倾向明显始于铁路。铁路发展带来国家控制的情况不仅出现在英国,在美国也是如此。1873年,英国成立了一个专门的专家机构来监管铁路。与之前的机构不同,在某种程度上,这个专家机构确实发挥了监管作用。该机构后来成为常设机构,并在1888年被赋予了额外的权力。1888年至1894年,英国还进一步确定了最高费率和通行费标准。

以控制铁路为试金石的国家干预新时代到来了,随之而来的是合并引发的麻烦和由此产生的对垄断的担忧。1871年,伦敦至西北铁路公司提出与兰开夏郡至约克郡铁路公司(Lancashire and Yorkshire Railway)合并。还有一项合并提案是将中部铁路公司、格

拉斯哥铁路公司和西南铁路公司联合起来。另外,9个合并提案和71个运行协议提案也被提交给议会。结果议会任命了1872年委员会,要求再次调查整个铁路问题。[①]人们认为铁路公司可能会滥用其垄断地位,而反对优惠政策的强烈呼声进一步强化了这种印象。据说,铁路公司提供的优惠有两种:一种是向某些个体收取较低的运价或提供较好的设施,使受优惠者能够排挤竞争对手;另一种是在某些地区收取的运费比路程较短的地区低,这样较远的地区就较近的地区更具优势。例如,如果将肉类从南安普敦(Southampton)运到伦敦的价格比从温切斯特运到伦敦的价格更便宜,[②]甚至价格相同,那么南安普敦在运价上就获得了实质性优惠,从而以牺牲其他地区的利益为代价繁荣起来。《卡德韦尔法案》禁止了"不正当和不合理的优惠",但当时没有任何机制来判定如此专业的问题,即什么是不正当和不合理的优惠。

　　1872年委员会还调查了铁路和运河的合并问题。委员会提议成立一个技术委员会来监管铁路,结果是1873年议会设立了铁路和运河委员会。该委员会委员的任期只有五年,由三人组成,每人年薪3,000英镑,其中一个是法官,一个是铁路专家。他们负责受理关于铁路优惠的投诉,并决定联运费率是否合理。他们还负责审查并在必要时阻止所有关于铁路的合并

---

① 克利夫兰·史蒂文斯:《英国铁路》,第234页。——原注
② 南安普敦到伦敦的距离为80英里,温切斯特到伦敦的距离为68英里。——译者注

第5部分
英国机械运输的发展和国家对运输的控制

提议或运行协议,同时还要调查并裁决所有铁路收购运河的提议。他们被授权仲裁铁路公司之间的争端,强制铁路公司公布费率,并决定合理的货运站收费标准。他们接管了贸易委员会的一些权力,并被特别任命监督和执行1854年的法案。

然而,铁路和运河委员会并不是一个权力很大的机构。1873年,英国议会也绝不会将大量控制权授予任何权力机构。1886年,哈德利总结说:"它(铁路和运河委员会)有足够的权力去惹恼铁路公司,却没有足够的权力来有效地帮助公众。"[1]

当时英国议会的想法是,这个新机构应该是一个处理铁路问题的专门法庭。人们认为,铁路和运河委员会将迅速采取行动,起诉门槛不会高,诉讼费用也会很少。然而,事实证明,铁路和运河委员会在很多方面的表现令人失望。委员会的权力太有限,难以发挥作用。委员会的职能是执行1854年的法案,但正如我们所看到的,与铁路有关的大部分法案包含在数千项私人法案中,而铁路和运河委员会无权干涉这些法案。如果各铁路公司无视委员会的裁决,委员会也不能强制铁路公司执行。当时也不存在任何合理的费率标准,让委员会可以据此确定联运费率是否合理。向铁路和运河委员会提起诉讼的费用很高,而据说起诉人"会被盯上",委员会却无法保护起诉人免受铁路公司的报复。[2]

不过,铁路和运河委员会的存在本身就是对普遍的铁路垄

---

[1] 亚瑟·特文宁·哈德利:《铁路运输》,第173页。——原注
[2] 亚瑟·特文宁·哈德利:《铁路运输》,第175页。——原注

断行为的一种制约。这可能会使铁路管理者更加谨慎行事，以免有人向铁路和运河委员会提起诉讼。无论如何，关于对个人给予不正当优惠的投诉已经没有了。对铁路的投诉似乎还阻止了铁路公司进一步收购运河。其结果是对铁路合并的防范使运河系统的混乱局面长期存在。如果铁路公司能够自由收购所有运河，可能就已经收购了，并发展出一个统一的水路系统作为铁路的支线。

铁路和运河委员会的成立标志着一个新时代的开始，因为国家有意设立一个新机构，所以第一次对铁路有了一些实际的控制。这个新机构后来成为永久性机构，并被证明是更有效的国家控制手段的先驱。

19世纪70年代末，不平等的里程费率引起了新麻烦。有人抱怨说，外国铁路的货物运输费比英国的便宜。1880年，英国议会成立了一个委员会来调查里程费率的问题，但争论很快就变成了全面降低费率的问题。大萧条使美好时代收取的运费显得过高。商品价格大幅下跌，商人们不明白铁路费率为什么不随之降低。而铁路公司却扩建了车站，增设了中转站的设施，并要求议会允许它们对使用这些设施收取额外费用。也就是说，它们不仅不降低运费，反而打算提高运费。这是压垮商人的最后一根稻草。英国的铁路费率不仅高，还高得让人难以理解，商人们觉得自己被一个无法理解的系统"摆布"。大量私人法案授予的收费权力和结算所建立的收费系统之间存在矛盾，导致了严重的混乱。这种混乱使得铁路和运河

第5部分
英国机械运输的发展和国家对运输的控制

委员会无法确定合理的联运费率。

其结果是1888年英国出台了《铁路和运河交通法案》(Railway and Canal Traffic Act),为整个收费系统的修订铺平了道路。到1893年,所有铁路的最高费率都已由法令确定。

这种对最高费率的限定具有划时代的意义。在此之前,国家对工业的管控仅限于规定妇女和儿童的工作时间,并确保商定的工资按时支付。现在,国家开始对服务价格进行限制。此前,国家允许铁路公司或运河公司强制收购土地,并在许多情况下规定了最高费率。但直到铁路和运河委员会成立之前,国家从未试图确保这些对通行费或收费权力的规定得到遵守。正如我们所看到的,铁路发展缺乏统一规划,委员会的权力被分散在诸多独立的法案中,其职能因此受到严重制约。然而,1888年以后,为了公平对待商人、铁路公司和公众,同时为了简化程序并确保公开透明,英国政府制定了最高费率标准。国家放弃了自由放任政策,开始了限制垄断的艰苦斗争。近年来,一种观点逐渐兴起:国家不应该允许大型垄断企业从公众那里赚取超过一定数额的利润,即使这些大型企业是通过正当手段和更高的效率来获取利润的。1888年至1894年期间对铁路最高费率征税,是后来超额利润税原则的最初体现。

根据1888年的法案,每家铁路公司都必须在法案通过后六个月内,向贸易委员会提交一份经过修订的货物分类表和一份每类货物的最高费率表。这些费率将被公开讨论,届时商人可以提出意见和异议。然后,贸易委员会将再次与铁路公司讨论费率问题，如果双方未能达成一致，就由议会做出决定。

　　根据1888年的法案，铁路和运河委员会得以重组并加强了权力，最终成为永久性机构。该法案还试图确保那些自认为受到铁路公司侵害的人能够迅速得到赔偿，并减少起诉费用。起诉人有权将其案件提交给贸易委员会。贸易委员会没有权力强行让双方达成和解，但作为双方公正的朋友，它积极听取各方意见，并成功调解了大量争端。[①]

　　该法案还禁止对相同条件、相同性质的国内外货物实行不同的运输费率，并且不允许铁路公司对短途运输的商品收取比全程运输更高的费用。所有的费率都要填在费率表上，供公众查阅，任何提价都必须事先发布公告。

　　制定铁路费率是一项历时数年的工作。1891年至1892年，这些费率被议会列入《临时法令》（*Provisional Orders*），并于1893年1月1日生效。

　　制定铁路费率是一项艰巨的任务。在会议上，贸易委员会必须制定新的货物分类标准，并确定各个类别的最高运输价格。然后，贸易委员会必须确定哪些物品属于这些类别，价格是否应该随着距离的增加或装载量的增加而降低，以及铁路公司可以对每一种特定类别的物品在站台上的装卸收取多少费用。因此，贸易委员会必须制定一个新的货物分类标准，并确定运输和使用站台的费用。

---

① 在截至1903年的15年间，贸易委员会处理了约3,126起案件。见《贸易委员会的报告》，Cd. 2959，1906年。——原注

第5部分
英国机械运输的发展和国家对运输的控制

在确定费率时,贸易委员会并没有试图从理论上进行分析。有时它会考虑装卸成本,有时会考虑货物的价值、易损性、重量与体积的比例。通常情况下,它遵循的原则是"按交通承受能力收费"。

总的结果是铁路费率被大大简化了。铁路公司获得了对某些类别的货物收取较高费用的权力,以及对特定站台收费的权力。运输煤炭和铁等重型货物的商人获得了大幅降价的优惠;小商贩的利益也得到了保护,因为对小商贩的小批货物收取的超额费用受到严格限制,而且小批货物普遍享受优惠待遇。减少长途运输费用的问题也得到了解决,贸易委员会允许铁路公司对前20英里按照每吨每英里X元收取费用,对之后的30英里按照每吨每英里Y元收取费用,对之后的50英里减少收费,对再之后的里程继续减少收费。因此,长途交易者通过累积里程降低了运费。[①]

1893年,铁路费率被法律固定下来后,铁路公司将所有费率提高到贸易委员会允许的最大限度,以弥补运费降低造成的损失,结果遭到了公众的强烈反对。议会匆忙进行了一次新的调查,结果是在1894年通过了一项法案,规定如果铁路公司将其运输费率提高到1892年的水平之上,就必须证明这种提高是合理的。议会裁决的原则是,涨价必须基于服务成本的长期

[①] 关于整个铁路费率问题,请参阅1894年《经济学季刊》(The Quarterly Journal of Economics)上刊登的詹姆斯·马沃(James Mavor)的《英国铁路问题》(The English Railway Question)一文。——原注

上涨。因此，虽然铁路公司费力确定了固定费率，但实际上费率仍被限制在1892年的费率水平上，即使议会批准的《临时法令》允许它们实行更高的费率。如果它们想将费率提高到允许的最高水平，就必须冒着被商人向铁路和运河委员会投诉的风险，然后它们不得不向委员会证明提价的合理性。议会把铁路公司的利润限制在一定限度内的尝试还可见于以下例子。铁路公司的最高费率不仅是固定的，而且1894年，议会对铁路公司在最高限额内提高收费的权力予以限制。当时人们认为铁路公司滥用权力，把价格涨到最高，而实际上铁路和运河委员会将对超过1892年基准费率的任何涨价实行监管。这种将铁路费率固定在相当随意的1892年水平的做法产生了一些意想不到的结果。首先，铁路公司不敢轻易降低运费，担心下调后无法再提高，除非向铁路和运河委员会提出申请。因此，最高费率抑制了运费的下降趋势。其次，有人认为最高费率不利于经济发展，因为如果铁路公司想要提高费率，将面临许多麻烦。最后，最高费率扼杀了任何可能出现的低价竞争。铁路公司不敢降低费率来竞争，因为它们担心可能不会被允许再次提高费率。所以，除了在服务设施方面展开竞争，它们别无选择。1894年后，铁路公司在服务设施方面的竞争加剧，英国铁路进入了一个新的时代。

4.1894年至1914年，铁路国有化之路

1894年至1914年的二十年间，铁路发生了许多值得注意的变化。首先是铁路支出增加而铁路股息却在减少。在经济萧

第5部分
英国机械运输的发展和国家对运输的控制

条时期,激烈的竞争仍在继续。尽管铁路公司承受的压力越来越大,但由于受到1894年法案的约束,它们无法提高费率,似乎只能寄希望于通过合并来遏制竞争。

铁路合并与铁路工人运动同步发展,使英国工会运动呈现出前所未有的特点。1911年爆发的铁路大罢工迫使政府进行干预,国家控制的问题再次变得迫切起来。如何才能使大型运输机构在贸易方面最大限度地服务于国家利益?大型运输机构与员工之间的关系在多大程度上应该受到某种形式的政府监督?与此同时,其他国家正利用铁路这一新工具参与世界竞争。英国能否承受得起将铁路留在私人手中的风险?1914年世界大战爆发时,铁路国有化成了一个亟待解决的问题。

1894年之后,铁路公司不得不面临开支的大幅增加,却没有获得与支出相称的收入增长。运输量的增长要求增加大量的列车。贸易委员会对列车的安全提出了更详尽的要求,如安装连续制动装置和岔道及信号灯的联锁装置。劳动力成本上升,如1891年至1901年,仅机车部门的运营成本就上涨了43%。在同一时期,税费几乎翻了一番,从1891年的2,246,000英镑上升到1902年的4,227,000英镑。除此之外,1896年至1901年,煤炭成本翻了一番。总的结果是运营成本增加,股息下降。

1894年之后,铁路公司开始展开激烈的设施竞争,特别是在客运服务方面。1872年,中部铁路公司推出了改善三等车厢设施的政策,其他公司纷纷效仿。车厢变得更加舒适。19世纪90年代,铁路公司在特快列车上增设了走道和餐车,甚至在三等车厢也增加了这样的设施,这使得众多快速直达列车每名乘客的平均占用重量（含行李）从4英担[①]增加到14英担[②]。

不过,除了改善客运车厢的舒适度,火车还需提升速度,并实现长距离不停站运行。铁路公司必须加固桥梁,制造更大的机车,铺设水槽。提速意味着会消耗更多的煤炭。此外,铁路公司还得增开其他列车,以服务中途各站。因为越来越多的乘客从头等和二等车厢改乘三等车厢,而特快列车并不收取额外费用,所以,铁路公司的客运收入并没有大幅增加,以抵消额外开支。短途旅行和周末客运的票价也降低了。

与此同时,为了扭转股息下滑的局面,铁路公司进行客运竞争的同时开始参与货运竞争。铁路支出中很大一部分是固定成本,所以在很多情况下,以较低的价格运送货物和乘客总比不运送好。承运货物即使不产生利润,也能避免一些损失。因此,对铁路公司来说,在不降低费率的情况下,向商人提供特殊便利值得一试。只要铁路公司不运载货物,就会产生损失。因此,铁路公司之间的竞争仍然十分激烈。代理商成倍增加,订票处增多。铁路公司愿意接收和运输少量货物,并且不会过多细问所运货物的性质。一个不诚实的商人可能会将自己的货物申报为低于其实际应属的类别,而铁路公司对此睁一只眼闭一只眼,唯恐商人下次选择别的铁路公司。有货物运输总比没有货

---

① 即448磅,约203千克。——译者注
② 即1,568磅,约711千克。——译者注

第5部分
英国机械运输的发展和国家对运输的控制

物运输好。铁路公司参与货运竞争,除了经济动机,还有个人动机。有进取心的铁路公司经理总是希望将自己的铁路经营得尽可能成功。"尽管听起来不近人情,但大型铁路公司经常成为强者的竞技场。"[1]

1903年,格林林(Grinling)先生在伯明翰的一次演讲中说:"最重要的是,议会和公众必须认识到这样一个事实,即我们的铁路公司远不是人们认为的那种可以任意掠夺的庞大的垄断企业,相反,由于最近的立法和各种不利因素的共同作用,我们的铁路行业已沦为一个岌岌可危的行业。"[2]

激烈的竞争必然导致合并,铁路行业也不例外。1899年,议会批准了东南铁路公司和查塔姆铁路公司的合并。它们合并为一家铁路公司,但资金账户是分开的。1909年,大北方铁路公司、大东方铁路公司和大中央铁路公司试图以类似的方式合并,据说中部铁路公司和伦敦至西北铁路公司也有类似的打算。虽然前者的合并没有得到议会的批准,但铁路公司之间达成了合作运营协议,而议会对此无权阻止。[3]

1911年,官方对合并进行了调查。调查报告称:"目前的情况是,迄今为止铁路公司一直努力避免彼此之间在铁路服务的条款和条件方面的激烈竞争。现在这一努力颇见成效,可以说铁路公司可能已经取得了胜利。必须承认,铁路公司之间

---

[1] 克利夫兰・史蒂文斯:《英国铁路》,第307页。——原注
[2] W. J. 阿什利(W. J. Ashley):《英国工业》(British Industries)。——原注
[3] 《关于铁路合并的报告》(Report on Railway Amalgamations),Cd. 5631,1911年。——原注

互相竞争的时代正在过去。代表商人的证人也承认这一趋势无法被阻挡。"①

铁路竞争的结束不仅引发了新的劳工问题，还引发了将运河发展为铁路的竞争对手，以及国家收购铁路的问题。

此前，商人和旅客都从铁路竞争中获利，人们担心铁路合并后提供的便利会减少，所以强烈抗议铁路合并。铁路工人也强烈抗议，因为合并意味着铁路需要的工作人员减少，订票处被关闭，即使他们并没有被解雇，但由于职位减少，其晋升也会受到阻碍。铁路工人声称，他们的工作具有高度的专业性，被解雇后很难找到其他工作。铁路公司之所以能低薪雇用他们，是因为铁路工人认为这是一种长期雇用。现在铁路公司打破了这种默认的长期雇佣关系，他们觉得自己受到了不公正的对待。劳工运动发展了数年，在1911年的罢工中达到高潮。铁路工人的工会发展得很晚，1871年才成立，甚至到1892年，只有七分之一的铁路工人加入了工会。1890年，苏格兰的铁路工人发起一场罢工，希望减少工作时间。其结果是在1893年，贸易委员会被授权调查工作时间问题。如果铁路工人的工作时间确实过长，贸易委员会有权设定一个合理的工作时长。②此前，人们仅认为有必要规定妇女和儿童的工作时间。对于一个政府部门来说，为从事非危险行业的男人设置工作时长是一个新突破，这再次表明了铁路是如何加强国家控制的。

---

① 《关于铁路合并的报告》，Cd. 5631，1911年，第7页。——原注
② 如果工人的工时超过12小时，雇主必须向贸易委员会提出申请。——原注

第5部分
英国机械运输的发展和国家对运输的控制

1897年,铁路工人发起一场运动,要求提高铁路"各级人员"的工作条件。他们提出两项要求:一是每天工作8小时,二是预付2先令的工资。[①]除了东北铁路公司,其他铁路公司均坚决与工会代表会面,甚至拒绝承认工会的合法性。铁路公司声称,必须维护严格的纪律,否则工会领导人可能干涉或试图干涉铁路的管理。塔夫河谷铁路(Taff Vale railway)公司的一次罢工引发了著名的塔夫河谷案。根据该案,当工会或工会领导人有违法行为时,工会基金将承担赔偿责任,而工人们因担心再次罢工会使自己的资金面临风险,所以不敢再进一步推进工作条件的改善。1906年,《贸易争端法案》(Trade Disputes Act)使工会基金免受追责,于是,铁路工人开始继续为改善铁路"各级人员"的工作条件而斗争。1907年,一场罢工即将爆发,贸易委员会立即进行了干预。铁路公司的管理层仍然拒绝承认工会,但同意设立调解委员会。这是一个新的开拓性措施,因为委员将包括铁路公司的管理层和工人代表。任何工资标准或工时的更改必须先向相关部门的官员提出申请,然后提交给由公司代表和所有相关等级的工人代表组成的部门调解委员会,再提交给由部门调解委员会代表组成的中央调解委员会,最后,如果双方在中央调解委员会的调解下仍无法达成一致,可提交仲裁。仲裁员由中央调解委员会中对立的双方协议

[①] 关于铁路的整个劳工问题,参见1907年《皇家铁路调解和仲裁方案委员会的报告》(Report of the Royal Commission on the Railway Conciliation and Arbitration Scheme)。另参见S. 韦伯、B. 韦伯:《工会主义史》,1920年,第522页到第546页。——原注

任命，或由下议院议长或卷宗主事官任命。所有委员必须是公司雇员，也就是说，工会领导人也必须是公司雇员。然而，到1911年，人们对调解委员会的工作方式感到强烈不满，并且由于竞争的结束，铁路公司的管理层开始推行一系列节约措施，两种因素引发了诸多社会动荡。结果，1911年8月爆发了罢工。有人还声称，调解委员会存在故意拖延的情况，其裁决结果也让人感到非常失望。工人罢工是为了让铁路工会得到铁路公司管理层的承认，而后者一直拒绝承认工会。罢工的结果是对调解委员会的制度进行了修改。设立调解委员会带来的总体作用是，铁路公司的管理层不能再擅自决定工资和工作条件，而必须通过与那些对最终结果不负经济责任的人进行谈判来确定。

　　铁路工人在调解委员会上的联合行动使得所有铁路工人实现了联合。1913年成立的全国铁路工人工会包括了除机车司机与司炉工联合协会及铁路文员协会成员外的所有铁路工人。该工会不仅对所有在铁路上工作的人开放，还接纳那些被铁路公司以任何身份雇用的人。"因此，该工会不仅包括铁路和工程车间的工程师和木工机械师，还包括55家铁路旅馆的厨师、服务员和女佣，以及铁路公司所属轮船上的水手和司炉工。"[①]

　　因此，铁路公司的合并与铁路工人的联合相呼应，这种

---

① S. 韦伯、B. 韦伯：《工会主义史》，1920年版，第531页到第532页。——原注

第5部分
英国机械运输的发展和国家对运输的控制

工人联合的规模之大是以往任何工会都未曾梦想过的。全国铁路工人工会之所以被称为"新的工会模式",是因为它不局限于某一特定行业分支,甚至不局限于该分支的熟练工人,比如蒸汽机车司机,而旨在把所有等级的工人都包括进来,尽管有些工人更愿意加入单独的工会组织。该工会也开始要求将铁路国有化。因此,虽然铁路设施方面的竞争导致了铁路公司的合并,但庞大的铁路公司联盟造就了庞大的铁路工人工会。全国铁路工人工会提出的解决方案是铁路国有化及铁路工人参与铁路管理。不过,1911年,议会只是制定了一套更加详细和统一的记账制度。[1]

与此同时,铁路公司解释说,由于工人和文职人员的工作条件得到了改善,所以有必要提高铁路费率以弥补这笔开支。它们要求允许把费率提高到超过1894年规定的1892年的费率水平的上限之上。1913年的《铁路和运河交通法案》(Railway and Canal Traffic Act)赋予了铁路公司提高费率的权力。

此外,人们掀起了一股复兴运河的热潮,将运河作为日益形成垄断的铁路的有力竞争者。1906年,一个委员会开始着手调查复兴运河事宜。在1909年的调查报告中,大多数人支持政府收购和重建赫尔到布里斯托尔和利物浦到伦敦的运河

---

[1] 《贸易委员会关于铁路公司账目和统计报表的报告》(Report of Board of Trade Committee on Accounts and Statistical Returns by Railway Companies), Cd. 4697, 1909年。——原注

系统，这是两条在伯明翰地区交汇的运河。[①]人们建议，这个十字形的运河系统应该按照统一的标准重新修建和拓宽，并加深水道，以便通行一百吨的驳船。据估算，重新建造的费用为1,700万英镑，这还不包括为拓宽河道而征用土地的费用，而后者的数额将是巨大的，因为很多运河的两岸满是建筑物，特别是在伯明翰地区。

人们支持复兴运河的理由是，水运比陆运便宜，可以提供廉价的运输服务，并且运河是一项重要的国家资产。据说，德国、比利时和法国的水路为煤炭、石灰、砖块和肥料等货物提供了廉价且有价值的替代运输方式，而分流这些低端货物的运输将真正减轻铁路的负担。有人说，为节省内陆运输费用，很多工厂正从英格兰中部地区迁往沿海地区，以获得原材料，而改善水运可以遏制这种迁移趋势，防止海港过度拥挤，减少工业迁移带来的混乱和损失。然而，铁路方面的代表则认为，运河复兴计划成本很高，不适合英国贸易的实际情况，因为英国贸易需要能迅速运送小包裹的铁路和准时运送货物的蒸汽船。有人说，比较英国和欧洲大陆的运河情况没有意义。英国不像欧洲大陆那样有长途运输，英国的运河也不能承载400吨到600吨的驳船，而运河对海上交通不发达的德国来说是一笔宝贵资产。事实上，英国的运河是否有足够的水承载100吨的驳船也值得怀疑。有人指出，铁路确实面临着来自沿

[①] 《贸易委员会关于铁路公司账目和统计报表的报告》，Cd.4697，1909年。——原注

第5部分
英国机械运输的发展和国家对运输的控制

海蒸汽船和马达船的激烈竞争,而且使用这些运输工具不像使用铁路那样需要支付道路维护费用。此外,那些没有运河经过的地区有理由批评国家在重建运河时偏袒运河沿线地区,整个国家都要为某些受惠地区的运河维护费用买单。因此,国家没有采取任何措施来执行报告中大多数人建议的计划。世界大战期间,许多驳船工人入伍,运河几乎被废弃。1920年,关于国家是否应该收购运河,政府进行了一次新的调查。

由于政府难以制定有效的铁路管控计划,加上新的劳工压力,国家收购铁路的问题被提上日程。支持铁路国有化的理由大致如下:[1]有人说,国家将从铁路运营中获得一大笔收入;有人认为,即使出现了实际亏损也并不重要,因为国家可以为了整个国家的利益改善铁路,并从国家的整体繁荣中收回成本;有人说,国家管理的成本会更低,因为可以取消各种各样的董事会,还能避免竞争造成的浪费;有人甚至认为国有铁路的效率会更高,如果铁路掌握在国家手中,国家就可以制定规章制度,以满足人们的需求;商人们认为,他们可以得到更低的费率;铁路工人则认为国家可以给他们提供更好的工作条件。

反对国家经营铁路的人指出,世界上只有普鲁士和南非的铁路在扣除了国家所承担的费用(包括资本利息和为更新设备预留的储备金)后还有盈余。普鲁士的铁路之所以能盈利,是因为它迫使

---

[1] 关于整个铁路国有化问题,见吉布(Gibb):《铁路国有化》(Railway Nationalization,英国皇家经济学会,1908年),载于《国家与铁路的关系》(*The State in Relation to Railways*),1912年。——原注

大量货物改走运河，并使铁路缺乏足够的货车车厢。但当运河结冰时，情况会变得很糟糕。因此，国有铁路是否效率更高值得怀疑。反对国家经营铁路的人认为，国有铁路缺乏灵活性和适应性。阿沃斯爵士说，几乎每一项铁路技术的重要发明和改进，都归功于私营铁路的创新实践。[①]

鉴于欧洲大陆及其他国家的国有铁路所采用的记账方式，我们无法将其与英国铁路相比较，因此，无法判定国有铁路的运费是更便宜还是更昂贵。此外，它们提供的服务种类也不一样。

铁路国有化所需的巨额借款成本以及由此造成的货币市场的混乱，也被用作反对铁路国有化的理由。如果铁路公司无法承担借贷成本，那么亏空就必须通过税收来弥补。此外，铁路公司在1912年缴纳了525万英镑的税款。如果铁路被国有化，它们不再缴纳税款，商人将不得不支付更高的运费或交更多的税来弥补赤字。有人说，铁路国有化将会出现严重的政治腐败。希望降低运费的商人和希望提高工资的铁路工人将给政府带来巨大的压力。普通员工的工资会增加，从而抵消统一管理以及撤销一些董事会所带来的任何成本节约。当铁路归私人所有时，政府可以在"主人"和"仆人"之间的纠纷中充当仲裁者。但如果政府自己就是主人，那又该怎么办？此外，当公

[①] 参见M. 勒罗伊·博列伊（M. Leroy Beaulieu）在英国皇家经济学会组织的一次会议上宣读的论文中对法国西部铁路的描述，该文被收录在1912年出版的《国家与铁路的关系》一书中。——原注

第5部分
英国机械运输的发展和国家对运输的控制

众投诉私营铁路时,政府能以第三方的身份出现,但谁又能投诉国有铁路的暴政呢?

1914年的情况是,铁路工人要求议会重新考虑1911年的协议安排,而普通公民则感到自己"沦为了庞大垄断组织的无助附庸"。事情陷入僵局:有效的铁路监管制度没有被制定出来,而铁路合并已经发展到一定程度,以至于人们不相信竞争能提供足够的保障。随着工资支出不断增加,工人进一步要求减少工作时间,铁路公司无法继续像以前那样运营,陷入了财务困境。与此同时,在欧洲大陆,运输系统凭借其低廉的费率优势,正日益成为国家促进国内贸易的一种有效手段。世界大战的爆发使这些问题暂时被搁置,铁路暂时由政府控制。

在工资和八小时工作制方面,政府做出了进一步的让步,结果使铁路公司在脱离政府管理后面临财务困境。于是政府允许铁路公司大幅提高运输费率和票价。在世界大战期间,铁路作为国家的一个系统运行,这样的安排带来了许多经济效益,特别是在铁路货车的使用方面。政府不希望铁路再次分散成独立的单位,于是强制将英格兰和威尔士的铁路公司合并为四个大集团。1921年,国家制定了进一步的控制措施,成立了一个由三名专家组成的特别法庭,三位专家的年薪总计10,000英镑。特别法庭负责确定和修改费率与票价,并且可以不受原来规定的最高费率的约束,但必须确保新的费率为铁路带来的收入与1913年持平。

因此,整个19世纪,铁路一直是促使国家干预范围扩大、自由竞争理念弱化的重要因素。1870年以前，与其他大型工业相比，铁路的发展有力地体现了自由贸易时代经济学家非常珍视的自由发展原则。

四、蒸汽船和运输问题

虽然商业革命离不开新的运输方式，但商业革命不是仅仅由铁路带来的。在经济条件的变革中，蒸汽船发挥了非常重要的作用，使整个世界实际上变成了一个市场。在这场变革中，英国再次成为先驱者。尽管美国的发明家几乎与英国人同时发明了由蒸汽驱动的木船，但英国制造了蒸汽发动机，为两国的新运输方式提供了动力，并率先开发了由蒸汽驱动的铁制轮船，且是第一个将蒸汽动力用于远洋航行和货物运输的国家。换句话说，英国是使用蒸汽船进行世界商业运输的先驱。

然而，航运与铁路运输有着本质区别，因为铁路运输是导致国家控制加强的强大力量，而航运在1849年至1914年间几乎不受国家控制，国家只制定了一些规定以确保船的适航性、乘客的安全和船员的适当待遇。国家没有确定费率或票价，也没有成立相当于铁路和运河委员会的航运特别委员会。轮船不受国家控制的原因是多方面的。首先，铁路公司必须获得土地来修建铁路，因此必须向议会申请强制征地，而议会批准时会附加条件。对航运业来说，道路，即海洋是免费的。与其他股份公司一样，航运公司是根据《公司法案》成立

第5部分
英国机械运输的发展和国家对运输的控制

的,不需要额外的许可。此外,与铁路相比,船是一种相对便宜的交通工具,航运公司不需要为修建道路付费——海洋是免费的,也不需要为建造港口和码头付费。航运存在竞争,因为需要的资本相对较少,而铁路则不存在这种情况,因此,议会相信自由竞争可以解决航运问题。实际上,国家很难对航运的运费和票价实施限制,因为部分英国船——大约五分之一——多年没有返回英国。如果是这样,那么该如何为在布宜诺斯艾利斯(Buenos Ayres)和广州(Canton[①])之间进行贸易的英国船确定费率呢?此外,货物运输不是由一次往返航程完成,而是由连续的航程完成,在航运过程中,货物可能被多次装卸。每件货物都为轮船整个航程的利润做出了贡献。一艘船在纳塔尔(Natal)装载煤炭,在印度卸货,然后装载棉花,在日本卸货,回程时还会在爪哇(Java)装载糖,在澳大利亚装载羊毛,在锡兰装载茶叶,最后在伦敦港卸货。针对这种情况,伦敦的委员会不可能按比例确定货物运费。某部分货物运费的收取取决于该批货物中的其他货物,每次航程都会有所不同。此外,一艘船并非总是驶往伦敦港。船的机动性和火车不同。一艘船可以在鹿特丹(Rotterdam)或勒阿弗尔(Havre)卸货,而运往英国的货物则可以用沿海的小型蒸汽船运到岸上。对航运实行管制,将导致船只不愿意停靠英国港口,这会严重损害英国的转口贸易。再者,船运面对的是外国竞争,而铁路没有这种压力。船东必须

---

① Canton是西方国家对广州的传统称呼,源自"广东"一词的葡萄牙语发音。——译者注

能够自由地制定运价，以排除外国竞争，而不必考虑将来某一天要向议会解释运费上涨的合理性。此外，1914年以前，在航运方面，不定期船和班轮之间仍然存在激烈的竞争。如果班轮把运价抬得太高，那些没有固定航线的不定期货船就会蜂拥而至，把运价拉下来。

所有这些因素都造就了航运业的私营性质，也使19世纪的铁路史和航运史形成了鲜明对比：铁路代表着日益严格的国家监管，航运则代表着自由竞争。[①]

1815年至1914年，英国的航运业有以下几个特点：(1) 航运政策发生了巨大变化。英国商船队是在一系列被称为《航海法案》的严格法规的指导下发展起来的。1822年至1854年，这些法规被废除，英国船主既没有受到国家奖补的激励，也没有在开展业务的方式上受到限制。(2) 一系列技术上的变化彻底改变了整个航运业。(3) 随着钢铁船的发展和英国的主要竞争对手美国在美国内战期间实力被削弱，英国在世界航运业中的主导地位变得越来越明显。(4) 英国蒸汽船公司之间的竞争导致了航运集团的形成，换句话说，在铁路行业表现显著的合并趋势在航运业也变得明显。(5) 此后，希望拥有自己的商船队

[①] 《战后英国航运的报告》，Cd. 9092，1918年，第63页。"航运……在世界各地都面临着国际竞争。航运的成功取决于其灵活性和不受限制的自由。私营企业在过去常常拯救国家，现在又创建了辉煌的商船队。如果没有这些商船队，这场战争就不可能继续下去。我们相信，任何背离对我们来说具有如此重大价值的原则的行为，都将是一次危险的试验，是最严重的错误。"——原注

第5部分
英国机械运输的发展和国家对运输的控制

的国家开始了一场新的对外竞争,因此对本国船只提供补贴和其他援助。(6)外国对航运的援助引发了这一问题:英国是否也应该提供类似补贴以应对外国竞争?1897年以后,随着英国与殖民地的关系日益密切,国家补贴问题变得更加复杂。对于一个海洋帝国来说,航运的发展至关重要。国家怎样做才能最好地支持航运?还是把航运完全交给私营企业?殖民地成为加强国家干预的一个因素,这种情况在航运业中同样存在。

1.航运的自由贸易

1822年至1854年,英国的航运政策发生变化,导致《航海法案》被废除。[①]1381年开始颁布的一系列《航海法案》主要是为了加强英国的海上防御力量。在查理二世(Charles Ⅱ)统治时期之前,英国没有专门的海军,王国的所有船都是保卫国家的船,国王和臣民们的船一起组成了皇家舰队。因此,每艘船都为国家安全做出了贡献。《航海法案》的主要目的是建立一个保护区,让英国的航运得以发展,其政治目的是确保国家独立,其经济目标则随着17世纪殖民地的发展而变得清晰。16世纪,英国商船很少到欧洲以外的地方冒险,而建立殖民地的目的之一就是给英国船提供长途航行的机会。当时需要建造一种更大的船,人们希望英国能够为殖民地贸易制造出"高大又安全"的船。不过,作为17世纪的海上霸

---

① J. H. 克拉帕姆(J. H. Clapham):《〈航海法案〉的最后几年》(Last Years of the Navigation Acts),载于《英国历史评论》(English Historical Review,1910年),第48页和第687页。——原注

主，荷兰人试图从英国的殖民贸易中分一杯羹。因此，我们发现，在查理一世统治时期，英国颁布了一系列的命令和公告，禁止商人在英格兰与其殖民地之间的贸易中使用外国船。1651年，这一系列的命令和公告形成了一项法令。但因为在过渡时期[①]通过的任何法案都不具有法律效力，因此，1651年的法令在1660年被重新颁布，并增加了额外的预防措施，这个法令便是《航海法案》[②]。1660年的《航海法案》及作为其补充的各种贸易法案、海关条例和反欺诈法令的目的是为英国船只保留一个航运区域，使英国成为转口港或分销国，使英国船能够进行长途航行，使殖民地贸易以英国为中心，在航海领域超越荷兰人，并雇佣英国人担任船员。为了实现上述目标，这些法案禁止或限制外国船只从事某些贸易。英国与其殖民地之间的贸易留给英国或殖民地的船只，近海贸易留给英国船只。在欧洲贸易中，某些"列举商品"如木材、谷物和葡萄酒，只能由英国船运输；某些其他商品可以由外国船运入，但英国海关对其运来的货物征收额外的关税。为了使英国成为一个强大的分销国，一些殖民地商品也被列入清单，其中主要是糖和烟草，这些商品必须运往英国进行分销。该名单的制定旨在抢走荷兰的部分分销

[①] 过渡时期，是指从1649年1月30日查理一世被处决到1660年5月29日查理二世抵达伦敦复辟这段时期。——译者注

[②] 查理二世复辟后，宣布共和期间颁布的所有法令无效，但因《航海法案》是从国家利益出发制定的，因此，复辟后重新以查理二世的名义颁布并记录在案。——译者注

第5部分
英国机械运输的发展和国家对运输的控制

贸易。要想让英国船进行长途航行,就不能从欧洲运来非欧洲原产的货物,即不能从阿姆斯特丹(Amsterdam)运来咖啡,也不能从马赛运来棉花。在英国水域航行的外国船缴纳的港口使用费和引航费比英国船多。但英国船必须遵守关于船长和船员国籍的规定:船必须由英国制造,船长和四分之三的船员必须是英国人。在1707年王国联合之前,苏格兰船员不被算作英国船员。这项精心设计的规定旨在保障英国航运业的发展,以应对荷兰这一强大竞争对手的挑战。这一做法得到了自由贸易倡导者亚当·斯密(Adam Smith)的认可。他说,由于国防比财富更重要,《航海法案》也许是英国所有商业法规中最明智的。当时的人清楚地认识到,殖民体系和《航海法案》是同一件事中不可或缺的组成部分。他们认为,殖民地是宗主国为了自身利益而进行管理的财产,而控制殖民地的经济手段是控制运输,管理进出殖民地的航运就是管理殖民地的贸易。《航海法案》的总体效果是将英国航运推向海洋贸易,而不是环欧洲和地中海的近海贸易。无论是否由于这些规章制度的推动,英国的商船队在18世纪稳步增长,而受到同样保护和控制的新英格兰殖民地的航运也在增长。航运业的发展得益于英国工业的大规模扩张和谷物出口,这导致了英国进出口量的增加,从而为航运业提供了额外的就业机会。随着新殖民地的增加和原有殖民地的发展,殖民地的产品运输将为航运业提供更大的发展空间。如果没有《航海法案》,荷兰可能已经占有了英国日益增长的海上贸易份额，就像1870年后英国占有了美国的海上贸易份额一样。从理论上说，一个贸易主要依靠外国船只运输的国家也有可能成为一个重要的出口大国。但事实是英国的航运业在法国战争中成功地存活了下来，而法国和荷兰的航运业则被摧毁了。1812年战争[①]期间，美国的航运业也一度停滞。[②]1815年，英国在世界上已无可匹敌，成为唯一有能力维持全球航运的国家。尽管1803年至1814年，英国损失了大约40%的船，[③]但其造船业的快速发展弥补了这些损失。

到18世纪末，英国的地位已经非常稳固，因此英国政府能够考虑对其制度进行一些修改。1796年至1822年是一个政策小幅放宽的时期。1822年至1825年出现了从垄断贸易到互惠贸易的转变。1849年至1854年，《航海法案》被废除，殖民地贸易也被放开。

政策的小幅放宽是由英国的美洲大陆殖民地的反抗引发的。当时的规定是，来自亚洲、非洲和美洲的货物只能用英国或其殖民地的船运往英国，这使得英国和美国之间的贸易只能

[①] 1812年战争，又称美英战争，是美国与英国的一场冲突，发生于1812年至1815年。战争结束后，美国人民开始认为美国是一个独立自主的国家，而不是以前殖民地的集合体。因此，这场战争有时也被称为"第二次独立战争"。——译者注

[②] "很少有美国船被劫持，因为它们不敢出海。少数出海的美国船以极快的速度免于被劫持。虽然敌人损失了一小部分船，但美国几乎完全丧失了对外贸易，其沿海贸易几乎完全被压制。"马汉（Mahan）:《1812年战争对英国和美国航运的影响》(*Influence of the War of 1812 on English and American Shipping*)，第221页。——原注

[③] W. R. 斯科特（W.R.Scott）:《战后和平的经济问题》(*Economic Problems of Peace after War*)，第1卷，第46页。——原注

第5部分
英国机械运输的发展和国家对运输的控制

通过英国船进行。然而,在与法国的战争中,英国需要棉花和食品,而美国是一个中立国,美国船相对安全。1796年,来自美国的货物被允许用美国船运往英国。此前,英国的殖民地之间的贸易只能由英国或其殖民地的船运输。与美国的决裂再次造成了新的复杂情况。在还是英国人时,美利坚殖民者习惯于与西印度群岛和加拿大进行贸易,现在却是违法的。然而,由于西印度群岛缺乏食物,英国不得不放宽禁令。美国于1796年获准与西印度群岛进行贸易,并于1807年获准与加拿大进行贸易。1808年,类似的放宽政策被扩展到巴西,1822年扩展到新独立的西班牙语美洲各共和国。

19世纪20年代,各国开始对英国在航运贸易中的主导地位感到不满,并威胁要通过自己的航海法案进行报复。其结果是,1824年,英国议会授权王室基于互惠原则就航运问题缔结条约。由于英国航运业的规模比外国的大得多,如果英国的让步能得到别国的相应让步,那么英国仍然能从让步中获益。因此,1825年至1843年,英国与普鲁士、丹麦、瑞典、汉萨同盟城市、梅克伦堡、汉诺威、美国、法国、奥地利、法兰克福、委内瑞拉、荷兰(1837年)、德意志关税同盟[①]和俄罗斯就缔结条约进行了一系列谈判。每一个条约都意味着英国废除了《航海法案》的某些条款。

---

① 德意志关税同盟,于1834年在普鲁士的推动下成立,旨在德意志大部分地区建立一个自由贸易区。德意志关税同盟的建立通常被视为德意志统一的重要一步。——译者注

1822年至1825年,《航海法案》进一步被修改，以促进殖民地之间的自由贸易。殖民地货物的"违禁名单"被废除，殖民地获准与外国直接进行贸易。然而，某些限制仍然存在。非欧洲原产的货物不能从欧洲运来，关于欧洲货物的"违禁名单"仍然保留，大英帝国间的贸易仍然只能由英国或其殖民地的船运输。来自亚洲或非洲的货物只能由英国船运来英国。

1840年，自由贸易运动已如火如荼地开展起来，当时的英国商人认为对航运的所有限制都是错误的，他们渴望能够自由租用美国船。美国商船队迅速发展。美国有充足的软木材可用于造船，在新英格兰渔场受过训练的美国船员都是优秀的水手。据说，美国船比英国船的航行速度更快，运费也更低。英国商人希望通过竞争降低运费，而现有的制度有诸多不便之处。随着自由贸易派越来越占上风，殖民地也发现英国对殖民地的贸易优惠越来越少。殖民地希望取消航运限制，而不是通过贸易优惠来抵消航运限制。例如，加拿大在谷物出口方面的优惠已经随着1846年《谷物法》的废除而被取消，加拿大急于租借更便宜的美国船与西印度群岛进行贸易。德意志关税同盟威胁要对英国船征收惩罚性关税。自由贸易派希望，如果英国废除《航海法案》，欧洲其他国家就会效仿英国，废除各自的航运限制。然而，有一个很大的党派反对废除《航海法案》，理由是美国的竞争力越来越强。人们担心，如果英国港口向所有船开放，英国人将永远无法在航运业中保持主导地位，因为英国的木材价格昂贵，造船成本较

第5部分
英国机械运输的发展和国家对运输的控制

高。有人说,海上贸易是海军的摇篮,废除《航海法案》意味着英国海上力量的衰落,毕竟英国的海上力量在很大程度上依赖于商船队的发展。然而,自由贸易派赢得了胜利。1849年,《航海法案》被废除。1854年,沿海贸易开放。1853年以后,英国不再强制英国船雇用英国船员。值得注意的是,航运业背后有着悠久的国家管制传统,这一传统自1381年持续至1854年,历时长达473年。

2.蒸汽船的出现和造船技术的持续变革

航运限制的废除正值海上运输发生变革之时,所有对英国的悲观预言都被证明是错误的。1850年至1860年,铁制蒸汽船在客运和货运方面都取得了成功,而英国丰富的煤炭和铁矿资源以及强大的铁制品生产能力,使其在造船和运输贸易方面处于领先地位。然而,铁船的发展是一个渐进的过程。1787年,威尔金森建造了一艘铁制运河驳船,但当时人们认为铁船是"违背自然规律的"。直到后来人们才发现,铁船不仅比木船更结实,而且更轻。新的动力装置——船用蒸汽机——与造船新材料是分开发展起来的,也就是说,蒸汽发动机最初是在木船上使用的。"夏洛特·邓达斯"号是第一艘成功使用蒸汽动力的船,于1802年在福斯至克莱德运河(Forth and Clyde Canal)上航行。"夏洛特·邓达斯"号安装了一个在卡隆工厂制造的发动机。1820年,位于斯塔福德郡蒂普顿(Tipton)的霍斯利铁厂建造了一艘由蒸汽驱动的铁船。[1]因此,新材料和新发动机首次结合在一起。不过,当时的蒸汽船一般只是小型船,大部分时间都是靠风力航行,只有在风力不足时才使用蒸汽动力。[2]即使到了1860年,帆船仍然是主要的船只类型。当时,英国共有6,876艘帆船,而蒸汽船有447艘,其中只有91艘的吨位在1,000吨至2,000吨之间,超过2,000吨的只有4艘。因此,蒸汽船大都是不到1,000吨的小船,这意味着如果蒸汽船想要运载大量的货物,就不能装载足够的煤炭燃料进行长途航行。当

---

[1] 这艘船被拆成几部分运到泰晤士河(Thames),并在萨里码头重新组装。然后由蒸汽动力驱动,驶往巴黎。这艘船的建造者曼比(Manby)在马恩河(Marne)畔的查伦顿(Charenton)建厂,并在那里建造蒸汽船,这是英国技术在欧洲大陆应用的又一个例子。第一艘在克莱德河上建造的铁制蒸汽船是1832年建造的"阿格拉亚"号,重达30吨。十年后,一艘铁制蒸汽船"阿尔伯特亲王"号在泰恩河上建成。1838年,在4艘横渡大西洋的蒸汽船中,"大西部"号是用铁建造的。参见亚当·W. 柯卡迪(Adam W. Kirkaldy):《英国航运:历史、组织和重要性》(British Shipping: Its History, Organisation and Importance),第4章和第5章。——原注

[2] 蒸汽船历史上的一些重要日期如下:在英国,第一艘成功的客运蒸汽船是1812年建造的"彗星"号,但在美国,罗伯特·富尔顿(Robert Fulton)设计了一艘由博尔顿-瓦特公司制造的蒸汽机驱动的蒸汽船,从1807年起定期往返于纽约和奥尔巴尼(Albany)之间。1814年,克莱德河上建造的一艘蒸汽船在泰晤士河上定期航行。1813年,克莱德河上建造了不少于4艘的蒸汽船;1816年增加到8艘,1822年增加到48艘。这些都是木船。1819年,一艘美国船"萨凡纳"号横渡大西洋,并使用蒸汽动力作为辅助动力。到1838年,已有4艘船全程使用蒸汽动力成功横渡大西洋(分别花了十四天到十七天不等),这证明了蒸汽动力在远洋航行中的实用性。1825年,一艘名为"进取"号(Enterprise)的船驶往印度,使用蒸汽动力作为辅助动力。经过半个世纪的试验,人们在1850年至1860年证明,蒸汽船不仅切实可行,而且在货运和客运方面都能带来可观的经济回报。有关班轮的历史,请参阅《季度评论》(Quarterly Review),1900年第381期,《远洋蒸汽船》(Ocean Steamships)。——原注

第5部分
英国机械运输的发展和国家对运输的控制

时,人们普遍认为蒸汽船会破坏所运食物的风味。因此,最早的蒸汽船发展成为运送乘客和邮件的班轮。

到了1850年,加煤站建起来了,船不再需要装载大量的煤炭。复动式发动机大大节省了船只运行的煤炭消耗量,并在19世纪50年代末取得了巨大的商业成功。其他的改进措施紧随其后,渐渐地,蒸汽船几乎完全取代了帆船。[①]苏伊士运河的开通极大地推动了蒸汽船的使用,因为帆船难以在苏伊士运河中航行。

建造和运行船的四个目标是节约燃料、节约劳动力、节省货运空间和降低建造成本。

节约燃料是由复动式发动机实现的。19世纪80年代和90年代,人们分别发明了三重膨胀式发动机和四重膨胀式发动机,大大节约了船的用煤量,使用煤量从每小时每马力6磅减少到每小时每马力1.25磅。[②]

劳动力的节约,部分是由于采用了机械设备,部分是由于建造的船越来越大,后者使得大型船上所需人员的比例显著降

[①] 1890年,英国拥有的帆船总吨位为300万吨;到1900年,帆船总吨位下降到200多万吨;到1913年,下降到85万吨。参见《战后英国航运的报告》,Cd. 9092, 1918年,第54页。——原注

[②] 1881年,第一艘装有三重膨胀式发动机的蒸汽船下水。参见亚当·W. 柯卡迪:《英国航运:历史、组织和重要性》,第131页。1894年,第一艘装有四重膨胀式发动机的蒸汽船下水。参见亚当·W. 柯卡迪:《英国航运:历史、组织和重要性》,第131页到第132页。——原注

低。① "这样的船更经济。和平时期,能够运营船的国家必然会成为主要的运输国。"②

船的载货能力得以提高的因素主要有两个。第一个因素是,19世纪70年代,建造船的材料开始发生变化,钢开始代替铁。钢比铁轻,这意味着在到达载重线之前可以装载更多的货物,也就是说钢船的排水量更小。此外,钢船的寿命比铁船长,所以钢船的运营成本比铁船少。

载货能力得以提高的第二个因素是船用发动机的发展。首先,有了经济型发动机,船运载的煤就少了,留给货物的空间就大了。其次,发动机不断得到改进,所占用的空间越来越小。用于货船的涡轮机和齿轮减速涡轮机是这方面的先驱。据说它们的重量也比较轻,因此,船的载货能力得以提高。此外,使用燃油的马达也是船的动力改进带来空间节约的一个很好的例子。马达占用的空间更小,存储燃油需要的空间比储存煤炭需要的空间小,并且使用燃油的马达需要的司炉工更少。

小型铁制蒸汽船逐渐发展为由涡轮机或马达驱动的巨大钢制轮船,除了这一技术进步外,航运也越来越专业化,出现了油轮和冷藏船。

---

① 1876年《季度评论》第141期第263页上有一篇关于商船的文章,文中提到,1852年,每运送100吨货物,帆船需要配备4.55人,蒸汽船需要8.04人,到了1874年,帆船和蒸汽船的人员配备分别为3.19人和4.10人。"以前由人做的许多重体力活现在都由机械完成,特别是在蒸汽船上。蒸汽绞盘是船上最好的'人力'。"——原注
② 《战后英国航运的报告》,Cd. 9092,1918年,第54页。——原注

第5部分
英国机械运输的发展和国家对运输的控制

在帆船时代，只有两种类型的船，即东印度大商船和西印度自由贸易商船。后者是一种较小、更灵活、专业化程度较低的船。随着蒸汽船的出现，又有了两种类型的船，即班轮和不定期货船。班轮有固定的航线，定期航行，运送乘客和邮件，以及对运送速度有要求的货物，如容易过时的商品。因此，这些班轮既快速又有规律。不定期船是一种货船，通常被租给第三方，可以自由去往任何地方，运载任何能带来利润的货物。货船上运载的是大米、棉花、小麦和羊毛等季节性货物。货船经常为班轮开辟新的航线，它们会在各种可能或不可能的地方装卸货物。随着贸易的发展，班轮定期开航。因此，不定期船经常充当班轮的前哨。世界大战前，英国航运中约有60%的船只是不定期船，40%的船只是班轮。不定期船运输的大部分是大件货物。航运业进一步专业化的结果是出现了为冷冻肉贸易建造的冷藏船和为运送石油建造的油轮。

3.英国在造船和运输贸易方面的霸权

在钢铁造船方面，由于在工程方面的领先地位，英国自然而然地成了世界领先的造船大国。世界大战前，英国的造船业和海洋工程两大行业共雇用了200,000工人，投资总额超过3,500万英镑，年产值超过5,000万英镑。世界大战前，英国正常的造船产量比所有外国造船厂的产量加起来还多。[①]世界大战爆发时，英国商船队是世界上规模最大、装备最先进、效率

---

① 《战后英国航运的报告》，Cd. 9092，1918年。——原注

最高的商船队，占了近一半的世界蒸汽船吨位（在约2,600万吨净运输吨位中占1,200万吨到1,400万吨），是排名第二的最强大对手——德国商船的四倍。①英国积极地将旧船卖给外国，并为自己配备最新和最大的船。其结果是"外国商船整体上比英国商船要旧，效率要低"②。在1913年登记的英国船中，85%是在1895年以后建造的，44%是在1905年以后建造的。这些船都是效率最高的大型船。

1913 年	数量	总吨位
1,000 吨以下的蒸汽船	8,855	1,100,000
1,000 吨以上的蒸汽船	3,747	10,173,000
总计	12,602	11,273,000

这是英国在和平时期的优势，在战争中却成为弱点，因为这些大型船极易成为潜艇的攻击目标，而且一旦被击沉，单艘船的损失就特别惨重。

当时，英国不仅是全球的造船者，也是全球的承运者。英国不仅建造船，还使用船。英国之所以能在航运领域占据主导地位，在于英国本土是大英帝国这一世界性帝国的工业中心，可以从世界各地获取粮食和原材料。英国丰富的煤炭资源不仅为大量本来会空载出海的船提供了充足的货物，还为很多从事对外贸易的船提供用作燃料的煤。③英国拥有分布在世界各地的特别适合英国船的加煤站，并通过长期以来建立的历史

---

① 《战后英国航运的报告》，Cd. 9092，1918年，第53页。——原注
② 《战后英国航运的报告》，Cd. 9092，1918年，第56页。——原注
③ 1913年的燃料供应量为2,100万吨，这不包括在煤炭出口数据中。《战后英国航运的报告》，Cd. 9092，1918年，第75页。——原注

第5部分
英国机械运输的发展和国家对运输的控制

联系,使后来者很难与之竞争。

英国的需求和商业网络遍布全球,这使英国的商品流通毫无障碍。如果商品在一个地方滞销,通常可以在别的地方找到销路。其结果是,英国成为世界海上贸易的枢纽。

世界大战前,英国是全球的远洋承运者,世界上40%的海上贸易是与英国进行的,而世界海上贸易总量的52%左右是由英国船承担的。英国航运的优势在于远洋贸易,即与欧洲和地中海以外的国家的贸易。世界大战前,就贸易量而言,英国的大部分贸易是与欧洲和地中海国家进行的,但就价值而言,大部分贸易是与欧洲以外的国家进行的。[1]"英国占据着全球大部分的海外贸易份额,这不仅给英国船提供了充足的货物,也使英国的船主能够规划贸易路线,以确保他们的船在航行的各个阶段都能装载尽可能多的货物。"[2]《航海法案》有意将英国推上长途航行或远洋贸易的舞台,正如过去殖民贸易是连接纽带一样,如今,大英帝国在维持英国在远洋贸易中的地位方面具有重要意义。

值得注意的是,这场从帆船到蒸汽船的重大的海洋运输变革,最初是由英国政府为邮件运输提供补贴推动的。这些补贴发放给了冠达邮轮、半岛和东方蒸汽航运公司、皇家邮政蒸汽船运公司和太平洋航运公司。从那时起,英国政府就对在建造方面符

---

[1] 《战后英国航运的报告》,Cd. 9092,1918年,第75页。——原注
[2] G. M. 琼斯(G.M.Jones):《政府对商船的援助》(Government Aid to Merchant Shipping),载于美国商务部,《特派员系列》(Special Agents' Series),第119号,1916年。——原注

合海军部要求的快速邮船提供补贴，这些船在战时可作为巡洋舰使用。然而，货船没有得到英国政府的任何援助，英国约60%的船是不定期货船。根据1894年的统计，收到邮政补贴或建造补贴的英国船，所占比例不超过总数的3%。[①]所以，可以说，英国航运除"承接政府服务"外，没有得到任何财政援助。并且到目前为止，当英国的港口向全世界开放时，英国的大部分船都是在没有任何政府援助的情况下建造和下水的。无论是英国的铁路还是航运，新的运输方式的发展都是由那些能够从银行或公众那里获得资金支持的个人推动的。然而，正是股份有限公司的资本集中，才使得这些宏大事业得以大规模开展。

19世纪，英国见证了一个强大的航运对手的衰落和另一个对手的崛起。19世纪中叶，英国在造船业和航运业都有一个强大的竞争对手——美国。霍桑[②]写道，美国"与英国争夺世界航运权"。从英国访问回到美国后，布坎南[③]宣称，"现在我们的贸易覆盖了所有海域，我们的商船是世界上最大的"。在南方邦联即将成立之际，亚历山大·A. 斯蒂芬斯[④]在佐治亚州(Georgia)的议会上发表演讲时说："我们现在有大量的航运，不仅是沿海的，还包括对外航运，这使我们在世界各国中处于领先地位。英国再

[①] G. M. 琼斯：《政府对商船的援助》，第22页。——原注
[②] 即纳撒尼尔·霍桑(Nathaniel Hawthorne, 1804—1864)，美国小说家，他最著名的作品是小说《红字》(The Scarlet Letter)。——译者注
[③] 即詹姆斯·布坎南(James Buchanan, 1791—1868)，美国第十五任总统。——译者注
[④] 原文为Alexander A. Stephens，疑为作者笔误，应为当时的佐治亚州州长亚历山大·H. 斯蒂芬斯(Alexander H. Stephens, 1812—1883)，南北战争期间任美利坚联盟国副总统。——译者注

第5部分
英国机械运输的发展和国家对运输的控制

也不能被称为'海上霸主'了。"[①]

但二十年后,一切都变了。美国内战对美国的航运业造成了巨大破坏,但对美国来说,更糟糕的是英国在炼铁和造船方面的高超技术以及英国造船厂不断进步的态势。英国造船厂建造了大量的船只,尽享大规模生产带来的种种好处,而相对来说,美国的造船成本比英国高得多。因此,美国的资本被投向其他领域——铁路和其他建筑工程,而英国仍然是大西洋的主人。

4.对外航运的增长

19世纪80年代中期,一种新的竞争形式开始发展起来。普法战争后民族主义高涨,各国都希望发展自己的航运,以减少对英国的依赖。它们开始通过各种形式的补贴来促进本国航运业的发展,有时采取的形式是对造船给予奖补,或按航行里程的比例给予奖补,或直接给予名义上的邮件津贴,但津贴超出了"承接政府服务"所应得的数额。间接资助的形式有:给予特殊的铁路费率、对国有铁路运输造船材料实行特许运价、对铁路建设所需物资实行免税(无论其他物品的关税如何)、将沿海贸易运输保留给本国船、支付苏伊士运河通行费、豁免关税、向船主提供贷款、报销港口费用等。这些都是各国自19世纪80年代以来对航运业实行的国家援助形式。1881年,法国率先实施了上述一整套复杂的国家奖补制度。1885年,德国、意大利、奥地利、匈牙利、日本、俄

---

① 《英国商船季度评论》(*The British Mercantile Marine, Quarterly Review*),1904年,第333页。关于具体数字,参见第160页和第193页。——原注

罗斯、丹麦、西班牙、比利时和美国跟随法国的步伐。直到1914年，这些奖补形式仍然有效。[1]

无论是否有这些援助，德国商船最终取得了引人瞩目的快速发展，很快成为英国强大的竞争对手。无论如何，无论有无政府援助，德国的航运都有可能迅速发展，以满足德国日益增长的进出口贸易。德国的对外贸易集中在少数几个港口，主要是汉堡和不来梅（Bremen），这保证了停靠在这些港口的船可以获得最大数量的货物。而且德国的进出口货物在吨位上是平衡的，因此，货运是双向的，这对德国商船有很大帮助。19世纪80年代，德国钢铁工业的蓬勃发展为造船业提供了原材料，这些原材料由国有铁路以极低的运价运往港口。虽然对任何船运载的出口货物都实行了特别低的铁路费率，但对通过德国船运往黎凡特地区和东非的货物，德国铁路公司制定了特别的运价表。[2]等同于国家奖补的邮政津贴给了北德意志劳埃德航运公司，用于资助其远东和澳大利亚航线以及德属东非航线，并且

---

[1] 详情请参阅《轮船补贴委员会的报告》（*Report of Committee on Steamship Subsidies*），1902年，《"皇家米克尔"号，蒸汽船补贴的历史》（*Royal Meeker, History of Steamship Subsidies*）。G. M. 琼斯：《政府对商船的援助》。——原注

[2] 1918年的《关于航运的报告》（*The Report on Shipping*，第99页，第8250节）似乎认为，当有充分理由时，德国船向南美洲、中东和远东甚至澳大利亚运输货物可以享受特殊的出口运费优惠。——原注

第5部分
英国机械运输的发展和国家对运输的控制

邮政津贴只发放给德国建造的船。[1]

  德国航运业最成功的发展,是在大西洋贸易中实现的,在这方面德国商船没有得到任何补贴。不过,班轮运输的成功是以移民运输为基础的,而移民运输是通过设立检查站来运作的。移民运输是德国大西洋贸易的基础。检查站最早成立于1894年,当时俄罗斯爆发了一场霍乱疫情,所有从俄罗斯和奥地利经德国出境的移民都必须经过德国检查站。德国政府将检查站的设立和管理交给汉堡美洲航运公司和北德意志劳埃德航运公司。没有移民运输许可证的蒸汽船不得从德国运送移民,而英国轮船公司只有在特殊限制条件下才能获得这种许可证。[2]这些限制阻碍了英国航运公司的业务开展。此外,在检查站内打算乘坐英国船只的移民"遭受了各种刁难,迫使他们不得不乘坐德国航运公司的船。他们的车票常常被强行拿走,好几天都不还给他们,而在此期间,这些穷人不得不在检查站白白花费他们无力承担的费用,并常常被迫返家。与此同时,德国航运公司的代理人试图哄骗他们购买德国航运公司的

---

[1] 北德意志劳埃德航运公司从向中国、东印度群岛和澳大利亚提供的邮政服务中获得了30,450英镑的津贴;汉堡美洲航运公司从向赫里格兰(Heligoland)和博尔库姆岛(Borkum)提供的邮政服务中获得了10,000英镑的津贴;德国-东非航线从向东非提供的邮政服务中获得了67,500英镑的津贴。比利时政府还向北德意志劳埃德航运公司提供了每年80,000法郎的补贴,以使该公司的邮政船在前往澳大利亚和东部的途中停靠安特卫普,并退还了该公司支付的灯塔费和领航费。《战后英国航运的报告》,Cd. 9092,1918年,8228—8234。——原注
[2] 《战后英国航运的报告》,Cd. 9092,1918年,第8页。——原注

船票，并且常常威胁他们如果不遵从就要被遣返"[①]。这些检查站成为德国争夺大西洋航运的重要武器。我们必须记住，运送乘客并依靠他们支付大部分费用，班轮由此能够以更便宜的价格运输货物，因此，以移民为基础的班轮运输的发展促进了德国对北美洲和南美洲的整个出口贸易。

在很大程度上，德国商船队的成功归功于其航运组织。德国超过60%的航运由十家相互合作的航运公司运营，而其他公司也与最初组成"航运协会"的十家航运公司有着密切的联系。与其中一家公司签订合同，就等于与整个协会签订合同。每家公司都全力支持对方对抗外国船，它们齐心协力对付竞争对手。英国在所有海洋贸易中都要面临德国的竞争，其转口贸易和转运业务因此受到了影响。[②]各国商船发展的总体影响是，尽管英国航运的贸易量在增加，但其在世界贸易中的份额趋于下降。[③]

5.航运界的联合

19世纪80年代，英国航运业出现了一个明显的新特点，即出现了一些通过协议确定运输费率的航运集团或航运联合会。1873年之后，航运业经历了一段严重的萧条时期。蒸汽船比帆船更有效，可以进行更多的航行，因此大大增加了可用

[①] 在1913年11月5日写给外交部的一封信中，英国的某些航运公司写道："以前，德国航运公司的代理人在检查站强行拆散朋友和亲人。"《战后英国航运的报告》，Cd. 9092，第9页。——原注
[②] 《战后英国航运的报告》，Cd. 9092，1918年，第88页。——原注
[③] 《战后英国航运的报告》，Cd. 9092，1918年，第75页，参见表格。——原注

第5部分
英国机械运输的发展和国家对运输的控制

吨位。苏伊士运河的开通缩短了前往印度的航程,再次增加了可用吨位。同时,不断有新的船只被建造出来,这也增加了可用吨位。越来越多的新船配备了最新型的发动机,并由钢铁制成,这增加了货运竞争的有效吨位。除此之外,外国政府的补贴也导致了一定数量的船只的出现,而且在政府的支持下,它们可以以较低的运价运营。由于这些吨位的存在,航运业出现了激烈的竞争和运费的大幅下降。①

因竞争而导致的费率大幅下降,使航运业无利可图且充满投机性。航运变成了一场纯粹的赌博。因此,航运集团或航运联合会被组建起来,以稳定费率,并为航运业引入某种健全的机制。②商人使用船上的设备装卸货物,要向航运公司支付10%的费用,称为"运费补贴"。航运公司将这10%的费用返还给定期在同一家公司出货的商人,这一做法逐渐形成一种惯例,由此产生了延期回扣制度。航运联合会靠延期回扣制度垄断了市场。当大量的船加入航运联合会时,联合会将确定收

---

① 以下例子证明了运费的大幅下降。《关于农业萧条的报告》(Report on Agricultural Depression)第二期,C. 7400,1894年,第662页。

	1874年1月	1880年	1884年	1892年1月
纽约到英国或欧洲大陆的大米(每夸脱)	10先令6便士	6先令	4先令	—
费城到英国的大米(每夸脱)	10先令6便士	—	4先令(1885年)	—
旧金山到英国的小麦(每吨)	67先令(1872年1月)	70先令	40先令	22先令6便士(1893年2月)
敖德萨到英国的小麦(每吨)	45先令	—	—	7先令3便士
威尔士到亚丁的煤(每吨)	27先令6便士	—	—	11先令
威尔士到孟买的煤(每吨)	24先令	—	—	11先令

——原注

② 关于整个问题,参见《皇家委员会关于航运集团的报告》(Royal Commission on Shipping Rings),Cd. 4668。——原注

费标准。为了防止联合会的客户通过联合会以外的其他航运公司运输货物，联合会将给那些定期通过同盟航线运输货物的客户返还六个月的回扣，但这笔回扣要在六个月后才到账，因此，联合会手中总是掌握着六个月的回扣作为保证金。如果客户在这期间通过航运联合会以外的航运公司运输货物，这笔钱就会被没收。因此，联合会手中有一定的资金来保证客户的"忠诚度"。1875年，第一个航运联合会成立，旨在管理对加尔各答的贸易，并于1877年开始实行延期回扣制度。1879年，中国航运联合会成立；1884年，澳大利亚航运联合会成立；1886年，南非航运联合会成立；1895年，西非和北巴西航运联合会成立；1896年，拉普拉塔河（River Plate）流域和南巴西航运联合会成立；1904年，南美西海岸航运联合会成立。英国的沿海贸易没有形成联合，因为沿海贸易面对的是本国铁路的竞争。在北大西洋的航运中，有一种专门提供客运服务的航运联合会。这些航运联合会不仅确定固定的运输费率，还达成了共识或协议，尊重彼此的势力范围。"因此，据说仰光（Rangoon）航运联合会和加尔各答航运联合会之间达成了一项共识。根据这项共识，双方互不侵犯对方的领域。"[①]航运联合会主要存在于出口贸易中，在进口贸易中很少有联合会。出口的货物主要是制成品，数量很少，商人不可能租用整艘船。因此，商人不得不接受租用船的部分空间的条件。在返程

---

① 《皇家委员会关于航运集团的报告》，Cd. 4668，第12页。——原注

第5部分
英国机械运输的发展和国家对运输的控制

途中,船上的货物主要是羊毛、谷物、大米、矿石和木材,人们往往租下一整艘船来运输这些货物。在整租的情况下,决定货物价格的很大程度上是租用不定期船的费用,而不定期船的租用价格波动较大。面对不定期船的竞争,航运公司很难维持固定运价。然而,在某些情况下,航运联合会在返程贸易中仍能发挥作用。航运联合会宣称,航运环线的优势在于能提供定期班轮和稳定的运价。运价不会忽高忽低。据称,随着运价的稳定,航运联合会可以提供更好的蒸汽船,管理也更经济,所以收取的运费平均来说比较低。每条航线的租船合同趋于标准化,随着出航和抵达越来越有规律,航运联合会可以重新组织港口的码头工人,以减少大量的临时工。这些海运联盟的全部目的就是消除价格战及其必然带来的浪费。另一方面,人们强烈反对航运联合会,认为它们有时对来自欧洲大陆或美国的货物收取的运费比对来自英国港口的货物收取的运费低,而通过低运费的形式给予外国货物某种奖补的做法不利于英国货物的出口。在某些情况下,有人认为,外国货物运输费率的降低抵消了殖民地优惠制度的效果。[1]航运公司则辩称,它们之所以给出这么低的费率,是为了防止外国轮船公司介入殖民地贸易。由于回扣制度削弱了南非航运公司的竞争力,加之当时社会舆论强烈反对该制度,1912年南非政府最终决定:拒绝把邮件运输业务交给任何实施回扣制度的航运公司。

---

[1] 《自治领委员会的报告》,Cd. 7210,1911年,第95节到第98节。——原注

随着德国竞争力的日益增强，以及其组织良好的航线带给英国航运业的巨大压力，英国航运公司与德国航运公司签订了航运联合协议。根据协议，英国的贸易由英国航线承运，而德国的贸易（有时来自荷兰和比利时的港口）则保留给德国航线承运。这是一项"互不侵犯对方领地"的协议。[①]然而，德国人并未严格遵守协议，或者更确切地说，他们只是在"有利可图的情况下"才遵守协议。如果违反协议可以达到一个重要目的，他们通常会为违反协议找到一个借口。而英国人"宁愿忍受对方一定程度的违约，也不愿卷入一场毁灭性的费率战争"[②]。有趣的是，我们发现，航运业出现了与之前铁路合并相同的趋势。人们反对航运垄断的理由和反对铁路公司垄断的理由是一样的，而垄断者对这些反对意见的回答也是一样的：合并可以提供更高效的服务。

　　英国的航运业因受到世界大战的严重影响而损失惨重，英国损失了最精良、最高效的船。1914年8月至1917年8月，超过300万吨运载量的英国船和100万吨运载量的盟军船被摧毁。[③]油轮、冷藏船等专业船只损失惨重。为了降低运营成本，英国将船只从远航贸易中撤出，转而集中经营近海贸易，此举导致其他国家，特别是日本，占据了英国远航贸易的市场份额。英国航运的利润受政府控制的固定费率以及80%超

---

① 《战后英国航运的报告》，Cd. 9092，1918年，第103页。——原注
② 《战后英国航运的报告》，Cd. 9092，1918年，第105页。——原注
③ 《战后英国航运的报告》，Cd. 9092，1918年，第58页。——原注

第5部分
英国机械运输的发展和国家对运输的控制

额利润税的限制,而中立国如荷兰和斯堪的纳维亚国家的船主则不受此类限制,因而获利颇丰。英国人担心这些国家将有能力发展本国造船业和航运业,与英国船展开激烈竞争。英国航运业在世界大战中的损失几乎全部集中在远洋贸易方面,而长途航行正是英国航运的专长所在。[①]因此,战后英国在世界航运中的主导地位受到两个非常重要的对手——美国和日本——崛起的威胁。虽然战后英国船的吨位减少了,后来补充的船大部分效率较低,但英国的造船能力超过了战前。[②]此外,英国消灭了德国这个竞争对手,因此获利颇丰。德国航运业激进的竞争策略和高效率曾给英国的航运业带来了巨大威胁,而对英国这个岛国来说,航运业至关重要。蒸汽船燃料从煤炭转向石油可能会对英国的航运业产生不利影响,因为煤炭在英国船运输的货物中占了很大比例。1913年,英国运往欧洲大陆和地中海的煤炭多达6,560万吨,运往欧洲以外国家的煤炭不少于1,060万吨。运往欧洲以外国家的煤炭几乎全部由英国船运输,避免了运载食品和原材料进港的船空载返航。由于英国需要大量体积庞大的商品,如食品和原材料,因此,英国的航运

---

① 《战后英国航运的报告》,Cd. 9092,1918年,第62页。——原注
② 《战后英国航运的报告》,Cd. 9092,1918年,第64节。"关于战后船舶和发动机锻件的供应,锻造厂的代表向我们保证,考虑到他们在战争期间新增的工厂,战后他们的生产能力将远超国内的预期需求。他们表示,他们并不担心来自国外的公平竞争,但战前的'倾销'行为严重损害了他们的业务,如果没有海军部和其他需要英国材料的机构的订单,他们的工厂可能早就倒闭了。他们认为这次倾销主要是一次旨在摧毁英国锻造工业的政治行动(第27页)。"——原注

业需要更多的进口载货空间而不是出口载货空间。如果船在驶出英国时能装满煤炭，那么运回英国的货物价格就不必包括往返航行的费用。因此，英国以特别有利的运费条件获得了食品和原材料。

6.政府对航运的干预

尽管英国蒸汽航运业的整体发展一直遵循自由贸易原则，但有迹象表明，如有必要，英国政府也会进行干预，以保护本国航运业免受外国政府的联合攻击。"德皇威廉"号（Kaiser Wilhelm）创下最快横渡大西洋的纪录，大西洋的航运似乎有可能落入德国之手时。于是，1903年，英国以2.75%的年利率向冠达邮轮提供了2,600,000英镑的贷款，用于建造两艘航速达25节的涡轮机船，即"卢西塔尼亚"号（Lusitania）和"毛里塔尼亚"号（Mauretania），这两艘船后来被证明是同类船中航速最快的。同样，当需要推动西印度群岛和英国之间的贸易时，1900年至1910年，牙买加和英国每年向埃尔德·登普斯特航运公司（Elder Dempster line）提供40,000英镑的补贴，以便该公司提供所需的航运设施。在1907年的殖民地会议上，英国政府还同意为"全红航线"[①]上的船提供补贴，但此后没有采取进一步措施。1906年，英国船的载重线被提高到与德国船相同的高

---

① 全红航线指所有停靠港口都位于大英帝国领土或殖民地的长途航线，该航线不仅是连接英国大都市及其帝国殖民地的一种有效手段，还表明英国能够连接在地球另一边的属地而不必停留或通过另一个国家的领土。该航线之所以被称为"全红航线"，是因为在当时的地图中，红色（有时是粉色）被用来表示英国的领土和殖民地。——译者注

第5部分
英国机械运输的发展和国家对运输的控制

度,以使英国船在运载能力方面与德国船持平。1902年,航运补贴委员会曾提议,且多次在殖民地会议上提议,即大英帝国间的贸易运输应再次保留给大英帝国的航运公司。英国从未废除维多利亚16年至17年第107章法案第324节到第326节的条款。根据该法案,维多利亚女王有权通过枢密院令报复任何使英国航运处于不利地位的国家。只有在过去的六十年(1854—1914)间,英国船才完全不受政府管制,只需遵守由贸易委员会制定的安全条例以及为保障海员的工资、住宿和食物而制定的法规。

下表显示了1914年和1925年各个航运国家的相对优势:

世界航运

远洋钢铁蒸汽船和马达船

国家	总吨位(百万吨)[1]		世界吨位占比	
	1914年7月1日	1925年7月1日	1914年7月1日	1925年7月1日
全世界	42.5	58.8	100	100.0[2]
大英帝国	20.3	21.5	47.7	36.6
美国[3]	1.8	11.6	4.3	19.7
日本	1.6	3.7	3.9	6.3
法国	1.9	3.3	4.5	5.6
德国	5.1	3.0	12.0	5.1
意大利	1.4	2.9	3.4	4.9
荷兰	1.5	2.6	3.5	4.4
挪威	1.9	2.6	4.5	4.4
瑞典	1.0	1.2	2.3	2.0
西班牙	0.9	1.1	2.1	1.9
丹麦	0.8	1.0	1.8	1.7
希腊	0.8	0.9	1.8	1.5

续 表

国家	总吨位（百万吨）		世界吨位占比	
	1914年7月1日	1925年7月1日	1914年7月1日	1925年7月1日
比利时	0.3	0.5	0.7	0.9
其他	3.2	2.9	7.5	5.0

(1)《"劳埃德"号船志》（Lloyd's Calendar），1926年，第378页，不包括木船和用复合材料造的船。1925年，木船和用复合材料造的船的运输吨位达110万吨。

(2) 必须记住的是，1925年，有许多船处于闲置状态。根据英国航运协会的数据，1925年7月1日，英国主要港口闲置的船为420艘，总吨位达770,000吨，相当于英国总运输吨位的4%。同一天，海外闲置的船的吨位达600万吨，占英国总吨位的10%。《"劳埃德"号船志》，1926年，第386页。

(3) 美国用于湖运的钢铁蒸汽船总吨位是250万吨，但没有统计在该表内。

1914年以来最显著的发展是机动船的增加：

国家	数量	吨位
大不列颠和爱尔兰	305	754,495
挪威	233	345,965
瑞典	211	277,947
德国	196	275,656
美国	197	267,119
丹麦	112	191,837
意大利	96	142,158
荷兰	128	138,397
其他	667	320,499

第6部分

工商业革命和新的建设性帝国主义

工业革命催生了对新商品的需求，新商品的生产需要越来越多的原材料，而新的大规模生产需要新的市场。于是，一种新的商业形式诞生了，这反过来又要求新的运输方式。新的运输方式又增加了整体交易量，并刺激了新的工业和商业发展。工业和商业的发展被证明是一场名副其实的商业革命，因为这场革命改变了作为商业交易对象的商品的相对价值，为商业带来了新的商品，并创造了对原材料、食品和市场的进一步需求。工业革命与商业革命相结合的结果是殖民地被赋予了新的价值，并促使所有大国开始争夺世界上未被占领的领土。就英国而言，它对海外属地的态度发生了巨大转变。19世纪初，英国视海外属地为负担，而到了19世纪末，它却视海外属地为宝贵的资产。事实证明，海外属地是导致英国放弃自由放任主义的重要因素之一，而对自由放任主义的反制是各国现代经济政策的显著特征。

在商业革命中，大英帝国的殖民地发挥的作用是提供越来越多的原材料和食物，为长途贸易航运创造更多的就业机会，为英国资本在海外的投资提供广阔的天地，以及为英国制造业提供重要的市场。

一、殖民地历史的各个阶段

英国与其殖民地之间的经济关系可分为以下几个历史阶段：
（1）1603年至1776年，旧殖民体系时期。

第6部分
工商业革命和新的建设性帝国主义

（2）1783年至1870年，对殖民地实行自由放任政策。

（3）1870年至1895年，因外国竞争而导致的对自由放任政策的遏制。

（4）1895年至1920年，建设性帝国主义。

1.1603年至1776年，第一个帝国及其瓦解

在旧殖民体系下，殖民地被视为服务于宗主国利益的财产。17世纪，英国只有四百万到五百万人口，它为什么要让它的人民离开并承担起保护它的海外人民免受西班牙、荷兰或法国侵扰的费用，除非他们离开英国比留在国内更能增强英国的实力。从一开始，人们就认为殖民地必须向英国提供烟草和糖，以便英国形成一个自给自足的帝国，否则英国只能从西班牙进口烟草和从荷兰进口糖。18世纪，由于原材料严重短缺，殖民地作为木材、船用物资、亚麻、棉花和丝绸的生产地获得了新的价值，政府对这些产品的生产给予补贴和其他形式的鼓励。殖民地必须从英国或经由英国获得制成品，而在殖民地兴起的少数与英国形成竞争的产业，如织布业或制帽业，都受到了抑制。种植园不能与英国竞争，只能作为补充。毕竟，英国承担了殖民地的防务重任，殖民地就不能削弱英国的资源优势。这些限制是通过《航海法案》和《贸易法案》(Acts of Trade) 来实施的。如果外国船不能频繁进入殖民地，并且殖民地的船不能与外国进行贸易，那么制成品就必须来自英国或通过英国转运，殖民地的烟草和糖也必须运往英国。在英国市场上，殖民地享有关税优惠。同时，就烟草而言，英国的烟草种

植本来已经有相当大的规模,此时却受到了抑制。

　　在其他方面,殖民地获得了很大的独立性,享有很大程度的政治独立和完全的宗教信仰自由。英国的殖民制度在各个方面都比荷兰、法国或西班牙的殖民制度开明得多。正是这种自由使殖民地发展出了自己充满活力的政治生活。在英属美利坚殖民地,人们还产生了一种民族意识,不满英国方面的任何宗主国姿态。爱尔兰北部殖民地居住着宗教异见者,他们不屑与不虔诚的英格兰人为伍。他们觉得无须对英格兰忠诚,因为英格兰坚持错误的路线,把他们赶了出去,英格兰肯定会因此受到上帝的惩罚。这些人是政治异见者和查理一世的追随者,他们不喜欢克伦威尔政权。当查理二世复辟后,他们又发现查理二世无法满足其期望,因而十分失望。克伦威尔的追随者也发现,复辟后的英格兰已不再是一个适宜居住的地方。大批移民从爱尔兰北部涌入英属美利坚殖民地。这些人认为自己是因为《测试法案》[①] (Test Acts) 以及英格兰对爱尔兰施加的商业限制而被驱逐,因此对离开的那片土地没有忠诚之意。各种各样的外国人构成了英属美利坚殖民地新人口的重要部分,胡格诺派教徒和来自巴拉丁领地[②]的人不可能觉得自己是英格兰人,也

[①] 《测试法案》是指英国宗教改革后通过的一系列刑法,规定任何当选公共职位的个人必须在当选规定时间内宣誓信奉国教。拒绝宣誓者将被排除在政府、军队和大学之外,并被处以刑罚。《测试法案》原来只适用于平民,经多次修订后,其适用范围拓展到贵族。1828年,在保守党的推动下,该法案被废除。——译者注

[②] 指达勒姆巴拉丁领地,曾享有高度的自治权和特权。——译者注

第6部分
工商业革命和新的建设性帝国主义

不愿意为英格兰的利益做出任何牺牲。乔治一世和乔治二世也不是那种能激发个人忠诚的君主。劳动力一部分来自自愿移民,但也有很大一部分来自被迫移民。罪犯被遣送到英属美利坚殖民地,许多付不起船费的人被作为契约劳工遣送出去,在码头被拍卖,强制提供多年服务。由于劳动力短缺,殖民地还进口了大量的黑人奴隶。

我们只有认识到构成新旧两个帝国的各种不同因素,才能充分理解18世纪英属美利坚殖民地的反叛和19世纪大英帝国殖民地的忠诚。19世纪移民海外的人大多只是想改善自身状况,他们为自己是英国人而自豪,对维多利亚女王无比忠诚。蒸汽船和铁路消除了距离的障碍,移民得以与"家乡"保持联系,这在17世纪是不可能的。19世纪,移民不再意味着被放逐。大部分爱尔兰移民都去了美国。19世纪大英帝国的人口构成具有同质性,而18世纪的殖民地则主要由外国人和持不同政见者组成,缺乏同质性。

旧殖民体系设想了两种不同类型的殖民地,一种是以生产热带大宗产品为基础的贸易帝国,另一种是在新的和未被占领的土地上为种族扩张提供机会的殖民帝国。在两者中,贸易帝国被认为更重要。17世纪时,贸易帝国由印度的贸易站、西非的贸易站和一些西印度岛屿组成。在以种族扩张为基础的殖民帝国中,种植烟草的弗吉尼亚是英国人最青睐的地区之一。香料、糖、烟草和棉花都是英国迫切需要的主要原料。西非的价值在于提供了种植甘蔗和烟草的劳动力。然而,整个殖民体系中最受青睐的地方还是西印度群岛,它们不仅为英国提供所需的货物,而且不像新英格兰那样与英国产品竞争或试图与之竞争。西印度群岛也是英国制成品的大客户,为英国的航运业提供了大量就业机会。

此前,虽然美利坚各殖民地蓬勃发展起来,但仍然忠于英国,因为它们害怕法国,并且内部无法达成一致行动。1763年,英国占领了加拿大,消除了英属美利坚殖民地对法国的恐惧。为了重新组织殖民地对印第安人的防御——因为此前印第安人一直受到法国人的控制——英国需要在军事上进一步增加开支。英国认为美利坚殖民地居民应该分担部分费用,并试图通过征税来实现这一目的。在与法国人的战争中,[1]美利坚北部殖民地居民一直向法国人走私食物,使法国人得以延长对英国人的抵抗时间。英国海军奉命去阻止这种非法贸易。七年战争结束后,英国海军仍根据《航海法案》继续打击走私行为。因此,就在英国把美利坚殖民地居民从对法国的恐惧中解放出来的同时,后者通过英国海军的行动以及英国提出的征税计划而敏锐地意识到英国的宗主国地位。无论这种征税要求多么合理,它都表明了英国对一个正在形成独立民族意识的群体拥有征税权的事实。当一个民族处于这种情绪状态时,任何要求,无论该要求是否真的有害,都会被视为一种无法承受的负担。除了给予殖民地完全的自由,英国的任何行动都会引发不

---

[1] 指七年战争中英国和法国在加拿大的战争。——译者注

第6部分
工商业革命和新的建设性帝国主义

满。英国的经济限制很少且很宽松,却被一个民族指责为无法容忍,因为这个民族中的大多数人从一开始就没有对英国传统产生忠诚,也不为英国的成就感到自豪。当时英国人是否意识到失去一大片大陆的重要性,这值得怀疑;而且英属美利坚殖民地的南部还没有开始种植棉花,因此,它作为新兴棉纺织业原材料供应地的价值是英国人预想不到的。对大多数人来说,安的列斯群岛(Antilles)是英国殖民体系中真正重要的部分;如果牙买加爆发叛乱,英国肯定会付出比保留英属美利坚殖民地更多的努力来保留它。但当时英属美利坚殖民地只是沿海的一条狭长地带,向内陆的深入开发还没有被考虑过,其叛乱很快就成了英法之间这场大斗争中的一个次要事件。当法国加入支持美利坚殖民地的行列时,西班牙和荷兰也紧随其后。随后,英国竭尽全力将西班牙和荷兰这两个劲敌逐出海洋。法国投入了大量的金钱支持英属美利坚殖民地的叛乱,导致法国国王不得不召集议会,这一做法直接引发了法国大革命,从而使英国最大的工业竞争对手实力大减。荷兰人的商业被摧毁,荷兰东印度公司也宣告破产。大英帝国由此崛起。英国的确失去了英属美利坚殖民地的狭长海岸线,而弗吉尼亚曾是其中最重要的地区,但英国的收益能够抵消这一损失,因为它在全球海外贸易中已经没有任何竞争对手了。

2.1783年至1870年,对殖民地实行自由放任政策

十三个英属美利坚殖民地的成功叛乱使英国殖民政策发生了巨大变化。殖民地开始遭到厌恶和不信任。人们认为,当

殖民地足够强大时，将不可避免地"独立出去"。"英国为什么要承担起保卫它们的重任？为什么不干脆让它们独立？"如果英属美利坚殖民地是因为经济限制而叛乱，那么为什么不让殖民地独自开辟自己的经济道路？当时有一种悲观的论调，认为殖民地"毫无用处"，没有它们，英国反而会更好。人们认为，无论如何，由于英国在制造业和航运业的垄断地位，殖民地仍会像以前一样与英国进行贸易。

当时普遍的悲观情绪因反对奴隶制的运动而加剧。如果奴隶制被废除，西非的价值何在？而劳动供应和甘蔗种植都依赖黑人奴隶的西印度群岛又会怎样？南非也建立在奴隶制的基础上，被认为是一个不受欢迎的属地，尽管它是通往印度的重要战略要地。1807年，奴隶贸易被废除。1833年，英国属地现有的奴隶制被废除，这使英国与南非、西印度群岛的殖民者产生了进一步的摩擦。劳动力补充不足，南非和西印度群岛都失去了对劳动力供应的控制。

当时宗主国和殖民地之间存在着一种优惠制度，这使得殖民地在倡导自由贸易的人眼中更加不受欢迎，因为他们认为殖民地把英国卷入了错误的经济路线。

即便没有殖民地，英国也足以自保。如果它与殖民地分离，会比沦为与英属美利坚殖民地、非洲殖民地或澳大利亚一样的联邦成员更强大，也更有尊严。与殖民地分离后，它同样能与殖民地进行

第6部分
工商业革命和新的建设性帝国主义

贸易。除了从属地获得威望，它几乎没有得到什么好处。而这点好处也完全被殖民地带来的开支以及为保护殖民地而不得不分散海军和军事力量所带来的麻烦所抵消。而在战争或任何真正的危急情况下，英军需要的海军和军队力量是保卫本国所需力量的两倍或三倍。

约翰·斯图尔特·密尔[①]就持这种观点。当时有人说："任何政党都宁愿失去一个殖民地，也不愿失去一个师。"1865年，一个皇家委员会通过了一项决议，认为扩大英国在西非的领地是不明智的，并表示在英国从西非海岸撤出之前，最重要的事是逐步将行政管理权移交给当地人。在1888年的一篇文章中，弗劳德[②]提到了他"十七年前"与一位官员的谈话："他告诉我已经达成了不可更改的决定。军队将从这些岛屿上撤出，牙买加、特立尼达和英属安的列斯群岛将成为自己命运的主人，或者像西班牙美洲的各个共和国那样组成自由的共同体，或者加入美国，或者按照自己的意愿行事。总之，我们将不再承担任何责任……有人告诉我……这一决定已经确定无

---

① 约翰·斯图尔特·密尔（John Stuart Mill,1806—1873），英国哲学家、政治经济学家、议会议员，古典自由主义史上最有影响力的思想家之一。——译者注
② 即詹姆斯·安东尼·弗劳德（James Anthony Froude,1818—1894），英国历史学家、小说家，最著名的历史著作是《英格兰史：从沃尔西倒台到击败西班牙无敌舰队》（History of England from the Fall of Wolsey to the Defeat of the Spanish Armada）。——译者注

疑，对一个已经确定的问题进行进一步的讨论将毫无结果，也没必要进行此类让人恼火的讨论。"

诚然，反殖民主义的情绪并不完全一致。虽然韦克菲尔德①、莫尔斯沃思②、布勒③等一小群热心者竭力主张殖民地有价值，但把世界视为自己舞台的绝大多数受过教育的人，认为建立在优惠基础上的狭隘的殖民体系毫无用处。随着1842年至1860年自由贸易运动取得胜利，一项又一项优惠政策相继被取消。殖民地被授予自治权，并被认为将走向完全独立的道路。1850年2月11日，《泰晤士报》(The Times)宣布，殖民地独立是"不可避免的事件"。

这一时期是对殖民地实行自由放任政策的时期。殖民地被看作过时的累赘。

3.1870年至1895年，机械运输的发展创造了新的殖民价值

1870年至1895年，殖民地的价值发生了巨大变化。1851年，人们在澳大利亚发现了黄金，大批移民开始涌入。来自澳大利亚和新西兰的羊毛是英国正在迅速转向机械化生产的毛纺业的主要支柱。1870年以后，随着殖民地市场价值的日益提升，法国开始试图通过扩大其在非洲和亚洲的殖民地来弥补失

---

① 即爱德华·吉本·韦克菲尔德（Edward Gibbon Wakefield,1796—1862），建立南澳大利亚和新西兰殖民地的关键人物。——译者注
② 即威廉·莫尔斯沃思爵士（Sir William Molesworth,1810—1855），激进的政治家，曾担任殖民大臣。——译者注
③ 即查尔斯·布勒（Charles Buller,1806—1848），英国律师、政治家和改革家。——译者注

第6部分
工商业革命和新的建设性帝国主义

去阿尔萨斯和洛林的损失。意大利、比利时、葡萄牙和德国也开始争夺非洲。铁路和蒸汽船不仅使所有的英国殖民地与宗主国（英国）之间的距离变得更近，消除了远离家乡和流亡海外所带来的巨大障碍，而且使世界各地对所有国家都变得触手可及。深入内陆的可能性使大陆具有了新的价值。人们可以到内陆去，而不是仅仅待在疟疾肆虐的沿海地区。旧殖民体系的真正价值在于岛屿，而新殖民体系则主要关注大陆。在民族主义和感伤主义的浪潮中，德国开始在非洲获取领土。德国认为殖民是一笔划算的生意，因为殖民为英国的崛起做出了贡献。法国在非洲寻求失去阿尔萨斯和洛林的补偿，希望恢复其威望。作为一个制造业大国，比利时需要为其过剩的制造业产品寻找出路。在英国看来，这些奉行保护主义的国家似乎会进行领土占领，而不会奉行"门户开放"政策。这样一来，英国就会被拒之门外，或者英国的世界利益会因一系列针对它的保护主义关税而受到损害。因此，为了维护"门户开放"，英国也放弃了此前明确表示的不在非洲获得任何领土的决心，加入了19世纪80年代瓜分非洲的行列。

铁路和蒸汽船让深入内陆和在内陆扩张成为可能，给殖民地带来了新的价值。殖民地很快又获得了新的价值，成为市场和原材料的提供者，以适应铁路和航运发展所带来的制造业的巨大增长。

1873年至1886年的大萧条的一个影响是"生产过剩"，即生产出来的商品超出了人们愿意购买的数量。德国已经成为一个制造业大国；美国的国内市场已经饱和；欧洲大陆又恢复了保护主义，这使得英国商品更难进入。

贸易萧条委员会的少数报告曾建议，英国可以通过建立一个帝国关税同盟或海关同盟来改善处境，即帝国内部通过给予彼此贸易上的优惠来对抗外部保护主义世界的影响。

无论是经济上还是政治上，帝国联邦都是当时人们热议的话题。1887年，在维多利亚女王登基五十周年庆典之后举行的第一次殖民地会议上，殖民地逐渐取得的新地位得到了体现。1887年，《泰晤士报》称："我们大家都开始意识到，这些殖民地蕴藏着一股强大的力量，可供母国使用。"新闻界也突然意识到我们已成为世界上相当大一部分地区的主人，于是每天早上都会公布新的英国属地的清单或解释性报道。马克·吐温（Mark Twain）的评论"温柔的人必承受地土"并没有被视为一句玩笑话，而是被看作一个对当时局势印象深刻的外国人所作的公正评价。

在公众舆论发生巨大变化的同时，一些人已经在变化之前采取了行动。如果不是特许公司事先的主张，非洲相当大一部分就不会归英国所有。早在16世纪和17世纪，东印度公司、皇家非洲公司、黎凡特公司和哈德逊湾公司就承担了开拓新贸易领域的先锋工作。英格兰王室太穷，无法采取行动，于是个体商人和其他人联合起来进行冒险。他们四处寻找最有利可图的贸易区域，以便收回投资。就东印度公司和西非公司而言，它们的贸易据点逐渐扩展为殖民地。有人说，大英帝国是英国人

第6部分
工商业革命和新的建设性帝国主义

无心插柳的结果,但那些有头脑的商人把他们的钱投进特许公司,并非随意而为。他们去能带来回报的地区,并与法国人和荷兰人争夺这些地区。他们可能赚了钱或赔了钱,但并非随意而为。特许公司也是在17世纪开始创立的,它们带去了能让新领土变得有价值的殖民者,尽管殖民公司未能在17世纪后存留下来,但贸易公司存留了下来。在没有政府援助的情况下,通过特许公司先于政府一步进行殖民地扩张的传统从未丢失。即使在19世纪的自由放任时期,殖民公司仍然被组建起来,通过带去移民和规范土地分配来殖民新的地区,如南澳大利亚、新西兰和加拿大。[①]

当铁路和蒸汽船为大陆的发展开辟了新的可能性时,新的公司也随之成立。1881年,英属北婆罗洲[②]公司获得了殖民特许状;国家非洲公司于1882年成立,于1886年获得殖民特许状并更名为皇家尼日尔公司;英属东非公司和英属南非公司分别于1888年和1889年成立,为反殖民自由主义时期向新的建设性帝国主义时期过渡奠定了基础。在英国政府尚未确定殖民政策时,这些公司就宣称英国对这些地区拥有主权。这些公司的存在,是人们在英国政府接管这些领土和让外国势力占有这些领土之间做出的一项妥协。成立这些新公司的目的是通过私人行动确立英国对一些地区的控制权,否则这些地区就会被外

---

① 1825年,加拿大公司成立;1834年,南澳大利亚公司成立;1837年至1850年,新西兰公司成立。——原注
② 北婆罗洲是英国在婆罗洲岛北部的属地,即现在马来西亚的沙巴州。——译者注

国势力吞并。新公司不像旧特许公司那样垄断商业。在另一个重要方面，它们也与旧特许公司不同，新公司经营的是大陆腹地的贸易，而16世纪和17世纪的那些公司经营的是岛屿贸易或海边和河边的贸易站的贸易。

总的结果是，大片土地被占领并得到迅速开发，英国政府以极低的成本获得了新的市场和原材料产地。在接管这些领土时，英国政府在1900年向皇家尼日尔公司支付了300,000英镑，在1895年向英属东非公司支付了50,000英镑，另外还支付了200,000英镑用于购买这两个公司对桑给巴尔（Zanzibar）的主权。公司股东们将股息拿出来用于慈善事业。

19世纪80年代，英国有幸拥有一批能人，如陶布曼·戈尔迪[①]（皇家尼日尔公司）、塞西尔·罗兹[②]（英属南非公司）、威廉·麦金农[③]（英属东非公司）和阿尔弗雷德·登特[④]（英属北婆罗洲公司）。[⑤]他们能够将经济利益和帝国利益结合起来，从而让英国几乎没有付出任何代

[①] 即乔治·陶布曼·戈尔迪（George Taubman Goldie, 1846—1925），英国殖民地官员，曾建立英国在尼日尔河的统治。——译者注
[②] 即塞西尔·约翰·罗兹（Cecil John Rhodes, 1853—1902），英国殖民者，南非钻石大王，金融家和政治家。——译者注
[③] 威廉·麦金农（William Mackinnon, 1823—1893），英属东非公司的创立者。——译者注
[④] 阿尔弗雷德·登特（Alfred Dent, 1844—1927），英国商人，英属北婆罗洲公司的创立者。——译者注
[⑤] 关于英属北婆罗洲公司，有人说："它从一个美国公民那里获得了领土，从一个自由政府那里获得了特许状，这标志着所有人都认为已经消失的旧垄断被重新建立起来，这是值得注意的。"——原注

第6部分
工商业革命和新的建设性帝国主义

价,就确保了其在非洲大陆的主导地位。[①]特许公司是在有组织的国家占领某块土地之前先行派出的散兵,连接起了不愿获得更多领土的自由放任时期和张伯伦先生提出开发未开发土地理念的时期。特许公司的发起者找到了一种方法,通过恢复在19世纪70年代自由贸易时期被认为过时的垄断方法,让政府在不引人注意的情况下吞并领土。议会愿意拨款维护既有的权利,却不愿拨款去获取新领土。在不给纳税人造成沉重负担的情况下,特许公司解决了实现新的扩张这一迫在眉睫的问题。

4. 1895年至1920年,从世界经济回归帝国经济

19世纪90年代,一个新的时代——建设性帝国主义时代开始了。这意味着殖民思维从海洋向陆地转变。

在这一时期,英国正处于十字路口,其世界地位受到挑战。当时,外国政府都在全力支持本国人民:补贴蒸汽船,把铁路当作商业竞争的有效武器,提高关税,争夺殖民地和市场。随着非洲问题在19世纪80年代暂时得到解决,19世纪90

[①] 1896年2月13日,约瑟夫·张伯伦在议会发表的一次演讲中做出的评论表明了英属南非公司所做工作的重要性。见《议会议事录》(Hansard),第4辑,第37卷,第223页:
"我无法想象有任何一个部门能够完成现有特许公司或其继任者所做的工作。我敢肯定,如果负责开发这些领土的人不得不像我一样,一次又一次地为五英镑的开支向财政部提出申请,他们或处在我这样地位的任何人,都不可能做到特许公司已经做过的事或其他特许公司可能已经做过的事。这些公司修建铁路,铺设数百英里的道路,尽一切努力迅速占领领土,让这些领土归它们统治。因此,在特许公司和政府之间的这个问题上,请下议院明白,如果你们想要,你们可能会拥有一个更受下议院控制的制度,但你们不会拥有一个从长远看来能成功或快速开发这些未经开发的国家的有效制度。"——原注

年代各国开始了对亚洲的争夺，随之而来的是太平洋的主导权问题。西伯利亚铁路的铺设使俄罗斯得以进入远东地区；日本正逐渐发展成为一个海洋强国；现代海上交通的迅速发展使德国一旦在东印度群岛站稳脚跟，就能将大洋洲列入其侵略范围。德国在非洲西南部和非洲东部都有殖民地，这样一来，非洲南部就被夹在两把半封闭的钳子中，对非洲南部来说，这是一个始终存在的威胁。英国不再是世界无敌了，其殖民地也不再是免受外国侵略的安全之地。小型经济单位的时代已经结束。铁路运输造就了三大陆地帝国：美国、俄国和德国，而海上运输则造就了第四个帝国——日本。英国能否重新规划其广袤的海洋和陆地领地，构建一种新的殖民体系，使其成为日益激烈的经济竞争中的堡垒和屏障？英国能否将它占地球四分之一的土地组织起来，使大英帝国的每一部分虽分散却能相互补充，从而形成一个足以与其他巨头抗衡的整体？英国的殖民地也认识到，它们的那些尚未被开发的广袤领土对侵略成性或过度拥挤的邻居来说始终是一种诱惑，它们的豁免权已不复存在。1904年至1905年，当日本打败俄国这样的一流强国时，这种情况就更明显了。各自治领开始愿意加入一些共同的防御或贸易计划。对共同的伟大种族传统的自豪感增强了它们加入的意愿。

19世纪90年代，英国不得不在以下两个选项中做出选择：一是放弃在殖民地问题上的自由放任政策，以便与其海外属地建立某种更紧密的联系；二是相信自己能够像过去那样在

第6部分
工商业革命和新的建设性帝国主义

新的竞争中保持世界领先地位。如果英国地位不保,它的命运将和荷兰或希腊一样,沦为大国的经济附庸。英国会为了帝国主义理念而牺牲自己的世界地位,甘冒可能遭到报复和蒙受损失的风险吗?英国会试图通过与各自治领结盟和发展附属国来加强自己的经济防御能力,还是仍然信奉顺其自然的政策?这是19世纪90年代的大问题。1895年,张伯伦先生主持殖民地事务,希望英国在殖民地问题上不再听之任之。他在殖民大臣的职位上待了八年,1903年,当他离开政府时,建设性帝国主义的新路线已经奠定,英国开始从陆地开发的角度思考问题,而非仅仅着眼于海上通道。

大英帝国协调工作的困难在于它实际上是两个帝国而不是一个。大英帝国不像美国、俄国和德国那样具有同质性。大英帝国的一部分地区是适合白人定居、养育子女和建立家庭的地区,这些地区已经成为自治领。然而,这些地区人口稀少。它们复制了宗主国的制度和语言,但在宗主国保持自由贸易的情况下,它们为自我保护而发展了自己的关税制度。它们与宗主国组成了一个松散的联盟国家共同体,这种联系在很大程度上是一种情感上的联系。它们越来越认同建立共同防御体系的必要性。这些自治领构成了一个由自治国家组成的帝国,可被称为"联盟帝国"。它也被称为"殖民帝国"和"英联邦国家"。

英国还统治着一个人口稠密的热带和亚热带地区,那里没有发展出自治政府,当地有色人种仍然处于被监护状态。为了这些地区的利益,英国议会实施了专制管理,并强制推行自由贸易。[1]

这就是"托管帝国"或"统治帝国"。

托管帝国的巨大经济价值在于提供诸如茶叶、咖啡、可可、糖、橡胶、各种纤维(如棉花、大麻和黄麻)、食用油、坚果和各种香料等宝贵产品。

这两个帝国被完全不同的原则统治,肤色各异,种族起源不同,处于不同的经济发展阶段,包括从4世纪到19世纪所有发展阶段的人民,其居民涵盖了从食人族到首相的各类人。经济文明相差几个世纪的地区之间是否有任何可能的结合点?此外,当我们比较各自治领时,如有漫长冬季的加拿大和炎热干旱的澳大利亚之间,有很多鱼和雾的纽芬兰与有黄金、鸵鸟和有色人种的南非之间,会发现它们有任何可能的联系吗?

大英帝国的贸易规模和贸易数量可参见以下数据:

大英帝国的疆域范围

〔《统计摘要》(*Statistical Abstract*),1915年,Cd. 7827〕

总面积	11,273,000 平方英里
英国	121,142 平方英里
埃及	350,000 平方英里
苏丹	984,520 平方英里
受保护的马来土邦	146,000 平方英里

---

[1] 1912年6月12日在下议院发表演讲时,殖民大臣哈考特先生称自己为"民主制度下的专制者"。"殖民大臣在皇家殖民地的职位,赋予了他一个务实勤劳的专制统治者的权力、职责、责任和焦虑,这种专制只受制于自然力量、他自己的判断力,以及同党或对手在质询时出于想象或根据小道消息激发起来的零星好奇心。"——原注

第6部分
工商业革命和新的建设性帝国主义

续 表

总人口（1911年人口普查）（不包括以下三地）	417,268,000
埃及	11,189,978
苏丹	3,380,531
印度	315,000,000

大英帝国的白人人口（1911年人口普查）

英国	45,000,000
澳大利亚	4,455,005
新西兰	1,008,468
加拿大	7,204,838
纽芬兰	238,670
南非（总人口5,973,394）	1,276,342

自治殖民地面积（约）：700万平方英里

1913年大英帝国的贸易总额

（《统计摘要》，1915年）

与外国	1,557,159,000 英镑	73.8%
帝国内部	551,527,000 英镑	26.2%
总计	2,108,686,000 英镑	—

这些不同的实体之间唯一可能的联系是它们都与英国有着某种共同的交汇点，要么基于共同防御，要么基于共同的贸易利益。热带帝国和自治领帝国都为英国这个大型制造业中心提供原材料。它们生产英国不可或缺的食品，并为英国的海上贸易提供就业机会。它们从英国那里获得了进一步发展的资金；作为世界上有史以来最伟大的共同体的一员，它们得以享受所有的安全保障和威望；通过英国，它们获得了无可比拟的产品分销机会。尽管双方都有稳固的优势，但仍有一大批人认为应该采取更多措施来建立某种更紧密的联系，无论是经济上的还是宪法上的，或者两者兼而有之。1895年，张伯伦先生

特意选择了此前一直被认为地位不高且乏味无趣的殖民大臣一职，试图在自治领和宗主国之间建立更紧密的联系，并开发皇家殖民地和保护国的资源。他认为这是一项有利于帝国整体的自我保护政策。

> 在我看来，现在的趋势是所有权力将集中到那些更大的帝国手中，而那些不重要的国家，也就是那些发展上没有进展的国家，似乎注定要落到次要和从属的地位。但只要大英帝国保持统一，世界上就没有一个帝国能在面积、人口、财富和资源多样性方面超过它。[1]
>
> 我一直相信，殖民地的未来和英国的未来是相互依存的。[2]

因此，张伯伦先生奠定了建设性帝国主义新政策的基础，这一政策由其继任者加以延续和发展。

由于统治这两个帝国需要不同的措施，因此对联盟帝国采取的政策可以说是给这个松散的同盟建立明确的经济联系；而对于托管帝国，英国所采取的政策则是通过科学和铁路来促使其发展。

---

[1] 《张伯伦先生的演讲》(*Mr. Chamberlain's Speeches*)，C. W. 博伊德（C. W. Boyd）编，1914年，第2卷，第5页，1897年3月31日的演讲。——原注
[2] 张伯伦先生1896年3月25日在加拿大俱乐部发表的关于殖民地联邦的演讲。——原注

第6部分
工商业革命和新的建设性帝国主义

二、联盟帝国

英国在政治和经济两方面都推行建立紧密联盟的政策。1887年，在维多利亚女王登基五十周年之际，英国举行了第一次殖民地会议，1894年在渥太华（Ottawa）又召开了一次。1897年，张伯伦先生利用各殖民地代表出席维多利亚女王登基六十周年庆典的机会召开了第三次殖民地会议，讨论影响帝国的经济问题以及防御和优惠政策问题。第四次殖民地会议是在1902年爱德华七世加冕典礼期间召开的，当时正值第二次布尔战争结束。

1903年，张伯伦先生离职。1906年，自由党上台执政。虽然政党发生了变化，但张伯伦先生的政策得以延续。1907年，英国又召开了一次殖民地会议。此前，殖民地会议仅由英国殖民大臣和各殖民地首脑参加，现在英国首相和内阁成员也要出席。会议的名称改为帝国会议。在那次会议上，帝国会议被正式确立为例行会议，每四年举行一次。第二次帝国会议于1911年举行。

每次会议都达成了一些更紧密的经济联盟协议。这些协议要么是殖民地给予宗主国优惠，作为对宗主国承担主要国防负担的补偿，要么是达成更接近于共同商法、共同专利法、共同航运政策和共同移民政策的一些协议。帝国会议不仅每四年举行一次，还设立了一个常务秘书处，以保持政策的连续性，并在非会议期间传达信息。因此，英国成为帝国政策的协调中心。由于1914年世界大战爆发，原定于1915年召开的帝国会议被推迟，但在1917年成立了帝国战时内阁，随后召开了帝国战时会议。印度代表也被邀请参加此次会议。会议再次声明"帝国的每一个组成部分应充分考虑盟友的利益，应给予帝国其他部分的产品和制造品以特别优惠待遇和便利条件"[①]。印度代表出席了此次会议。会议通过了一项决议，支持印度代表参加今后所有的会议。因此，联盟帝国不再仅仅是白人的种族联盟了。

虽然在很多情况下，战争会结束一个时代，开启另一个时代，但世界大战只是加快了帝国经济整合的步伐。1918年召集的帝国战时内阁在随后召开的帝国战时会议上商定，有必要确保大英帝国掌握某些关键原材料。[②]会议还成立了一个委员会来研究如何最好地实现这一目标。

因此，到世界大战结束时，帝国会议的各盟国内阁总理与来自印度和英国的代表宣布的政策是：在原材料问题上，大英帝国首先要为帝国自身服务，所有帝国成员要发展互惠关系。

不过，优惠只是更密切的帝国内部关系计划中的一项内容。邮政、电报设施和航运通信同等重要，甚至更为重要。定期和快速的通信消除了距离带来的障碍，促进了团结，带来了贸易的增长。

帝国便士邮资于1898年推出，使整个帝国实现了邮政上的统一。1900年，宗主国和各殖民地政府为电报通信提供补

---

① 《会议记录》(*Proceedings*)，Cd. 8566。——原注
② 同上，Cd. 9177。——译者注

第6部分
工商业革命和新的建设性帝国主义

贴，电缆是各国政府的共同财产。1901年成立了太平洋电缆理事会，其成员由相关殖民地和英国的代表组成，又为共同合作增添了新的纽带。此前，英国与德国及比利时签订了条约，允诺不给予或不接受各自治领的优惠。1897年，英国废除了这个条约，尽管1897年英国与德国的贸易额为4,795.2万英镑（英国向德国出口2,169.4万英镑，从德国进口2,625.8万英镑），与比利时的贸易额为2,911.8万英镑（从比利时进口2,088.6万英镑，向比利时出口823.2万英镑），即与两国的贸易总额约为7,700万英镑，而1897年英国与加拿大的贸易额为2,439万英镑（向加拿大出口517.2万英镑，从加拿大进口1,921.8万英镑）。这意味着英国愿意冒着可能遭到其最大的欧洲客户德国报复的风险，为可能会带来更紧密联盟的优惠关系开辟道路。此举是英国应1894年渥太华会议上各殖民地的要求而采取的措施。根据德国联邦议会通过的一项可以随时废除的法律，英国继续从德国获得最惠国待遇。英国与比利时的商业关系则通过"换文"来维持，但任何一方可提前三个月通知终止合约。因此，两国给予英国的最惠国待遇并不稳定。

从那时起，自治领开始对宗主国的商品给予优惠，加拿大始于1897年，南非和新西兰始于1903年，澳大利亚始于1908年。① 在澳大利亚和南非，优惠的方式是降低普通税率。而在新西兰，为了达到类似效果，就对外国制造的某些类别的商品征收附加税。加拿大有三种关税：普通关税、针对大英帝国以

---

① 关于具体数字，见《自治领委员会的临时报告》（*Dominions Commission Interim Report*），Cd. 7210, Cd. 7505, Cd. 8457。——原注

外的最惠国的中间关税和英联邦特惠关税。在1920年的新关税政策中，澳大利亚也采用了这种三级划分。英属圭亚那和一些西印度群岛在1912年与加拿大达成了优惠协议，1920年达成了一项更广泛的协议，涉及的岛屿包括巴哈马群岛、巴巴多斯（Barbados）、百慕大（Bermuda）群岛、牙买加、特立尼达以及小安的列斯群岛中的背风和向风群岛（Leeward and Windward Islands），还有英属圭亚那和英属洪都拉斯。①

世界大战前四年的优惠额度计算如下（单位：百万英镑）

年份	加拿大	澳大利亚	新西兰	南非
1910	1.303	0.972	0.536	0.539
1911	1.376	1.071	0.725	0.538
1912	1.667	1.266	0.715	0.349
1913	1.573	1.244	0.760	0.555

除此之外，各殖民地还达成了有利于彼此的关税减免，涉及英国的优惠政策没有包含的某些特殊商品。南非和澳大利亚之间，以及这两个国家和新西兰之间都有关税减免协议。1904年，南非将对英国的退税政策扩展至加拿大。加拿大和新西兰将对英国的关税优惠扩展至帝国的其他地区。1912年和1920年，加拿大与西印度群岛达成了特殊优惠协议，并将优惠政策扩展至纽芬兰。加拿大还与澳大利亚达成了互惠关税协议。因此，各自治领之间的相互优惠关税体系是各自治领与宗主国的优惠关税体系的补充，这表明与宗主国的共同联系促进了帝国

---

① Cmd. 864.用于生产铝的铝土矿从英属圭亚那运往魁北克省的萨格奈区进行冶炼。联盟帝国，1925年12月，第755页。——原注

第6部分
工商业革命和新的建设性帝国主义

各成员之间相互优惠协议的达成。此外,新西兰和加拿大之间、加拿大和南非之间,以及加拿大和西印度群岛之间(1920年的协议)也存在有补贴的邮政服务,这些合同还包括促进相关自治领之间产品交换的条款。① 实际上,轮船是穿梭于帝国之间的纽带。

自治领委员会非常强调海洋运输的重要性,并指出:"然而,人们还没有充分认识到,在许多情况下,在促进帝国贸易发展方面,对进出各自治领的货物制定合适的运输费率比制定目前的关税和关税优惠税率更重要。""鉴于运费和关税的现状,毫不夸张地说,降低海上运输成本是当今帝国政治家所面对的最重要的问题之一。"②

虽然殖民地对宗主国给予了优惠待遇,但因为英国不愿改变其自由贸易政策,1906年,关于英国给予殖民地关税优惠的提议被否决。然而,其他方面的优惠还是存在的。

根据1900年的《殖民地股票法案》〔Colonial Stock Act,维多利亚女王62年至63年第62章法案(62 & 63 Vict., C.62)〕,殖民地政府发行的债券被列为信托债券,这样殖民地就能以其他国家无法获得的利率借款。信托债券的大量增加导致英国的统一公债和其他信托证券贬

---

① 在加拿大,货运费率必须经加拿大贸易和商业部长批准,未经其同意不得更改。该部长还拥有确定最高货运费率的权力。见《自治领委员会的报告》,Cd. 8462,1917年,第120页。
值得注意的是,在邮政合同中,南非联盟规定,联盟城堡航运公司应免费将纯种牲畜从英国运送到南非。见《自治领委员会的报告》,Cd. 8462,1917年,第68页。——原注
② 《自治领委员会的报告》,1917年,Cd. 8462,第127页到第128页。——原注

值，因此，虽然殖民地能够以较低的利率借款，现有信托证券的持有者却遭受了损失。信托证券的总额约为6.5亿英镑，英国提供这些贷款的利率比它准备借给帝国以外其他国家的贷款利率低1%左右。"这意味着殖民地和印度每年至少可以节省1,000万英镑，这是一项相当可观的优惠。"[1]

在有关税收的规定中，这项政策得到了进一步完善。此前，英国国民在殖民地的投资所得，不仅要在殖民地缴纳所得税，还要在英国本土缴纳所得税。因此，帝国内部实行的是双重所得税制度。不过，1916年和1918年的《金融法案》(Finance Act)对这种情况有所改善，[2]但只是作为临时措施。

1919年，自治领的代表和宗主国的代表举行了一次会议，双方达成协议，规定只征收一种所得税。各殖民地应从所得税中拿走自己的份额，英国则拿走剩余的部分，但英国拿走的部分不少于它在名义情况下应得的份额的一半。[3]因此，在帝国其他成员境内的投资损害了宗主国的税收收入。投资者在殖民地投资，只需缴纳6先令的统一税。这笔税款在英国和相关殖民地之间进行分配，因此英国得到的份额比它投资在国外得到的少。因为如果英国将这笔钱投资到国外，它可以得到全部

---

[1] 埃德加·斯派尔爵士(Sir Edgar Speyer)关于"资本输出"的论文，引自《泰晤士报》，1911年5月28日。——原注
[2] 此外，《金融法案》还就超额利润税做出了规定。根据该规定，所得税纳税人在大不列颠或自治领缴纳其应缴纳的最高税款，但不是同时向双方就同一项目缴纳税款。所得税的分配由双方政府商定。——原注
[3] 《皇家所得税委员会的报告》，Cmd. 615, 1920年，第168页，附录1。——原注

第6部分
工商业革命和新的建设性帝国主义

的税收收入。而如果投资到殖民地,投资者还必须在殖民地纳税。因此,对于在帝国境内投资的资本,英国给了相当大的税收优惠。

由于对德战争,1919年,宗主国英国修改了其在关税优惠方面的立场。对于某些类别的商品(如电影放映机、电影胶片、钟表、手表、汽车和乐器),来自殖民地的商品可享受三分之一的退税。英国财政大臣奥斯汀·张伯伦[①](Austen Chamberlain)先生将三分之一的退税称为"帝国普遍优惠税率"。[②]对于其他商品,如茶叶、可可、咖啡、糖、干果、烟草和发动机等,退税率为六分之一。葡萄酒享受关税减免,根据酒精浓度,外国葡萄酒被征收每加仑1先令3便士或3先令的关税,殖民地的葡萄酒则被征收每加仑9便士或2先令的关税。然而,对于外国烈酒,英国采取的措施是每加仑加收2先令6便士的附加税。

据估计,这些优惠措施对于来自殖民地的产品来说减免了250万到300万英镑的关税。值得注意的是,在茶叶出口方面,印度将特别受益。

根据新的建设性帝国主义,英国进一步加强了对殖民地贸易的控制。

上任后,张伯伦先生的第一个行动是向所有殖民地发出一封信(1895年11月),[③]以了解外国在殖民地市场上的竞争程度及竞

---

① 奥斯汀·张伯伦是前文中提到的约瑟夫·张伯伦的儿子。——译者注
② 《议会议事录》,1919年4月30日,第115卷,第194页。当这些麦肯纳关税于1924年被废除时,这种优惠自然也就不存在了。——原注
③ Cd. 8449,1897年。——原注

争存在的原因。信中列出了1884年、1889年和1894年各殖民地最重要的外国进口商品，并要求31个殖民地和印度的官员寄回竞争商品的样品。为了了解外国商品的优势所在，英国举办了一个展览会，邀请了一些外国制造商参加。其结果是激发了人们对更好地满足殖民地市场需求的兴趣。1897年，时任英国贸易委员会主席的里奇[①]先生将这一想法推广到英国整个对外贸易领域。英国贸易委员会成立了一个新的委员会，以调查获取和传播贸易信息的最佳途径。委员们建议成立"贸易委员会商业情报处"。1899年，贸易委员会商业情报处成立，提供有关殖民地和对外贸易的信息。1908年，贸易委员会商业情报处任命了四位专门负责殖民地贸易的专员：一位负责加拿大和纽芬兰，一位负责澳大利亚，一位负责新西兰，另一位负责南非。他们手下有23名地方贸易通讯员。贸易专员的工作是发回有关铁路、有轨电车、电力照明、动力装置、矿山或港口工程的合同信息，收集竞争产品的样品，并就新的贸易机会提供建议。贸易专员每隔一段时间就返回英国，与国内的商人保持联系。[②]1917年，贸易委员会商业情报处任命了16名贸易专员，其中两名被派往印度，一名被派往海峡殖民地，另一名被派往英属西印度群岛。这样一来，这项服务就扩展到了托

[①] 即查尔斯·汤姆森·里奇（Charles Thomson Ritchie, 1838—1906），1900年至1902年担任内政大臣，1902年至1903年担任财政大臣。——译者注
[②] 《议会议事录》，1913年5月8日，第23卷，第2264页，L.哈考特（L.Harcourt）先生的演讲。贸易专员们刚刚收集了一批五金器具、工具和空心器皿的竞品样品。——原注

第6部分
工商业革命和新的建设性帝国主义

管帝国。

此外,英国允许殖民地利用英国在外国的领事服务来获取信息。因此,英国领事关心整个大英帝国的商业利益,而不仅仅是英国本土的商业利益。[1]

新任命的帝国贸易专员也收到特别指示,要求他们在贸易事务上代表大英帝国,而不仅仅是英国,并准备为任何希望利用专员服务的自治领提供支持。[2]

1900年,英国成立了一个咨询委员会,旨在协助贸易委员会商业情报处的工作。该委员会包括加拿大、澳大利亚、新西兰和南非政府提名的代表。咨询委员会与太平洋电缆理事会的设立表明,联盟帝国作为一个整体努力促进贸易方面的共同利益。

1904年,第一份《大英帝国统计摘要》(Statistical Abstract of the British Empire)发布,其中大英帝国被视为一个整体,与世界其他地区进行一定数量的商品进出口贸易。

虽然张伯伦先生于1903年卸任,但他的主张仍得以延续。1906年重新执政的自由党承诺不会干预国家的财政制度,但愿意以其他方式促进团结。在1907年帝国会议的开幕式

---

[1] 《自治领委员会的报告》,Cd. 8462,1917年,第147页。——原注
[2] 《呈交帝国战时会议的备忘录中对帝国贸易专员的指示》(Instructions to the Imperial Trade Commissioners in Memorandum),Cd. 9177,1918年,第249页到第251页。——原注

上,首相亨利·坎贝尔·班纳曼爵士[1]说:"先生们,自由并不意味着放任自流。"他接着说:"你们不会仅仅通过欢呼和庆祝活动来判断别人对你们的感情(尽管这些会有很多),而是通过彼此的友谊,以及愿意在任何可能的情况下做出让步以满足帝国各组成部分的姿态。我希望,对避免以任何方式损害彼此的利益,我们都有同样强烈的愿望。而且最重要的是,你们会因我们对伟大的慈善使命的共同自豪感而受到鼓舞和激励。我们相信,这是世界各地的英国人民被赋予并注定要完成的使命。"[2]

近年来,最引人注目的现象莫过于"英国人心中对帝国整体概念的增强,他们认为英国及各海外自治领都是帝国的组成部分"。

由于英国两党都摒弃了自由放任政策,英国必然会采取一些措施来开发整个帝国的资源。

1912年,英国议会任命了一个委员会,负责就自治领的自然资源及其开发情况提交报告。"无论这些资源的开发是已经实现的还是可能实现的;就帝国各地为生产、制造和分配所有商品而存在的或可能创造出来的设施提交报告……就每个地区在食品和原材料方面的需求以及这些资源的可获取性提交报告;就帝国内部以及帝国其他部分与英国和世界其他地方的贸易情况提交报告……并提出任何始终与帝国各组成部分现行财

---

[1] 亨利·坎贝尔·班纳曼爵士(Sir Henry Campbell Bannerman,1836—1908),英国政治家,英国第34位首相。——译者注
[2] 《帝国会议》,Cd. 3523,第6页。——原注

第6部分
工商业革命和新的建设性帝国主义

政政策一致的方法,以改善和扩大帝国各组成部分之间及各部分与英国之间的贸易。"[1]

值得注意的是,在1917年的报告中,该委员会同意成立帝国发展委员会来"负责帝国资源的科学开发,协调规划帝国港口的加深,改善帝国的航运、邮件和电报服务,编制和公布相关统计数据以及与整个帝国共同利益相关的其他事务"。于是,1920年,帝国航运委员会成立。该委员会向帝国内所有政府报告工作,但不受帝国的任何组成部分和任何政府的管辖。帝国航运委员会处理所有提交上来的与帝国航运有关的问题,并非常成功地解决了许多悬而未决的问题。[2]帝国航运委员会是第一个真正意义上的帝国机构,其成立是因为它认识到快速廉价的海上交通对帝国的繁荣无比重要,并主张控制运费,以抵制航运联盟因向外国货物提供优惠而给帝国带来的任何有害歧视。

> 这场战争充分表明,帝国的存亡依赖于海上交通。无论英国和各自治领之间的海上贸易现有规模如何,无论其未来发展的前景如何,生产者、制造商和商人都迫切需要确保货物能够以廉价、定期和高效的方式运输,因此,他们十分关注帝国航运设

---

[1] 《自治领委员会的报告》,Cd. 8462,1917年,第3页,参考文献。——原注
[2] 哈尔福德·麦金德爵士(Sir Halford Mackinder)在1923年帝国经济会议上的报告(*Report of Imperial Economic Conference*)。Cmd. 2009,第293页。——原注

施的不断改善。我们强调这一点，因为我们认为在讨论促进帝国内部贸易的最佳手段时，海上运输的重要性被影响商品交换的其他因素掩盖，特别是被财政立法掩盖……因此，如果有可能找出一些永久改善帝国内部海上航线的方法，那么帝国的贸易将获得强大的推动力，帝国的实力和凝聚力也将显著增强。[①]

世界大战凸显了保卫帝国经济资源的极端重要性。

某些材料几乎全部在帝国境内生产，如镍、石棉、黄麻、云母、棕榈油、棕榈仁和种植园橡胶，这些材料对帝国来说是经济防御和商业谈判的重要手段。

1914年之前，帝国内部生产的某些产品如黄油、小麦、奶酪和羊毛，足以满足帝国的需求。就羊毛而言，帝国的产量约占世界总供应量的40%至45%，如果只考虑优质美利奴羊毛，这个比例就更大了。帝国的黄金产量也占当时世界黄金产量的60%。

然而，在1914年之前，帝国境内出产的许多特殊原料都被送往国外加工。镍和石棉在美国加工，锌或粗锌在德国或比利时加工。钨是硬化钢材和制造电灯灯丝的必要原料，尽管它在缅甸和澳大利亚出产，却在德国加工。在印度南部发现的磷

[①]《自治领委员会的报告》，Cd. 8462，1917年，第108页。——原注

第6部分
工商业革命和新的建设性帝国主义

铈镧矿砂，也在德国用来制作白炽灯罩。在钨方面，英国在世界大战期间买下了澳大利亚和新西兰的全部矿石生产，印度南部磷铈镧矿砂的控制权也被移交给英国，且该矿砂项目董事会七名董事中的一名必须由英国的印度事务大臣提名。

1918年7月，帝国矿产资源局成立，由五名自治领代表、一名印度代表、一名由殖民大臣提名的代表和六名采矿和冶金方面的杰出人士组成。为此，英国政府每年出资10,000英镑，各自治领出资10,000英镑。帝国矿产资源局当时的职能是收集并公布有关帝国矿产资源的信息。这又是一个在大经济联盟中共同合作的例子，也是防止外国控制帝国矿产财富的保障措施。

此外，1913年，为处理帝国范围内的虫害问题，帝国昆虫研究所成立，为帝国提供了另一个共同的交流平台，各自治领与帝国政府一起为帝国昆虫研究所的运转做出了贡献。1918年的帝国会议决定成立一个新的帝国真菌研究所，其运作方式与帝国昆虫研究所相同，专门处理真菌病害。

1924年，英国政府采取了新的举措，拨出100万英镑，用于促进帝国内部的贸易往来。一个类似于帝国航运委员会的帝国经济委员会成立了，该委员会成员同样由帝国所有重要地区的代表组成，该委员会向帝国所有政府汇报工作。他们就宣传、标签、改善包装、分级和加快运输的重要性，还有对食品保存进行科学研究的必要性等问题提交了报告。

于是，一个以英国为共同的交汇点、旨在促进整体经济发展的宏大机制逐渐形成。

> 我看着空荡荡的灰色办公室的四周和走廊,在办公室里,不起眼的小人物和一沓沓文件,把我们与热带岛屿、淘金场所在的冰封荒野、布满神殿的广阔平原、森林和山地、港口和堡垒、灯塔和瞭望塔,以及全球各地的牧场和农田联系起来。[1]

值得注意的是,1895年后,对帝国兴趣的增加导致英国移民的目的地从外国转向英属自治领。1891年至1900年,只有28%的移民去了英属自治领,其余的则主要去了美国;而1901年至1912年,63%的人移民到了英属自治领,到1913年,78%的人移民到了英属自治领。[2]

因此,从张伯伦时代开始,自治领与宗主国在诸多方面不断朝着更紧密的联系发展,这使得大英帝国逐渐成为一个真正的经济联盟。关税、税收和资本方面的优惠,直接的邮政和电报通信,就共同经济利益事项召开的会议和达成的协议,以及有意识地开发帝国资源,所有这些都使帝国内的联系更紧密,并建立了帝国共同的运行系统。与此同时,联盟帝国和托管帝国的联系也越来越紧密。此外,随着由私人企业推动的蒸

---

[1] A. 利特尔顿爵士的话,引自W. J. 阿什利(W. J. Ashley):《大英帝国自治领:工商业现状》(*British Dominions: Their Present Commercial and Industrial Condition*),1923年,第22页。——原注

[2] 《自治领委员会的报告》,Cd. 8462,1917年,第85页。——原注

汽船运输业的巨大发展，蒸汽船已成为连接整个帝国的重要纽带。然而，有迹象表明，各殖民地并不准备像加拿大和西印度群岛那样对蒸汽船运输给予补贴。帝国的建立是海上运输发展的结果，但也是在加拿大、澳大利亚、南非、东非和西非，以及印度大规模的大陆扩张的结果。而在大陆扩张方面，铁路在促进向内陆移民和使内陆资源为整个帝国所用方面发挥了决定性的作用。

三、托管帝国

尽管张伯伦在推动英联邦国家或联盟帝国之间更紧密的联合方面做了很多工作，但他同样积极致力于托管帝国或热带帝国的发展。对他来说，激起英国人对那些在种族和制度上与英国相似的自治领的热情相对比较容易，但他也意识到并非常看重热带的皇家殖民地的重要性，而当时有些人认为非洲属地只是落后的有色人种居住的疟疾流行的地区，西印度群岛则被视为荒废的糖岛，总是因飓风或其他不幸事件而需要援助。

在一次著名的关于预算的演讲中（1895年8月22日），[1]张伯伦为西非辩护，认为它是非常有价值的财产，并进而说这些热带属地是英国的"未开发产业"，[2]有必要投入国家资金进行开发。他认为这种开发完全是出于自我保护的需要。

"只有通过这样的发展政策，我们才能找到解决这些困扰我们的社会问题的办法。充足的就业与人民的满足感是相互关联的。除了开拓旧市场和开发新市场，英国没有别的办法确保大量就业。"[3]他还认为，英国对这些地区负有责任，因为它们属于英国，开发这些地区的资源显然是英国的责任所在。然而，英国政府投入资金开发殖民地的做法不符合其一贯的传

---

[1] "但是，如果我这位尊贵的朋友希望我进一步阐明政策，我并不介意借此机会阐明。我认为我们的许多殖民地都处于未开发的状态，如果没有帝国的援助，这些属地将永远无法得到开发。在我看来，把适用于英国文明地区的规则应用于未开化的殖民地是荒谬的。据我所知，这些殖民地归属英国可能已有一百多年，而到目前为止，英国完全没有做任何加强统治的事。如果我们现在对这些殖民地置之不理，它们将继续保持原状，跟我们当初发现它们时一样。因此，我们怎么能指望发展出对它们或对我们有利的贸易呢？我准备独自好好考虑，然后，如果我找到一个满意的解决方法，我会自信地提交下议院讨论，即通过明智地投入英国资金来开发我们的皇家殖民地，从而为属地人民和属地之外的更多人带来利益。"《议会议事录》，1895年8月22日。——原注

[2] 1911年，D. 莫里斯爵士（Sir D. Morris）发表了一篇关于西印度群岛的演讲，其中也持这一观点，该篇演讲由W. J. 阿什利收录在《大英帝国自治领：工商业现状》里。"对热带地区产品的需求越来越大，因为它们越来越成为温带国家居民的必需品。毫不夸张地说，我们的商业霸权可能在很大程度上取决于我们对热带地区产品的控制。据估计，英国有300万平方英里的热带领土。这些地区生产的商品价值约为2.3亿英镑。其中很大一部分商品销往英国，对我国的繁荣和人民的福祉做出了重大贡献。"第168页。——原注

[3] 《议会议事录》，1895年8月23日，张伯伦的演讲。——原注

第6部分
工商业革命和新的建设性帝国主义

统。不过,从那时起,英国开始以三种方式帮助其热带属地:直接为修建铁路和其他永久性工程（如港口）提供资金;赞助研究热带地区疾病问题的卫生机构;鼓励科学农业,普及农业知识。

1.1899年,维多利亚62年至63年第36章法案授权英国财政部向某些皇家殖民地提供一笔贷款,金额为3,351,820英镑,利率为2.75%,并要求五十年内偿还。这笔款项中很大一部分花在了西非铁路上〔其中黄金海岸57.8万英镑,拉各斯（Lagos）79.2万英镑,塞拉利昂（Sierra Leone）31万英镑〕。此外,财政部为牙买加的一条铁路的铺设和铁路设备购置提供了11万英镑,为马来土邦的铁路修建提供了50万英镑。另外还有9.8万英镑拨给阿克拉（Accra）港口工程,4.35万英镑用于尼日尔（Niger）海岸的港口建设。在西非,英国政府亲自负责铁路建设。1905年的英国官方报告称:"这些铁路是在茂密的热带丛林中修建的,这里气候恶劣,尽管我们已经按照改进的疟疾预防手段采取了各种预防措施,但建设人员依然不断更换。由于大雨频繁、劳动力短缺和效率低下,货物不得不像在黄金海岸那样,在开放的锚地上通过冲浪船和驳船卸货,而当地人的叛乱和军事行动也使建设工作中断和延迟。"[1]

铁路建设的成果相当惊人。此前,非洲大部分地区的开发受到舌蝇的阻碍。舌蝇不仅把昏睡病传染给人类,还使牲畜丧命,只留下已经免疫的人充当搬运工。结果是,西非的当地人

---

[1] Cd. 2325。——原注

很少进行贸易,因为他们没有办法把产品送到交易地点。他们的主要出口商品是可以直接走到市场去的东西,即奴隶。随着奴隶贸易的废除,商品交换量下降到微不足道的程度。当地人只满足于收集一些棕榈仁,然后运到海岸进行物物交换。①

西非的整个农业系统非常原始,贸易仅限于野生的森林产品。随着铁路的开通,新的贸易机会涌现,以前从事搬运工作的劳动力被解放出来,投入农业种植中。可可出口从1891年开始迅速扩大,黄金海岸成为世界最主要的可可生产地。②当地人开始从种植的作物中获利,不再只是依靠自然的森林产品交易。他们不再实行原始的集体农业制度,而开始将可可种植园视为个人财产,从集体所有制转向私有制。铁路使国家变得安全,人们纷纷离开有城墙的城镇,开始在农村地区定居。③汽车的出现进一步促进了商品的流通,西非的可可、棕榈油、坚果和棕榈仁被运往英国售卖,西非也成为英国商品越来越重要

---

① 《布莱克伍德杂志》(Blackwood's Magazine),1918年1月,第51页,休·克利福德爵士(Sir Hugh Clifford)的《黄金海岸》(The Gold Coast)。——原注
② 可可出口:

年份	数量	价值(英镑)
1891	80 磅	4
1901	960 吨	42,827
1911	35,261 吨	1,613,468
1916	72,161 吨	3,847,720

数据引自《布莱克伍德杂志》,1918年1月,第51页,休·克利福德爵士的《黄金海岸》。——原注
③ 《帝国皇家殖民研究所学报》(Royal Colonial Institute Proceedings in United Empire),1910年8月,J. 阿什利·库珀(J. Astley Cooper)《西非的最新发展》(Recent Developments in West Africa)。——原注

第6部分
工商业革命和新的建设性帝国主义

的市场。就这样,铁路打破了几个世纪以来由舌蝇造成的隔离状态,催生了新的商业和土地所有权制度。

在皇家殖民研究所的一次讨论中,本地人P.A.伦纳(P. A. Renner)先生说,他在黄金海岸的短短几年里,看到了铁路给黄金海岸带来的变化。这种变化使当地人大为震惊,以至于他们几乎要把白人视为崇拜对象。以前,部落间相互仇视争斗,以至于一个村庄的人不敢去另一个村庄。现在他们发现,南边的人到了北边,东边的人到了西边。①

1895年后,同样的精神也激励着英国外交部着手修建从蒙巴萨(Mombasa)到维多利亚湖(Victoria Nyanz)的铁路。"本届政府乐意承担上届政府迟迟不承担的义务。"在铁路建成前,由于当地人口稀少,搬运工人很少,货物由本地搬运工搬运的成本高达每吨180英镑。铁路建成后,运输费用降至每吨17英镑。截至1903年3月,英国政府为修建乌干达铁路提供了5,384,370英镑的资金,该铁路将成为国有铁路。1912年6月12日,在演讲中,威廉·哈考特先生说,乌干达铁路的运营利润从1906年的5.6万英镑上升到1912年的13.4万英镑。在担任财政大臣时,劳合·乔治②先生从1910年至1911年的铁路盈余中拿出25万英镑作为额外的贷款,以帮助该地区原棉的种植和出口。1912年又提供了一笔50万英镑的贷款。威廉·哈

---

① 《会议记录》(Proceedings), Cd. 8566, 第550页。——原注
② 即大卫·劳合·乔治(David Lloyd George, 1863—1945), 1916年至1922年任英国首相,也是最后一位自由党首相。——译者注

考特先生也推动了尼亚萨兰（Nyasaland）和西非的铁路建设。1913年，英国原计划为苏丹的铁路建设提供300万埃及镑的贷款，但后来大部分用于灌溉棉花。

新的建设性帝国主义以铁路建设为基础，并与英国对原材料（特别是棉花）日益增长的需求紧密相关。

2.然而，如果白人不能生活在当地，对生产进行必要的监督，或者如果当地劳动力供应因流行病或疟疾等而不断减少或被摧毁，那么修建一条用于大规模运输的铁路就没有任何意义。找到一些使热带地区适合人类居住和工作的方法，是铁路建设的一个必要补充。

张伯伦意识到了这一点，并于1898年致信英国主要的医学院，强调开展热带医学研究的重要性。

1899年，一所致力于热带医学研究的学校在伦敦开办，由英国政府和皇家殖民地资助。由于人们对热带医学的兴趣日益浓厚，1899年，西非商人在利物浦创办了另一所学校。这些学校的总体目的是培养专门研究热带疾病的专业医生，对热带疾病的原因进行科学调查，并收集和推广热带地区医务人员积累的知识。在马来土邦、锡兰、英属圭亚那、背风群岛和尼日利亚等地，英国建立了永久性的研究实验室。殖民地事务部还设立了一个咨询委员会，以协助殖民大臣处理与热带非洲有关的医疗和卫生问题。

这场针对热带地区健康问题的运动所取得的总体成果是显著的。

第6部分
工商业革命和新的建设性帝国主义

西非过去以气候恶劣著称,被称为"白人的坟墓"。有一次,签署电报的殖民地总督、撰写电报的秘书和抄写电报的职员在电报从海岸到达殖民地办公室之前就全部死亡了。[①]

由于在当地采取了消灭蚊子的措施,死亡率下降了。更多优秀的人愿意前往热带地区。政府受益,当地人也感受到了预防措施的好处。西非当地士兵的死亡人数下降了75%。[②]

1901年,马来土邦有334名疟疾重症患者入院。1902年,为破坏蚊子的繁殖地而专门开展的排水工程完成。随后,入院人数降至每年平均29人。然而,周围没有排水工程的地区,入院人数却增加了,这表明蚊子的毒性并未减弱。1901年,176名政府雇员请的病假为1,026天;1903年,236名政府雇员请的病假只有71天。[③]

1912年,哈考特先生指出,尽管西非暴发了鼠疫、黄热病和其他传染病,但在过去九年中,当地欧洲官员的死亡率

---

① 查尔斯·布鲁斯(Charles Bruce):《皇家殖民地》(*The Crown Colonies and Places*),1910年,第1卷,第403页。——原注
② 查尔斯·布鲁斯:《皇家殖民地》,1910年,第1卷,第403页。另见《帝国的健康问题》(*Health Problems of the Empire*),第52页——原注
③ 查尔斯·布鲁斯:《皇家殖民地》,1910年,第1卷,第442页。
伊斯梅利亚(Ismaila)疟疾发病率的下降十分显著:

1902	1,551 例
消灭疟疾运动	
1903	214 例
1904	90 例
1905	37 例

数据来自查尔斯·布鲁斯:《皇家殖民地》,1910年,第1卷,第439页。——原注

从56‰下降到25‰,并且这一改善还在持续。人们还对昏睡病、黄热病、脚气病和其他热带疾病进行了研究。当美国政府开始在哈瓦那(Havana)开展灭蚊运动并将其工作扩展至巴拿马运河时,英国热带医学研究的成果就显现出来了。[1]

由于新的卫生状况让人能健康地生活在热带地区,这些地区因此获得了额外的价值。贸易得到了刺激,世界的财富增加了,与帝国内部其他部分之间相互依存的关系进一步增强,热带地区踏上了发展的道路,并被视为整个帝国的宝贵资产。

3.英国援助其热带属地的第三种方式是鼓励科学农业和消灭侵害植物的昆虫和真菌病害。这要归功于张伯伦对托管帝国的设想。

1897年,一个被派往西印度群岛调查经济萧条情况的委员会报告称,那里的状况已十分危急。西印度群岛的主要支柱是蔗糖产业,但外国政府给甜菜糖的奖补使他们的产业遭受重创,而种植园主可能引进的任何改进措施都会被更多的奖补抵消。张伯伦着手废除糖业奖补,英国于1902年加入了糖业公约(sugar convention)。通过禁止从实行奖补制度的国家进口糖,英

---

[1] 在1920年7月24日写给《泰晤士报》的一封信中,R. 罗斯爵士(Sir R. Ross)提到,自己在"1897年8月20日的一次非常幸运的观察,为解开整个热带卫生谜团提供了线索,甚至有助于解开1900年的黄热病之谜。1900年,早在戈尔加斯(Gorgas)对抗热带疾病之前,他就全面描述了减少蚊子的卫生措施,后来他用该措施和其他措施来对抗黄热病和疟疾。防治热带疾病是一个全球性的工作,英国人在其中起了相当大的作用。但英国防治热带疾病的工作几乎完全是个体医务人员的主动作为,而戈尔加斯则是在美国政府的全力支持下开展工作的"。——原注

第6部分
工商业革命和新的建设性帝国主义

国终止了对重要的产糖国的奖补制度。外国如果不能在最大的食糖消费国英国获得自由市场,那么继续实行奖补制度就毫无意义。从那时起,西印度群岛的繁荣得以恢复,据说1910年至1911年,西印度群岛的财政状况比过去五十年中的任何时候都要好。在一定程度上,这是由于奖补制度的废除保证了蔗糖生产的改善不会被外国政府对甜菜糖进一步增加的奖补淹没。个人无法对抗外国政府强大的经济实力。此外,其他因素也起到了作用。德国和加拿大之间的关税战导致甜菜糖被加拿大拒之门外,西印度群岛的蔗糖填补了这一空缺。

不过,在很大程度上,西印度群岛的日益繁荣要归功于英国殖民大臣采取的另外两项措施。张伯伦争取到每年4万英镑的拨款,其中一半拨给牙买加,用以资助开发一条蒸汽船航线,使西印度群岛的水果能找到更好的市场。正如在非洲一样,张伯伦试图改善西印度群岛的交通,其目的是刺激替代产品的增长,减少对糖作为主要产品的过度依赖。

1898年,西印度群岛成立了由帝国拨款支持的帝国农业部,丹尼尔·莫里斯爵士(Sir Daniel Morris)被从英国皇家植物园调去担任技术顾问。由于将科学应用于热带地区的农业,甘蔗种植有了显著改进,新甘蔗的出糖率是10%到25%,比旧甘蔗的出糖率高。1901年,曾经是西印度群岛主要经济作物的棉花被从美国卡罗来纳州(Carolinas)重新引进,并且一种非常优良的高级海岛棉被成功培育出来。高级海岛棉是英国精细棉纺不可或缺的原料。[1]

钻入甘蔗的飞蛾让甘蔗产业连年遭受巨大损失。由于研究者发现了一种以飞蛾为食的寄生虫，虫害成功得到防治，甘蔗的产量进一步提高。[2]

最重要的是，帝国农业部成功组织了农业教育，激励和培养了一批愿意接受新观念、勇于尝试的人。帝国农业部还充当了团结的纽带，并为帝国各岛屿之间的交流提供了重要的渠道。在1910年5月24日《泰晤士报》的一篇关于帝国农业部工作的文章中，作者说："一些岛屿毫不犹豫地宣称，帝国农业部是它们的救星，使它们摆脱了贫困，步入了相对富裕的状态，比如通过在安提瓜（Antigua）和圣基茨（St. Kitts）发展制糖业、在圣文森特鼓励棉花种植……西印度群岛蔗糖总产量的一半以上是由帝国农业部培育的甘蔗品种带来的。"帝国政府每年拨给帝国农业部的资金为1.1万到1.2万英镑。

科学在西印度群岛热带农业的应用取得了辉煌成就，这促使类似帝国农业部的机构在英国的其他热带殖民地建立起

---

[1] 《帝国棉花种植委员会的报告》（Report of the Empire Cotton Growing Committee），Cmd. 523，1920年，第18页。——原注
[2] 在一次关于西印度群岛的演讲中，丹尼尔·莫里斯爵士讲述了一个故事，该演讲发表在阿什利的《大英帝国自治领：工商业现状》第188页。故事如下："在对甘蔗进行的实验中，一个有趣的例子表明了科学在实际应用中的价值，那就是一种被称为螟蛾的破坏性害虫的发现。两百年来，它给甘蔗种植园造成了巨大的损失，但人们一直不清楚它在哪里产卵以及是如何破坏甘蔗的。在进行了不到一年的调查后，剑桥大学昆虫学家勒弗罗伊（Lefroy）先生不仅发现了藏在甘蔗叶背面的蛾卵，还发现了一种有益的寄生虫，可以用来控制这种害虫，使种植户能挽回此前每年遭受的巨大损失的很大一部分（如果不是全部）。"——原注

第6部分
工商业革命和新的建设性帝国主义

来,在西印度群岛接受过培训的人则前往这些地区,传播农业知识,培育新品种,改善热带农业条件。[①]在印度、马来土邦、英属东非、黄金海岸、尼日利亚北部和南部、埃及,英国也设立了类似的机构。

由于世界原棉供应日益短缺,热带和亚热带地区的科学农业得到了极大的发展。造成原棉供应短缺的原因有很多,其中部分原因是虫害。在埃及和美国,棉铃虫、棉象鼻虫和棉红铃虫的破坏性极大,据说损失占到了棉花产量的四分之一到三分之一,[②]并且其破坏力还在增加,特别是在美国。在1920年的帝国昆虫学会议上,有人说美国一年的损失达4,100万英镑,埃及在1917年的损失达1,700万英镑。

由于棉织品更加美观,世界对棉花的需求不断增加,同时棉花的新用途也不断被发现,比如用于制作汽车轮胎。其他国家纷纷尝试生产棉织品,对原料的争夺也日益激烈。棉花的供应因季节变化而波动,美国的霜冻或尼罗河未能泛滥都会严重影响兰开夏郡的主要产业。因此,英国迫切需要尝试进一步扩大棉花供应,否则其最大的出口产业将遭受不可挽回的损失。

---

① 在西印度群岛接受过培训的人员中,有两人去了印度帝国农业部,两人去了马来土邦,一人去了英属东非,一人去了斐济(Fiji),三人去了印度的省级农业部门。见W. J. 阿什利:《大英帝国自治领:工商业现状》,第190页,丹尼尔·莫里斯爵士的演讲。1923年,帝国热带农业学院在特立尼达成立,旨在为整个英属热带地区的农业服务培养人才。该学院还接管了帝国农业部的部分工作。——原注
② 《帝国棉花种植委员会的报告》,Cmd. 523,1920年,第18页。——原注

作为可能的棉花产区，热带和亚热带地区开始被赋予新的价值。当时人们认为，增加棉花产量的两种最佳方法是改进运输设施和改进棉花种植方法。因此，张伯伦的建设性帝国主义方法，即修建铁路和科学种植，被其继任者大力推行，以获取棉花。在乌干达，时任财政大臣的劳合·乔治先生投入了不少于50万英镑的资金，用于提供额外的铁路设施，以确保棉花的产量。1910年，帝国政府承诺五年内每年拨款10,000英镑，用于英国棉花种植协会进行的实验，并在1923年获得议会授权，对纺纱厂使用的每包棉花征收6便士的税，用于资助帝国的棉花种植。作为英帝国最大的产棉国，印度也征收类似的税。印度棉花的纤维短，目前不适合用于英国的细棉布生产。在1903年几乎无人知晓棉花的乌干达，如今已能生产出优质棉花，预计1924年的出口量将超过100,000包。为了开发苏丹的棉花种植潜力，英国政府在1919年至1923年间为苏丹的铁路修建和灌溉工程提供了9,500,000英镑的贷款。1924年，苏丹生产了42,000包优质棉花，预计15年后达到100万包。尼日利亚，特别是其北部区域，也是一个很有前途的产棉地区，其棉花产量从1914年的11包增加到1921年的31,500包。[①]因此，英国和印度政府都对棉花生产产生了兴趣。

1911年，帝国农业部开始在埃及开展工作。由于埃及的主要产品是棉花，因此棉花自然引起了农业部的注意。一旦

[①] 《帝国棉花种植委员会的报告》，Cmd. 523, 1920年，第38页到第39页。——原注

第6部分
工商业革命和新的建设性帝国主义

科学家培育出更好的棉花品种,农业部的任务就是确保农民能获得这些种子。首先需要培育出优良品种,然后进行推广。此外,还要发起一场消灭棉铃虫的运动。这两项任务都已着手进行。当地政府先赊账提供种子,待棉花卖出去后再收款。在星期五的祷告之后,政府会派人在清真寺定期宣讲关于棉铃虫的知识和防治方法。[①]当地官员负责组织这场运动,那些不及时通报和消灭害虫的人将被罚去帮助消灭别人田里的害虫。研究人员在印度发现了棉铃虫的寄生虫(这种寄生虫能消灭棉铃虫),于是让埃及人培育这种寄生虫,以控制棉铃虫的数量,就像他们在印度时做的那样。人们还进行了一些实验,试图培育出在棉铃虫孵化之前就成熟的棉花品种。

棉花种植是殖民地和印度发展科学农业的主要动力之一,它促进了交通设施和灌溉工程的修建,使农民不再依赖自给自足的农业,而是种植用于交换的棉花。棉花种植也是殖民地贸易最大的推动力之一。

建立科学农业部门的运动已经扩展到印度。1905年,印度农业部成立。除了国家农业部,印度的每个省都有地方农业实验站。烟草、小麦、靛蓝、水果、糖、黄麻、亚麻和蚕丝都受到了科学的关注。印度政府还将大量精力投入到提高棉花产量

[①] 《关于埃及的报告》(*Reports on Egypt*),Cd. 6149,1911年;Cd. 6682,1912年。——原注

上，该国劳动力供应充足，为原棉生产提供了特殊便利条件。[1]

所有热带属地的报告都充满了通过建议、试验、提供种子和植物、销售设施、指导和示范来重塑热带农业条件的新动向。在热带地区的新卫生运动和热带生产的新科学方面，英国对热带地区的影响最明显。英国科学家的知识使世界主要商品实现了增产，并且会进一步增加产量。英国的科学家还使热带地区成为白人可以生活和指导生产的地方；英国的工程师修建了铁路，使产品得以在市场上销售，并在埃及、印度和其他地方对土地进行了灌溉和排水，使世界增加了大片肥沃的土地。他们修筑了河堤，建造了桥梁、港口和道路，所有这些都促进了生产增加和商品交换。那些尚未被开发的地区正在迅速发展，这将有利于当地居民、大英帝国和全世界。"决定热带地区命运的不是手握大权的军人或擅长拿出施政纲领和进行长篇演讲的政治家，而是沉默寡言的昆虫学家。他们是所有人中最不容易引起人们注意和获得较少名望的人，但他们已经开启了一场翻天覆地的运动，旨在对地球上那些广阔的地区进行卫生改造。用不了多久，他们就会把这片肥沃的土地几乎作为免费的礼物列入人类的生产资源。"[2]

不过，科学家必须依靠行政人员来制定使科学研究卓有成

---

[1] 印度棉花委员会将印度棉花的常规产量定为400万包，每包400磅，种植面积为2,200万英亩。见《帝国棉花种植委员会的报告》，Cmd. 523, 1920年，第42页。——原注
[2] 罗布森勋爵（Lord Robson）的话，D. 莫里斯爵士引用了他的话。收录在W. J. 阿什利：《大英帝国自治领：工商业现状》，第169页，——原注

第6部分
工商业革命和新的建设性帝国主义

效的方法,而现代建设性帝国主义已经并将最终依靠殖民事务部门的成员。在谈到他们的工作时,哈考特先生说:"他们靠着不高的收入,在遥远的、往往是致命的土地上度过了他们生命中最美好的一段时光。他们远离朋友,深入不为人知的丛林,远离公众的视线,但一旦犯错,便难逃责难。除了当地人的利益、工作的荣誉和他们自己的好名声,他们没有得到什么报酬,但至少他们得到了文明世界对他们正直和人道主义的认可。帝国对它流亡在外、奋发图强的孩子欠下的远比给予的多。"[1]

托管帝国也发展了其优惠制度。继英国于1919年率先实行优惠制度后,马耳他和塞浦路斯于1920年对从英国进口的制成品给予了优惠。牙买加也对用英帝国境内生产的棉花制成的棉织品给予了优惠。[2]

帝国关税制度的一个新特点是对帝国使用的原材料给予优惠。

早在1903年,海峡殖民地就对运往英国冶炼的锡实行出口退税。1916年,尼日利亚也效仿此举,对出口到帝国以外的锡征收3.75%的从价税。同年,对来自黄金海岸、塞拉利昂、冈比亚(Gambia)和尼日利亚的棕榈油,如果在帝国以外使用,每吨征收两英镑的出口税。而印度的皮革若在帝国境内使

---

[1] 《议会议事录》,1912年6月12日。——原注
[2] 有关详细信息,请参阅《贸易委员会集刊》(Board of Trade Journal),1920年。根据1920年加拿大和西印度群岛的协定,特立尼达和英属圭亚那将给予加拿大的优惠扩展至整个大英帝国。《贸易委员会集刊》,1920年12月。——原注

用，出口时可减免三分之二的关税。由于战后的经济萧条，原计划实行五年的棕榈油优惠关税于1922年被取消。

在最近的发展中，最有趣的是印度在大英帝国经济体系中地位的变化。世界大战前，印度是托管帝国的一部分。世界大战期间，印度加入联盟帝国。正如我们所看到的，印度被允许参加帝国战时会议，与其他自治领享有同等待遇。当1919年英国开始实施优惠制度时，印度获得了茶叶方面的优惠待遇。印度最大的不满是1894年英国不允许其保护本国的棉纺织业。英国对进口棉花征收了关税。英国政府坚持认为，应该对印度棉花征收相应的消费税，以避免兰开夏郡受到不利影响。1917年，这一情况有所改变。印度提供了一亿英镑的战争费用，并提议通过提高棉织品的进口关税来筹集部分财政资金，以偿还债务。尽管英国棉纺织业强烈反对，但印度还是被允许这样做了，印度官员对此表示热烈赞同。[①]

随着印度获准对来自曼彻斯特的棉织品征收关税，印度实际上获得了本国的关税自主权，这一点在1921年得到确认。因此，在关税事务上，印度获得了与自治领同样的自由，并且与各自治领一样，对于本国的棉纺织业和钢铁业的保护主义倾向日益增强，这是1924年的一个新变化。1920年，印度任命了一名负责经济和政治事务的高级专员，这表明印度的地位越来越接近自治领。

---

① 引自奥斯汀·张伯伦先生1917年3月14日的演讲，《议会议事录》，第1150页。——原注

第6部分
工商业革命和新的建设性帝国主义

一直以来,自治领对印度人移民定居的反对是不断引发麻烦的根源之一。印度民众认为,作为大英帝国的臣民,他们有权在帝国内部自由迁徙。自治领的白人害怕引进生活水平较低的廉价劳动力。这个问题的矛盾之处在于,尽管自治领可以排斥印度人,但印度政府不能排斥自治领的人,自治领的人甚至能在印度担任最高职务。印度人的另一个不满是,已经在帝国其他地区定居的印度人不允许接来妻子和孩子。并且在土地获取和持有或从事贸易方面,印度人受到的待遇与英帝国其他自治领居民不同。就加拿大而言,日本人受到的待遇比印度人更优厚。[①]

1917年的帝国战时会议商定,组成英联邦的每个国家,包括印度,都有权完全控制本国的人口构成,并且可以限制来自其他自治领的移民。[②]因此,只要印度愿意,它有权拒绝自治领居民定居。然而,包括印度在内的任何英联邦的英国公民都可以进入其他的帝国组成部分,进行旅游或经商。已经在大英帝国其他组成部分永久定居的印度人可以带一名妻子和未成年子女入境。"目前,印度人对帝国的看法深受两种观点的影响。他们为自己是英帝国的臣民而自豪,为自己的国家是英帝国不可分割的一部分而自豪。他们想要获得帝国的特权,不理解自己为什么因种族原因被不公平地排除在帝国的广大地区之外,并且在某些方面的待遇比不属于帝国的亚洲人更

---

① Cd. 8566,第160页。——原注
② Cd. 9177,第195页。——原注

差……因此，争论中夹杂着民族情感和想象。"①

虽然印度移民问题得到了解决，但很快又出现了一场新的争论，关于在自治领出生或定居的印度人的地位问题。印度人要求享有平等权利，而南非的某些省份拒绝在贸易、土地所有权、居住或选举权方面给予印度人平等权利。在欧洲人后裔聚居的殖民地，种族摩擦是常态，而热带地区的殖民地自奴隶被解放以来就一直面临劳动力短缺的问题。除了少数例外，黑人都靠短期工作来满足生活需要，并且认为没有理由做更多工作。1837年后，印度劳工被引进来填补这一空缺。现在，印度劳工在毛里求斯、英属圭亚那和特立尼达、斐济和纳塔尔(Natal)数量众多，在牙买加和其他一些西印度岛屿数量较少，在锡兰、马来半岛和北婆罗洲数量又很多。因此，虽然印度人在帝国的一个地区不受欢迎，但在另一个地区是急需的劳动力。

这些印度苦力是以殖民地政府的名义招募的，被分配给种植园主。他们通常签订为期五年的契约，期满后还要以自由劳工的身份再工作一段时间。之后在某些情况下，他们得到返程费用，或者成为永久居民，并经常成为土地所有者。因此，毛里求斯、特立尼达、英属圭亚那和斐济的人口中有很大一部分是印度人。他们离开印度时，由一名移民督察监管，到达殖民地后，也由一名督察负责监管。如果他们在所去的殖民地受到

---

① 《关于印度移民的说明》(Note on Emigration from India)，1917年，第161页，帝国战时会议。——原注

第6部分
工商业革命和新的建设性帝国主义

不公平的待遇,印度政府就会拒绝为该殖民地招募劳工,从而使劳工流动陷于停顿,直到待遇得到改善为止。

印度政府会不时地派出督察委员会,监督移民苦力的待遇情况。大多数苦力都得到了发展机会,提高了地位,并为接收他们的国家增加了财富。如果没有他们,锡兰和阿萨姆的茶树种植就不可能发展起来;他们在马来亚的橡胶种植业中发挥了重要作用,并帮助西印度群岛提高了甘蔗产量。在英属东非,即现在的肯尼亚,印度人的入境和地位问题引发了巨大争议。在非洲的皇家殖民地,关于是否将印度人排除在外以及给予他们怎样的普遍待遇取决于英国政府本身。印度劳工曾深入内陆修建乌干达铁路,印度商人紧随其后。1923年,乌干达的白人人口为9,651人,而印度人口有22,822人,远超白人。印度人要求获得选举权。但即使在乌干达,英国政府也在1923年对印度人的权利施加了限制,理由是英国是200万至300万非洲人的受托人。人们认为,印度人的持续涌入会剥夺非洲本地人晋升到初级职员和熟练工种职位的机会。"国王陛下的政府认为自己代表非洲人民行使一项信托权力,他们不能分享或转托这项权力,其目的可能是保护原住民,促进当地的繁荣。"(Cmd.1922年,第10页)。因此,印度人的移民使英国就对待非洲人的态度发表了明确声明。印度政府对此极为不满。1921年,印度政府禁止其国民移民到除锡兰和马来土邦以外的任何英属殖民地。1923年,印度政府又禁止国民移民到锡兰和马来土邦。只有总督府有权批准少数特殊情况的移民。这种新的移民限制，在帝国各殖民种族之间引发了巨大冲突。

1895年后，英国商业政策变化的一大特点是从世界经济回归帝国经济。1830年，《威斯敏斯特评论》(Westminster Review)说"殖民统治一直是英国人民的祸根和诅咒"[1]。然而到了20世纪初，英国发展成为一个强大的联邦帝国，许多人认为这是对英国及其自治领和附属国的自我保护。所有国家都有传教士般的扩张愿望，[2]但最重要的是，国家自身要足够强大，能保护自己的文明类型不受其他国家的影响。这些国家不仅认为自己的文明类型是最好的，而且认为对其他国家来说也是最好的。[3]

大英帝国是一个多元化的帝国，绝不会试图将其多样化的组成部分强行塑造为同一个类型，趋同将意味着精神的死亡。因此，如果帝国希望各具特色的组成部分能够自由发展，就必须足够强大，以抵制他人改变帝国文明类型的企图。此外，国家发展成为帝国只是进化原则的一部分。拒绝遵循这一原则，就意味着停滞不前。就像庄园逐步扩大到包含城镇和农村的地区或省，这些地区或省又逐渐合并成国家。那些仍

---

[1] 引自理查德·查尔斯·米尔斯（Richard Charles Mills）的《澳大利亚的殖民》(The Colonization of Australia)第21页。——原注
[2] 参见穆拉维夫伯爵（Count Mouravieff）的话，引自杰弗里·德拉格（Geoffrey Drage）的《俄国事务》(Russian Affairs)。
"我相信俄国肩负着一项独一无二的传播文明的使命，不仅在亚洲，在欧洲也是如此。这是世界其他民族没有的。我们俄罗斯人肩负着新时代的重任，我们是来解救'疲惫的人'的。"——原注
[3] 参见G. W. 普罗泰罗（G.W.Prothero）的《战前德国的舆论与政策》(German Opinion and German Policy before the War)，1916年。——原注

第6部分
工商业革命和新的建设性帝国主义

保留邦国割据状态的国家，如德意志和意大利，一直处于落后状态，直到19世纪才进入国家发展阶段。到了20世纪，随着铁路的发展，国家已经变成帝国，如果拒绝采取必要的经济或政治手段来加强帝国的凝聚力，就会使地方差异长期存在，使小地区成为野心勃勃的邻国的猎物，因为这些邻国急于扩大市场、食品来源或原材料供应。

一个庞大的帝国能带来威望，因此也能带来和平，因为它不会轻易受到攻击。小国或弱国对其邻国来说是一个巨大的诱惑，波兰、丹麦、比利时和巴尔干国家就是如此。[①]

向帝国阶段的过渡被认为是一种自我保护，因为这个过渡增加了整个国家的人力，将有活力的新元素注入旧的部分，以保持永远年轻、精神饱满的状态，从而防止停滞不前。同时，帝国对新加入的国家有不可估量的好处，让新国家与一个古老文明的智慧和知识宝库紧密联系在一起。大英帝国应该团结起来，这不仅是政治上的自我保护，也是经济上的自我保护。当一个帝国像大英帝国一样，拥有世界上大部分的羊毛、橡胶、黄

---

① 在1902年的殖民地会议上，张伯伦说："我希望诸位能稍作思考，看看那些人口规模与你们相近的小国目前处于何种境地。诸如欧洲的希腊、巴尔干国家、荷兰或南美洲的那些共和国，它们的处境如何？为什么？先生们，它们是完全独立的国家，所以必须根据不同情况承担陆防或海防，或者两者兼有的开支，而你们却不用承担这样的负担。因此，我要向诸位指出，迄今为止，在国家之间的冲突中，你们作为一个伟大帝国的一部分，即使从纯粹的物质角度来看，也获得了巨大的好处。但诸位享有的特权涉及相应的义务。责任必须是相互的，必须共同分担。我认为，一个帝国若不是建立在公认的共同牺牲精神的基础之上，就不可能稳固。"——原注

麻、食用油、镍和黄金时，它便拥有了与他国政府或托拉斯公司谈判的无可匹敌的经济武器，这种经济武器在和平和战争时期都是一种保障。鉴于世界范围内原材料的日益短缺，大英帝国拥有一项宝贵资产，即对原材料的准垄断权。从英国的角度来看，帝国内部在必要时能够满足英国大部分的食品需求，这是一个巨大的优势。作为航运的基础以及实现其盈利性运营的前提，殖民地的广泛分布具有不可估量的优势。对于各自治领和附属国来说，与世界上最富有的国家建立联系，能极大地帮助它们获得廉价和丰富的资本供应，从而加快了繁荣发展的速度。

一个多元化的帝国，如大英帝国，意味着各种能力的进一步发展。对英国人来说，没有一个地方是遥远的，世界上发生的任何事情在某种程度上都会影响到大英帝国。发达的交通通信将帝国所有组成部分联系在一起。从免受侵略的角度，从充分发展所有部分的经济生活的角度，从拥有理想或热情的角度，无论从哪个角度来看，帝国间的自觉合作都是一种自我保护。在回应1917年帝国战时会议的发言时，国王爱德华七世说："帝国的价值不仅在于它的伟大和强大，还在于它的每一个部分在不同的环境和条件下对共同的知识和进步所做出的贡献。"[①]

---

① 《会议记录》，Cd. 8566，第163页。——原注

第7部分

机械运输的发展对英国和爱尔兰农业的影响

一、机械运输的发展对英国农业的影响

虽然机械运输的发展为英国工业开辟了新的海外市场,并在国内创造了新的工业部门,但也刺激了其他国家的粮食增长,促使英国从其他国家进口粮食。为了应对世界竞争,英国和爱尔兰的农业必须进行彻底的改革。就英国而言,英国在农业和其他方面放弃了自由放任政策。结果是,英国成为农业社会实验地。在爱尔兰,现代史上最引人注目的土地转让正在进行,而1914年世界大战爆发前,英国也在尝试实施通过国家援助重建农民阶层的宏伟计划。

19世纪的英国农业史与其他大国的农业史的根本区别在于,英国已成为一个典型的城市化国家,遥遥领先于其他国家。即使是大国中城市化程度最高的德国,在1900年时仍有48%的人口居住在农村,而在英国,只有23%的人口居住在农村。[①]1914年前,英国不像美国和俄国那样出口粮食,而是大量进口粮食,并用自己的工业产品支付进口粮食的费用。英国并没有像德国和法国那样试图通过提高粮食产量来养活国民。1901年至1913年,英国78%的小麦和40%的肉类都是进

---

① 原本英国77%的人口是城镇人口,但爱尔兰的农业人口将英国城镇人口的比例降到71.3%。——原注

第7部分
机械运输的发展对英国和爱尔兰农业的影响

口的。[①]英国是原材料和粮食生产国的主要市场,这有力地说明了工业革命和运输革命所带来的世界经济相互依存的关系。

当欧洲大陆各国忙于解放农奴时,因为英国没有农奴需要解放,所以也就不需要提供补偿。19世纪的前二十五年里,英国就摆脱了小农场主作为其农业典型特征的局面,因此无须教无知的人如何正确耕种。英国也不用教大农场主采用更好的农业方法,因为直到大萧条时期之前,英国农业一直是世界农业的典范。

在其他国家保护农民免受1873年后农产品价格大幅下跌的影响时,英国仍然坚持自由贸易政策,因此,所有被其他国家禁止进入的谷物和肉类都涌入英国,致使英国农产品的价格进一步下跌。1846年《谷物法》被废除时,英国有意将农业的地位降到次于工业的位置。为了给占人口多数的城镇居民提供廉价食品,英国甘愿依赖进口粮食,任由英国农业自生自灭。

英国农业不同于欧洲大陆农业的另一个显著特点是故意牺牲小农场主,扶持大农场主,因为大农场的效率更高。到19世纪末,农业政策开始转向,目的是重建英国的农民阶层。该

---

① "看看兰开夏郡和约克郡这些人口密集的地区(这两个地方的人口加起来将近1,000万),考虑到生产和分销的相对成本,有人可能有理由认为,通过进口散装的美国谷物,然后在大型磨坊中碾磨,是向人民提供面包养活他们的一种科学方法。在这方面,值得一提的是东北铁路公司的经验。该铁路公司在一年内从赫尔港和纽卡斯尔港两个港口运走了265,222吨外国粮食,而同年这条铁路线运送的265,893吨英国粮食需从467个不同的地点收集。"《致苏格兰农业委员会关于法国农业信贷的报告》(*Report to the Board of Agriculture for Scotland on Agricultural Credit in France*),第9页。——原注

目标只能通过政府干预和一定程度的强制措施来实现。因此，1914年之前，英国进行了一项重大的社会实验，创造了数量众多的小块土地持有者。这明显反映英国在农业方面放弃了自由放任政策。

19世纪英国农业的重大事件包括：自耕农不再是英国土地的主要耕种者，粮食供应从本土种植转为从国外进口，1880年后从种植谷物转为牧场经营，以及政府试图通过强制措施、赋予郡议会土地所有权及实施强制购买土地等方式推动小农场复兴。

1.大农场的胜利

19世纪的英国农业史分为四个时期。1793年至1850年，小农场消失，大农场兴起，食品自由贸易建立。1851年至1873年是英国农业的"美好年代"。1874年至1894年，由于美国的谷物以及美国和澳大利亚的肉类大量涌入，农产品价格下跌，英国农业进入萧条期。1894年至世界大战爆发，英国持续重建农业。

在第一个时期(1793—1850)的二十二年里，英国与法国处于战争状态(1793—1815)，法国战争加快了德国和法国始于18世纪的大型农场创建的步伐。在英国，这一进程早在16世纪就开始了，但到了18世纪，其发展速度加快了。18世纪下半叶，英国农业取得了巨大进步。牛的新品种被培育出来，新品种的牛长得更快、更大。因为种植了根茎作物和饲料作物，牛不会在不长草的季节饿死，所以人们不需要在圣马丁节杀掉牛并将肉腌

第7部分
机械运输的发展对英国和爱尔兰农业的影响

制以备冬季食用。通过种植三叶草，谷物的产量得以提高。三叶草将硝酸盐储存在根部，当第二年被犁入土中时，这种宝贵的化学物质便被添加到土壤中，从而使下一季的谷物作物茁壮生长。在休耕年份可以种植三叶草或根茎作物，从而让所有土地保持耕种状态。哪里的地被圈起来，哪里的农场主便赚到了钱。新的运河和道路开拓了新的市场，直到1776年，英国的谷物出口量都相当可观。典型的约翰·布尔（John Bull）[①]形象代表的是一个富裕的农民，而不是一个工业巨头。

英格兰大部分地区的田野都是狭窄的长条状土地，放牧时牲畜挤在一起容易染病。如果不把这些条状土地重新整合成大块的农场，这些土地就不可能有任何改善。这些狭长的土地也不能进行谷物、三叶草和芜菁的轮作，因为谷物收获后牲畜会践踏土地。此外，分散的小块土地不利于耕种，经济效益低下。

因此，当时存在两种截然不同的耕作模式，一种是在一大块农场上生产优质小麦和肉类的大农场主模式，另一种是作物产量低、家畜瘦骨嶙峋的小农场主模式，这些小农场主还要靠自己织布或妻子纺纱来补充家庭部分需求，生活朝不保夕。和欧洲其他地方一样，小农场主能否勉强生活下去，在很大程度上取决于当地是否存在公地或荒地。在公地或荒地上，他们可以砍柴或伐木作为燃料。在耕地上还留有干草或庄稼时，他们

[①] 约翰·布尔是英国的拟人化形象，源于1727年苏格兰作家约翰·阿布斯诺特出版的讽刺小说《约翰·布尔传》。约翰·布尔是一头戴高帽、足蹬长靴、手持雨伞的矮脚绅士。——译者注

可以在公地或荒地上放养牲畜。

农民要么是公簿持有农，每年仅缴纳一笔象征性租金，继承田产时需上交最好的牲畜或地产；要么是小块土地持有者；要么是小租佃农。其中小租佃农可被驱逐，而公簿持有农和小块土地持有者则不能。耐人寻味的是，这三类农民最终都消失了。

法国战争期间，英国城镇不断发展，城镇人口需要更多的食物。英国通常从但泽和敖德萨这两个地方进口食物，但此时这两个地方的进口变得非常不稳定。1797年至1801年，英国国内出现了严重的歉收，1810年至1813年也是如此。在这两个时期，为人民提供食物变得非常困难。大农场主可以比小农场主更加经济高效地生产粮食和肉类。大农场主买得起更好的种子、更好的工具和更好的牛，可以用专利饲料饲养牲畜，并且可以等到价格上涨后再出售。而小农场主不能像大农场主那样经济地使用自己的马，除非他能在农活用不到马时去运几天煤。不过，他可以种植有利可图的水果和蔬菜，饲养家禽并使之产蛋，还能通过全家一起干活来节省雇用劳动力的钱，但要让一个小农场真正获得丰厚的收益，就需要进行高度集约化的耕作，而这对18世纪末的普通农民来说是闻所未闻的。即使他知道这一点，但如果他的土地被分割成条状，并且大家都有权在收获后的土地上放养各种牲畜，他也不可能实行集约化耕作。

因此，一方面是大农场主，他们能够进行农业改良，生产国家需要的粮食；另一方面是小农场主，尽管他们对社会有

第7部分
机械运输的发展对英国和爱尔兰农业的影响

价值,但在经济上处于劣势。难道英国要让城镇居民挨饿,以便小农场主生存下去?此外,由于粮食供应的压力,英国不可能允许大量荒地或公地存在。"很大一部分未被开垦的公共土地几乎处于原始状态,在目前的文明和科学状态下,这些公共土地的存在就像这个国家脸上肮脏的污点,特别是在如今不断蔓延的饥荒威胁下。"[①]荒地或公地必须被开垦出来用于耕作。然而,荒地或公地是小农场主经济不可或缺的组成部分。事实上,小农场主受到三方面的威胁。如果他卖掉剩余的粮食,他那劣等的谷物和瘦骨嶙峋的牲畜只能以低价与大农场主的优质小麦和肥壮的公牛竞争;如果他圈起狭长的土地,就必须支付圈地测量的费用,并在土地周围筑上篱笆;同时,他原来占用的公地也被用来耕种,他不仅失去了公地放牧权,还不得不购买煤炭来代替从荒地中免费收集的燃料。而这一切都发生在他失去织布工作、他的妻子失去纺纱工作时,因为织布和纺纱现在都在工厂进行,特别是纺纱。

1793年至1815年是大农场的繁荣时期。小麦的价格涨到

[①] 威廉·马歇尔(William Marshall):《公地和混杂土地的占用和圈地》(*The Appropriation and Inclosure of Commonable and Intermixed Lands*),1801年。——原注

了前所未有的高度。①大农场的农业方法效果良好，对国家来说太宝贵了。据说，诺福克的科克用一把犁头拯救了国家，而他的剑可能做不到这一点。因此，政府大力鼓励圈地。普通小农场主也并非完全不愿意把自己的地圈起来，但他们无法从圈地种植中得到回报。唯一的希望似乎是采用更好的农业方法，而这些方法只能在大农场上实行。整个18世纪，圈地运动一直在继续。对圈地感兴趣的人将获得一项私人法案的支持，②该法案授权他们根据具体情况重新规划教区或庄园的土地。教区将被重新划分，反对者必须服从议会法案。不幸的是，对小农场主来说，这种变化发生在家庭收入减少、季节收获不稳定、贫困率很高，以及农产品价格波动剧烈时。当时政府忙于与拿破仑作战，英国布被欧洲大陆禁止进口，大量的英

---

① 1912年下议院收到的报告：

年份	小麦平均价格（每夸脱）		小麦最高价格（每夸脱）	面包价格（每4磅）
	先令	便士	先令	便士
1800	113	10	141.5	15.3
1801	119	6	161.2	15.5
1805	89	9	103.3	13.1
1809	97	4	113	13.7
1810	106	5	121	14.7
1811	95	3	111.8	14
1812	126	6	160	17
1813	109	9	126.1	15.7

——原注

② 1774年，向议会提交圈地的申请必须在大教堂门上张贴三周，以便反对者能够了解这一提议，并提出反对意见。见罗兰·E. 普罗泰罗（Rowland E. Prothero）：《英国农业：过去和现在》（*English Farming: Past and Present*），第250页。——原注

第7部分
机械运输的发展对英国和爱尔兰农业的影响

国船被击沉。[1]英国即使知道现代的变通方法,也无法通过建立合作社、提供信贷或培训教师来指导小农场主采用新的农业方法,更何况当时的政府不知道这些方法。当时,英国的主要精力放在挺过法国战争上,并在战后十五年里密切监视法国,以免法国再次发起战争。显然,大农场主为其他人生产了更多东西,有更多的盈余。所有专家都一致认为大农场农业具有优越性。[2]地主们也更喜欢大租户。大租户更少需要地主对土地的维护,能够支付高额租金并定期支付;大租户不会像小租户那样因奶牛的死亡而陷入困顿,要求减免租金。毫无疑问,如果可能,小地主也愿意将土地租给大农场主。然而,小块土地持有者也同样消失了。时代对小块土地持有者不利,他们很难挺过去。更有进取心的人卖掉自己的土地,用这笔钱或像皮尔家族一样开办棉花厂,或租下一个大农场挣更多的钱。其他人则沦为农业劳工。法国大革命拯救了法国农民。在一定程度上,德国政府的家长式政策也拯救了德国农民,尽管易北河以东的农民"有时"会反对政府——那里也有大量农民消失。但这些国家主要是农业国家。在英国,工业化的城镇人口需要食物,所以只能专注于最经济的生产方法,即大农场生产。由于当时英国笃信自由放任主义,所以它没有为小农场主提供任何建设性的帮助。和1789年的法国及1905年的俄国一

---

[1] 1793年至1815年,英国40%的船被击沉。W. R. 斯科特:《战后和平的经济问题》。——原注
[2] 见罗兰·E. 普罗泰罗的《英国农业:过去和现在》中第303页引用的专家名单。——原注

样，英国人口增长的速度超过了其粮食供应能力，大规模进口粮食也不现实。因此，英国农民付出了代价。

如果不是1815年至1830年经历了一场农业大萧条，[①]小农场主可能会挺过来。当时粮食价格下跌，所有的农业生产都变成了纯粹的投机活动。在这种情况下，小农场主很少能熬过两年艰苦的日子，所以他们处于特别不利的地位。小农场主坚持不到物价上涨，他们等不了。结果是，1913年，面积为50英亩及以下的农场数量有292,720个，而面积大于50英亩的农场数量有143,166个，但50英亩及以下的农场的面积不到总面积的16%。也就是说，即使在现在，小农场的数量也比大农场

---

①

年份	小麦平均价格（每夸脱）		小麦最高价格（每夸脱）		小麦最低价格（每夸脱）		面包价格（每4磅）
	先令	便士	先令	便士	先令	便士	便士
1815	65	7	74	1	55	10	10.3
1816	78	6	107	6	54	0	11.7
1817	96	11	118	7	76	6	14.3
1818	86	3	94	0	81	9	11.8
1819	74	6	83	0	67	0	10.3
1820	67	10	—	—	—	—	10.2
1821	56	1	—	—	—	—	9.3
1822	44	7	52	5	39	4	8.3
1823	53	4	64	5	41	2	9
1824	62	11	69	9	55	8	10.4
1825	68	6	71	11	63	5	10.8
1826	58	8	63	4	55	10	9.2
1827	58	6	68	8	50	9	8.9
1828	60	5	76	7	51	3	

请注意1815年、1816年和1817年的平均价格，以及最高价格和最低价格的波动。可将这些价格与前文注释中1800年至1813年的价格进行比较。——原注

第7部分
机械运输的发展对英国和爱尔兰农业的影响

多,但大农场的面积占总面积的84%。[①]

因此,大农场被确定为英国农业的典型特征,并取得了新胜利。19世纪30年代,改进后的排水系统被引入农业。化学肥料,如硝酸盐和磷酸盐等,被施入土壤,从而将产量提高到创纪录的水平。尽管外国小麦被高关税拒之门外,但英国国内的小麦价格并不是特别高。在被误称为"饥饿的19世纪40年代",小麦和面包的价格实际上都大幅下降。[②]

因为英国有充足的农业劳动力,所以有可能进行农业改良。农业劳工的效率似乎很低,但他们人数众多。他们非常不愿意移民,因为当时移民船上的条件非常糟糕。然而,他们的处境却无望改善。他们失去了获得一个小农场并以此翻身的机会,又没有足够的资金去经营一个大农场。他们失去了在荒地

---
① 《农业统计》(*Agricultural Statistics*),Cd. 6597,1913年。——原注
② 1912年下议院收到的报告:

年份	小麦平均价格(每夸脱)		面包价格(每4磅)
	先令	便士	便士
1839	70	8	10
1840	66	4	10
1841	64	4	9
1842	57	3	9.5
1843	50	1	7.5(19世纪首次降到8便士以内)
1844	51	3	8.5
1845	50	10	7.5
1846	54	8	8.5
1847	69	9	11.5
1848	50	6	7.5
1849	44	3	7.0
1850	40	3	6.8(19世纪首次降到7便士以内)

——原注

免费获取燃料或放牧牛羊的机会,只能依靠《济贫法》的救济金度日,根据家庭规模的不同,救济金的数额也不同。1824年至1851年,他们的平均工资为一周9先令6便士至9先令7便士。[①]

1846年,制造商们敦促议会废除《谷物法》。他们的想法是,如果欧洲大陆能够用谷物交换英国的工业品,他们就可以扩大海外销售。显然,随着英国人口的增长,食品价格会上涨,人们会相应要求提高工资。商人希望,进口食品有助于压低国内食品价格和工人工资。制造商联合了其他利益集团,成功废除了禁止进口肉类和小麦的法案。支持废除法案的人不相信会有大量进口。当时铁路和蒸汽船都还不发达,科布登指出,英国农民有每夸脱小麦10先令的费用保护,将小麦从但泽运到英国海岸的运费和保险费便是每夸脱10先令。1842年,马克库洛赫(Macculloch)指出,不得进口未经腌制的肉。在许多支持废除《谷物法》的人看来,废除该法案的主要目的是消除人们关于工业阶级在任何方面都为农业利益做出牺牲的猜疑。人们认为,在歉收年份,进口粮食或许能稳定粮食价格。事实上,英国确实进口了谷物,主要由德国人从但泽运来和由希腊人从敖德萨运来。在废除《谷物法》后的二十五年里,美国谷物没有任何参与竞争的迹象。后来,美国谷物开始进入英国,主要集中在利物浦。小麦进口业务落到了英国人自己手中。自由贸易者如果意识到三十年后机械运输的可能

[①] 亚瑟·里昂·鲍利:《19世纪英国的工资水平》。——原注

第7部分
机械运输的发展对英国和爱尔兰农业的影响

性,似乎就不太可能会如此强烈地要求自由贸易。

2.铁路创造的全国市场和"美好年代"

1851年至1873年,自由贸易派的主张被证明是正确的。英国的农业从未如此繁荣过。英国几乎感觉不到外国竞争,小麦价格几乎没有下跌。[①] 19世纪60年代,克里米亚战争结束后,俄国正进行重建,它解放了农奴,在铁路尚未建成的情况下,没有竞争力。另一个出口大国——普鲁士王国在1864年与丹麦交战,1866年又与奥地利交战,并准备与法国开战。美国深陷于内战之中,且其大规模出口尚未发展起来。因此,距离和欧洲大陆各国之间的战争让英国得到了保护。工人对肉类的消费增加,使所有动物产品的价格涨幅都高于平均物价的涨幅,这对英国农业产生了有利影响。铁路拓宽了农产品的市场,降低了肥料的价格。农业机械的引入使收割工作得以更快、更好地完成。

---

① 1841年至1875年小麦每五年的平均价格。见《农业小组委员会(重建部)的报告》〔*Report of the Agricultural Sub-Committee*(*Ministry of Re-construction*)〕,Cd. 9079,1918年。

年份	平均价格	
	先令	便士
1841—1845	54	9
1846—1850	51	10
1851—1855	55	11
1856—1860	53	4
1861—1865	47	6
1866—1870	54	7
1871—1875	54	8

——原注

然而，农业机械节省了劳动力，特别是妇女劳动力，她们开始不再从事农业劳动，转而到城镇工作。蒸汽脱粒机也省去了很多冬季劳动，比如用连枷在谷仓里脱粒。[1]就谷物种植而言，农业已成为一种季节性工作。

如果不是铁路为农业劳工开辟了一个广阔的就业前景，让他们成为修路工、搬运工和铁路职员，他们的处境会更糟。当时对钢铁工人和煤矿工人也有源源不断的需求，如果他们愿意从事这些行业的话。19世纪50年代以后，在新的铁制蒸汽船上，移民运输的条件不像以前那么糟糕了。人们于1848年在加利福尼亚和1849年在澳大利亚发现黄金[2]后，新的就业前景又展现在农业劳工面前。农业劳工开始离开土地，这一趋势在下一个时期被加快了。

---

[1] 用连枷在谷仓里脱粒会产生大量灰尘，非常不利于身体健康。——原注
[2] 1848年1月24日，一个叫詹姆斯·马歇尔（James Marshall）的人在加利福尼亚发现了黄金，加利福尼亚的淘金潮很快形成。——译者注

第7部分
机械运输的发展对英国和爱尔兰农业的影响

3.世界市场和美国的竞争

1874年至1894年,[1]美国的小麦出口全部集中在英国。其

---

[1] 1912年下议院收到的报告:

年份	小麦平均价格(每夸脱)		面包价格(每4磅)
	先令	便士	便士
1875	45	2	6.8
1877	56	9	8.1
1884	35	8	6.2
1885	32	10	6.3
1886	31	0	5.6(首次降到6便士以内)
1887	32	6	5.7
1888	31	10	6
1889	20	9	6
1890	31	11	6.2
1893	26	4	5.8
1894	22	10	5.5
1895	23	1	5.1(最低的一年)
1896	26	2	5.5

牛肉平均价格(每块八磅)

年份	三等品		二等品		一等品		价格指数		
	先令	便士	先令	便士	先令	便士	三等品	二等品	一等品
1876—1878	4	5	5	6	6	0	100	100	100
1884—1886	3	9	4	9	5	3	85	86	87
1893—1895	2	8	4	0	4	7	60	73	75

1876年至1895年,牛肉价格下降了30%至40%。《皇家农业萧条委员会的报告》(Report of the Royal Commission on the Agricultural Depression),Cd. 8540,1897年,第46页。

羊肉平均价格(每块八磅)

年份	三等品		二等品		一等品		价格指数		
	先令	便士	先令	便士	先令	便士	三等品	二等品	一等品
1876—1878	5	5	6	5	6	11	100	100	100
1884—1886	4	9	5	6	6	0	88	86	87
1893—1895	3	9	5	1	5	9	69	79	83

一等品和二等品羊肉的价格平均下降了20%,三等品羊肉的价格则平均下降了30%。

猪肉、培根和火腿的价格只下降了9.8%。见《皇家农业萧条委员会的报告》,第50页。——原注

他国家设置了关税壁垒,并在必要时提高关税,只有英国坚持自由贸易。19世纪80年代,英国从澳大利亚进口小麦、冷冻羊肉和冷冻牛肉,这彻底击垮了英国农业。据英格利斯·帕尔格雷夫爵士（Sir Ingils Palgrave）估计,1875年至1905年,英国农业损失了16亿英镑的资本和利润。[①]进口食品极大地摧毁了英国农业的信心和进取心,小麦的种植面积开始缩减,土地被允许恢复为荒芜的牧场;[②]农业方面的改进,如排水等,都停止了。英国农民成了国际市场的牺牲品,不知道价格会降到什么程度。即使美国停止出口,转为国内消费,阿根廷似乎已经准备好取代美国,而加拿大作为谷物种植国家的地位也变得越来越重要。从下表可以看出食品进口额的增长情况:

进口增长（《农业统计》,Cd.6385,1912年,第46卷,第4部分）

七年间的平均进口额

	1856年至1862年			人均		1905年至1911年			人均
	千英镑	先令	便士	千英镑	先令	便士
小麦和面粉	17,876	12	6	48,104	20	3
土豆	174	0	1.5	1,570	0	8.5
肉类	3,584	2	6	48,042	21	7

---

① 《皇家统计学会集刊》(Journal of the Royal Statistical Society),1905年,1872年至1904年30多年的英国农业损失估算。——原注
② 英格兰和威尔士的土地面积(英亩):

总面积	37,137,564
可耕种面积	10,965,707
草地面积	16,087,393
1916年小麦耕种面积	2,170,170
1856年至1857年小麦耕种面积	4,213,651

Cd.8240,1916年。——原注

第7部分
机械运输的发展对英国和爱尔兰农业的影响

续 表

	1856年至1862年	人均		1905年至1911年	人均	
	千英镑	先令	便士	千英镑	先令	便士
黄油和人造黄油	3,217	2	3	25,783	11	7
奶酪	1,249	0	10	6,902	3	1
蛋类	408	0	3	7,247	3	3
生鲜水果	839	0	7	9,073	4	1
坚果	367	0	3	1,444	0	7.5
蔬菜(土豆除外)	121	0	1	2,477	1	1.5
总计	27,835	19	4.5	150,642	66	3.5

数据来自(《农业统计》,Cd. 7551,1913年,第4卷)

1913年小麦进口占比(%)

澳大利亚	8.7
加拿大	22.5
印度	15.3
总计	46.5
阿根廷	12.3
智利	0.6
德国	0.9
俄国	4.1(1910年是24.3)
美国	34.8
外国进口总计	52.7

从上表可以看出,近一半的进口来自大英帝国内部。

1913年肉类进口占比(%)

澳大利亚	15.1	
加拿大	1.6	
新西兰	10.9	
阿根廷	38.1	1907年是19.8
丹麦	11.5	
荷兰	4.3	
美国	12.8	1907年是41.8

续 表

乌拉圭	3.4	
其他	2.3	

阿根廷已经取代美国成为英国进口肉类的主要供应国。

把19世纪最后二十五年的农业大萧条描绘得再黑暗也不为过。萧条首先影响了英国南部和西部的产粮区，随后又波及英国其他地区的牧场。农民破产的情况以令人震惊的速度增加，许多人失去了全部资本……尽管收入减少，地产贬值，地主减租高达50%的情况却很常见……在某些情况下，土地被荒废了……农业大萧条对自耕农和小农场主的影响特别严重。佃农的损失虽然比农民小，但可能比地主的损失大。尽管其他各类劳工的薪酬都在稳步上涨，农业劳工的工资却在下降。[1]

大量小麦通常被磨成面粉后进口，这给英国面粉厂带来不利影响。为碾磨进口小麦，并利用廉价水运将磨出的麸皮运往爱尔兰、丹麦和荷兰，以满足其日益增长的对养猪饲料的需求。人们在利物浦和赫尔港等港口设立了面粉厂，导致遍布全国、每隔十英里或十二英里就有一家的地方面粉厂大规模倒闭。

---

[1] 《农业重建委员会的报告》(Report of Agricultural Reconstruction Committee)，Cd. 9079，1918年，第11页。——原注

第7部分
机械运输的发展对英国和爱尔兰农业的影响

4.农业重建和社会实验

1895年至1914年，英国农业发生了巨大变化。英国农场主开始专注于种植那些在国内仍然占据垄断地位的作物，这样他们就不会成为加拿大的萨斯喀彻温省（Saskatchewan）、阿根廷的恩特雷里奥斯省（Entre Rios）、美国的加利福尼亚州或乌克兰农业丰收的牺牲品，因为他们无法掌控这些地方的收成。结果，英国农场主开始养殖奶牛，并为城镇居民提供水果和蔬菜。小麦和肉类价格的急剧下跌使人们有多余的钱购买其他东西，比如水果和蔬菜。这些食物开始被人们大量食用，人均牛奶消费量翻了一番，小男孩经常在街头贩卖草莓，而果酱工厂的增多也为剩余水果提供了现成的市场。结果是奶牛数量的增加和乳制品业的发展，花卉、蔬菜和水果的种植面积有所扩大。由于进口冷冻肉的口感不如国产肉，英国牲畜品种的改良工作得以继续。国产肉的价格更高，生产一等品的肉仍然收益颇丰。正如下表所示，英国的小麦种植量减少，进口量增加，与同期德国小麦和黑麦产量的增加形成了鲜明的对比。[①]

1863年至1864年，英国的小麦产量为44,805,120英担。

[①] "德国农业关税政策的主要价值在于它给农民带来了安全感。正是这种信念——自己对国家至关重要，国家不会允许本国的土地荒废——而非1906年后每生产100千克小麦可额外获得两马克补助的前景，激励着新世纪的农业生产者努力奋斗。与此相对照的是，英国农民知道自己的粮食不被国家需要，同胞也不依靠他们的努力生活，所以才在同一时期削减开支，降低甚至不再提高土地的生产力。"米德尔顿，Cd. 8305，第34页。——原注

《财政蓝皮书》,1909年,第176页

英国小麦的消耗情况(单位:千英担)

年均	国内产量	国外进口
1880—1884	41,225	73,418
1885—1889	39,598	39,295
1890—1894	34,621	90,815
1895—1899	31,604	96,836
1900—1904	27,136	108,036
1905—1908	30,993	112,278

德国小麦的消耗情况(单位:千英担)

年均	国内产量	国外进口
1880—1884	46,549	11,910
1885—1889	51,198	9,317
1890—1894	56,417	19,238
1895—1899	62,458	28,650
1900—1904	69,270	38,072
1905—1908	73,236	44,039

德国黑麦的消耗情况(单位:千英担)

年均	国内产量
1880—1884	109,997
1905—1908	195,444

有趣的是,尽管英国的肉类产量有所增加,进口量也有所增加,人均食用量却下降了。

肉类进口

《农业统计》,第四卷,Cd.7551,1913年

每年截至6月4日	数量(千英担) 国产	数量(千英担) 进口	占比(%) 国产	占比(%) 进口	人均(磅)
1900—1901	29.330	20.936	58.3	41.7	136.3
1912—1913	31.087	21.104	59.6	40.4	127.6

第7部分
机械运输的发展对英国和爱尔兰农业的影响

在此期间,农业劳动力的数量持续减少,一些郡出现了农业劳动力短缺的情况。年轻人离开农村,去了城镇,或者移民到了美国或加拿大。

从以下数字可以看出农业劳动力数量减少的趋势:[①]

年份	人数
1881	983,919
1891	866,543—117,376
1901	689,292—177,251

这种趋势引发了一场恢复小块土地持有者的运动。据说,农业劳工之所以离开这片土地,是因为没有留下来的动力。他们无法拥有一个小农场,所以去了美国。把人留在农村是社会所需。人们认为农村人口体质更好,可以给城镇人口补充新鲜血液,为城镇带来活力。有一种说法认为伦敦人上溯三代都来自农村。在城镇中,一些农村人获得了最好的职位,这是一个公认的事实。在公务员、学术界人士、警察、铁路服务人员、煤气工人、车夫和店员中,农村出生的人占大多数。1906年

[①] 《关于农业人口减少的报告》(Report on the Decline of the Agricultural Population),Cd. 3273,1906年,第7页。不同权威机构给出的数字略有差异。这完全取决于人们说的"农业劳工"是指什么,但劳动力明显减少,这一点是毋庸置疑的。——原注

的调查发现，没有工作的不是农村来的人，而是城镇居民。[①]因此，人们认为农村人口值得特别保留。《泰晤士报》以前有多反对小农场主，现在就有多支持。小农场主出产的小麦和肉类不如大农场主，但他们种的水果和蔬菜更好吃。对小农场主来说，果蔬栽培比谷物种植更有利可图。挤奶很辛苦，并且周日也要工作，但小农场主可以让家庭成员帮忙，从而避免了劳动力短缺的问题，且1914年之前的一代人并不太担心牛奶的卫生问题。

虽然人们掀起了一场恢复小块土地持有者的运动，但很明显，这个运动必须由某个公共机构来推行。除非情况非常特殊，否则地主们是不会愿意将土地租给小农场主种植的。小租户比大租户麻烦得多，并且英国的土地并不是闲置的，没有一个地主会为了小租户不确定的回报和肯定会有的麻烦而驱赶一个现成的租户。房子也是一大难题。如果要给一个小农场主提供他租得起的房子，以他交的租金对应的建房价格压根就建不起这样一所房子。劳动力和建筑材料的成本是主要障碍。

---

① 在《关于英国殖民地农业定居点的报告》(*Report on Agricultural Settlements in British Colonies*)中, Cd. 2978, 1906年, 第29页, 威尔森·福克斯 (Wilson Fox) 先生"关于大城镇中农村出身的人"的备忘录的结论是：
1.伦敦的贫困和困苦主要是由内部因素造成的，而不是由外部因素引起的。
2.移居伦敦的农村人大部分是村里的精英。
3.农村出身的人通常可以占据行业的高位。一般来说，他们从事的工作都需要特别的稳定性和可靠性。
4.在很大程度上，农村移民不会直接成为城镇失业人员，因为城镇失业人员主要是处于社会最底层的人群，城镇人口的身体素质和工作能力往往在下降。——原注

第7部分
机械运输的发展对英国和爱尔兰农业的影响

1908年,《小块土地持有法案》(Small Holdings Act) 开始实施。该法案规定，郡议会应收购土地，然后将其出售或出租给合适的小块土地持有者。郡议会如果无法通过协商获得想要的土地，就有权强制征用，并将土地转让价格提交仲裁。如果郡议会拒绝执行，农业委员会可以代为执行。政府拨款给郡议会，用于支付法律诉讼和其他前期费用，并以低利率向郡议会提供贷款，用于实现法案的主要目的——征用土地。地方当局将以不造成损失的价格出租或出售土地，无须盈利。中央政府任命了小块土地持有委员会专员来帮助地方当局，并确保该法案得以实施。

从下面的数据可以看出，尽管小块土地持有运动已经取得了不少成就，但这些成就并没有导致持有权制度的根本性变革。

年度报告，小块土地持有委员会
1915年，Cd. 7851

1908年至1914年小块土地持有情况如下。

申请人数：46,660人和96个合作社。

申请的土地面积：782,286英亩。

批准申请者：27,667人，其中18,486人获得持有权。

土地征用：195,499英亩。

（1）收购138,405英亩，收购价4,549,068英镑。

（2）租赁57,094英亩，租金71,221英镑。

租给12,584人。

506英亩土地卖给了50个人。

8,436英亩土地出租给63个合作社，合作社再将土地出租给1,451名成员。

3,580人获得私人土地所有者提供的47,500英亩土地。

农业委员会以每年370英镑的价格将伯恩茅斯（Bournemouth）182英亩的土地出租给16个租户和一个合作社。

1914年，32%的申请者是农业劳工。在1914年的2,100名申请人中，只有587人要求提供住房。

新建房屋774栋。

强制收购491人的土地，共35,588英亩。

批准贷款5,255,553英镑。政府预付207,179英镑的前期费用。

已经持有土地的人得到更大块的土地，已经在当地有房子的人通常会另外得到一点土地，但实际居住在农村的人数几乎没有增加。即使郡议会不必盈利，只需避免亏损，建房成本也高得令郡议会望而却步。1913年成立的一个部门委员会报告称，建造一栋不带"客厅"的房子最低也要183英镑。无法想象一个农场主的妻子没有客厅！[①] 尽管客厅这个附属物

[①] Cd. 6708，计划2。——原注

第7部分
机械运输的发展对英国和爱尔兰农业的影响

没什么用处,在社交上却是必不可少的。结果,1908年至1914年,地方当局只为小农场主建造了774栋新房子。也就是说,在整个小块土地持有运动期间,英国平均每年在农村只建了110余栋新房子。对于那些想要结婚的年轻人,以及那些被迫前往城镇或殖民地以获得住房或土地的年轻人来说,这个数字恐怕不太能鼓励他们留在农村生活。

显然,给一个人分一个农场并不能使他成为一个好农民。小农场主的经济状况与大农场主的完全不同。要过上富裕生活,农民必须高度集约化耕种。一个拥有400英亩土地、每英亩能赚2英镑的人可以过上舒适的生活。而一个只有30英亩土地的小农场主不可能养家糊口,也不可能付得起60英镑的租金。因此,小农场主必须比大农场主耕种得更好。然而,小农场主知道的唯一榜样就是大农场主。他们如何才能得到指导呢?国家必须提供帮助。1914年世界大战爆发前,人们一直在朝着这个方向努力。[①]

然而,仅有农业指导是不够的。小农场主必须能够出售自己的农产品,因此,他们有必要为销售而联合起来。如果他们能在购买农业肥料和共同使用机械方面合作,就能在销售农产

[①] "至于小块土地持有者本身,他们的两大需求是教育和合作……通常情况下,小块土地持有者无法利用农学院提供的课程,因此,有必要将指导和建议带到他们家中。郡议会应该提供这样的指导和建议,既可以通过下乡宣传顾问和讲师进行实践讲解来达成,也可以通过实际展示小块土地持有者将农业研究成果应用到其耕作中的效果来实现。"《小块土地持有委员会专员的年度报告》(*Annual Report of Small Holdings Commissioners*),Cd. 6157,1912年,第22页。——原注

品方面合作得更好。他们需要靠信贷来挺过第一年。农业主要在春季投入，秋季收获。他们必须挺到秋天。

如果小块土地持有者之间在购买和销售方面没有合作，也没有获得政府在农业指导和信贷方面的支持，他们不太可能获得成功。与此同时，大农场主并不需要所有这些帮助。小农场主是社会所需，却要花费大量的国家财政收入。有趣的是，英国的小块土地持有者几乎没有购买土地的意愿。他们的土地使用权有保障，所以更愿意租用土地，以便在没有盈利时能够随时离开，[①]或者如果有利可图，就搬到更大的农场去。他们更愿意将资金投到牲畜上，而不是土地上。

1914年的世界大战阻碍了重建小农场主阶层的运动。由于潜艇的威胁[②]，问题变成了要在国内增加谷物种植面积。当英国缺少小麦时，芹菜和大黄就没那么重要了。小块土地持有者的未来命运将取决于英国在多大程度上恢复其作为小麦进口国的地位。如果要进一步扶持小块土地持有者，就必须依靠国家的帮助，为他们提供住所和教育，并组织他们加入合作社。

大萧条对英国造成的影响之一，是促使政府开始积极参与农业事务。而在此前，英国政府一直奉行自由放任政策。1881

---

① "在过去的一年里，英格兰和威尔士共有99名租户申请放弃手中的土地持有权，20名租户收到了市议会允许他们放弃土地持有权的通知。"《小块土地持有委员会专员的年度报告》，Cd. 6157，1912年，第12页。——原注
② 第一次世界大战期间，德国发动无限制潜艇战，将大不列颠群岛周边海域列为战区，德国潜艇可在不提前预警的情况下将任何进入该战区的商船击沉，这样做的目的是阻止食品和其他生活物资进入英国，而英国的食品大部分依靠进口。——译者注

第7部分
机械运输的发展对英国和爱尔兰农业的影响

年,一名议员这样描述当时的情况:

> 如果一个人想获得有关牛的疾病的任何信息,他会被引荐给负责艺术、科学、教育和宗教的部长;如果一个人想了解农业统计数据或谷物收成情况,他会被引荐给负责铁路和航运事务的部长;而当地政府委员会主席本应提供有关公路、道路和桥梁的信息,却把主要精力用在照顾穷人上。[①]

1889年,农业委员会成立,其主要职能是免费提供咨询和传播知识。农业委员会对害虫进行了大量研究,并成功消灭了一些牛的疾病。它负责执行旨在保护农民免受肥料和食品欺诈的法案。1909年,政府专门拨出一笔"发展补助金"用于农业。财政部有权为改善林业、农业研究、农村工业和交通提供资金。因此,农业得到了直接补贴。

1914年,英国被划分成12个农业区,每个区都有解决农业问题的专家顾问。[②]国家资助的农业教育也有了很大发展。[③]世界大战期间,英国政府对农业的指导作用得到了显著

---

① 《议会议事录》,第3辑,第241卷,第442页。——原注
② 委员会发布的第279号告示,"农民技术建议"(Technical Advice for Farmers),1915年。——原注
③ 关于1913年至1914年英国农业教育的范围和组织,见1914年《农业委员会教育司的年度报告》(Annual Report of Education Branch, Board of Agriculture),Cd. 7450。——原注

加强，这包括强制种植谷物、确定农业最低工资以及保证小麦生产价格等措施。

二、机械运输对爱尔兰农业和大不列颠与爱尔兰关系的影响

在国家指导和政府改变现有土地持有权方面，对自由放任政策遏制最显著的是爱尔兰。在世界大战前的三十年里，爱尔兰已成为国家进行经济实验的典型。

1.从伊丽莎白一世到查理二世统治时期，英格兰一直致力于爱尔兰的英格兰化。从地理位置上看，爱尔兰控制着从大西洋通往英吉利海峡和圣乔治海峡的海上航道，并处在英格兰世界海上运输线路的一个战略性位置上。正如詹姆斯一世[①]所说，爱尔兰不是英格兰的"后门"，而是英格兰的前门。爱尔兰如果足够强大，即使不会中断英格兰的商业活动，也可能会成为西班牙和法国对抗英格兰的绝佳基地。因此，信仰罗马天主教的爱尔兰始终是英格兰安全的一大隐患。

16世纪和17世纪英格兰统治者的目标是在宗教、土地持有权、农业方法、语言和行政管理方面对爱尔兰进行殖民统治，使其英格兰化。虽然英格兰和苏格兰的定居者在爱尔兰"种植"是为了潜移默化地影响爱尔兰人，创造英格兰式的文明，但这一目标并没有完全实现。到17世纪末，爱尔兰的

---

① 詹姆斯一世（James Ⅰ,1566—1625），斯图亚特王朝的第九位苏格兰国王、首位英格兰及爱尔兰国王。——译者注

第7部分
机械运输的发展对英国和爱尔兰农业的影响

共有土地持有权变为私人持有权,爱尔兰的官方语言变成了英语,爱尔兰被划分为英格兰的几个郡,英国的司法系统取代了爱尔兰部落首领的司法权,货币经济被引入爱尔兰。但除了阿尔斯特,大部分爱尔兰人仍信奉罗马天主教,与英国人的思维习惯格格不入。因此,17世纪,由于叛乱、镇压和随之而来的没收土地造成的长期动荡,爱尔兰的农业方法并没有像英格兰那样得到改善。

2.1660年至1783年,英格兰的政策发生了变化。如果爱尔兰不能被英格兰化,至少也要让它变得无害。这一时期可称为爱尔兰的竞争力被英格兰压制的时期。其结果是英格兰向爱尔兰施加了一系列惩罚性法律,造成这两个有不同宗教信仰的国家在经济地位上的巨大差距。这些法律的目的是将新教教徒的经济利益置于天主教教徒之上。爱尔兰土地的占有和分配受到监管,这使得新教教徒成为土地的主要所有者。作为一个在敌对国家定居的人群,新教教徒没有像18世纪的英国地主那样,沿着集约化的路线开发土地。这些爱尔兰地主甚至没有建造房屋。他们将未经开垦的土地租给爱尔兰佃户,爱尔兰佃户自己"改良"土地,把土地变成农场。这个做法带来的另一个结果是,18世纪爱尔兰的小农场主没有像英格兰那样被改良地主排挤出去。

查理二世复辟后,和其他英属殖民地一样,爱尔兰受到了某些商业限制。这些商业限制的目的是防止爱尔兰的工业与英格兰的工业竞争,从而损害英格兰的布料贸易或影响英格兰的养牛业。英格兰承担着爱尔兰主要的国防负担,因此,17世纪和18世纪的政治家认为，不能让削弱英格兰财政能力的任何东西存在。因此，爱尔兰人被禁止出口除起绒粗呢以外的其他布料，除非是出口到英格兰〔1699年威廉三世10年至11年第10章法案（10 & 11 W. Ⅲ, c.10）〕，并且英格兰对从爱尔兰进口的布料征收高额关税。1663年至1759年，爱尔兰还被禁止向英格兰出口牲畜。然而，爱尔兰的羊毛业出口受到惩罚的同时，出口亚麻制品则可得到奖补。①

3.在爱尔兰议会获得独立的短暂时期（1783—1801）之后，两个王国再次统一。在第三个时期，爱尔兰得到与英格兰完全相同的待遇，这一时期持续到1870年。

19世纪初，给予爱尔兰和大不列颠平等的待遇可能不是对爱尔兰最有利的政策。19世纪上半叶的爱尔兰还是一个人口过多的落后农业国家，需要与英国这样的富裕工业国家截然不同的待遇。在19世纪，几乎所有国家的农民都需要国家的指导，但英国坚定地推行自由放任政策。英国眼看着自己的农民阶层消失，却没有采取任何措施来拯救他们。英国政府即使知道如何保护爱尔兰农民，也不可能采取特别措施。农业专家认为大农场更佳，并认为爱尔兰农民最好去美国，为他们认为的唯一有效的农业模式——大农场——留出空间。1845年的饥荒只是证实了农业专家的观点，即爱尔兰的耕地严重不足，小农场主耕作不是有效的农业生产方式。农业专家还认为，对爱

---

① 在《英国在爱尔兰的殖民统治》（*Die englische Kolonisation in Irland*）第2卷第230页中，莫里茨·朱利叶斯·波恩（Moritz Julius Bonn）认为，商业限制对爱尔兰的影响被大大夸大了，并且商业限制几乎没有对爱尔兰天主教教徒造成任何伤害，特别是爱尔兰本土制造的起绒粗呢没有受到影响。——原注

第7部分
机械运输的发展对英国和爱尔兰农业的影响

尔兰来说,最好的办法是不设置任何移民障碍,并消除所有阻碍"高效农业"的立法。爱尔兰的土地不可能养活将近825万人口[1],并且没有足够发达的工业来吸纳人口,使爱尔兰像英国那样用制成品来购买食物。霍勒斯·普朗克特爵士[2]计算后得出结论,如果爱尔兰人要以合理的舒适标准生活,爱尔兰土地上只能生活大约300万人。虽然爱尔兰有2,000万英亩土地,但其中四分之一是沼泽、荒山和荒地。[3]那么,在1845年落后的耕作方法的基础上,是300万将近三倍的人口又怎能生存下去呢?在类似的情况下,法国和俄国农民为了获得更多土地而发生骚动。为了获得土地,农民还进行了革命。费尼骚动[4]发生时,爱尔兰的农业条件跟法国和俄国差不多,但爱尔兰太小,无法获得更多的土地以缓解农业问题。而且政府也认为,小农场主无法进行任何真正的集约化耕作。

移民是解决爱尔兰人口过剩问题的唯一办法。有趣的是,对英国人的强烈敌意导致爱尔兰人主要前往英国的叛乱殖民地美国,而没有大量迁往仍留在大英帝国范围内的殖民地。虽然其结果是在美国创建了一个对英国怀有强烈敌意的政

---
[1] 在1841年的人口普查中,爱尔兰的人口为8,175,124;1915年,爱尔兰的人口为4,337,000。——原注
[2] 霍勒斯·普朗克特爵士(Sir Horace Plunkett,1854—1932),爱尔兰农业合作运动的先驱。——译者注
[3] 《新世纪的爱尔兰》(Ireland in the New Century),1905年,第50页。——原注
[4] 费尼骚动是爱尔兰的一场革命运动,旨在推翻英国于19世纪下半叶对爱尔兰的统治,并呼吁"政教彻底分离"。运动发起人在爱尔兰策划了一场起义,但英国人发现了起义计划,起义被镇压了。这场骚动对爱尔兰民族主义者产生了持续的影响。——译者注

党,但也使英国的其他殖民地产生了同质性,这可能对巩固19世纪的新大英帝国起到了一定作用。

与此同时,英国希望将大型农场的经营模式引入爱尔兰,以促进更多资本投入土地,从而提高产量。当时,大约七分之一的爱尔兰土地所有者破产,土地被法院没收,这给了英国机会。1848年的《抵押财产法案》(Encumbered Estates Act)和1860年的《迪希法案》(Deasy's Act)促进了土地销售,为土地自由承包扫清了道路。此后三十年,爱尔兰的土地交易额超过5,000万英镑。在一个小农场遍布的国家,大农场的发展必然意味着小农场的减少。大农场的增加和小农场的减少可见以下数字:①

1841年至1901年爱尔兰农场变化情况(单位:英亩)

年份	1英亩到5英亩的农场	占比(%)	5英亩到15英亩的农场	占比(%)
1841	310,436	44.9	252,799	36.6
1851	88,083	15.5	191,854	33.6
1871	74,809	13.7	171,383	31.5
1891	63,464	12.3	156,661	30.3
1901	62,855	12.2	154,418	29.9
年份	15英亩到30英亩的农场	占比(%)	30英亩及以上的农场	占比(%)
1841	79,342	11.5	48,625	7
1851	141,311	24.8	149,090	26.1
1871	138,647	25.5	159,303	29.3
1891	133,947	25.9	162,940	31.5
1901	134,091	26.0	164,483	31.9

---

① 莫里茨·朱利叶斯·波恩:《现代爱尔兰及其土地问题》(Modern Ireland and Her Agrarian Problem),第46页。——原注

第7部分
机械运输的发展对英国和爱尔兰农业的影响

1841年以来,小农场面积的减少情况(单位:英亩)

1英亩到5英亩的农场:247,581

5英亩到15英亩的农场:98,381

总计减少:345,962

1841年以来,大农场面积的增加情况(单位:英亩)

15英亩到30英亩的农场:54,749

30英亩及以上的农场:115,858

总计增加:170,607

爱尔兰的小农场主并没有消失得很快,这是因为来自美国的汇款使他们中的许多人能够支付高额租金。而对于那些购买了爱尔兰大量土地的投机商和中间商来说,把那些常常愿意用每英亩10英镑的价格购买没有建筑物的农业用地的人赶走,并不划算。此外,如果佃户不得不离开土地,他们就不得不将自己"改进"过的土地和建筑留给地主,这一事实使驱逐他们变得尤为困难。在英国,大部分小土地所有者能够以很好的价格出售土地,而离开土地的佃户可以选择在工厂工作或修建运河和道路。而爱尔兰的佃户只能选择移民到欧洲大陆或美国。1842年至1846年,在取消对国内生产的食品征税之前,爱尔兰向英国提供了用于培育肉牛和供应奶制品的幼牛。自由贸易措施打开了爱尔兰交通便利的市场,全世界都可加入竞争。但由于爱尔兰的交通运输还不够发达，爱尔兰的整体市场直到1878年才受到较大影响。

即使在"美好年代"(1850—1873)，爱尔兰农民也不是总能从农场中盈利。他们的耕作方法原始，农场租金又很高。因此，爱尔兰佃户被驱逐，引发了费尼骚动，这迫使英国对爱尔兰放弃了自由放任政策，这一放弃甚至比在英格兰更早。

4.1870年，爱尔兰土地史上的第四个时期开始，这一时期可被称为建设性对待爱尔兰的时期。

1870年，格莱斯顿制定了一项土地法案，该法案保证了土地使用权的稳定性，而之前的土地使用权是根据"阿尔斯特佃户权利"的惯例。因此，该法案废除了基于"阿尔斯特佃户权利"的自由契约的观念。根据该法案，如果地主驱逐佃户，就必须支付赔偿金。这个措施的目的是使驱逐费用非常高，这样地主就不会轻易驱逐佃户了。

然而，1878年，大萧条开始了，奶制品和牛的价格下降，爱尔兰所有基于美好年代制定的土地租金似乎都太高了。在英国，地主们把租金降低了多达50%，但在爱尔兰，驱逐佃户的情况增加，佃户随后成立了土地联盟。佃户拒绝支付租金，并联合抵制地主，甚至有人向土地经纪人开枪。

1881年，另一项土地法案获得通过，以满足佃户的三个需求：土地保有权固定、土地的自由买卖以及公平租金。根据地主或佃户的要求，英国政府在爱尔兰新成立了一个机构——土地委员会，负责确定接下来十五年的租金。十五年期满

第7部分
机械运输的发展对英国和爱尔兰农业的影响

后,可以再确定下一个十五年的租金,以此类推。[①]这是对地主定价自由的严重干涉,是对让爱尔兰的土地按照英国模式自由地发展为大农场这一设想的严重背离。这样一来,在"第一个租期"内,租金平均降低了20.7%;在"第二个租期",租金在第一个租期的租金基础上又降低了19.3%;而"第三个租期"的租金则在第二个租期的租金基础上降低了9.2%。

1881年至1916年租金确定情况(Cd. 8481,1917年)

	订立合同数	原始租金(英镑)	降低后的租金(英镑)
第一个租期	381,687	7,523,816	5,968,174
第二个租期	143,394	2,571,983	2,074,512
第三个租期	5,007	84,558	76,799

然而,土地问题并没有得到解决。公平租金的确定并没有带来和平与进步,反而引发了地主和佃户之间每十五年一次的纷争,破坏了他们之间的良好关系。为了在下一个租期获得租金减免,佃户对耕作并不用心。爱尔兰充斥着大量的律师、估价师、土地专员和测量员来执行相关法案和处理纠纷,已不堪重负。"公平租金"没有统一标准,各地在确定租金的程序上存在着相当大的差异,因而引起了很多不满。

1885年,英国通过了《阿什伯恩法案》(Ashbourne Act),试图买断爱尔兰地主的土地。当时英国政府提供了500万英镑的预付款,使佃户能够购买自己耕种的土地。佃户可在49年内分期偿还政府的预付款。1888年,英国政府又拨付了500万英

---

① 1886年,英国政府通过了一项类似的法案,适用于苏格兰的佃户,租金期限是七年〔维多利亚女王49年至50年第29章法案(49&50 Vict.,c. 29.)〕。——原注

镑的预付款。

1891年，英国政府又通过《贝尔福法案》（Balfour Act）提供了2,300万英镑的预付款用于购买土地。然而，到19世纪末，爱尔兰地主拒绝出售土地。他们之前一直可以按土地股票的票面价值出售土地股票，但此时土地股票的实际价值已低于票面价值，他们不愿承担这种损失。佃户急于购买土地，叫嚣着要强迫地主出售土地，这有进一步引发平均地权问题的迹象。1903年，地主和佃户进行协商，制定了双方都能接受的方案，该方案体现在1903年的《温德姆法案》（Wyndham Act）中。其结果是，英国政府同意为购买土地提供更多的预付款，估计总额将达到一亿英镑。为鼓励地主出售土地，政府用现金支付，并承诺地主将获得一笔额外补贴。据估计，这笔额外补贴将花费1,200万英镑。

后来，政府发现一亿英镑的资金还是不够。1909年，议会又批准了更多的预付款，总额估计为8,300万英镑。这些是根据《贝尔福法案》和《阿什伯恩法案》已经预付的3,300万英镑之外的款项。

根据1903年的法案，佃户每年支付土地购买价格3.5%的分期付款，期限为68.5年，分期付款结束后，爱尔兰佃户将拥有土地所有权。1909年，政府将预付款利息提高到3.5%。1903年成立了一个特殊机构，即地产委员会，负责处理整片出售的土地，而土地委员会则负责处理小块出售的土地。

在这一制度下，爱尔兰土地迅速转让给了佃户，直到世

第7部分
机械运输的发展对英国和爱尔兰农业的影响

界大战爆发时,英国政府才停止预付。英国政府以5%和6%的利率贷款,而无法以3%的利率（3.5%中的0.5%为偿债基金）为爱尔兰佃户预付土地购买资金。因此,世界大战爆发前亟待解决的问题是,给不愿出售土地的地主施加压力,迫使他们出售土地。

1885年至1913年土地购买法案实行的普遍结果

土地委员会预付款：[①]

根据1881年至1896年的法案：23,380,229英镑

根据1903年的法案：2,073,786英镑

预付给拥挤地区委员会,用于购买地产：2,295,079英镑

地产委员会安排的土地销售：90,932,824英镑[②]

已预付：56,887,014英镑

将预付：32,553,711英镑

佃户提供的现金：527,529英镑

结果是,爱尔兰一半的土地都易手了,但这是土地租佃关系的改变,而不是耕作方法的改变。

爱尔兰面临的巨大困难依然是农业的耕作方法十分落后。如果一个人不知道如何使用土地,那么鼓励他拥有土地

---

① 《爱尔兰土地专员的报告》(Report of Irish Land Commissioners), Cd. 6979, 1913年。——原注
② 《地产专员的报告》(Report of Estate Commissioners), Cd. 7145, 1913年。——原注

是没有用的。为此，政府制定特别措施，不允许进一步划分土地。土地抵押金额不能超过土地十年分期付款的金额，并且必须得到土地委员会的同意。但爱尔兰的小农场主需要引领和指导。小农场主也需要合作，以克服小农场规模太小的弊端。1889年，霍勒斯·普朗克特爵士发起了一场爱尔兰合作运动。爱尔兰农业组织协会运作得也非常成功，因此，英国政府成立了一个政府部门，与爱尔兰农业组织协会一起开展农村合作运动并进行研究。其结果是1899年英国政府在爱尔兰成立了农业和技术教育部，霍勒斯·普朗克特爵士被任命为负责人。农业和技术教育部的职能是以各种可能的方式支持农业。其特别之处是，它与有代表性的咨询机构合作，并通过地方当局和委员会来开展工作。这是通过不断接触民主制度而优化了的官僚主义。

国家还在爱尔兰西部极度贫困的地区开展了另一项实验，这些地区被称为"拥挤地区"。1891年，巴尔福[①]先生成立了一个特殊机构，即拥挤地区委员会，其任务是提升这些"农村贫民窟"居民的整体生活水平。拥挤地区委员会的管辖范围达350万英亩土地，涉及50万人口。拥挤地区委员会每年获得55,000英镑的资金，其任务是将人们的土地持有面积扩大到能进行经济耕作的规模，发展农民的地毯、蕾丝和粗花呢制作等副业，提供廉价种子，改善牛的品种，修筑道路，修建

---

① 即阿瑟·詹姆斯·巴尔福（Arthur James Balfour, 1848—1930），英国保守派政治家，1902年至1905年担任英国首相。——译者注

第7部分
机械运输的发展对英国和爱尔兰农业的影响

港口，帮助人们移民或从事捕鱼。拥挤地区委员会还鼓励人们改进农业方法，但这一职能于1904年移交给了农业部。如果拥挤地区委员会认为有必要，委员会有权在拥挤地区强制征用土地。1909年，政府拨给拥挤地区委员会每年的资金提高到166,000英镑，以继续提高拥挤地区居民的生活水平，其努力似乎取得了显著成功。[①]

1906年，英国政府拨款400万英镑，用于在爱尔兰建造农业劳工住房。

爱尔兰共和国从英国独立出去后，爱尔兰政府从1923年4月1日起开始接管其管辖范围内与土地购买有关的所有事务。然而，英国政府将保证未完成的土地购买的资金发放，并继续支付过去已完成的土地购买的预付款利息，这些已购买的土地已经由爱尔兰共和国政府收回。在仍然属于英国的北爱尔兰，土地购买资金仍由英国政府提供，尽管与土地购买相关的某些行政职能已移交给北爱尔兰政府。最终的结果似乎是，爱尔兰土地迅速落入英国政府手中，虽然英国政府已将南爱尔兰的土地转让给爱尔兰共和国政府。分期付款完成后，土地将重新转让给农民，尽管这一过程的完成需要一百年之久。与此同时，政府必须教会农民如何更好地耕种土地。这是一次关于临时土地国有化、土地转让和农业教育的大规模试验。虽然这个

[①] 1897年，苏格兰成立了一个拥挤地区委员会，负责帮助苏格兰特别贫困的地区〔维多利亚女王60年至61年第53章法案（60&61 Vict.,c. 53.）〕。1914年，苏格兰拥挤地区委员会的职能移交给了新成立的苏格兰农业委员会。——原注

时期物价上涨，爱尔兰农民能够按时支付分期付款，但他们如果想在收成不好的年份到来时承受住压力，就必须学会从自己拥有的土地中获得更多收益。他们再也不能通过要求地主减租来应对这种情况，因为他们的分期付款是买价，而不是付给地主的租金。

改善农业的办法是组建农业合作社，合作社培养了当地的领导者，激发了人们对共同利益的追求。合作社积极帮助农民购买、销售产品，或为其产品评级，或组织信贷。英国政府还专门成立了一个部门来指导地主阶层，帮助他们更好地经营农场。同时，英国政府还成立了一个特别机构，负责改善那些在欧洲山羊都会饿死的地方生存下来的人的生活状况，这是一项值得关注的建设性任务。[①]欧洲大陆各国政府执政时实行的颇具特色的"农民救助"举措，在爱尔兰也得到了实施。

值得注意的是，爱尔兰人口过多，导致大量爱尔兰人移民到美国。从农奴制中解放出来的德意志农民也移民到了美国。结果是，美国获得了一批能迅速开发草原地区的人。但如果英国不是一个制造业国家并且实行自由贸易，并因此为美国中西部的粮食和肉类以及美国南方的棉花提供了巨大的市场，美国就不会像现在这样快速发展。同样，1914年之前，美国谷物和棉花的运输在很大程度上促进了英国商业航运的发展。在当今世界，没有哪个国家可以完全独立于外部环境而生

---

① 莫里茨·朱利叶斯·波恩：《现代爱尔兰及其土地问题》，第23页。——原注

第7部分
机械运输的发展对英国和爱尔兰农业的影响

存,各国之间一直相互影响和相互作用。

世界大战前,就农业国家和工业国家的相对优缺点,德国展开了广泛的讨论。一些德国作家认为,英国因过度发展工业而牺牲了农业,其处境十分危险。[①]事实上,大英帝国仍然是世界上最大的农业实体之一,而英国则是集小麦生产、肉类生产和羊毛生产于一体的庞大的英联邦的重要枢纽。实际上,英国是一个广泛分布于四大洲广袤地区庞大的农业社会的商业和工业中心。

---

① 卢杰·布伦坦诺(Lujo Brentano)、阿道夫·瓦格纳(Adolph Wagner):《农业国家和工业国家》(*Agrar und Industriestaat*)。——原注

结 论

如果要总结19世纪英国技术对世界的经济影响，可以说英国的发明改变了整个工业生产方式，没有哪个国家不受其影响。但英国的影响并不局限于工业，它还彻底改变了全球的农业、人口分布、工业法规、卫生状况、劳工运动和商业。

19世纪，英国对世界的影响是巨大的。通过大量生产和出口煤炭，英国使每个地区都不必再为有机燃料保留公共土地，公共土地被分割，粮食种植面积得以增加。机械在农业中的应用使作物的质量更高，因为农业机械缩短了收获时间，并将天气风险降至最低，这又增加了粮食供应。①

铁路打通了美洲内陆，蒸汽船将世界连接起来，这两者都在英国成功发展起来，暂时解除了人们对饥荒的恐惧。在英国，由于饥荒减少，伴随饥荒而来的瘟疫也减少了。对于刚刚摆脱农奴制、数量迅速增加的欧洲大陆人民来说，铁路和蒸汽船为他们开辟了国内外的新渠道。在从英国照搬来的新的工业体系中，欧洲大陆人民找到了在很大程度上由英国工头培训出来的工作。英国对食物和原材料的需求使越来越多的人口移民海外和开拓新大陆变得有利可图。尽管新兴国家劳动力短缺，但农业机械克服了这一问题，促进了新大陆的开发，美国和澳大利亚都是如此。铁路的建设在非洲释放了大量用于搬运的劳动力。机械运输使生产高度专业化，并使英格兰的煤炭和制成品得以与世界粮食产品交换。英国民

---

① 关于英国农业机械的发明，参见罗兰·E. 普罗泰罗的《英国农业：过去和现在》第369页到370页。农业机械是工业机械的必然产物。——原注

结 论

众的储蓄被用于投资全世界,这使得世界各地资源的开发速度远远快于原本可能的速度。

过度劳动和雇用童工的弊端不是工厂制度造成的,但工厂制度让这两个弊端变得更加突出,并可能在某种程度上使之加剧。同样,城镇的卫生问题也非工厂制度带来的,而是自中世纪以来就存在了。英国有幸成为世界工业和卫生改革的先驱,这些改革现在已被全世界采用。

英国的工会主义和合作社的发展有助于塑造世界各地的劳工运动。

英国发明的电缆、铁路和蒸汽船使整个世界成为一个巨大的贸易区,并引发了商业和国际贸易的革命。英国凭借其机械影响了所有商品的生产,而英国机械运输业的发展则彻底改变了所有商品的流通方式。机械运输开启了工业革命的第二阶段,在这个阶段,机械生产几乎渗透到每一个重要行业,国际商业组织、国际联合企业和国际劳工运动随之兴起。由于世界上的资源可以很容易地在任何一个中心进行开发或利用,因此,为了获得对原材料和粮食产地的控制权,各国之间的竞争加剧。其结果是一种新的国家经济帝国主义出现了,以控制或垄断数量有限的商品,从而打破了由交换可能性的增加而产生的新国际主义。一方面,从世界主义经济回归到帝国主义经济是为了在大范围内实现自给自足;但另一方面,世界的相互依存关系也在不断增强。

附 录

1921年的《铁路法案》

铁路史的新时代始于世界大战后英国铁路系统的重组。1921年的《铁路法案》加快了铁路合并的进程,为国家控制铁路提供了一个新的实验,并为解决铁路工人的工资问题和其他纠纷提供了新的解决方案。

1921年,英国仍有至少214条独立的铁路线路,[①]其中121条将并入四个铁路集团,以便创建更大的铁路单位。这些规模较大的铁路单位预计在铁路运营、铁路设备建设和交通处理方面实现大幅的成本节约。在这四个集团之外,最大的铁路集团的铁路由伦敦地区的城镇和郊区铁路组成,主要靠电力驱动,并主要用于客运。

英国当时的想法是让这四个集团各自成为一个经济运营单位。

铁路被合并为这四个铁路集团:(1)南部铁路集团;(2)西部铁路集团;(3)中部、西北部和苏格兰西部铁路集团;(4)东部、东北部和苏格兰东部铁路集团。旧的历史名称都消失了,如1846年的伦敦和西北部铁路集团、1844年的中部铁路集团、1845年的大北部铁路集团、1839年的伦敦和西南部铁路集团,只有大西部铁路集团保留了它从1835年就有的名称。

根据1921年的《铁路法案》,铁路公司应自行协商合并条款,然后提交给合并法庭。如果各方未能达成一致,合并法

---

① 1924年,独立的铁路线路是88条,其中33条不再运营。其他仍在运营的55条线路中,有4条是地铁线路,10条是连接线路,这些线路是四大铁路集团的财产。——原注

附 录
1921年的《铁路法案》

庭将承担合并各家铁路公司的任务。事实上,正如我们看到的,在该法案的推动下,铁路公司自行以最随意的方式进行了权力、线路和超过10亿英镑资本的合并,并得到了合并法庭的批准。[①] 然而,铁路竞争并没有被消除。在合并过程中,四大巨头中的每一家都收购了竞争对手势力范围内的其他公司。此外,只要有两家公司同时运营埃克塞特至普利茅斯的铁路,或者有两家公司服务于伦敦和曼彻斯特之间的线路,竞争就会长期存在。实际上,竞争主要集中在城镇和工业中心周围,因此,正如威廉·阿沃思爵士(Sir William Acworth)指出的那样,尽管大部分地区之间没有竞争,但大部分交通线路之间仍然存在竞争。通过协议限制竞争在未来似乎仍然不可避免。

在过去,每当各铁路公司为限制竞争而达成协议时,必须向议会提出申请,结果通常是议会为了维持竞争而拒绝此类协议。但现在,各公司可采用一种更简单、花费更低的程序,向交通部提出协议申请,交通部有权通过发布命令来批准此类协议。这意味着交通部控制着未来所有规范铁路竞争的协议。

有趣的是,四分之三个世纪以来,议会一直竭尽全力维持铁路运营活力并激发市场竞争,现在却完全放弃了自由放任的态度。议会强迫铁路公司合并,并为进一步阻止铁路竞争铺平道路。

议会合并铁路公司是希望铁路能更经济节约地运营,20%

---

① 不是自主合并的线路是加里东铁路(Caledonian Railway)。——原注

是为了节省铁路公司的运营费用，80%是为了降低客户的费用。

根据原来法定最高费率的规定，铁路公司的收费不能超过最高费率，但可以低于最高费率。不过，如果铁路的收费低于规定的最高费率，一旦铁路公司想提高费率，就必须向议会提出申请。现在这个规定已经被废除了。经审查后，新的费率表已经被制定出来，并将由一个新的机构——铁路费率法庭确定下来。铁路费率法庭是一个商业机构，其职责是确定实际应支付的费率。它将确定收费金额，确保铁路公司能够获得与1913年相当的净收入，如果铁路公司能以更高效率和更经济的方式运营，还可增加额外收入。铁路公司提供的特殊费率只能在标准费率的基础上下调5%到40%。客户保留维持特殊费率或反对特殊费率并提出上诉的权利，铁路费率法庭必须每隔一段时间审查所有特殊费率和标准收费。整个报表、账目和统计数据系统已经经过彻底改革，现在人们可以获得更多关于铁路运营成本及其收入来源的信息。

铁路费率委员会和贸易商协调委员会负责就货物分类标准及新的标准费率的拟定进行讨论。然后，讨论结果被提交给铁路费率咨询委员会，再转交至铁路费率法庭。铁路费率法庭于1926年确定最终费率。

除了这些变化，英国还成立了一个新的机构——全国工资委员会来处理劳工问题。该委员会由铁路公司、铁路工人和铁路客户（即公众）的代表组成，由一名独立的主席领导。在全国工资委员会之下，每家公司都设有一系列的委员会，还有一个

附 录
1921年的《铁路法案》

中央工资委员会,仅由铁路公司代表和铁路工人代表组成。然而,最终的上诉由全国工资委员会裁决。因此,铁路员工的工资和工作条件不再完全由铁路公司单方面决定。在最后的裁决中,公众也有裁决权,并且公众的意见被考虑在内,从而避免了一个没有外国竞争的行业对公众的剥削。然而,铁路公司或铁路工人并没有义务服从该裁决,曾有工人团体因拒绝接受全国工资委员会的裁决而举行罢工。劳动报酬在生产成本中的重要性可以从以下事实中看出:1924年,铁路总收入的1.2亿英镑(占总收入的52%)用于支付员工工资和薪金,4,700万英镑(占总收入的20.5%)用于支付资本红利。

因此,1921年的《铁路法案》是为铁路国有化提供替代方案的又一次尝试。